Gamaliel Churata

El escritor, el filósofo, el artista que no conocíamos

Elizabeth Monasterios Pérez y Mauro Mamani Macedo
Editores

La publicación de este libro es posible gracias al financiamiento del Richard D. and Mary Jane Edwards Endowed Publication Fund, al apoyo institucional de la University of Pittsburgh y de Kay Brummond, Associate Dean for Faculty Affairs, University of Pittsburgh.

Nuestros agradecimientos van también al equipo editorial del Instituto Internacional de Literatura Iberoamericana, que tan diligentemente acompañó la edición de este libro.

ISBN: 1-930744-91-9
© Serie *Antonio Cornejo Polar*, 2019
INSTITUTO INTERNACIONAL DE
LITERATURA IBEROAMERICANA
Universidad de Pittsburgh
1312 Cathedral of Learning
Pittsburgh, PA 15260
(412) 624-5246 • (412) 624-0829 fax
iili@pitt.edu • www.iilionline.org

Colaboraron en la preparación de este libro:

Composición y diseño gráfico: Erika Arredondo
Correctores: Carolina Bonilla Elvira y Ricardo Vázquez Díaz
Cubierta: Busto de Gamaliel Churata, Universidad Nacional del Altiplano, Puno. Obra del artista italiano Carlo Pizzichini que honra una de las últimas voluntades de Estrella Peralta

Gamaliel Churata

El escritor, el filósofo, el artista que no conocíamos

Elizabeth Monasterios Pérez y Mauro Mamani Macedo
Editores

Gamaliel Churata

El escritor, el filósofo, el artista que no conocíamos

Introducción
Elizabeth Monasterios Pérez y Mauro Mamani Macedo 9

I. Enfrentando los desafíos de *El pez de oro*

El pez de oro, piedra de toque para un proceso literario descolonizador
José Luis Ayala 31

Leyendo *El pez de oro*: metamorfosis míticas y pensamiento filosófico
Helena Usandizaga 57

Retos hermenéuticos en la producción literaria de Gamaliel Churata. Introducción a la conferencia "Simbología de *El pez de oro*"
Riccardo Badini 83

Simbología de *El pez de oro* (Segunda conferencia en el cine Puno, 31 de enero de 1965)
Gamaliel Churata 95

La dialéctica del realismo psíquico de Gamaliel Churata
Aldo Medinaceli 101

II. El debate identitario, lingüístico y escritural que posicionó Gamaliel Churata

Gamaliel Churata: El *ayllu*-continente
Mauro Mamani Macedo 127

Preludio de Konkachi
Gamaliel Churata 141

Gamaliel Churata y los contrapunteos de la identidad. Seguido de un "duelo" entre *Ahayu Watan* (Churata) y *Calibán* (Fernández Retamar)
Ladislao Landa Vásquez 151

Escritura y filosofía política en Gamaliel Churata
Arturo Vilchis Cedillo 183

La ambivalencia de decir *nosotros*. "Mestizos" y "Mestizaje" en la obra de Gamaliel Churata
Paola Mancosu 203

III. La impronta descolonizadora

Hibridismo, heterogeneidad y transculturación en el contexto de *El pez de oro*
Marco Thomas Bosshard 231

La crítica de Gamaliel Churata al sistema filosófico de Platón o cómo construir un mundo a-teológico y des-jerarquizado
Elizabeth Monasterios Pérez 245

Dos vanguardias radicales: descolonización y antropofagia en Oswald de Andrade y Gamaliel Churata
Meritxell Hernando Marsal 275

Hacia una lectura intermedial y decolonial de *Resurrección de los muertos*
Ulises Juan Zevallos Aguilar 301

O peixe de ouro (Retábulos do Laykhakuy) Gamaliel Churata
Romulo Monte Alto 317

Colaboradores 325

Introducción

Elizabeth Monasterios Pérez
Mauro Mamani Macedo

GAMALIEL CHURATA (1897-1969) ES EL NOTABLE PENSADOR altiplánico contemporáneo de Mariátegui, Vallejo y José María Arguedas, de quien recientemente celebramos los 120 años de su nacimiento y los 60 años de la publicación de su obra más conocida, *El pez de oro* (1957). Después de un largo silencio por parte de la crítica, prolifera en la actualidad una explosión de investigaciones alrededor de su obra, todo ello conformando una asombrosa comunidad de estudiosos de diferentes universidades y países del mundo, entre ellos Alemania, Argentina, Bolivia, Brasil, Chile, Ecuador, España, Estados Unidos, Francia, Italia, México y Perú.

En lo que corre del siglo XXI se han dado avances considerables en la compilación de su obra, así tenemos que *El pez de oro* (1957) cuenta ya con varias ediciones, al menos cuatro de ellas bajo sellos editoriales formales, dos ediciones informales, y otras que circulan en formato virtual. De estas ediciones dos son críticas: la de José Luis Ayala (2011) y la de Helena Usandizaga (2012), que bajo el sello de la editorial Cátedra obtuvo alcance mundial. Existe también una edición facsimilar editada por la Universidad Nacional del Altiplano-Puno, que forma parte de la prestigiosa Biblioteca Puneña. *Resurrección de los muertos,* el primer libro póstumo de Churata, fue publicado en 2010 en edición anotada preparada por Riccardo Badini. Este libro tiene una segunda edición a cargo de la Universidad Nacional del Altiplano-Puno.

De particular interés por su valor histórico es la publicación de los *Anales de Puno*, que recoge el importante trabajo que Churata desarrolló como cronista de Puno entre 1922 y 1924, cuando dirigía la Biblioteca Municipal de esa ciudad. Este libro también cuenta con dos ediciones. La primera fue editada por Omar Aramayo en 1999 y la segunda, de 2015, por la Universidad Nacional del Altiplano-Puno, que incluye un facsímil del texto, la introducción de Omar Aramayo que acompañó la primera edición y un estudio de Elizabeth Monasterios Pérez.

La poesía de Churata, dispersa en una gran cantidad de revistas y antologías peruanas y bolivianas, ha sido reunida con el título de *Ayahu-watan, suma poética de Gamaliel Churata* (2013), compilación realizada por Mauro Mamani Macedo. En este volumen se reconocen las tres fases de Churata como poeta: un momento modernista, un momento vanguardista y un momento de poesía andina, cuando escribe trenzando tres idiomas: quechua, aymara y español. La difusión y conocimiento de la poesía de Churata tomó un giro significativo a fines del año 2017, cuando Paola Mancosu publicó, con la Editorial Plural de Bolivia, una edición anotada de *Khirkhillas de la sirena*, el primer volumen completo de poesía que Churata dejó inédito. En el momento en que se escribe este texto, Riccardo Badini prepara la publicación de un segundo poemario de Churata: *Mayéutica*.

Parte de la cuentística churatiana se ha editado en soporte virtual y bajo el cuidado de Wilmer Kutipa Luque, con el título de *El Gamonal y otros relatos*. En estos textos se observa una gran variedad temática sometida a experimentación en la expresión y, como en el caso de la poesía, registros modernistas, vanguardistas y andinos. Originalmente, estas composiciones fueron publicadas en vida del autor, tanto en revistas del Perú como de Bolivia. En el Perú, se editaron principalmente en *La Sierra* y *Kosko*.

La ensayística y el periodismo son campos en los que Churata incursionó prácticamente durante toda su vida. Parte de esta producción ha sido difundida en libros como *Antología y valoración* (1971), compilación de José Luis Ayala, y *El dolor americano. Literatura y periodismo en Gamaliel Churata* (2009), compilación realizada por Guissela Gonzales Fernández y centrada principalmente en las publicaciones realizadas por Churata en Bolivia. En formato electrónico, destacan *Gamaliel Churata: Textos esenciales* (2012) y *Gamaliel Churata: Textos esenciales/Versión final* (2017), compilaciones preparadas por Wilmer Kutipa Luque.

Sobre la revista *La Tea* (1917-1920), vocero del grupo cultural Bohemia Andina impulsado por Churata, no se conoce una nueva edición. Lo mismo puede decirse de *Gesta Bárbara*, una de las revistas literarias más notables de Bolivia, creada en 1918 precisamente a iniciativa de Churata. Distinto es el caso del *Boletín Titikaka* (1926-1930), publicado por el famoso grupo cultural de los *Orkopata*, bajo la dirección de Churata. Esta publicación ya tiene cuatro ediciones, la última de 2016, acompañada por estudios introductorios. Existen tres libros que han estudiado detenidamente este *Boletín*: *Indigenismo de vanguardia en el Perú. Un estudio sobre el Boletín Titikaka* (2000), de Cyntia Vich; *Indigenismo y Nación. Los retos a la representación de la subalternidad aymara y quechua en el Boletín Titikaka* (2002), de Juan Zevallos Aguilar; y *El Boletín Titikaka y la vanguardia andina*, de Begoña Pulido Herráez (2017). El primero más encauzado a la literatura y el segundo enfocado en los procesos culturales. A esto se suma el extenso capítulo que en *La vanguardia plebeya del Titikaka* (2015) Elizabeth Monasterios le dedica al estudio del *Boletín*.

En el campo de la crítica literaria, el trabajo de Churata ha recibido atención tardía, pero sostenida. Entre los primeros libros críticos que se editaron se encuentra un texto que circuló en forma de mimeografía: *El pez de oro, la biblia del indigenismo* (1979), de Omar Aramayo. Le siguieron *Fronteras de la escritura. Discurso y utopía en Churata* (1994), de Miguel Ángel Huamán, y *El ultraorbicismo en el pensamiento de Gamaliel Churata* (1999), de Manuel Pantigoso. A partir del nuevo milenio la bibliografía sobre Gamaliel Churata experimentó una verdadera explosión editorial. Un libro que reposicionó el estudio de *El pez de oro* y vinculó el trabajo de Churata con la teoría poscolonial fue *Ästhetik der andinen Avantgarde. Gamaliel Churata zwischen Indigenismus und Surrealismus* (2002), de Marco Thomas Bosshard. Sorprendentemente, el hecho de que este libro estuviera escrito en alemán no impidió su difusión a través de una inteligente entrevista que César Ángeles L. le hizo al autor en 1992 y los canales de distribución del conocimiento que abrieron los congresos y las publicaciones de JALLA (Jornadas

Andinas de Literatura Latinoamericana), la más importante iniciativa académica latinoamericana en el campo de los estudios literarios.[1]

Posteriormente al libro de Bosshard, aparecieron *Arturo Pablo Peralta Miranda. Travesía de un itinerante* (2008), de Arturo Vilchis Cedillo; *Quechumara. Proyecto estético-ideológico de Gamaliel Churata* (2012), de Mauro Mamani Macedo; la largamente esperada traducción del libro de Bosshard, ahora con el título de *Churata y la vanguardia andina* (2014); *Churata postcolonial* (2015), de Mabel Moraña; y *La vanguardia plebeya del Titikaka. Gamaliel Churata y otras beligerancias estéticas en los Andes* (2015), de Elizabeth Monasterios Pérez, que recibió el Premio Roggiano de la crítica Literaria Latinoamericana 2016. A estos libros se suma el volumen monográfico dedicado a Gamaliel Churata en el número 4 de *Contextos. Revista crítica de literatura* (Perú), el también monográfico número 19/20 de *La mariposa mundial. Revista de literatura* (Bolivia), y una inabarcable cantidad de artículos publicados en distintas revistas de América Latina, Estados Unidos y Europa. No puede dejar de mencionarse en esta apretada relación de publicaciones, los excelentes estudios introductorios de Helena Usandizaga a la edición Cátedra de *El pez de oro*, el de Riccardo Badini a *Resurrección de los muertos* y el de Paola Mancosu a *Khirkhilas de la sirena*, así como también los trabajos de José Luis Ayala, Maya Aguiluz Ibargüen, Dorian Espezúa Salmón, Meritxell Hernando Marsal y José Luis Velásquez Garambel.

Gamaliel Churata: El escritor, el filósofo, el artista que no conocíamos se inserta en esta vigorosa tradición de pensamiento crítico y pone al alcance del lector un conjunto de reflexiones que dan cuenta de lo que se ha logrado avanzar en el conocimiento de una de las obras más complejas y desafiantes del proceso cultural andino del siglo XX. El libro reúne catorce ensayos críticos, la reproducción de dos textos ensayísticos prácticamente desconocidos de Churata: "Preludio de Konkachi" (1939) y "Simbología de *El pez de oro*" (1965), y cierra con la traducción al portugués de un fragmento de *El pez de oro*. Formalmente, está organizado en cuatro secciones que reflejan los distintos acercamientos críticos que hasta el momento se han hecho a la obra churatiana.

---

[1] En 2014, doce años después de la edición alemana, el Centro de Estudios Literarios Antonio Cornejo Polar (CELACP) publicó la version castellana del libro de Bosshard, con traducción de Teresa Ruiz Rosas y prólogo de Helena Usandizaga.

I. Enfrentando los desafíos de *El pez de oro*

Esta sección se inicia con un trabajo del escritor y *yatiri* aymara José Luis Ayala, titulado "*El pez de oro*, piedra de toque para un proceso de descolonización de la literatura". Se trata de una versión revisada y actualizada del texto que acompañó la tercera edición de *El pez de oro*, preparada bajo el cuidado del mismo Ayala y publicada en Lima en 2011. Muy pocas bibliotecas en el mundo conservan copias de esta importante edición que, además de haber sido la primera edición crítica, posee la particularidad de haber adaptado el quechua y el aymara de Churata al sistema fonético establecido para estas lenguas. La contundente novedad del trabajo es que pone al alcance de la crítica universitaria los conocimientos de un *yatiri* experto en el estudio de Churata y gran conocedor de la historia aymara y sus luchas descolonizadoras. Ayala discute las principales líneas temáticas que desarrolla Churata en su obra, deteniéndose primero en una explicación de la génesis de *El pez de oro* y de la naturaleza "híbrida" de su escritura, y después en la elaboración de un resumen que puntualiza los asuntos tratados en los distintos "retablos" o "capítulos" que componen el libro. El lector poco familiarizado con la escritura de Churata encontrará en este trabajo un inteligente y certero mapa de ruta que guiará su acercamiento a *El pez de oro*. Al lector especializado, el trabajo de Ayala sorprenderá con datos inéditos acerca de la historia editorial del libro y con lecturas innovativas de algunos de sus pasajes claves.

El siguiente trabajo es el de Helena Usandizaga, otra gran conocedora de la obra churatiana y editora de la edición Cátedra de *El pez de oro*. Titulado "Leyendo *El pez de oro*: metamorfosis míticas y pensamiento filosófico", este trabajo integra dos importantes dimensiones de la obra churatiana: el mito y la filosofía. Un deslinde teórico le permite a Usandizaga distinguir entre una concepción del mito como relato fabuloso e imaginario, y la forma en que Churata lo entiende y vincula a la producción de conocimiento. Sin el filtro del universalismo moderno que lo reduce a un tiempo estancado, el mito se presenta como un relato articulador, con fuerza histórica y agencia cultural. Con esta comprensión del mito, Usandizaga hace un segundo deslinde teórico, ahora a propósito de las "trasformaciones" que experimentan los personajes míticos tanto en las culturas occidentales como en las no occidentales. Su objetivo es visibilizar la funcionalidad social, política y reivindicativa que dichas transformaciones adquieren en las culturas y los saberes andinos, en los que abundan contactos y transformaciones entre los antepasados, los seres zoomorfos y los antropomorfos. Cuidadosamente, Usandizaga nos va mostrando cómo, en tres capítulos de *El pez de oro* ("Morir de América", "Mama kuka" y "Thumos"), Churata absorbe estas tradiciones proteicas y las somete a reflexión filosófica, logrando una inquietante coexistencia del relato mítico con el filosófico. En cuanto a las lecturas que la autora ofrece de estos capítulos, puede decirse que son probablemente las más elaboradas que hasta el momento ha producido la crítica churatiana.

No podía faltar en este libro la contribución de Riccardo Badini, uno de los más sólidos críticos de Churata y editor de sus inéditos. "Retos hermenéuticos en la producción literaria de Gamaliel Churata. Introducción a la conferencia 'Simbología de *El pez de oro*'", ofrece la mejor relación que hasta el momento tenemos de las tres conferencias que Churata impartió en el Perú inmediatamente después de su regreso de Bolivia, país donde vivió un exilio de 32 años (de 1932 a 1964). El trabajo apareció originalmente en un pequeño libro que Badini, juntamente con José Luis Ayala, publicaron en Lima el año 2006, pero que tuvo muy poca difusión fuera del Perú. Incluirlo en el volumen que ahora presentamos enmienda esa circunstancia y pone a disposición del lector una versión revisada y actualizada de un texto clave para acercarse al proyecto literario-filosófico de Churata siguiendo pautas de lectura que el mismo autor elaboró a través de sus conferencias (dos dictadas en Puno en el año 1965, y una tercera en Lima, el año 1966). La primera conferencia de Puno y la de Lima fueron publicadas en 1971 y 1989 respectivamente,[2] pero la segunda recién salió a la luz en 2006, cuando Badini la rescató de entre los inéditos de Churata y la dio a conocer en la publicación arriba mencionada.[3] En sus comentarios sobre esta conferencia, Badini articula una rigurosa reflexión crítica sobre el "retraso" de la crítica literaria latinoamericana para acercarse al trabajo de Churata y, a

---

[2] En Bolivia, la revista literaria *La Mariposa Mundial* reprodujo el texto completo de la primera conferencia en su número 19-20, correspondiente al año 2012.

[3] En 2007, la *Revista Alejandría* (La Paz, Bolivia), también de muy poca difusión fuera de ese país, publicó esta conferencia con el título de "Dialéctica del realismo psíquico, alfabeto del incognoscible. Segunda Parte". Claramente, los editores asumieron que no se trataba de una "segunda conferencia", sino de la "segunda parte" de la primera.

continuación, discute aspectos constitutivos de la operación cultural que inaugura la escritura churatiana, entre ellos: el desplazamiento de la cuestión indígena hacia la esfera lingüística y psicológica; la hibridación de la lengua literaria mediante la práctica afectiva de un trilingüismo quechua-aymara-español; la "versión" andina de la intuición jungiana del inconsciente, la crítica a la lógica del marxismo y el psicoanálisis, y la dificultad de resultar "inteligible" cuando se opera desde fuera del intelecto diseñado por modelos occidentales.

En diálogo con estas discusiones, Aldo Medinaceli ofrece un vibrante análisis de la primera conferencia de Churata. Su trabajo, titulado "La dialéctica del realismo psíquico de Gamaliel Churata", representa el primer estudio crítico del ismo que forjó Churata para explicar su proyecto literario ("realismo psíquico") y la dialéctica que lo moviliza. Una bien articulada discusión del "realismo" en cuanto corriente de pensamiento y de la "dialéctica" en cuanto procedimiento de investigación, le permite a Medinaceli mostrar la reconfiguración que se opera en estos conceptos cuando Churata los pone a funcionar con criterios andinos, concretamente, con las nociones de *Ahayu watan* [el alma amarra], *Hallpa khamaskha* [la tierra animada] y *Hata* [semilla]. El resultado es la emergencia del "realismo psíquico", categoría literaria que abisma la posibilidad de acceder a la realidad únicamente a través de un intelecto privilegiado que piensa y conoce (la famosa premisa moderna del *cogito ergo sum*) y, simultáneamente, problematiza la interpretación freudiana del inconsciente. Entendemos que el "realismo" que propone Churata se instala en los "hechos" que ocurren en la psiquis, permitiendo que dejen de ser percibidos como inasibles, irracionales o incognoscibles. Medinaceli subraya que en Churata el régimen de lo psíquico no envía a una inmaterialidad sino más bien a una dialéctica en la que lo palpable y conocido está en íntima correspondencia con lo inasible y desconocido –expresado, por ejemplo, en la comprensión que los aymaras tienen de la muerte y de los muertos, o en su convicción de que el ser humano y la naturaleza que lo rodea y garantiza su supervivencia (la Pachamama) comparten, piensan y sienten un mismo mundo. De aquí que en el realismo psíquico el "pensar" queda orgánicamente vinculado al "sentir", en una dinámica que invierte el modelo dialéctico hegeliano porque en lugar de una síntesis entre intelecto racional y sentimiento, emerge su inquietante convivencia, junto a la también inquietante propuesta de que la psiquis es una entraña que piensa, y que la naturaleza tiene ser, ánima.

II. El debate identitario, lingüístico y escritural que posicionó Gamaliel Churata

En esta sección se discute el posicionamiento de Churata frente al controversial tema de la construcción identitaria, que a mediados del siglo XX seguía teniendo el vigor que le habían dado, por ejemplo, las reflexiones de Martí, Darío, Rodó o Reyes. Pero a diferencia de sus predecesores y contemporáneos, que pensaban la "identidad americana" en términos hegelianos, como una síntesis más o menos armónica de hispanidad y americanidad, Churata le da a la discusión un giro inesperado: piensa la "identidad" como un proceso constitutivo de comunidad y soberanía cultural, y vincula ese proceso a la construcción de un "lenguaje" y a la práctica de una "escritura" igualmente soberanas.

En su artículo "Gamaliel Churata: el *ayllu*-continente", Mauro Mamani Macedo aborda la singularidad con que Churata lleva adelante esta operación cultural. Revisando una serie de ensayos y artículos periodísticos publicados durante la primera mitad del siglo XX, nos muestra cómo, sacudiéndose de paradigmas convencionales, Churata instrumentaliza paradigmas andinos para proponerle una identidad al continente. El *ayllu*, en cuanto práctica cultural vinculante que crea lazos de convivialidad entre persona, familia, cultura, nación, territorio y comprensión del mundo, se convierte así en modelo teórico y conceptual suficiente para elaborar una alternativa solidaria a la convulsión americana. Mamani Macedo subraya que este carácter cohesionador del *ayllu*, tan apropiado para generar modelos sociales "confederados", no se limita al territorio físico. Con la misma efectividad con que cohesiona el territorio, el *ayllu* cohesiona también la subjetividad individual y colectiva de sus integrantes, su memoria y su entendimiento de la vida. El trabajo de Mamani Macedo permite ver que a esta operación mental o punto de confluencia entre territorio y subjetividad, la gramática churatiana la denomina *ahayu watan* [el alma amarra] y la caracteriza como una posibilidad de continuidad cultural no subsumida por la colonialidad o por lo menos en lucha con ella. En su expresión más desafiante, y entroncándose con la religiosidad andina, *ahayu watan* involucra también una continuidad entre la vida y la muerte, entre los vivos y los muertos, y entre lo humano y lo no-humano. Preservar esa particular manera de entender la existencia equivale a preservar soberanía identitaria, y es en base a esa comprensión de "identidad" que Mamani Macedo, leyendo a Churata, construye la figura de un *ayllu*-continente.

El siguiente artículo, "Gamaliel Churata y los contrapuntos de la identidad. Seguido de un "duelo" entre *Ahayu Watan* (Churata) y *Calibán* (Fernández Retamar)", ofrece un fascinante balance crítico del debate identitario. Parte de la originalidad de este artículo es que su autor no se identifica como "churatista" ni especialista en *El pez de oro*. Ladislao Landa Vásquez es un lector de literatura en "duelo" intelectual con Churata y con el pensamiento crítico latinoamericano. Desde ese posicionamiento, articula una serie de reflexiones acerca de la propuesta identitaria churatiana y, en base a ellas, pone a dialogar la categoría de *Ahayu Watan* con el concepto-metáfora de Calibán que Roberto Fernández Retamar propuso en 1971. En ambos casos, nos dice Landa Vásquez, estamos ante proyectos que desde el Caribe y el lago Titikaka auscultan las raíces culturales de un continente al que Churata, con lenguaje epocal, caracterizó como "América" y Fernández Retamar, también con lenguaje epocal, denominó "América Latina". Quizás la más severa interpelación que Landa Vásquez le hace al trabajo de Churata sea aquella que problematiza su proyecto de construir un lenguaje híbrido distanciado de modelos hispanos y más bien abarcador de lenguas y saberes andinos. A Landa Vásquez ese hibridismo lingüístico le resulta desigual y hasta cierto punto trunco, porque si bien desde una perspectiva diglósica el lenguaje de Churata es admirable por sus arranques renovadores, invención de vocablos y recuperación de oralidades que circulaban en la indigeneidad puneña y paceña de la primera mitad del siglo XX, predomina en su obra el buen manejo del castellano, entretejido por una gran erudición y conocimiento de la cultura europea. En opinión de Landa Vásquez, una gramática chola, un lenguaje propiamente híbrido como el de la *Nueva corónica y buen gobierno* que Churata tanto admiraba, se disfruta solo en contados pasajes de *El pez de oro*. Sin embargo, llegado el momento de cotejar el proyecto churatiano con el de Fernández Retamar, observa que la capacidad cognoscitiva del *Ahayu Watan* supera los alcances del concepto-metáfora de Calibán. Esto, porque mientras *Calibán* viabiliza una representación del mundo indígena mediada por la entelequia mestiza y dirigida a una América

Latina ya asumida como un mundo mestizo, la categoría del *Ahayu Watan* "contrabandea" de tal manera la indigeneidad del continente que consigue introducir la "duda mestiza" y la posibilidad de injertar en "nuestras repúblicas" el mundo, pero sin descuajar el tronco que las singulariza, menos aún subalternizándolo a ideologías del mestizaje o a la agencia de un "intelectual orgánico".

En diálogo con los planteamientos de Landa Vásquez, la contribución de Arturo Vilchis Cedillo, "Escritura y filosofía política en Gamaliel Churata", discute la posición de Churata respecto a la cuestión del "intelectual" y del "escritor". El objetivo de este trabajo es indagar el pensamiento político y filosófico subyacente a la obra churatiana, pero ya no desde una lectura centrada en *El pez de oro* y *Resurrección de los muertos,* sino más bien informada por la obra periodística y ensayística que Churata elaboró durante su largo exilio boliviano y que hasta el momento permanece poco conocida. Estudiando ese periodismo, Vilchis Cedillo propone que los estrechos vínculos que el pensamiento de Churata guarda con la política, la estética y la filosofía, dan forma a una "filosofía política de la praxis" que se asigna la tarea de convertir la fuerza creadora del pensamiento en acción transformadora del sujeto y de la(s) sociedad(es) que este construye para vivir. La novedad filosófica de Churata estaría en una opción por fundamentarse en dos tradiciones culturales que hasta principios de siglo XX ninguna filosofía había relacionado: la tradición anarquista del comunismo libertario y los saberes de las comunidades andinas originarias. En este cruce de "comunismo libertario" con el sentido de comunidad y arraigo con la tierra que caracteriza a las culturas andinas, Vilchis Cedillo sitúa la emergencia de formas de conocer la sociedad y de intervenir en la política ya no privilegiando los instrumentos de la razón y de las ideas abstractas, sino a partir de lo que podría llamarse una política del afecto. Con estos criterios, la "filosofía" de Churata demandará la intervención de un sujeto escritural distinto al intelectual convencional o al "hombre de letras" que monopolizaba la actividad cultural de la época. Un sujeto capaz de asumir la "escritura" como trabajo colectivo, y la "creación estética" como un proceso de transformación y adquisición de conciencia respecto a la enajenación cultural que produce una sociabilidad jerarquizada. "Escritor", "artista", "periodista" será aquel que desde una ética de lo común sepa dar expresión a las urgencias, anhelos y singularidades de su "pueblo". En cuanto a los individuos constructores de nación, Vilchis Cedillo nos recuerda que Churata "da por sentado" que una comprensión comunal-colectiva de la política les permitiría una integralidad creadora conducente a favorecer naciones imbuidas de sí mismas, no de intereses satelitales ajenos a ellas. Esto lleva a entender que en países como el Perú y Bolivia la nación, como la concibe y teoriza Churata, no tendría que estar únicamente vinculada al Estado, sino también a los valores, sentires y saberes de sus comunidades originarias. Y no por incitar regresos utópicos al pasado, sino por instrumentalizar la dimensión histórica, política y estratégica del gesto utópico.

El trabajo de Paola Mancosu, titulado "La ambivalencia de decir *nosotros*: 'mestizos' y 'mestizaje' en la obra de Gamaliel Churata", cierra la segunda parte de este libro con una novedosa reflexión sobre la "duda mestiza" que despliega la obra churatiana. Mancosu comienza observando las profundas ambivalencias que caracterizan la postura de Churata frente a la noción de "mestizaje" y "sujeto mestizo", en ocasiones tajantemente críticas (como cuando recrimina a Garcilaso haber subalternizado la semántica india a la gramática hispana); pero otras veces sugerentemente reflexivas, como cuando percibe en la población mestiza de América a "cuatrocientos millones de hombres y mujeres sin historia". Estas ambivalencias resultan particularmente inquietantes cuando entendemos que el propio Churata se autopercibe como "uno de esos millones de hombres sin historia" y, desde ese no-lugar de enunciación, reflexiona críticamente sobre la condición mestiza del continente y del intelectual americano. La originalidad del trabajo de Paola Mancosu es que no apela a categorías explicativas (heterogeneidad conflictiva, hibridez o transculturación) para dar cuenta de la "encrucijada del mestizo", sino que la estudia prestando atención a las ambivalencias que el pronombre personal *nosotros* adquiere en la escritura churatiana, pudiendo significar: "*nosotros*, los mestizos acriollados", pero, también, "*nosotros*, los mestizos e indios del continente". Mancosu relaciona estos usos del *nosotros* con la densidad semántica que este pronombre adquiere en el idioma aymara, que a diferencia del castellano admite dos formas: un *nosotros* inclusivo (*jiwasa* = yo + tú + otros) y un *nosotros* exclusivo (*nanaka* = yo y otro, pero no tú). Su conclusión es que en Churata la encrucijada identitaria del mestizo está tensada entre una pulsión a "pensarse" como existencia separada de su ascendente indígena y una pulsión a "sentir" esa ascendencia y formar comunidad con ella. Este desplazamiento del "pensar" al "sentir" es aquí clave, por cuanto inscribe una resignificación del cogito cartesiano que permite entender por qué en Churata el "pienso luego existo" es intervenido por el "siento luego existo".

III. La impronta descolonizadora

Los trabajos reunidos en esta sección investigan la contribución de Churata al pensamiento crítico latinoamericano prestando atención al horizonte descolonizador que, anticipándose en décadas a teorías poscoloniales y decoloniales, inauguró su intervención cultural. La sección se inicia con una contribución de Marco Thomas Bosshard, a quien agradecemos la gentileza de habernos autorizado la reimpresión de un apartado de su libro *Ästhetik der andinen Avantgarde. Gamaliel Churata zwischen Indigenismus und Surrealismus* (2002). Este libro, como mencionamos anteriormente, tiene el mérito de haber reposicionado el estudio de *El pez de oro* en el nuevo milenio y de haber iniciado una lectura poscolonial del trabajo de Churata.[4] Titulado "Hibridismo, heterogeneidad y transculturación en el contexto de *El pez de oro*", el trabajo de Bosshard discute los usos que hizo Churata de un concepto que con el tiempo se convertiría en "clave" de la teoría literaria latinoamericana y de la crítica poscolonial de fines de siglo XX: el hibridismo. Bosshard argumenta que si bien esos usos convierten a Churata en un adelantado respecto a teorizaciones posteriores a la publicación de *El pez de oro* (explícitas sobre todo en el trabajo de Ángel Rama, García Canclini, Cornejo Polar, Mignolo o Bhabha), también alertan acerca de la *diferencia* que en su pensamiento recibe la discusión del fenómeno cultural étnico en sus interacciones con el flujo y reflujo de procesos culturales hegemónicos. En este sentido más que un "perfecto precursor" del paradigma poscolonial, Churata es presentado como un pensador complejo y ambivalente, en el que "la fe teleológica en una sociedad ideal poscolonial" convive con contradicciones no resueltas, sintomáticas de la "heterogeneidad constitutiva" del horizonte cultural andino. En relación a José María Arguedas, en cambio, Bosshard reconoce en Churata a un precursor

---

[4] En 2014 el Centro de Estudios Literarios Antonio Cornejo Polar (CELACP) publicó la traducción al castellano de este importante libro, con el título de *Churata y la vanguardia andina*. La traducción fue realizada por la escritora peruana Teresa Ruiz Rosas.

de la "lucha idiomática" por plasmar en el castellano expresiones indígenas, subrayando que, a diferencia de Arguedas, en Churata el vocabulario indígena fluye de tal manera que llega a transformar el castellano hasta hacerlo irreconocible.

El artículo de Elizabeth Monasterios, "La crítica de Gamaliel Churata al sistema filosófico de Platón o cómo construir un mundo a-teológico y des-jerarquizado", expone el procedimiento con el que Churata des-autoriza el sistema filosófico de Platón mediante una crítica a las distinciones jerárquicas que esa filosofía establece entre quienes tienen el privilegio del pensamiento y quienes están atrapados en las cavernas de la subordinación. Monasterios rastrea esa crítica en el proyecto literario de *El pez de oro* y *Resurrección de los muertos*, obras pensadas y escritas bajo "la urgencia de desvincular las literaturas andinas del destino de la caverna". En el primer caso, ensayando la posibilidad de *engendrar* una literatura nacional descolonizada. En el segundo, buscando *sembrar* formas de inteligencia emancipadas de las coordenadas mentales del "hombre-letra", figura cultural creada por Churata que anticipa y supera la de "intelectual letrado" acuñada posteriormente por Ángel Rama. A partir de estas improntas, Monasterios aborda uno de los aspectos más desafiantes y todavía poco estudiados del proyecto churatiano: la propuesta del "hombre sin letras", que no corresponde al hombre de la oralidad, sino al "hombre-animal", en cuya habla y letra no rigen los principios universales ni jerarquizados que orientan al "antropomorfo superior". Otro aspecto de la escritura churatiana que el trabajo de Monasterios saca a la luz tiene que ver con la incorporación de prácticas andino-amazónicas en su escritura, evidentes en las asombrosas transformaciones de sus personajes, que siendo humanos se convierten en animales o, a la inversa, siendo animales se transforman en seres humanos. La tesis de Monasterios es que esas *transformaciones* dejan al descubierto la funcionalidad de un eje cultural andino-amazónico que Churata parece haber captado en toda su complejidad al concebir personajes en los que la fuerza política del Qullasuyu aymara coexiste con los poderes shamánicos del Antisuyu *salvaje*.

Meritxell Hernando Marsal en su artículo "Dos vanguardias radicales: descolonización y antropofagia en Oswald de Andrade y Gamaliel Churata" lleva la crítica churatiana a terrenos teóricos inexplorados y, como ella misma advierte, insólitos. ¿Qué pueden tener en común escritores tan disímiles como Churata y Andrade? La respuesta de Hernando Marsal es conclusiva: la radicalidad de sus proyectos, que iniciados en la edad de las vanguardias y sostenidos hasta la década de los cincuenta en el caso de Andrade y los sesenta en el de Churata, se propusieron la construcción de una teoría cultural para América Latina fundamentada en un profundo cuestionamiento a su formación colonial. En ambos casos, la estrategia que moviliza la acción descolonizadora es una "asimilación activa y productiva de lo ajeno" mediante una inquietante operación de transacciones culturales: la antropofagia, que en Andrade propone la figura del "hombre que come" al enemigo para fabricar lo propio, y en Churata alienta una crítica a la condición mestiza y a la sobrevivencia de saberes indígenas, que supera las dinámicas del mestizaje, el hibridismo o la transculturación, con una operación cultural de "incorporación y tensión creativa". Tanto en Andrade como en Churata, el antropófago se presenta como un sujeto desafiante que asimila y no es asimilado, que mira pero no imita, que devora *todo* lo que le llega de afuera (incluida la literatura y la forma "novela"), con el objetivo de reconfigurarlo bajo órdenes distintos de pertinencia. No escapa al análisis de Hernando Marsal la condición aporética del trabajo de Andrade, cuyos "contactos" con lo indígena no dejan de ser una operación retórica. Más aún si comparamos su figura cosmopolita y desvinculada de praxis indígena con la de Churata, manifiestamente indigenizada y sumida en la cotidianidad de los *ayllus* aymaras del altiplano peruano y boliviano.

Un momento-clave del trabajo de Hernando Marsal es cuando nos hace ver que en Churata la antropofagia funciona como paradigma explicativo de uno de los aspectos más desafiantes de su obra: la seducción por los que han muerto (sean seres humanos, expresiones culturales o ciclos temporales como el pasado) y que, al ser "deglutidos", son recuperados e incorporados a la temporalidad de los vivos, garantizando la persistencia cultural y sembrando la sospecha de que la muerte "no existe". Estas observaciones permiten leer con otros ojos y, ciertamente, con otras expectativas teóricas, impertinencias semánticas a primera vista incomprensibles, como aquella que propone: "aquí nadie ha muerto" (*El pez de oro* 115).

El trabajo de Ulises Juan Zevallos Aguilar "Hacia una lectura intermedial y decolonial de *Resurrección de los muertos*" continúa abriendo camino hacia lecturas innovativas de aspectos centrales a la obra churatiana, esta vez llamando la atención sobre la "intermedialidad" que afecta el funcionamiento de sus obras, dotándolas de comportamientos que des-regulan la convencionalidad de las formas literarias y nos enfrentan a textos "multigenéricos". Síntoma de este procedimiento es la asombrosa coexistencia de cuentos, poesía, teatro, diálogo, debate, voces humanas y no humanas, locuciones aymara-quechuas, fascinación por el cine, etc., que encontramos en sus escritos. El trabajo de Zevallos Aguilar nos permite entender que detrás de estos usos intermediales actúa una visión descolonizadora que consigue llevar a la literatura formas de producción, circulación y recepción de saberes andinos. Adicionalmente, enfatiza que el marcado interés de Churata por las configuraciones dialogales respondía al efecto democratizador que estas imprimían en la recepción de su obra, adecuándola a ser leída a una audiencia analfabeta. Estos procedimientos, nos dice Zevallos Aguilar, están ya articulados en *El pez de oro*, pero es en *Resurrección de los muertos* donde dan paso a un texto con estructura propiamente teatral, escrito para ser leído en voz alta, escuchado, discutido y actuado en colectividad.

Otro aspecto que este artículo saca a colación y que la crítica churatiana todavía no ha abordado con detenimiento es el carácter "enciclopédico" de la obra churatiana. Zevallos Aguilar nos invita a recordar que *Resurrección de los muertos* fue concebida como el segundo volumen de una "enciclopedia del conocimiento humano" conformada por dieciocho tomos que Churata planeaba publicar a lo largo de su vida. La singularidad de esa enciclopedia es que estaba "constituida con criterios distintos a los de una enciclopedia humanista", por cuanto promovía "nuevas síntesis de cuerpos de conocimientos occidentales e indígenas", apuntando a "una suerte de epopeya del Hombre-Animal". *El pez de oro* había sido el primer tomo de esa *epopeya* que Churata dejó inconclusa y que recién ahora empezamos a conocer.

IV. O PEIXE DE OURO. UN PROYECTO DE TRADUCIR *EL PEZ DE ORO* A OTRA LENGUA

La cuarta y última parte de este libro ofrece la primera entrega de un proyecto de traducción de *El pez de oro* al portugués. La muestra comprende las primeras páginas de *El pez de oro* (147-157 de la edición Cátedra) en traducción del andinista brasileño Romulo Monte Alto, docente investigador de la Faculdade de Letras da Universidade Federal de Minas Gerais, que en 2015 tradujo *El zorro de arriba y el zorro de abajo* bajo el sello editorial de la mencionada universidad. Este proyecto de traducir a Churata al portugués nació en 2014 en Belo Horizonte, en el marco de un convenio de cooperación académica entre la UFMG y la Universidad Nacional Mayor de San Marcos. El convenio involucra a tres investigadores (Mauro Mamani Macedo, Merixtell Hernando Marsal y Romulo Monte Alto) interesados en estudiar las interseccionalidades que puedan surgir de la difusión de Churata en un horizonte reflexivo que invita a construir puentes teóricos entre el proyecto cultural del autor de *El pez de oro*, la antropofagia de Oswald de Andrade y el perspectivismo indígena de Viveiros de Castro. Iniciativas como esta son las que están renovando, enriqueciendo y democratizando nuestra comprensión del proceso cultural latinoamericano.

Gamaliel Churata: El escritor, el filósofo, el artista que no conocíamos es un libro que busca precisamente enriquecer y democratizar nuestros acercamientos al proceso cultural latinoamericano mediante un encuentro con el proyecto cultural de Churata. Es, además, el primer libro de estudios críticos sobre el autor que se publica en Estados Unidos y el primero que ensaya una mirada integral a su obra, tratando de no separar al Churata-escritor del Churata-narrador, filósofo, periodista, político, poeta, artista y cronista. Los estudios aquí reunidos permiten apreciar la actualidad y el potencial teórico de una obra a la que no le pasa el tiempo, porque las preguntas y reflexiones que plantea no han perdido vigencia, y porque la inquietante interseccionalidad que moviliza (haciendo convivir saberes andinos con saberes y formas culturales de tradición occidental como la literatura, la filosofía política, la antropología, la sociología, la historia, la lingüística, el periodismo, la religión, la zoología, etc.) desafía la competencia de presupuestos teóricos y aparatos críticos con los que solemos leer y explicar la literatura latinoamericana. Churata apuesta por "sembrar" y hacer "germinar" formas distintivas de hacer literatura y de conocer la literatura. *Gamaliel Churata: El escritor, el filósofo, el artista que no conocíamos* ofrece una muestra elocuente de cómo encarar esas singularidades.

Bibliografía

Aguiluz Ibargüen, Maya. "Espacio para una mística de lo común. ¿Churata en perspectiva barroca?". *Encrucijadas estético-políticas en el espacio andino*. Maya Aguiluz Ibargüen, coord. La Paz-México: Plural Editores, UNAM, 2009. 215-235.

Aramayo, Omar. *El pez de oro, la biblia del indigenismo*. Puno: Mimeografíado, 1979.

Ayala, José Luis. "¿Y quién es Gamaliel Churata?". Gamaliel Churata *El pez de oro. Retablos del Laykhakuy*. Segunda edición. Puno: CORPUNO, 1987. 427-432.

Badini, Riccardo. "Estudio introductorio". Gamaliel Churata, *Resurrección de los muertos*. Lima: Asamblea Nacional de Rectores, 2010. 23-38.

Boletín Titikaka [1926-1928]. Primer tramo, 25 números. Edición facsimilar. Juan Alberto Osorio y Dante Callo Cuno, eds. Arequipa: Universidad Nacional de San Agustín, 1997.

Boletín Titikaka [1926-1930]. 34 números. Edición facsimilar dirigida por Dante Callo Cuno. 2 vols. Arequipa: Universidad Nacional de San Agustín, 2004. Reeditado en 2015 por la Universidad Nacional del Altiplano-Puno (José Luis Velásquez Garambel, ed.) y en 2016 por el Centro de Estudios Antonio Cornejo Polar y Lluvia Editores (Mauro Mamani Macedo, ed.).

Bosshard, Marco Thomas. *Ästhetik der andinen Avantgarde. Gamaliel Churata zwischen Indigenismus und Surrealismus* (2002). Traducido como *Churata y la vanguardia andina*. Teresa Ruiz Rosas, trad. Lima: Latinoamericana Editores/ Centro de Estudios Antonio Cornejo Polar, 2014.

_____ "Entrevista a Marco Thomas Bosshard en torno a su libro Hacia una estética de la vanguardia andina. Gamaliel Churata entre el indigenismo y el surrealismo". Ángeles L. César, entrevistador. Ciberayllu, 2002. <http://andes.missouri.edu/andes/Cronicas/CAL_Bosshard.html> 15 enero 2018.

Churata, Gamaliel. *El pez de oro. Retablos del Laykhakuy*. La Paz-Cochabamba: Editorial Canata, 1957. Reeditado en 1987 por José Luis Ayala (Lima: CORDEPUNO. Editorial Universo), en 2011, en edición crítica, también por José Luis Ayala (Lima: AFA Editores), en 2012, en edición crítica, por Helena Usandizaga (Madrid: Cátedra) y en 2013 por la Universidad Nacional del Altiplano (Puno: UNA-Puno).

_____ *Resurrección de los muertos*. Riccardo Badini, ed. Lima: Asamblea Nacional de Rectores, 2010. Reeditado en 2013 por la Universidad Nacional del Altiplano (Puno: UNA-Puno).

_____ *Anales de Puno*. 1922-1924. Manuscrito conservado en la Biblioteca Municipal de Puno "Gamaliel Churata". En Omar Aramayo, ed. *Los Anales de Puno 1922-1924*. Puno: Biblioteca Popular Transparencia, 1999. Reeditado en edición facsímilar por la Universidad Nacional del Altiplano (Puno: UNA-Puno).

_____ *Khirkhillas de la sirena*. Paola Mancosu, ed. La Paz: Plural, 2017.

_____ *El gamonal y otros relatos*. Wilmer Kutipa Luque, ed. Tacna: Editorial Khorekhenkhe, 2013. <https://scribd.com/doc/140469961/EL-GAMONAL-y-Otros-Relatos-Gamaliel-Churata> 15 enero 2018.

_____ et al. *Antología y valoración*. Lima: Ediciones Instituto Puneño de Cultura, 1971.

Contextos. Revista Crítica de Literatura 4/4 (2013). Departamento de Literatura de la Facultad de Letras y Ciencias Humanas de la Universidad Nacional Mayor de San Marcos. Número dedicado a Gamaliel Churata.

Espezúa Salmón, Dorian. "Contra la textolatría: las motivaciones creativas en los testimonios de Arguedas, Alegría, Churata e Izquierdo Ríos". *Letras*. Revista de Investigación de la Facultad de Letras y Ciencias Humanas 79/114 (2008): 81-106. <http://revista.letras.unmsm.edu.pe/index.php/le/article/view/141> 2 abril 2018.

Kutipa Luque, Wilmer, ed. *Gamaliel Churata: Textos esenciales/Versión final*. Tacna: Perro Calato Ediciones, 2017. <https://www.scribd.com/document/344283355/Gamaliel-Churata-Textos-Esenciales-Version-Final> 2 abril 2018.

_____ *Gamaliel Churata: Textos Esenciales*. Tacna: El Laykha / Editorial Khorekhenkhe, 2012. <https://scribd.com/document/109383858/Gamaliel-Churata-Textos-Esenciales> 2 abril 2018.

Gonzales Fernández, Guissela. *El dolor americano. Literatura y periodismo en Gamaliel Churata*. Lima: Fondo Editorial del Pedagógico San Marcos, 2009.

Hernando Marsal, Meritxell. "Historia, memoria y escritura en *El pez de oro* de Gamaliel Churata". *Contextos. Revista Crítica de Literatura* 4/4 (2013): 35-51.

_____ "El proyecto literario de Gamaliel Churata: del paradigma antropológico a la reciprocidad". *Letral* 9 (2012): 20-34.

_____ "El hibridismo (im)posible: *El pez de oro*, de Gamaliel Churata". *Wayra* 3/6 (2007): 25-36.

Huamán, Miguel Ángel. *Fronteras de la escritura. Discurso y utopía en Churata*. Lima: Horizonte, 1994.

La mariposa mundial. revista de literatura 19/20 (2012). Número dedicado a Gamaliel Churata. La Paz, Bolivia.

Mamani Macedo, Mauro, comp. *Ayahu-Watan. Suma poética de Gamaliel Churata*. Lima: Universidad Nacional Mayor de San Marcos/Pakarina, 2013.

_____ *Quechumara. Proyecto estético-ideológico de Gamaliel Churata*. Lima: Universidad de Ciencias y Humanidades, 2012.

Mancosu, Paola. "Introducción". Gamaliel Churata, *Khirkhillas de la sirena*. La Paz: Plural, 2017. 15-109.

Monasterios Pérez, Elizabeth. *La vanguardia plebeya del Titikaka. Gamaliel Churata y otras beligerancias estéticas en los Andes*. La Paz: IFEA/Plural, 2015.

Moraña, Mabel. *Churata postcolonial*. Lima: Latinoamericana Editores/Centro de Estudios Literarios Antonio Cornejo Polar, 2015.

Pantigoso, Manuel. *El ultraorbicismo en el pensamiento de Gamaliel Churata*. Lima: Universidad Ricardo Palma, 1999.

Pulido Herráez, Begoña. *El Boletín Titikaka y la vanguardia andina*. México: Universidad Nacional Autónoma de México / Centro de Investigaciones sobre América Latina y el Caribe, 2017.

Usandizaga, Helena. "Introducción". Gamaliel Churata, *El pez de oro*. Madrid: Cátedra, 2012. 13-143.

Velásquez Garambel, José Luis. "Indigenismo, Orkopata y Gamaliel Churata. (Aproximación)". <https://scribd.com/doc/57398163/Orkopata-Indigenismo-y-Gamaliel-Churata> 15 marzo 2018.

_____ "La lógica híbrida de la poética del caos de Gamaliel Churata". Conferencia. *Puno. Cultura y Desarrollo* (Puno) domingo 18 de diciembre, 2011. <http://punoculturaydesarrollo.blogspot.com/2011/12/la-logicahibrida-de-la-poetica-del.html> 15 marzo 2018.

Vich, Cyntia. *Indigenismo de vanguardia en el Perú. Un estudio sobre el Boletín Titikaka*. Lima: Pontificia Universidad Católica del Perú, 2000.

Vilchis Cedillo, Arturo. *Arturo Pablo Peralta Miranda. Travesía de un itinerante*. México: Nuestra América-Rumi Maki, 2008.

Zevallos Aguilar, Ulises Juan. *Indigenismo y nación. Los retos a la representación de la subalternidad aymara y quechua en el Boletín Titikaka (1926-1930)*. Lima: IFEA, 2002.

I. Enfrentando los desafíos de *El pez de oro*

Gamaliel Churata en la Biblioteca Municipal de Puno, c1921. Archivo Amaratt Peralta

El pez de oro, piedra de toque para un proceso literario descolonizador

José Luis Ayala

Antes de iniciar una lectura de El pez de oro (1957) es preciso tener en cuenta las palabras de advertencia que Gamaliel Churata suscribe en las páginas introductorias. Según esas anotaciones, parecería que el libro fue escrito entre 1927 y 1957 (7).[1] Esta indicación es importante para tener una adecuada visión del contexto histórico que rodea la escritura de *El pez de oro*. Tan importante como esa advertencia es un testimonio vertido por el escritor puneño cuando fue invitado, juntamente con José María Arguedas, Ciro Alegría y Francisco Izquierdo Ríos, para hablar ante estudiantes de la Universidad Federico Villarreal.[2] Este testimonio permite entender mejor desde cuándo y por qué Churata empezó a escribir libros de gran aliento para dar una visión enciclopédica del saber humano, particularmente de los que habitan a más de 3,800 metros de altura sobre el nivel del mar. En esa ocasión, al referirse a la génesis de su libro dijo:

> *El pez de oro*, en gran medida comenzó a ser escrito en la escuela primaria. Yo he sido un mal estudiante, me he considerado hasta pésimo estudiante. Es que había una sola razón: yo no estudiaba. Me ocupaba de escribir *El pez*

---

[1] Todas las citas de *El pez de oro* están tomadas de la primera edición.
[2] La invitación a Gamaliel Churata, José María Arguedas, Ciro Alegría y Francisco Izquierdo Ríos la hizo Godofredo Morote Gamboa en 1969, cuando se desempeñaba como docente en la especialidad de Lengua y Literatura de la Universidad Nacional Federico Villarreal.

de oro. Ustedes recuerdan que Giovanni Papini,[3] el gran pensador florentino, fue también un pésimo estudiante, era un individuo que no oía a su profesor en las clases. (*Motivaciones del escritor* 64-65)[4]

Arturo Pablo Peralta Miranda fue matriculado por su padre, Demetrio Peralta Díaz, en marzo de 1907, en el Centro Escolar 881 de Puno, siendo el director José Antonio Encinas Franco. El maestro se retiró de esa ciudad a fines de 1911, hastiado por los continuos ataques de la cucufatería, la hostilidad del prefecto y las agresiones verbales de gamonales. Es decir, de un ambiente pueblerino hostil, marcado por el odio a la inteligencia y el aborrecimiento a la búsqueda de nuevas formas de educación. El alumno Peralta Miranda abandonó la escuela en julio de 1910, cuando Encinas todavía mantenía su puesto como director. Frente a este hecho su padre lo castigó y obligó a trabajar en la zapatería de su propiedad. Era habitual verlo majando suelas, repartiendo zapatos arreglados de la sociedad puneña, y regresar con el pago correspondiente. Su hermano Alejandro, en cambio, se amoldó a la disciplina pedagógica del maestro Encinas. Entonces, todo indica que debió haber sido hacia más o menos en 1910 que empezó a escribir su primer diario, que después será recogido en el único libro que publicó en vida: *El pez de oro*. Pero si es así, ¿por qué en sus palabras de introducción consignó el año de 1927? Probablemente porque fue a partir de esa fecha que asumió la responsabilidad de revisar, reescribir y corregir anotaciones y escritos anteriores. Es conocido que empezó a escribir a escondidas de su progenitor, y que para ello acudía, según testimonio de Aurelio Martínez Escobar,[5] a una cueva que había en el cerrito de Puno llamado Huajsapata.[6] Cuando sus ex-compañeros,

---

[3] Giovanni Papini (1881-1956) fue un controversial escritor italiano afiliado, en su edad madura, al fascismo y al sector más conservador de la Iglesia católica. Su personalidad y su obra cuentan con entusiastas admiradores, entre ellos el estadista italiano Bruno de Finetti (que concibió una teoría de las distribuciones de probabilidad infinitamente divisibles) y Jorge Luis Borges. Uno de los proyectos de Papini era escribir una enciclopedia que resumiera la historia de todas las culturas. Ese, probablemente, fue el aspecto que más le interesó a Churata.

[4] Churata declara que muy poca atención ponía a las clases de José Antonio Encinas, motivo por el cual el maestro se disgustó. Finalmente, el niño Peralta decidió no asistir más al dictado de clases. (*Motivaciones del escritor*, 64-65).

[5] Aurelio Martínez Escobar, condiscípulo de Gamaliel, conocía más que nadie la biografía del autor de *El pez de oro*. Nació en Puno en 1894, fue bibliotecario del Colegio Nacional San Carlos y murió en Arequipa en 1976. Perteneció a la generación *Orkopata* y gran parte de la vida de Churata nos fue narrada por él. (Testimonio personal en Puno, 1968).

[6] A este cerrito Churata le llama la Chinkana en *El pez de oro*. Es un cerro de piedras blancas al que se iba de paseo porque todavía no estaba cercado ni poblado. Al interior del cerro

al salir de la escuela querían hablar con él, lo encontraban leyendo en voz alta en la entrada de la cueva o escribiendo en sus cuadernos, por lo general con lápiz, para corregir las veces que fuese necesario. Ante ese espectáculo, le atribuyeron el mote de "niño loco".[7]

Es posible suponer que empezó a redactar seriamente las primeras páginas de *El pez de oro* cuando ejercía la función de director de la Biblioteca Municipal Pública de Puno, ciudad de donde tuvo que huir en 1932, debido a las represalias políticas del gobierno de Luis Miguel Sánchez Cerro contra todo sospechoso de aprista o comunista. Una vez instalado en La Paz (Bolivia), seguramente prosiguió su trabajo, terminando el libro al cabo de algunos años. Veinticinco años después lo entregó a la Imprenta de la SPIC, en la ciudad de Nuestra Señora de la Paz, pero desgraciadamente, según él mismo relata, cuando ya varios pliegos estaban impresos, la imprenta "fue asaltada por marejada fascista, que incendió lo incendiable y destrozó lo que habría de ceder a la acción del fuego, respetando rincón sigiloso y montón de pliegos por obra acaso de la presencia y el numen del Siluro,[8] cuya es la epopeya" (7).

Esta breve relación indica que durante treinta años Churata guardó los originales de un libro que seguramente corrigió reiteradas veces, según testimonios de personas cercanas a él. A nosotros nos consta que la primera edición tenía varias correcciones y añadiduras hechas por él mismo. Churata tenía ese texto sobre su mesita de

---

había una cueva grande utilizada seguramente por los primeros cazadores andinos para protegerse de la lluvia o pasar allí una que otra noche. Actualmente ha sido convertida en una especie de morada particular y nadie tiene acceso a ella.

[7] En las primeras páginas del capítulo titulado "El pez de oro" Churata rememora dramáticamente estos momentos. Reproduce las voces de sus compañeros y, a continuación, ofrece una explicación de su comportamiento: "¡Si es un niño loco! E ignoraban que el niño loco, sin caramelos ni pandorgas, fiándose los cobres de la noche y los amaneceres, hincaba las pupilas, insomnes, en su caos. Ignoraban que si a la escuela prefería la Chinkana, era porque en Ella le nutría Él; le nutría con lengua sabia, y pulía esa lágrima de ámbar que secretan sus huesos. No llores, o llora, Sacha-runa: algún día la roña será más el déspota del caos" (*El pez de oro* 50-51). La maravillosa "locura" de Churata tuvo sus frutos. Se alejó de la escuela, aunque no haya sido su determinación expresa y, no obstante, ya adulto, tuvo para su maestro José Antonio Encinas un gran afecto. Prueba de ello es haber suscrito un elogioso prólogo para el libro *Un ensayo de escuela nueva en el Perú*, que Encinas publicó en 1958. Tuvieron también un encuentro lleno de afecto en La Paz, con expresiones de cariño mutuo, tal como registra el testimonio vivo de Aurora Encinas Franco, hermana de José Antonio.

[8] Siluro: pez parecido a la anguila, con la boca muy grande y rodeada de seis u ocho apéndices como barbillas, color verde oscuro, de unos cinco metros de largo, muy voraz.

noche, y lo revisaba cotidianamente. Pero sucedió que el texto terminó de imprimirse finalmente el 12 de abril de 1957 en los talleres de la SPIC, sin que Churata hubiera tenido la oportunidad de corregir galeras.[9] Con seguridad, no estuvo al tanto de la impresión, porque siendo cajero, linotipista, periodista, escritor y corrector de pruebas en varios diarios, pudo haber cuidado la edición, corrigiendo la gran cantidad de erratas que se filtraron. No cabe duda que el texto que inaugura el libro ("Previas sean dos palabras"), fue escrito al final de la edición y no antes, como generalmente se hace, y que su finalidad fue precisamente advertir al lector acerca de los muchos errores que se deslizaron en la impresión de la obra. En ese texto Churata advierte que "Por anacronismos, malos onomásticos, errores gráficos, todos de su exclusiva responsabilidad, desea saber advertido el lector, si confía que unos y otros habrán desaparecido en la segunda edición, hecha necesaria ya y en cierto modo asegurada" (7). Pero no fue así. Debido a hechos adversos tanto personales como políticos, la edición que prometió cuidar y corregir lamentablemente nunca apareció.

La segunda edición, que mantiene absoluta fidelidad a la edición boliviana de Editorial Canata, se produjo en 1987, conformando los tomos I y II de la colección del *II Festival del Libro Puneño*. José Luis Lescano Rivero, entonces presidente de CORPUNO, financió una tirada de 1,000 ejemplares. En mi calidad de coordinador, y para asegurar una adecuada difusión y comentarios críticos de las obras publicadas, entregamos una colección completa del *II Festival del Libro Puneño* a la prensa criolla de entonces. Únicamente Ricardo González Vigil, desde el Dominical de *El Comercio*, le dedicó un comentario a *El pez de oro*. Pero al fin y al cabo conseguimos que a Churata se le leyera, pese a la indiferencia y hasta molestia envidiosa que suscitó el solo hecho de haber reeditado su libro. Esa publicación, y el apoyo incondicional de Lescano Rivero, logró que muchos jóvenes estudiantes de ciencias sociales y literatura se embarcaran en trabajos de investigación y monografías en diferentes universidades del Perú y del extranjero. Hoy día se ven los frutos de ese esfuerzo al escuchar

---

[9] 12 de abril de 1957 es la fecha que indica haberse terminado de imprimir el texto. En una conversación con Aurelio Martínez (Puno, 1967), Churata le contó haber entregado los originales en julio de 1956. En esa época no podía controlar la impresión de su libro "debido al clima político que había en Bolivia". Esa debe ser la razón por la cual un día lo llamaron para que retirara la impresión de su libro y se dio cuenta de que estaba lleno de errores.

a muchas personas hablar de Churata. Ahora los periodistas a cargo de las páginas culturales lo respetan, aunque no siempre se entienda la densidad y el alcance de su trabajo.[10]

¿Por qué han tenido que pasar tantos años para que Churata sea reconocido, estudiado y analizado? ¿A qué se debe ese hecho? Sin duda a los aportes de las ciencias sociales y a la necesidad de volver a las fuentes y hablar de América desde América. Pero, sobre todo, porque se ha iniciado una revaloración cultural alentada por un proceso de descolonización del imaginario social en esta parte del mundo. Ahora hay importantes signos de contra-investigación que discuten la imposición y vigencia del conservador canon académico, de una crítica literaria parasitaria y repetitiva, que durante muchos años ha conservado los mismos criterios. Ahora es posible leer textos desarticulantes, inteligentes y plurales, que cuestionan hegemonías eurocéntricas y tratan de articular discursos críticos desde América.

***

Antes de comentar sobre el texto propiamente dicho, es preciso advertir que *El pez de oro* se inicia con un capítulo que sirve para entender, decodificar y analizar todo el conjunto de las obras inéditas de Churata, que guardan estrecha relación con este primer libro y se desarrollan en la misma dirección. Allí están las claves para hacer estudios en relación a un pensamiento descolonizador y a un evidente proyecto de desestructurar la cultura letrada impuesta desde los intereses de una administración colonial y neocolonial del pensamiento. No es verdad que se trata de un libro de literatura confusa, oscura e incomprensible, como algunos autores poco zahoríes han afirmado. Es más bien un libro que exige lecturas audaces y descolonizadoras. En su carátula se lee el subtítulo "Retablos del Laykhakuy". Según el Diccionario de la Real Academia, un retablo (Del lat. *retaulus*, y este del lat. *retro*, detrás, y *tabŭla*, tabla) es un

---

[10] En el año 2012 publicamos una tercera edición de *El pez de oro*. Esta fue la primera edición crítica, con más de mil notas y una adaptación al sistema fonético establecido para las lenguas andinas quechua y aymara. En esta refonemización se ha respetado la integridad de la escritura híbrida de Churata, pero se han tomado en cuenta los códigos lingüísticos de la educación bilingüe oficial del Perú que alcanza, por ejemplo, a palabras escritas con "K", convirtiendo esa consonante en "C". También en esta edición se ha enmendado una serie de errores de la edición de Canata, por ejemplo en lo que se refiere a la numeración tanto de los números romanos como arábigos, o al uso de mayúsculas en lo que se refiere a nombres comunes.

conjunto o colección de figuras pintadas o de talla que representan una historia o suceso. Un pequeño escenario en que se representa una acción valiéndose de figurillas o títeres. *Laykhakuy*, por su parte, es un neologismo quechua formado por el sustantivo *layqa* [brujo] y el sufijo *ku* [que en una de sus funciones expresa algo que el sujeto realiza como parte de su naturaleza]. En el Guión Lexicográfico que acompaña *El pez de oro*, Churata traduce *laykhakuy* como "el embolismo del brujo" o "caminos de acción de la voluntad mágica" (545). *El pez de oro,* entonces, es un conjunto de textos escritos por un brujo de la palabra, los mismos que parecen estar desarticulados o desconectados, pero no es así. Hay más bien una idea vinculante que recorre sus páginas, mejor dicho, sus entrañas, y por un principio dialéctico, resulta una unidad heterogénea.

Después de una atenta lectura y contabilidad de palabras que proceden de idiomas ancestrales en *El pez de oro*, es posible aseverar que la gran mayoría proviene del aymara y no así del quechua. Ese hecho se explica en la medida que Churata se interesó mucho más en el Tiahuanaco que en el sistema de administración política incaica. Aunque está probado que no hablaba con fluidez el aymara, el grado de conocimientos que tenía sobre esa lengua es tan inteligente como eficaz. Simultáneamente, desde joven, y más aún siendo director de la Biblioteca Municipal Pública de Puno, leyó a los escritores clásicos y modernos más importantes de Occidente. Ese hecho se refleja en *El pez de oro* y de un modo sistemático en *Resurrección de los muertos*, como seguramente en sus otros libros todavía inéditos. Empero, más que investigar qué libros leyó Churata, habría que preguntarse qué libros importantes de la literatura americana y universal no leyó Churata. También importante es anotar que poseía amplia información sobre los conocimientos científicos y filosóficos de su época. En otras palabras, nada le era ajeno. Su extraordinario acervo de lecturas le permitió meditar en términos propios, recurrir a muchos autores para citarlos con propiedad y dialogar críticamente con sus ideas. No textualmente, como manido recurso académico, señalando fuentes, sino llegando a lo fundamental del pensamiento de cada uno de ellos.

Para entender mejor desde dónde habla Churata, a quiénes se dirige y por qué escribe, conviene reparar en una palabra con la que debería empezar todo análisis serio, porque en ella está la clave de su literatura. Es la palabra *kuiko*, que según el propio escritor significa "aborigen, nativo, indio" (544). Para fundamentar la propuesta de que los *kuikos* no escriben de manera convencional, Churata hace una interesante referencia al "manco" de Lepanto, sugiriendo que "los kuikos americanos escribimos al modo siniestro a merced de la mano que allá los suyos le cortaron" (9). A partir de esta explicación, los lectores quedan advertidos. Churata escribe desde una distinta percepción del mundo, con una "mano" que Occidente no tiene. Por eso no se adhiere al pensamiento clásico, menos a formas convencionales de hablar. Lo hace desde la forma propia con la que el pueblo reelabora permanentemente el idioma. Se dirige a su audiencia escribiendo en español americano, utilizando un lenguaje híbrido y recurriendo a vocablos y giros de origen americano para dar forma a un español mucho más rico y variado que el peninsular.

¿A qué se llama un lenguaje híbrido? Según el Diccionario de la Real Academia, la palabra "híbrido" refiere a alguien "procreado por dos individuos de distinta especie". En biología, se dice de un individuo "cuyos padres son genéticamente distintos con respecto a un mismo carácter. Se dice de todo lo que es producto de elementos de distinta naturaleza". En consecuencia, un idioma híbrido es el resultado de la concurrencia de dos a más formas de hablar, de idiomas distintos que al entrecruzarse forman uno nuevo y distintivo. También puede suceder que los idiomas cautivos (como es el caso de los idiomas indígenas) transfieran vocablos y, en consecuencia, valores, para la formación de un idioma enriquecido con sus contribuciones. Este hecho ha sido estudiado por la lingüística y las ciencias sociales, y muy particularmente por la lingüística antropológica. En relación a Churata, lo importante es reconocer su lucidez para no solo advertir el hecho, sino también para asumir, contra todo el criterio academicista de su época, la responsabilidad de crear sus obras con un español híbrido, como expresión de una nueva sensibilidad cultural. El tiempo y la historia le han dado la razón. A pesar de la resistencia que hubo para descalificar esas formas de expresión cultural, ahora son muchas las palabras híbridas que se han incorporado a la "lengua culta".

Nadie tampoco podrá negar que el idioma español se ha revitalizado y enriquecido con el aporte de las culturas originarias de América. El español de América resulta así mucho más sabroso, más cercano a los seres humanos que la habitan, porque expresa con propiedad los valores de cada región cultural. El proceso es dialéctico y, en el caso de Churata, no se limita a la incorporación de vocablos originarios, sino que también incorpora palabras nuevas que proceden de la ciencia, la cibernética, los predios de la física cuántica y la cultura universal.[11] El propio nombre "Gamaliel Churata", que el autor adoptó en gesto de rechazo a su nombre hispano (Arturo Peralta), encierra una lógica híbrida. Gamaliel, en el contexto bíblico, fue un fariseo de gran autoridad y se asevera que fue maestro de Saulo de Tarso.[12] "Churata", en aymara y quechua, significa un ser dotado, un sabio. De modo que el nombre "Gamaliel Churata" conforma una unidad que proviene de dos distintas vertientes culturales que se desarrollan en permanente cambio y conflicto: la cultura hispano-criolla dominante y heredera del génesis hebreo, y las culturas quechua y aymara.

Para Churata escribir con lógica híbrida es una necesidad biológica y descolonizadora que no solamente interpela al hispanismo dominante de su época, sino también a las normas educativas déspotas, al derecho segregacionista, a los antivalores impuestos y, sobre todo, a la literatura de su tiempo. Él mismo señala que está inmerso y es testigo de un rico proceso de hibridización del idioma que se inicia con el Inca Garcilaso de la Vega, aunque se siente más cerca de Felipe Huaman Poma de Ayala y de la versión en español americano del drama *Ollantay*. Se puede afirmar entonces que con Gamaliel Churata se enriquece la hibridización del idioma. A partir de esa advertencia queda claro que no se le podrá exigir que escriba en español castizo, respetando reglas ortográficas de la Real Academia, y menos aún en aymara y quechua estandarizado. Estamos ante un escritor de mentalidad desestructurante, libertario y subversivo desde el punto de vista lingüístico, que da inicio a un inteligente proceso de descolonización de la cultura y la literatura en América. Mucho se

---

[11] Cuando se trata de absorber conocimientos Churata no discrimina. Lo mismo valora fuentes que gozan de reconocida reputación (*Revista de Occidente*, por ejemplo) o publicaciones populares como el *Almanaque Bristol*, que además de contener el calendario greco romano, consignaba datos novedosos en relación a la ciencia y al arte de la época. Era, además, el único texto que se podía leer en lugares donde no llegaba la radio, menos diarios y revistas capitalinas.

[12] En Hechos de los Apóstoles 22:3, San Pablo dice: "Yo soy judío. Nací en Tarso de Cilicia, pero me crié aquí en Jerusalén y estudié bajo la dirección de Gamaliel, muy de acuerdo con la ley de nuestros antepasados". Gamaliel fue hijo de Simón, nieto de Hillel, doctor de la Ley y miembro del sanedrín, representante de los liberales en el fariseísmo (la escuela de Hillel era opuesta a la de Shammai). En su condición de doctor de la Ley, Gamaliel emitió un gran consejo en el concilio convocado contra los apóstoles, y los salvó de la muerte.

ha tardado en hacer esta afirmación, pero es mejor tarde que nunca. A través de sus personajes, Churata discute con filósofos griegos y latinos, discrepa de científicos sociales, sociólogos e historiadores, establece una distinta forma de situar a los seres humanos frente al dominio de un sistema político cultural perverso, piensa desde el fondo del tiempo y la historia para expresar una personalidad literaria distinta a la que prevalecía en su época.

Una palabreja grave, una expresión que significa un insulto para escritores como Churata, es la palabra "indigenista". No se puede negar que mucho daño le ha hecho que lo motejaran de "indigenista". En el Perú, esta palabra no solo ha desfigurado la maravillosa literatura de Gamaliel Churata, sino también la de José María Arguedas y Ciro Alegría. Si bien es cierto que el propio Churata usa repetidas veces los vocablos "indigenista" e "indio", se entiende que para él no tienen un sentido paternalista y menos todavía racista. "Indio", para Churata, significa cultura, identidad, pasado, presente y futuro con justicia, democracia desde los ayllus, sobre todo el desarrollo de una mentalidad autónoma y libertaria. Por eso, no es posible juzgarlo de "indigenista" con los instrumentos de análisis que ahora tienen las ciencias sociales. Afortunadamente, esa denominación de "indigenista" está siendo borrada por los nuevos críticos, que se acercan a Churata con otra mentalidad. Respecto a la palabra "indio", hay que notar que en el Perú actual las personas que tienen origen andino han dejado de autodefinirse con esa palabra. Ahora se llaman a sí mismos quechuas y aymaras.

Hacia una lectura de *El pez de oro*

Formalmente, *El pez de oro* está dividido en varios textos, capítulos o libros menores, cada uno autónomo en sí mismo, pero a la vez en estrecha relación dialéctica, estética y temática con los otros. Así, la unidad es múltiple, como anillos que rotan por separado, pero cuyas órbitas se tocan, en una especie de sistema de planetas con leyes de rotación propias pero circunscritas a un solo sistema solar literario. Los personajes pertenecen a la realidad social, a la cosmopercepción[13] y religiosidad andina, y a la ficción; pero también a una creación

---

[13] Sobre este término, consultar José Luis Ayala. *Diccionario de la cosmopercepción andina. Religiosidad, jaqisofía y el universo andino.*

literaria que "describe" un universo vasto, permanente y cambiante. Esa es la lógica con que es aconsejable leer un libro caleidoscópico, diferente y distinto a las formas literarias convencionales.

El discurso literario propiamente dicho empieza con un capítulo o libro al que Churata denomina "Homilía del *Khori Challwa*",[14] que incluye cinco textos. Según el DRAE, la palabra homilía (Del lat. *homilĭa*) significa "razonamiento o plática que se hace para explicar al pueblo las materias de religión". *Khori Challwa*, en aymara y quechua, significa pez [*challwa*] de oro [*quri*], y hace referencia al personaje central del libro, que convertido en *laykha* o maravilloso brujo de la palabra, habla a través de un símbolo de la cosmopercepción andina que es precisamente el pez sagrado del Titicaca. En otras palabras, "Homilía del *Khori Challwa*" es un discurso analítico que desde una dialéctica andina plantea el florecimiento de una distinta racionalidad a través de un personaje presente en todos los libros, discursos, conferencias y artículos literarios de Churata. Este personaje es el "pez de oro". Es un personaje-idea, que expresa la cosmopercepción que maneja Churata, por eso cuando el narrador-Churata lo hace hablar, lo hace como él, habla de él y habla él.

En la dicha "Homilía del *Khori Challwa*" Churata empieza reflexionando. Se pregunta si en América hay una literatura americana que exprese al ser colectivo, dando importancia a la diversidad de culturas y, sobre todo, a las diferentes formas de hablar español, preocupaciones que comparte con Alberto Mostajo. Pero además, parte de cero, examina cómo es que las culturas andinas crearon sus propios idiomas y cómo, desde la invasión hispana, se produjo un desencuentro no solo entre culturas distintas, sino entre idiomas, por lo que floreció necesariamente un proceso de *amestización* de la lengua que debe entenderse como un proceso de intensa *interculturalidad*. En otras palabras, que en el habla cotidiana primero, y después en la literatura, se dio una nueva forma de hablar, de expresarse, de comunicarse. Frente al hecho del innegable como evidente proceso

---

[14] En la época en que escribió Churata todavía no se había establecido un sistema fonético para las lenguas quechua y aymara. Churata escribe como oye: *khori* [para expresar la pronunciación del vocablo aymara *quri*], *Titikaka* [para *Titicaca*], *laykha* [para *layqa*], *ahayu* (para *ajayu*), etc. En la edición crítica de *El pez de oro* que publicamos el año 2012 incorporamos una adaptación al sistema fonético establecido para las lenguas andinas quechua y aymara. En este trabajo, y para no confundir al lector, reproducimos los vocablos tal como los escribió Churata.

de hibridización del español, Churata propone preservar el *ahayu*,[15] es decir, las raíces culturales y a la vez el espíritu colectivo. Señala que durante la colonia no hubo posibilidad del surgimiento de una literatura auténtica y autónoma. Entonces, lo conveniente es que los escritores expresen la *novedad* que resulta del choque de idiomas alimentados mutuamente con distintas formas expresivas.

Desde la llegada del comerciante y navegante Cristóbal Colón a nuestro continente que ahora se llama Abya Yala y América para la cultura oficial, a sus habitantes se les llamó "indios", después "indígenas", y luego "originarios". Durante muchos años se denominó "indio" a una persona con ciertas características somáticas, económicas y culturales. Inmerso en la cultura de su época y tiempo histórico, Churata no tuvo más que aceptar el término, pero no para denigrar ni humillar, sino para reivindicar e iniciar una larga lucha cultural descolonizadora. Por eso, al referirse a lo que podría suceder con la literatura que se escriba en el futuro, anota que:

> [...] es preciso que la voz india adquiera vigencia porque haya llegado la decisión fatal de su victoria sobre los elementos negativos que la soterraron. A poco que estos fenómenos sean estudiados en planos vitales y la crítica literaria pueda servirse de testimonio objetivo del alma humana, se establecerá ley por la cual todo injerto del *ahayu* (alma colectiva) supone, en período cíclico, la expulsión de los factores que determinan su inhibición. (12-13)

Atento lector de la literatura de su tiempo, señala que ya aparecieron escritores con raíces americanas. No se equivocó en nombrar a un narrador como José María Arguedas, quien representa a América escindida, a un conjunto de pueblos que luchan en un proceso de descolonización. Admonitoriamente, observó que:

> [h]ay escritores como Jorge Icaza, José María Arguedas, Cardoza Aragón de Ecuador, Perú y Guatemala, en quienes es notorio el latido de una naturaleza con raíz, son decisión indisimulable, desde el punto de vista hispano deplorables. No como posibilidad americana, pues en ellos es sobre el idioma que recae la violencia expresiva de una personalidad que acabará por romper los tejidos idiomáticos haciendo del romance una jerga casi bárbara, cuasi tan bárbara como la usada por Guaman Poma. (24)

Sin duda, Felipe Guaman Poma de Ayala, el Inca Garcilaso de

---

[15] *Ajayu*. Palabra aymara que puede traducirse como alma, espíritu o ánimo de una persona. Cuando se dice *ajayu* se hace también referencia a una comunidad. El *ajayu* entonces, es colectivo.

la Vega, César Vallejo, José María Arguedas y Gamaliel Churata son escritores en los que el idioma español tiene un acento singular, pero al mismo tiempo lo enriquecen no solo porque recogen nuevas voces indispensables para expresarse, sino porque cumplen con una labor de ampliación y extensión del idioma. Hoy los cuatro escritores mencionados significan una nueva y rica dimensión del español americano, y el fenómeno no se detiene, es un hecho inherente a la evolución de la cultura.

Pero, además, Churata también vislumbró el choque entre escritores académicos y autodidactas, criollos y andinos, provincianos y capitalinos; entre quienes usan palabras provenientes del aymara y el quechua y quienes creen que deben escribir en un español estándar, sin vocablos "contaminantes". Churata propone que los escritores de los países donde se habla quechua y aymara escriban enriqueciendo sus textos con palabras provenientes de esos idiomas. No se trata de exigir que todos los escritores tengan esa cualidad. Se ha entendido mal cuando se afirma que Churata sostiene que todos deben sentirse indios, hablar como indios y escribir como indios. Eso no es verdad. La pregunta central de Churata es si existe o no una literatura americana. Se trata de contestar si hemos sido capaces o no de crear textos que recojan, sobre todo, una realidad idiomática acorde a nuestra realidad cultural. Si hemos podido o no, sin renunciar a ni abominar el español, crear libros capaces de revolucionar el idioma. Considera Churata que una literatura americana tendría que tener la capacidad de recrear el idioma, de llevar adelante un trabajo de desestructuración para establecer otros cánones, un lenguaje híbrido que refleje un espíritu colectivo. En resumen, que contenga el *ahayu* (alma colectiva) múltiple y plural de un continente en permanente cambio y ebullición.

En el proceso de meditación y análisis que realiza en su "Homilía del *Khori Challwa*", Churata interpela a muchos escritores de la cultura clásica y dominante moderna para demostrarles que se han formado una idea equivocada de América. Al mismo tiempo, rescata los signos mayores que se habían dado en su tiempo para estructurar una literatura distinta. Esa fue precisamente su acción pedagógica como impulsor del Movimiento *Orkopata*: crear desde América una literatura que se exprese a sí misma. En otras palabras, hablar desde el eje, crear desde adentro, escribir desde "la célula" (31).

Para entender mejor *El pez de oro* es preciso tener en cuenta estas reflexiones. Churata escribe "desde la célula", y para exponer su pensamiento indaga, imagina y recurre libremente a temas y recursos literarios de distinta índole. Siendo un escritor libérrimo, decidió mezclar géneros literarios, escribir en absoluto (des)orden libertario, para crear una literatura descolonizante. Por eso, para leer *El pez de oro*, es aconsejable abandonar todo prejuicio eurocentrista, dejar de lado la lógica de los lugares comunes, salvarse del academicismo normativo, abandonar todo molde que no deje fluir la maravillosa aventura de internarse en un libro concebido con dialéctica y estética americana.

Cada uno de los capítulos o libros de *El pez de oro* está íntimamente ligado con el conjunto, relacionado por vasos comunicantes coherentes, amarrados por un invisible vínculo y espíritu. Todo obedece a una lógica propia distinta a la convencional, y el producto final es un tejido cuyas partes están referidas al tema central: establecer la posibilidad de hablar desde la célula, desde los cimientos sobre los cuales se edificará una nueva literatura raigal. Una imagen ilustrativa de la dinámica que organiza los capítulos de *El pez de oro* es la siguiente: si al mismo tiempo arrojamos varias piedras del mismo tamaño a un estanque de aguas tranquilas, veremos que cada una produce un círculo. En determinado momento todas se abren y unen, se tocan y a la vez mezclan, conservando sus órbitas. Se entremezclan y forman un sistema comunicativo único y diverso. En esa imagen de fluidez y movimiento queda captada la dinámica de *El pez de oro*.

También hay que entender que *El pez de oro* no es un libro de historia, pero tampoco es un ensayo y menos una novela. Viene a ser la expresión de una literatura que usa todos los géneros para proponer un acercamiento a la humanidad formada y sufrida en esta parte del universo. En la "Homilía", por ejemplo, encontramos secciones que abordan discusiones históricas, pero sin el propósito de hacer historia. En el texto titulado "Alzamiento de los Pizarros" Churata señala dos corrientes políticas libertarias de distinta índole en América. Por un lado, señala como descendientes de Pizarro a los hispano-criollos que lucharon por la Independencia Americana, por otro, sitúa a José Gabriel Túpac Amaru II como al auténtico precursor y ejecutor de la Independencia, desde una concepción más amplia y auténtica. Al respecto, pensamos que si bien es verdad que en América se plasmaron dos proyectos históricos distintos y distantes (el de los hispano-criollos y uno descolonizador expresado en la gesta libertaria tupamarista), Churata arriesga demasiado al llamar "Pizarros" al Libertador Simón Bolívar y a todas las personas que lucharon contra el poder colonial de España. La suya es una percepción histórica que consideramos equivocada, aunque respetable considerando la perspectiva desde la que escribe. Como dice Jorge Basadre, lo que ha sucedido es que la oligarquía ha secuestrado a la Independencia, no le ha interesado construir una Nación, se ha apropiado del Estado y no puso los cimientos de la República (citado en Macera 137). Una de las preocupaciones centrales de Churata es que alguna vez se escriba una historia de América distinta a la oficial. Esto implica la necesidad de revisar lo que hasta ahora se nos ha enseñado. La expresión: "¡Historiadores: borrón y cuenta nueva!" (34), es una clara alusión a la responsabilidad de encarar cuanto se ha escrito de modo humillante y fragmentario, con la idea de formar una conciencia parcelada que no piense en términos comparativos universales.

El siguiente texto de la "Homilía", titulado "Encrucijada del ego", viene a ser una mirada al interior del ser colectivo, del *ahayu* continental (espíritu americano), que Churata percibe como inevitablemente vinculado a las culturas originarias. Después de sumergirse en la comprensión de esa colectividad, Churata escribe una frase que resume la visión: "Podrá entonces pututearse: —¡Kuiku nayaha!... Soy un indio..." (34). En "Radiografías del cáncer", el siguiente texto de la "Homilía", entra en juego la discusión de la otredad, con la propuesta *Tú eres naya* (Tú eres yo). Es decir, el *otro* soy *yo*. Se trata de una visión distinta a la que presentaba la literatura indigenista de su tiempo, básicamente porque ahora no se trata simplemente de reivindicar al otro, sino de hacerse parte de él. No basta que duela la condición humana de las grandes mayorías nacionales, porque lo que se busca es ser parte de ella.

En "Germinación de la estética", otro texto de la "Homilía", la tesis central postula que la nueva literatura americana tendría que construirse en base a una propuesta distinta a la que hoy conocemos como expresión de la metrópoli literaria, lo que en síntesis queda expresado de la siguiente manera: "Mas, por razones que miran a los factores sociales que concurren a la formación de los idiomas andinos, podría estimarse que el 'ego' latino, no es el incásico, que es ego colectivo. Por lo que es forzoso que para ser 'americana' la literatura americana comience por mostrarnos en sí el tumulto del pueblo de que es fruto" (43).

En el último texto de la "Homilía", titulado "La caverna", resalta el ejercicio literario de corte vanguardista. Churata, al entender que eso que algunos llaman "cielo" es una proyección del lago Titicaca, concluye que en el lago todo es posible. De modo que allí, convertidos en realidad cotidiana, viven los personajes de la cosmopercepción andina. Esto quiere decir que no hay una línea divisoria infranqueable entre los seres humanos y el *ahayu*, los *apus*,[16] los *achachilas*,[17] las sirenas,[18] los *uywiris*[19] o los *anchanchos*.[20] Se trata de entender y habitar el mundo desde otra racionalidad, con una distinta forma de percibir la naturaleza humana y la no humana. Esto es sin duda un problema para quienes están acostumbrados a razonamientos cartesianos, pero desde la lógica andina que emplea Churata es posible sentir la presencia y conversar con seres no humanos y compartir una conciencia colectiva en la que todo está amarrado. Todo tiene que ver con todo. En síntesis, el ser humano es parte de una existencia que no comienza ni termina, por lo que el concepto de "vida" es distinto al que impuso la lógica de la conquista. Sin embargo, pese a que ambas concepciones entran en conflicto, Churata establece entre ellas cierta convivencia conflictiva. A partir de este pensamiento dialéctico andino ("indio" diría Churata en su tiempo) desarrollado desde el principio de su obra, Churata adquiere un "lugar" particular en la literatura peruana y boliviana. Se trata de un creador que logró independizarse mental y culturalmente de su entorno y establecer un proceso literario distinto. Si hay una expresión para caracterizar a Churata, es la de creador de una literatura descolonizante y libertaria. Eso de repetir que *El pez de oro* es la Biblia del Indigenismo no es más que la repetición de un concepto acuñado por Luis E. Valcárcel.

---

[16] *Apu*. Padre tutelar. Origen de la vida. Generador de dones.
[17] *Achachila*. Anciano, abuelo, ser tutelar que engendra y cuida la vida. Los *achachilas* protegen a las comunidades de las catástrofes y desgracias colectivas.
[18] *Sirenas*. Seres mitológicos, mujeres que habitan el Titicaca, los ríos, lagos y manantiales. Producen "encanto" o magia para enloquecer a los jóvenes. Su espíritu entra a los instrumentos musicales como guitarras, zampoñas y charangos, para que tengan una voz cósmica o recojan el sonido del viento cordillerano.
[19] *Uywiris*. Personajes que se ocupan de cuidar las casas, los sembríos y los caminos.
[20] *Anchanchos*. Seres mitológicos que habitan el mundo de abajo, la oscuridad del tiempo. También salen de las cuevas para hacer daño a los sembríos, se alimentan de frutos frescos y se reproducen como los cerdos.

El siguiente capítulo o libro, significativamente titulado "El pez de oro", tiene una organización muy peculiar, con una sección central ("el pez de oro") seguida de dos sub-secciones, y todo el conjunto sometido a numeración romana para separar los distintos fragmentos que lo componen (148 en total). La secuencia narrativa que atraviesa el capítulo no es lineal sino más bien de zigzagueante curso, estrategia que le otorga a Churata la libertad de hablar en primera persona, de referirse a hechos del pasado, a sus lecturas y a personajes de libros, de evocar y convocar a seres que habitan el imaginario andino y, sobre todo, de cederle palabra y rol protagónico al personaje central del libro: el pez de oro. Churata rememora, por ejemplo, que como mestizo desciende del primer español que llegó a la Isla del Gallo, pero que en los Andes renace "indio", en medio de un paisaje de chullpas en ruinas, y que, al beber de las fuentes del Titicaca, se convierte en mensajero de un mundo soterrado. También es este capítulo queda planteado un vigoroso cuestionamiento a la educación oficial que propone el Estado-nación, cuya acción catequística, alienante y represiva, resulta ajena a las realidades culturales de las distintas regiones que lo componen. La frase "¡Tumbemos las escuelas y a sus lívidos!" (50) expresa elocuentemente este propósito.

Es evidente que la forma de narrar *El pez de oro* no tiene precedentes en la literatura latinoamericana. Se trata de un libro único, que nace de la necesidad de subvertir la condición colonizada de la literatura estableciendo una insólita forma de escribir que no se limita a crear literatura, sino que apunta a construir un distinto universo mental. Al estar escrito con una lógica tan singular, desconcierta, y ese hecho ha causado que muchos lectores abandonen el libro después de las primeras páginas. Uno de los aspectos que desconciertan en la escritura de Churata es la forma en que intercala formas narrativas con formas líricas procedentes del contexto andino. Los poemas con títulos de la poesía quechua clásica que encontramos en el capítulo titulado "El pez de oro" (*hararuña, haylli, harawi, wayñusiña*) no pertenecen al canon con que se escribían por ejemplo los *jarawis*.[21] Muchos poemas tienen corte moderno, pero se alimentan de ideas, textos, reflexiones y palabras en aymara o quechua que es necesario traducir para entender su belleza. Por ejemplo: "Bajo los *kollis* / baila

---

[21] Poemas escritos en quechua cuyo equivalente en español podría ser "endechas".

el *Anchancho*; / baila el *Anchancho* rojo / de los *sankayus*"[22] (65).

Narrativamente, de un estilo de narrar en primera persona, se pasa a escribir como narrador en tercera y, con inteligentes pasos a desnivel, a nombre de otros personajes, para luego volver al punto de partida. El aparente desorden debidamente organizado es lo más cautivante, porque le permite al lector entrar poco a poco a un universo desconocido pero existente en muchos lugares del mundo donde se desarrolló lo que ahora la jerga cultural dominante llama "pueblos originarios".

La segunda sección del capítulo "El pez de oro" es un texto titulado "Paralipómeno Orko-pata". Aquí Churata usa como recurso literario escribir una carta a un amigo después de treinta y siete años. En esa carta recuerda los años en los que funcionó el Grupo Orkopata y reflexiona sobre temas que son la esencia y significado del libro. Se adentra en las entrañas de su personaje central para explicar también a los demás que hasta esa parte aparecen. En la carta, Churata cuestiona la filosofía practicada en Occidente, su dialéctica y su razonamiento. No cabe duda que la influencia de Nietzsche se muestra poderosa y permanente, pero es preciso señalar que no lo imitó ni obedeció al pie de la letra. En cambio, no sucede lo mismo con Platón, a quien permanentemente interpela y hasta ridiculiza, demostrándole que su magisterio está equivocado. Con Aristóteles, Kant, Hegel, Goethe, Croce, Descartes y otros escritores clásicos es más tolerante y hasta respetuoso. El siguiente pasaje es ilustrativo de la relación que establece con Platón:

> Alguna vez oí en voz interna a uno que me decía:
> – Dime lo que comes, te diré lo que piensas...
> Ese era antropófago, comía de mi carne y bien sé lo que pensaba.
> ¿Entiendes, Plato? (116)

"Khori-Khellkhata = Khori-Challwa" es el título de la tercera sección de este capítulo. Aquí Churata nos presenta 46 textos con el nombre de versículos (vers. 1, vers. 2, y así sucesivamente), pero no con la intención de escribir pensamientos cortos, sino más bien una prosa poética de absoluta libertad. Aparecen diálogos, explicaciones,

---

[22] *Kollis*: Pequeños arbustos que crecen en la puna, a 3,800 metros sobre el nivel del mar. *Anchancho*: Ser maligno que puede tomar la figura de un animal. Hace daño especialmente a los sembríos cuando maduran los frutos. *Sankayus*: Frutos pequeños, silvestres y dulces que crecen entre espinas delgadas. Sirven de alimento para aves pequeñas.

meditaciones e indagaciones para adentrar al lector en un universo constituido por cuatro espacios: El lago Titicaca, donde moran los personajes acuáticos; la penosa realidad de seres humanos acosados por el desamparo social; el mundo de lo incognoscible –no porque sea imposible conocerlo, sino porque el ser humano tiene limitaciones y no conoce bien sus íntimos laberintos–; y el mundo de los muertos, que están vivos, porque no desaparece el *ahayu*. Es decir, la "semilla" vuelve a crecer en quienes nacen.

El siguiente capítulo o libro es "Pachamama", texto escrito ex profeso con una marcada escritura híbrida.[23] Los vocablos o recursos lingüísticos que provienen en su mayoría del aymara están estratégicamente ubicados. No se trata de una incrustación antojadiza o arbitraria, es más el trabajo de un orfebre inteligente con un refinado gusto literario. Las expresiones tienen una gran belleza y propiedad, de modo que una traducción las empobrecería enormemente, por más que el aymara del traductor sea mejor que el de Churata. Otro aspecto destacable de este capítulo es la referencia a Colón, que sirve para dar fuerza a un discurso que a lo largo del libro se convertirá en la visión de un escritor que habla a Occidente desde sus entrañas culturales y a través de textos que articulan una vigorosa crítica histórica y cultural. Sobre la histórica equivocación de la llegada de Colón a América y posterior invasión de España, Churata escribe:

> Y con todo hay algo que no te perdonaremos; y es que callaras cuando te bautizaron "descubridor de Indias". Tú nada has descubierto, Colón, a no ser la felonía de los españoles, que después de obligarte a representar la más fulera de las comedias de capa y espada, para ser más nubios que núbiles, te encadenaron y vejaron, hasta hacerte maldecir la lengua moabita,[24] la de tu madre. (160)

---

[23] Según Martín Lienhard, el término *escritura híbrida* refiere a un "conjunto de textos nacidos en pleno enfrentamiento entre la oralidad y la tradición letrada de procedencia europea (…) Híbridos en menor o mayor grado, los textos que integran este conjunto ni se entienden ni se explican sin referirlos a las culturas marginadas por la conquista o por las posteriores reestructuraciones coloniales o neocoloniales. Tales textos resultan, naturalmente, un escándalo para una historiografía literaria deseosa de documentar la irresistible ascensión de los sectores 'criollos' o europeizados hacia un status de representación nacional absoluta" (*La voz y su huella* 30-31).

[24] Lengua emparentada con el hebreo antiguo, de la que solo se tiene algunos registros dialectales. Su escritura se conserva en un monumento conocido como la estela Moabita, descubierta en 1868 al este del Mar Muerto y actualmente albergada en el Museo del Louvre.

"Españoladas" es un libro que evoca la realidad del hambre en un mundo donde abundan los alimentos, pero están en pocas manos. La lectura de *Guía de pecadores* de Fray Luis de Granada le permite a Churata establecer una constante: la invasión española produjo un hambre brutal que antes no había. "Españoladas" es también un texto de diálogos e intervenciones de personajes que el narrador convoca para construir juicios que oscilan entre la historia, la cosmogonía y la ficción. A veces interviene repentinamente una voz de afuera, alguien que no está debidamente registrado, pero que agiliza la discusión y genera conversación entre personajes ya conocidos y personajes (humanos o no humanos) que aparecen y desaparecen, y que para expresarse recurren frecuentemente a palabras en quechua o en aymara. Es posible, por ejemplo, reconocer la voz del diablo, del Puma de oro y la del propio narrador. Conviene anotar que el quechua y el aymara que utiliza Churata siguen el registro lingüístico de la época. Estamos hablando de un tiempo en que todavía no existía una normalización para la escritura de lenguas llamadas ahora originarias, por tanto, no se trata de expresiones anárquicas sino de una adaptación, tal como lo hacían quienes querían registrar sus textos en esos idiomas. Pero, además, es también como se hablaba antes. Hoy día la educación bilingüe ha optado por enseñar quechua y aymara con el uso del Alfabeto Fonético Universal, con la utilización de tres vocales y sus respectivas grafías. De esa manera, se ha facilitado y estandarizado la educación primaria e intercultural.

"Pueblos de piedra" es un conjunto de fábulas andinas que explican los orígenes de la humanidad desde los tiempos del *purumpacha*,[25] cuando los Padres Creadores andinos decidieron poblar la tierra con seres humanos y animales. El Padre *Inti Wiraqucha*, creador de los quechuas, así como el *Apu qullana awki*, padre de los aymaras, de dos pedazos de piedra crearon a la pareja humana y dispusieron que vivan en comunidades para disfrutar los bienes de la madre tierra con equidad y sin dañarla. Las fábulas que integran este capítulo están recreadas con el estilo literario propio de Churata y destinadas a resaltar los valores humanos, éticos, étnicos y morales de una cultura distante y distinta a la oficial, con personajes humanos

---

[25] Edad en que la naturaleza estaba inhabitada y esplendorosa, hasta que los padres creadores andinos dieron vida a los seres humanos y animales de la tierra, el agua y el cielo. Este es un elemento básico que marca el inicio de la vida y su desarrollo posterior.

y no humanos que hablan, viven y actúan. Sin duda, Churata asimiló la pedagogía de Encinas, quien le enseñó a apreciar los valores de la cultura andina, pero también, debido a su espléndida cultura literaria, pudo comparar, asimilar y citar narraciones maravillosas de otras culturas.

"Mama kuka" es un capítulo compuesto por un relato dialógico de factura vanguardista y cuatro textos ("El Facitol", "Pastoral del Allkhamarini", "Sincretismo" y "Crucifixión del Chullpa-tullu") que establecen una unidad dispersa o una lectura en circuitos abiertos, pero con un tema en común. Motivo central en estos textos es el *chajchado* o *akulliku*[26] de coca, costumbre en el mundo andino que viene desde antes del Tahuantinsuyo. Churata asume la defensa del consumo de coca y afirma que la hoja sagrada es el alimento más completo. En una época en que este tema todavía no había sido bien estudiado, el escritor certificó que la coca no causa daño al organismo sino más bien beneficios. En cuanto a sus usos ritualizados, sostiene que para los brujos, adivinos, curanderos, parteras, suerteros y habitantes de los Andes, la coca tiene sentido mágico. Cura enfermedades y permite construir una actitud filosofante frente al universo.

En su desarrollo, este capítulo establece un desafiante diálogo con Freud a propósito de la sexualidad y del inconsciente. Como buen lector del creador del psicoanálisis, Churata observa que: "[el] psicoanálisis especuló en las etiologías de la represión sexual. Diagnóstico equivocado: no habrá represión; todo lo contrario. La mía era vida mental, psíquica, fisiológica, de orden honestamente animal, y podré agregar que, filosóficamente, de valores animalescos". (220) Refiriéndose a la riqueza de la vida emocional, y después de bucear por los laberintos de la mente y sus grandes secretos, concluye que "aquello que llamamos subconsciente acusa, simplemente, la presencia de conciencias que se albergan en la personalidad humana; y constituyen nó una conciencia subyacente, sino una conciencia múltiple. [...] Sé que no puedo explicar aún estos fenómenos con la debida claridad; mas nó por eso dejo de anotarlos..." (220).

"Puro andar" es un libro denso cuyo tema central es la muerte y el eterno caminar de los vivos hacia ella. En Churata la muerte tiene

---

[26] Acción de masticar la hoja de coca de modo sistemático de acuerdo a la costumbre y necesidad biológica.

un sentido distinto al convencional porque se asume que nada muere, y que los muertos pueden hablar y habitar, a su manera, el mundo de los vivos. La insistencia en este tema es permanente en Churata. Biográficamente, remite al dolor que le causó la temprana muerte de su esposa Brunilda, y de sus niños Quemencia y el primer Teófano, lo que autoriza a pensar que en uno de sus perfiles el libro pudo haber sido concebido como un homenaje a los muertos.

En "Los sapos nengros", la realidad no tiene una delimitación exacta, lo que permite imaginar que ese horizonte que algunos llaman cielo no es más que el reflejo de ese otro, que los andinos llaman Titicaca, por lo que en su extensión todo es posible. Así, los sapos hablan y pueden tener una vida humanizada. Como en ninguna parte de *El pez de oro*, el uso de la escritura automática es particularmente evidente es este capítulo, pero no está por encima del tema literario. No se trata de sacrificar el fondo de la narración, sino más bien de darle una mayor exploración y riqueza. Churata debió haber leído los manifiestos surrealistas y enseguida opta, mejor dicho, adopta esa técnica para narrar un mundo literario distinto y distante de París. El surrealismo buscaba liberar el inconsciente creador para permitir la representación del mundo interior del escritor. La literatura, entonces, podía ser una indagación de la realidad como efusión creadora, y para eso era válida la técnica de la escritura automática, el ejercicio libre de la mano que escribe sin obedecer a la conciencia o a la misma gramática. Churata se entusiasmó por esa técnica, pero no imitó al surrealismo, incluso hay un pasaje en el que señala que su libro no tiene antecedentes y no se parece a ningún otro, y eso es verdad. Los poemas "surrealistas" que aparecen en este capítulo tienen cierta reminiscencia incaica. Vienen a ser una llamada de atención para que el lector vea que en ambas culturas hay valores literarios. Distintos, pero de igual trascendencia estética.

Para fijar mejor el argumento del libro, en el capítulo titulado "Thumos", Churata hace hablar a los canes como si fueran personas, y establece que: "Mi historia es la historia de un hombre-perro" (371). El perro viene a ser un personaje que piensa y al mismo tiempo medita acerca de su condición de animal-ser-humano. Abordando el tema platónico del alma, el hombre-perro reclama el derecho que le asiste a tener espíritu y acceso a la inmortalidad, lo que contribuye a demostrar, una vez más, que Platón estaba equivocado. En este capítulo Churata retoma el tema de la muerte, mostrando que puede tener un sentido distinto al que le otorga la concepción cristiana y, a través de sus personajes, reitera su militancia en la Necrademia (Academia de los muertos). También en este capítulo, recurre a una estrategia discursiva que atraviesa todo el texto: la mayéutica.[27]

"Morir de América" es un texto compuesto por 22 narraciones cortas unidas por una expresa necesidad del escritor para exponer sus ideas respecto a cuatro temas concretos: gobernanza, conflictos sociales, educación y sistema político. Todo empieza con el relato de un profesional que proviene de la clase excluida y que se ve obligado a "blanquear" su imagen y apellido para ser aceptado en la clase dominante. Cambia de apellido, de *Khespe* a José María Cristal. Enseguida, Churata reflexiona acerca de la formación de una República que se ocupe de la salud y respete al pueblo. Los acontecimientos tienen lugar en el espacio simbólico de las profundidades del Titicaca, donde todos los personajes son peces o figuraciones no humanas. Un personaje en particular, el *Wawaku*, establece una tiranía férrea en contra de sus gobernados, razón por la que el pueblo se organiza para derrocar al tirano. Aquí aparece un dato sorprendentemente admonitorio cuando, elaborando la condición en que vive el pueblo, Churata escribe: "La población del Titikaka es de mil millones de individuos; esos mil millones tributan mil millones de 'Intis', que es la unidad monetaria de nuestro país" (476). Es preciso señalar que en el Perú la unidad monetaria del "sol" pasó a ser "inti" durante el primer mandato de Alan García Pérez.

"Morir de América" es además un texto lleno de meditaciones en torno a problemas referentes a la ética, la moral pública y, sobre todo, al derecho político que tienen los pueblos para organizarse, movilizar sus masas y protestar para exigir un cambio social. Para discutir cómo tendría que ser la educación y la formación de los maestros en la figurada República creada por Churata, el texto adopta el pensamiento pedagógico de José Antonio Encinas, pero adiciona un período de prueba y aboga por un sueldo al maestro comparable

---

[27] Generalmente la invención de este método de conocimiento se atribuye a Sócrates, pero hay que distinguir entre el método que usó Sócrates (la famosa *ironía socrática* consistente en que el alumno, mediante preguntas que le hace el maestro, comprenda que lo que cree saber está basado en prejuicios) y el procedimiento mayéutico propiamente dicho, que contrario a la ironía, se apoya en la teoría de que el conocimiento está dentro de cada uno, y de lo que se trata es de ayudarlo a emerger.

al de un ministro de Estado. A lo largo de todo el texto Churata le pregunta a Platón si entiende o no el discurso de *El pez de oro* y la realidad de un mundo en el que las ideas platónicas no tienen razón de ser debido a que impera otra visión del mundo. La batalla final entre el *Wawaku*, el Pez de oro y el Puma (que es el padre del Pez de oro), más la intervención de El Inca, presagia lo que puede suceder en la realidad social de cualquier parte del mundo.

Finalmente, llegamos al último capítulo del libro, también titulado "El pez de oro" y que resume todo lo que hasta aquí se ha dicho. Todo lector se preguntará: ¿qué ideología trasunta un libro tan denso y a veces desconcertante? Aunque es imposible separar la obra del escritor, porque todo conforma una unidad, en este caso se puede decir que se trata de un texto referente al destino cultural de América, de los invisibles seres americanos, de la presencia de culturas ancestrales y la defensa de universos amenazados de extinción. De modo que para ubicarlo en el proceso cultural del continente hay que entender que Churata ha dejado un libro que servirá para el proceso de descolonización de la cultura. En efecto, *El pez de oro* le propone al escritor de América asumir una función de descolonización ideológica y cultural. Churata pregunta:

> ¿No funcionará un cierto género de células en los idiomas, aun en esos que son tan artificiosa manufactura del hombre? Allí donde, como en América, porque se quiso, o se le impuso otro idioma sobre el ya celular [...], el hombre se expresará sin emotividad [y con] la gelidez e infecundidad de algunos estilos literarios. El escritor germinal[28] tiene estilo genésico, y bastará profundizar en los mecanismos de su ideación; en la temperatura de las voces que emplea, para comprender que toda vivencia mental es vivencia de la célula, entendido que de todas las que le integran. Ella la que alumbra o se resiste. (530)

Hacia el final del libro Churata concluye que la naturaleza del ser humano no está "en Dios" sino "en la célula, y la célula es de la tierra, inmortal" (533). Finalmente, en la última línea, se anuncia el mensaje del Pez de oro: "¡América adentro, más adentro, hasta la célula!" (533).

Intencionalmente escrito para cuestionar la hegemonía de la cultura occidental, especialmente el conocimiento mal llamado "universal",

---

[28] Además de relativo a la idea de "germen", la expresión podría ser una referencia a *Germinal* (1885), la décimo tercera novela de los veinte volúmenes que Émile Zola escribió para la serie *Les Rougon-Macquart*. Es una de las mejores novelas de la literatura francesa, y está referida a una huelga de mineros en el norte de Francia en la década de 1860.

en detrimento de las otras culturas emergentes del mundo, *El pez de oro* es definitivamente un libro de pasmosa singularidad, que no se parece a otro ni tampoco imita. Diverso porque abarca todos los géneros y rompe esquemas mentales para restituirles a los escritores de América el derecho a escribir con la más amplia libertad y sobre todo sin acatar mandatos de la academia ni de la crítica literaria criolla, menos aún la influencia del poder mediático. Un libro que traduce el derecho a crear una obra con escritura híbrida y con un idioma que debido a la dinámica social y cultural está en permanente cambio. Un libro a la vez múltiple, con varios libros interiores, que requiere una lectura inteligente y una crítica creativa. En sus páginas, encontramos diálogos críticos con la filosofía, las ciencias sociales, la historia, el psicoanálisis, la religión y, sobre todo, una bien articulada desautorización del pensamiento clásico, particularmente de Platón, pero también de Herodoto, Aristóteles, Hegel, Heráclito de Éfeso y San Agustín.

Precisamente cuando terminamos de escribir este texto, una radio en español, desde Europa, anunciaba que se había concedido el Premio Nobel de Literatura al escritor Mario Vargas Llosa. Francamente nos alegró, porque al fin y al cabo el Perú obtenía un Premio Nobel. Candidato varias veces, su agente literario tuvo que haber hecho lo posible y lo imposible para que la Academia Sueca se fijara mejor en él. Inmediatamente después del anuncio se produjeron juicios a favor y en contra, de modo que a nosotros nos toca decir algo. Mario Vargas Llosa es gran narrador y ensayista, nos alegra que la Universidad Nacional Mayor de San Marcos, la literatura peruana, y el Perú, hayan sido distinguidos en el mundo de la cultura literaria. En todo caso, pudo habérseles otorgado esa distinción a César Vallejo, Ciro Alegría, y con mayor razón a José María Arguedas, si es que el Perú los hubiera nombrado como agregados culturales en Madrid, París o Berlín. Hay que lamentar que esos puestos siguen siendo para funcionarios adscritos a los regímenes de turno. Vallejo, Arguedas o Alegría no gozaron de los favores de la diplomacia peruana y menos del "inteligente" apoyo que se practica con los intelectuales bien conectados al circuito diplomático. En el caso de Churata, resulta incomprensible que habiendo vivido más de treinta años en Bolivia liderando y renovando el periodismo, el Perú no lo haya distinguido con un nombramiento diplomático.

Bibliografía

Amat Olazábal, Hernán. *El ciclo mítico de Tunupa. Héroe cultural y deidad del mundo andino.* Juliaca: Universidad Nacional de Juliaca, 2017.

Ayala, José Luis. *Alberto Mostajo. Delirio y tragedia de un poeta vanguardista y metafísico.* Lima: Arteidea, 2009.

_____ *Diccionario de la cosmopercepción andina. Religiosidad, jaqisofía y el universo andino.* Lima: Arteidea, 2011.

Churata, Gamaliel. "Conferencia en la Universidad Federico Villarreal". *Motivaciones del escritor. Arguedas, Alegría, Izquierdo Ríos, Churata.* Godofredo Morote Gamboa, editor. Lima: Universidad Nacional Federico Villarreal, 1989. 59-67.

_____ *El pez de oro. Retablos del Laykhakuy.* La Paz-Cochabamba: Editorial Canata. Talleres de la SPIC, 1957.

Encinas Franco, Aurora. Encuentro en La Paz (Bolivia), realizado en 1936. Testimonio.

Encinas, José Antonio. *Un ensayo de escuela nueva en el Perú.* Tomo I. Lima: Editorial e Imprenta Minerva, 1959.

Lienhard, Martin. *La voz y su huella. Escritura y conflicto étnico-social en América Latina, 1492-1988.* Hanover, N.H. : Ediciones del Norte, 1991.

Macera, Pablo. *Conversaciones con Basadre.* Lima: Mosca azul Editores. 1979.

Martínez Escobar, Aurelio. *Testimonio personal.* Puno, 1968.

Morote Gamboa, Godofredo, editor. *Motivaciones del escritor. Arguedas, Alegría, Izquierdo Ríos, Churata.* Lima: Universidad Federico Villarreal, 1989.

Valcárcel Carnero, Rosina. *Mitos, dominación y resistencia andina.* Lima: Universidad Nacional Mayor de San Marcos. Fondo Editorial, 2013.

Leyendo *El pez de oro*: metamorfosis míticas y pensamiento filosófico

Helena Usandizaga

Este trabajo aspira a compartir una lectura de *El pez de oro* siguiendo algunos ejes temáticos y sus manifestaciones míticas, sin pretender que el comentario se imponga al texto, aun a riesgo de que el primero pierda brillantez. La complejidad de esta obra admite lecturas reveladoras, pero también estos seguimientos en los que el texto habla casi por sí solo. En primer lugar, se propone una reflexión sobre el mito que, respecto a trabajos anteriores ("Irradiación"; "Mitos"), concentra los aspectos significativos y reivindicativos del mito y amplía las mencionadas reflexiones con la referencia a la segunda conferencia que dictó Churata ("Dialéctica") en Puno, en 1965. Partiendo de la búsqueda mítica en lo oculto y oscuro, en la animalidad perdida y en el subconsciente, se teoriza por primera vez en un aspecto específico de lo mítico: los cambios de forma, relacionando las tradiciones proteicas prehispánicas –y en especial la andina– con otras tradiciones, como la clásica y la cristiana. Se revisan luego las principales unidades míticas y su relación con el proyecto de Churata, para, a continuación, estudiar la función de las metamorfosis en tres diferentes capítulos de *El pez de oro*.

Para el capítulo "Morir de América" se parte de un análisis en un artículo anterior ("Irradiación") para concentrar aquí los aspectos relacionados con lo proteico y su función social, política y reivindicativa. Respecto a "Mama Kuka" se examina la función filosófica de los mitos proteicos, partiendo de un trabajo que se había centrado en el viaje chamánico ("Ejes chamánicos") para, en el presente texto, llegar a una nueva comparación de la conciencia proteica con el subconsciente colectivo de Jung. Finalmente, para "Thumos", se emprende por primera vez un análisis de este capítulo proyectando lo proteico sobre la búsqueda de un nuevo modo de conciencia y de permanencia en la materia, así como de una nueva escritura, que se basa en la necesidad humana de recuperar la sabiduría de nuestro ser animal.

En *El pez de oro* (1957), Gamaliel Churata propone un trayecto mítico que es una historia de regeneración: el nacimiento del Pez de oro, hijo del Puma de oro y de una sirena del Titikaka. Este trayecto sugiere ya un carácter irradiante del mito: si pulsamos el pensamiento del enunciador de la obra –que se formula a través de múltiples voces y sus discusiones– nos damos cuenta de que el mito no es exactamente la justificación de creencias y menos aún de dogmas, sino que se constituye en una manera de decir, de cantar y de discutir el significado de la realidad. Un significado que ese enunciador busca en las raíces, en la linfa, en la célula, en el óvulo, en el *chullpar* (lugar de los muertos), en la *kashwa* o canto profundo de los Andes, todos ellos negados o perdidos a causa de la historia. Por ello, hablando del mito de la persistencia y vuelta del Incario, que se ve desde una lógica cíclica pero no repetitiva, sino más bien como una espiral "de cultura ancestral" (*El pez* 193) –de acuerdo a Giambattista Vico y su teoría del acontecer histórico– dice el enunciador: "Tal interna corrivación de linfas induce a admitir que el mito americano tiene raíces solo en ese foco irradiante; y si raíces, no mito" (193). "No mito", aquí, se entiende en el sentido de negar que estemos hablando de relatos fabulosos, imaginarios; y no es mito para Churata la idea de una cultura que existe y persiste desde "el suelo Preamericano teatro de una cultura, que, según sacerdotes egipcios confesaron a Solón, consideraban superior y más vieja" (193), en alusión a la Atlántida como lugar previo de asentamiento de la cultura de Tiwanaku. Una cultura que, en los espacios y la cultura actuales, alienta con la presencia de los muertos tutelares en los lugares profundos y salvajes: "Incrustado en chinkhanas, manantiales, lagos, o kharkhas, es más que presencia del ancestro. Se le conoce por Jefe arcaico, o viejo: Achachi-hila, o Achachila" (344). Esta autoridad de los muertos es un sentimiento que el Pez de oro, Él, lo genésico y el futuro a la vez, sustenta en el presente, provocando "hambres de ver al fin paridos a los muertos" (354).

Pues el mito, en general, tiene otro sentido para Churata: no es una historia fabulosa, sino que articula la apuesta de la creación de un significado, y en este sentido el enunciador cita a Weidlé: "'El pensamiento mítico [léasele el sentimiento del mito], es identificable en que concilia el conocimiento con la creación'" (*El pez* 353). Conocimiento, como es habitual en esta obra, que no acepta el estado de las cosas ni menos aún el que propone el poder; conocimiento, pues, subversivo, nuevo conocimiento, o nacimiento, que viene de la conciencia de ese derecho de lo antiguo colonizado a persistir en la vida social: si "[e]l mito griego es el alma mater del mundo occidental; el mito inkásiko debe serlo de una América del Sur con 'ego'" (198-199). Y de un sentido colectivo, que abre las voces de un coro social; es "materia sinfónica de pueblo" que lleva al Pez de oro "en el plasma unigénito"; es el mito que "libera al hombre" porque, como un drama representado en la calle, "se habrá hecho tumulto, multitud, universo", y producirá no el milagro del mito, sino "el milagro de que somos capaces en Él, en el eje de la sinfonía. Y si no tiemblan los vivos y se levantan los muertos, la commedia e finita" (368).

El mito en *El pez de oro*: las transformaciones míticas

Churata trató, en varios textos –incluido *El pez de oro*–, de exponer el significado al que alude el mito del pez de oro. En una conferencia que dio en Puno, en febrero de 1965, quiso ser aún más sintético:

> El Pez de Oro es el genes del Hombre del Tawantinsuyu; la Sirena, su madre, el símbolo de la naturaleza germinal del agua; su padre, el Khori-Puma, la raíz animal del hombre. Y ya tengo que decir a ustedes que la abuela de El Pez de Oro es la Pacha-Mama, que nosotros los orkopatas llamamos, la Mama-Khamak, la tierra fecunda que constituye la gleba universal de la vida. ("Dialéctica del realismo psíquico" 18)

En una conferencia anterior, pronunciada apenas un mes antes, insistía Churata sobre la simbología del mito, que articula una relación espacio-temporal entre las etapas y mundos, y afirmaba esta visión interactiva y simbólica: "Los personajes de *El pez de oro* no son personas humanas; son símbolos zoóticos del corazón del hombre. Esto es, son animaciones simbólicas de la humana naturaleza" ("*El pez de oro*, o dialéctica del realismo psíquico, alfabeto del incognoscible"

14). De acuerdo a Churata, en *El pez de oro*, los animales, seres totémicos, tienen la función de hacer interactuar diferentes estratos, que pueden concebirse como edades espacio-temporales. Tal vez éste sea uno de los núcleos temáticos o motivos más importantes de la obra. Y, en ambas conferencias, insistía en el carácter material y animal, aniquilado por el intelecto, que se debe recuperar con este cambio de era: "Entonces se verá fácilmente que, desde los versículos del primer capítulo hasta las puntualizaciones de los restantes, hay solo la dramática de la raíz animal del hombre que lucha por recuperar la semilla de su hijo el Pez de oro, a quien la muerte intelectual le había amputado de la carne" ("Dialéctica del realismo psíquico" 18).

Esta dimensión espacio-temporal señala un nivel del mito que no es anecdótico, y en ella la historia del nacimiento del Pez de oro pierde cualquier posible carácter folklórico o superficial. La organización de los espacios y los tiempos y su carácter dinámico se manifiesta en unidades significativas como la potencia del espacio oculto y oscuro, territorio también de los muertos, que contiene uno de los temas eje de la obra: el de la animalidad perdida y el del subconsciente, ambos ligados a lo salvaje y libre, pero también a aquello difícil de controlar desde la perspectiva humana social, y al mismo tiempo, a la sabiduría y protección de los muertos. Como señalaba en otro trabajo ("Mitos andinos"), este espacio, a pesar de su dimensión antisocial, es reivindicado por el enunciador como el que acoge nuestra auténtica y legítima parte animal. Pertenecen a él el propio Puma de oro, que muestra a la vez características de centro ordenador y de ese espacio salvaje, que Bouysse-Cassagne y Harris denominan *puruma*; y otros personajes zoomórficos como el Khawra o llamo de oro; los perros, más sabios que los hombres; los sapos benéficos; la Sirena del lago como ser anfibio en varios sentidos... La conexión que facilitan estos seres abre la vía a una especie de subconsciente andino, y permite explorar en estratos no categorizados culturalmente y a veces en estratos inconscientes, pues los animales, en esta propuesta, cambian de forma y de conciencia y son a la vez hombres y animales. Si, en esta visión de la conciencia y de la humanidad, los hombres deben conectar con los animales, y los animales están muy cerca de los hombres, se entiende que la idea de transformación, de metamorfosis mítica, juega en el texto como algo profundamente significativo, y no solo fabuloso o sorprendente. Examinar este tipo de configuraciones míticas –y no solo las historias míticas– nos ilumina sobre los principales ejes de la obra, y se relaciona con otras configuraciones del pensamiento andino como el animismo, la relación entre la materia y el espíritu, y la concepción de la conciencia individual como algo que forma parte del universo natural y social.

Centrándonos en la configuración mítica de lo proteico o cambiante, podemos decir que esta no es exclusiva del pensamiento andino: desde las transformaciones clásicas hasta las historias medievales, pasando por la doctrina cristiana de la transustanciación, la metamorfosis ha sido la base de la inspiración mítica. Campbell establece una diferencia entre las transformaciones clásicas y aquellas cristianas, que podría también aplicarse a lo amerindio: la transustanciación cristiana cambia la naturaleza de las cosas para hacerlas divinas, mientras que la transfiguración, en los mitos grecolatinos, revela "la divinidad inmanente que existe desde siempre en el interior" (Campbell 290) de las cosas. Esta divinidad que, de acuerdo a la visión mítica amerindia existe en la propia materia, es uno de los ejes de la visión filosófica de Churata, y las transfiguraciones (según el término de Campbell) de personajes que cambian de forma a lo largo de los relatos míticos formulan este eje al mostrar que en ellas no se produce un cambio de sustancia, sino esa revelación de su divinidad material.

En todas las mitologías, en efecto, encontramos historias de metamorfosis. En la clásica, por supuesto, habita el dios que quizás más se ha llegado a transformar en los relatos mitológicos de cualquier tiempo, relatos en los que las metamorfosis suelen servir a sus intereses, aunque este dios condescienda a no transformarse en truenos y rayos que fulminarían a los seres humanos: Zeus es toro, cisne, águila, nube, lluvia de oro, o hasta esposo fingido... En este contexto mítico, los objetos del deseo también se transforman en laurel (como Dafne), o en otras plantas o animales para huir del acoso. En las historias míticas mesoamericanas, lo proteico se manifiesta por ejemplo en la figura de Quetzalcóatl, serpiente y pájaro a la vez, pero también hombre y dios del viento Ehécatl, que además se transforma en Venus, la estrella de la noche y de la mañana. En la mitología andina, las transformaciones son sistemáticas, pues los seres míticos andinos tienen también la cualidad de tomar diversas formas: de ser los antepasados y los *apus* o cerros protectores, de ser una deidad zoomorfa y antropomorfa a la vez, de ser un hombre pobre y andrajoso o un dios cubierto de oro y vestido de finos tejidos, de ser una cabeza voladora o un monstruo informe. Toda esta sacralidad proteica y metamórfica andina la conocemos por los estudios arqueológicos y antropológicos, y también por algunos textos que nos permiten acceder a esta idea. En el *Manuscrito de Huarochirí*, los dioses toman formas diversas, como el dios Cuniraya Viracocha, que fecunda a Cahuillaca en forma de una fruta que esta recibe en su regazo, y aparece también en forma de pájaro; el propio dios se presenta primero como pobre andrajoso y luego como deidad resplandeciente; en la competencia entre Huatyacuri y su cuñado, el primero adopta alguna vez forma de animal para vencer a su enemigo. El propio Cuniraya Viracocha recorre el espacio andino buscando a la diosa Cahuillaca –que finalmente será transformada en piedra– y recurre a varias transformaciones; el dios Pariacaca se transforma en lluvia…

Igualmente, las historias orales andinas, los rituales y el acervo musical señalan esta cualidad proteica: las sirenas, por ejemplo, espíritus de las aguas que transmiten la música, son a la vez seres anfibios que habitan en las cuevas y manantiales y seres que habitan en los espacios estelares y toman la forma de las constelaciones celestes. Lo proteico recuerda de alguna manera lo cambiante y múltiple de la propia naturaleza, lo metamórfico de los ciclos naturales, pero apela también a la idea de energía y a sus connotaciones filosóficas e históricas. El propio mito de Inkarrí, como he comentado anteriormente ("Inkarrí"), en la época colonial, participa del carácter proteico de los seres sagrados, pues el relato narra la futura conversión en un nuevo inca del cuerpo fragmentado del último inca, decapitado por los españoles. A pesar de su posible conexión con la idea de resurrección cristiana, y del milenarismo que tiñó las versiones de este mito, Flores Galindo señala su conexión andina al afirmar que prolonga los antiguos mitos de formación del Imperio inca y también observa el carácter de *pachacuti* (nuevo ciclo o vuelta al mundo) andino del advenimiento del nuevo inca. Asimismo, esta unidad mítica podría relacionarse con la capacidad, que recuerda Morote Best, de los seres míticos andinos de fragmentarse y recomponerse, de acuerdo al mencionado carácter proteico, el cual conecta con los relatos sobre cabezas viajeras en los Andes (Morote Best 227); y no solo, como pudiera pensarse, con la idea cristiana de la resurrección de los muertos (Usandizaga, "Inkarrí" 322).

No es de extrañar esta presencia de lo proteico en el pensamiento andino, pues la lógica metamórfica se relaciona con el concepto de divinidad material: en la percepción antigua, la naturaleza es sagrada y sus elementos pueden ser seres convertidos en piedra o en montaña, pero también, simplemente, manifestaciones proteicas del espíritu y de los antepasados. La abundancia de lugares, objetos o seres sagrados, a menudo piedras, lo que los andinos llamaron *wak'a* o huaca, y las *paqarinas* (lugares de origen como lagos o fuentes), generan, según Bouysse-Cassagne y Harris (19), cultos locales al antepasado fundador y tienen además funciones astrológicas y astronómicas. Además de las montañas y piedras sagradas, y de deidades tan importantes como Illapa, el rayo, relacionado con la lluvia y por lo tanto con la fertilidad, o las constelaciones, que proyectan una rica simbología, hablamos de las deidades femeninas (aguas de las fuentes, ríos y lagunas, cascadas, y también la sirena), la Sarumama, el maíz, la Cocamama, la coca, Mamaquilla, la luna y muy especialmente, la Pachamama, la madre tierra, la diosa de la germinación... Pues la piedra sagrada, las montañas, la tierra, las lagunas, los ríos como fuerza renovadora, el rayo, la lluvia, las constelaciones, son a la vez seres naturales y seres sagrados, y la posibilidad de cambiar de forma y hasta incluso de antropomorfizarse muestra esta sacralidad material de todas las cosas.

Pues, en esta lógica de cambio de forma, además de seres fundamentales de la naturaleza, las deidades pueden tener también figura de animal y son seres totémicos como el puma, la serpiente, el halcón, el cóndor, el pez, el zorro, y la variante más doméstica de la llama y en general los camélidos andinos, pero también pueden a veces aparecer como seres antropomorfos, como en el caso de Wiraqocha, Tunupa o Pachacámac.

Como se dijo al principio, *El pez de oro* tiene un contenido mítico de tipo narrativo: narra en paralelo la historia mítica de la unión de el Puma de oro o *Khori-Puma* y la sirena del Titicaca, que engendran al Pez de oro o *Khori-Challwa*, y su nacimiento y muerte; y su contraparte más realista, que radica en otras historias que evocan lo autobiográfico, la principal de las cuales es la muerte de la esposa y el hijo del enunciador. Además de figurativizarse en lo narrativo, estas reflexiones toman forma ensayística y poética, y los temas principales se sustentan en otras historias y en numerosos motivos repetidos a lo largo de la obra. Ambas dimensiones aluden a la idea de regeneración y conexión con la materia a través del nacimiento del nuevo ser y, paradójicamente, a través de su muerte repetida e invertida, que lo convierte en parte de los muertos tutelares. Al mismo tiempo, el narrador o enunciador del relato reflexiona sobre una renovación política, existencial y creativa del mundo andino basada en su propia tradición y en su sabiduría mítica y filosófica. La obra se mueve en este universo de seres sagrados que toman diferentes formas, como el Puma de oro, antropomorfizado en el relato como padre del Pez de oro, y semejante, por su comportamiento y significado, al dios aymara Tunupa; o como el propio Pez de oro, que podría ser el antiguo huaca-pez de Copacabana, y que también toma la figura del hijo; y también, desde luego, la sirena del Titicaca, ser anfibio y cambiante, a la vez depositaria del saber musical y madre del Pez de oro. Este carácter proteico que pasa del hombre al animal totémico se inspira con mucha probabilidad en las unidades míticas que representan al dios de los bastones que se puede ver en la puerta del sol de Tiwanaku a la vez como felino y como hombre (igual que el Puma de oro y Tunupa), y en las imágenes míticas de la sirena como espíritu de las aguas y a la vez parte del mundo celeste, impulsora de la fertilidad agraria e inspiradora de la música.

Esta conexión con figuras clave de la mitología andina no es casual: como es sabido, para Churata, desde la época del grupo Orkopata y su órgano el *Boletín Titikaka*, las ideas de conexión con lo andino, que implican conocimiento, reivindicación política y propuesta de una nueva escritura, se van afianzando y haciendo más complejas. En su etapa boliviana (1932-1964), refugiado en La Paz por cuestiones políticas, continúa la escritura de *El pez de oro*, que al parecer comenzó a escribir en 1927, de tal modo que esta obra se convierte en la más profunda reflexión sobre la dimensión del pensamiento andino escrita en el siglo XX. Su proyecto incluye la conexión con la sabiduría andina y el desarrollo de una filosofía que se relacione con sus núcleos principales, y la discusión –a veces acalorada– con tópicos occidentales, así como una reflexión crítica sobre la historia y una propuesta política de restauración y equilibrio. Como algo muy importante, incluye también la propuesta de una nueva escritura en torno al problema de las lenguas autóctonas y la discusión con las tradiciones, ya sean estas fructíferas, miméticas o alienantes. La idea de inspiración profunda que guía todo este trayecto implica un proyecto ligado a la situación de enunciación de

Churata, a su contacto con los discursos indigenistas de la época y a su discusión con ellos, a su extraordinaria red autodidacta de lecturas de todas las tradiciones, y a su conocimiento de la cosmovisión andina por la conexión con su oralidad y ritualidad. Sus fuentes son además muy diversas, pues las escritas comprenden algunas obras, como la de Guamán Poma, y muchas otras que contienen fragmentos de esta sabiduría y al mismo tiempo de la historia dolorosa de su encuentro con lo occidental.

Lo proteico en El pez de oro: la dimensión política en "Morir de América"

En *El pez de oro*, las referencias a los cambios de forma son constantes; es más, Churata recuerda las metamorfosis clásicas como una fuente de inspiración y de significado, y aclara que las formas zoóticas que toman sus personajes remiten a esta importancia de la bestia en el ser del mundo, por lo que opina que son "[c]reaciones todas de una mentalidad infantil, por tanto, profunda, que vienen a descubrir otra tremenda realidad" (*El pez* 744), una realidad a la que se accede a través de las figuras míticas y que se reinscribe en un tiempo que sobrepasa el presente.

La dimensión política de las historias míticas activa tanto la idea positiva de fuerza contenida en formas inertes o no humanas como su contraparte, la dimensión pavorosa de los cambios de forma. Este aspecto político del mito, el que conecta con el contenido de regeneración y cambio social, se manifiesta, como los otros niveles, en el personaje del Pez de oro, que restaurará la dinastía de los incas al suceder a su padre, el Puma de oro; pero también en el carácter de cambio profundo, y a la vez de conexión con lo material y lo animal, con los ancestros también; y a la vez con su canto recuperado, el "trino" nacido de lo muerto. Churata asume la cualidad reivindicativa del mito cuando afirma que "el mito inkásico" debe ser la fuerza de América y que "[d]eber de quienes detentan la Wiphala del Inka es no abandonar la batalla antes de la Victoria" (*El pez* 199). Ya en el personaje mismo hay rasgos proteicos: un pez que habla, que se comporta como un humano, o que trina como un pájaro.

Pero también otros personajes, además de sus progenitores el Puma y la Sirena, ilustran en esta dimensión la productividad semántica de lo proteico. El Wawaku, monstruo del lago Titicaca, adquiere una dimensión política en el capítulo "Morir de América", en el que se presentan el *Khori-Puma* y el *Khori-Challwa* como incas, y el Wawaku como monstruo sin una forma definida: en este caso hablamos del oponente, del antihéroe, que encuentra su fuerza y a la vez su debilidad en la posibilidad de cambiar de forma. A lo largo de la narración de la lucha contra el Wawaku, percibimos el carácter multiforme e invasor del monstruo, como algo a lo que la conciencia da formas diferentes, pero como algo, también, a lo que su propia realidad informe y cambiante da la posibilidad a la vez de escaparse e invadir. Al tiempo, el Puma y el Pez, como a todo lo largo del libro, son a la vez incas y animales.

En un trabajo anterior ("Irradiación"), veía cómo, en esta historia de transformaciones, en la sección "¡EL WAWAKU! ¡EL WAWAKU!", de este capítulo, se narra la historia de la lucha del Khori-*Puma*, el padre, y el *Khori-Challwa*, el hijo, con este temible ser que Churata define en el glosario que coloca al final de la obra como "Mitografía de la pestilencia de los pantanos" (*El pez* 1003). En este trabajo partimos del anterior, pero subrayando el valor de esta cualidad de los seres míticos de ser a la vez incas, personas y animales; y por otro lado, incidiendo en el polimorfismo del monstruo Wawaku, que muta en su apariencia pero también en la conciencia de quien lo teme, lo que provoca una reflexión sobre el miedo y el mal.

El padre y el hijo discuten sobre la existencia de este ser; el hijo defiende que esa existencia es real desde el momento en que el pueblo cree en ella, mientras que el padre la descarta en tanto que quimera. Obviamente, esa disensión procede de la presencia en el imaginario de un ser monstruoso y oculto, cuya principal arma es el miedo, y de las diferentes maneras de enfrentarse a él. Por ello, la batalla del *Khori-Challwa* se va librar contra el miedo del pueblo y el poder del mal, que debilitan y aniquilan el grupo social según el *Khori-Challwa*: el mal no es la muerte, sino el miedo a la muerte; el peligro no es el tirano, sino ceder al tirano ("Irradiación" 155). El enfrentamiento del Khori Puma con el Wawaku, Señor del mal y de las fuerzas oscuras, termina con la victoria de este, pero el Khori Challwa invierte el resultado y vence al monstruo, en una clara alusión a la idea de la sucesión dinástica.

En esta confrontación del monstruo con el linaje incaico que forman el padre Puma y el hijo Pez, se oponen entonces la pequeñez luminosa y la grandeza despreciable, como en tantas historias antiguas, por ejemplo, en el *Manuscrito de Huarochirí*. Aquí lo proteico sugiere que la forma es también producto del miedo y de la incapacidad de enfrentarse a la fuerza negativa, pero que al mismo tiempo la forma es necesaria para combatir al mal: al darle variadas y terroríficas figuras de monstruo, el pueblo retrocede ante el enemigo; pero, paralela y paradójicamente, al aceptar que existe el monstruo, la valentía lo puede combatir: es la forma, a la vez, como pesadilla y como razón. Esta dimensión reivindicativa del mito, formulada como manejo de lo proteico, apela en la sección "La batalla del espanto", del mismo capítulo, a una acción que derrota a los enemigos, aquellos que oprimen y aterrorizan sin mostrar una forma concreta, pero que están presentes en el imaginario como percepción de una realidad temible. Pero, además, lo proteico conduce una reflexión sobre la unidad social, conformada como una red de conexión entre los seres que Churata denomina *naya*. Aunque *naya*, en el ámbito existencial, tiene que ver con la composición del yo en relación con el mundo natural y social, aquí se ve desde la unidad que los tres conforman; y lo polimorfo, en este plano, apela a la capacidad social de construir un organismo común: *naya* es la conciencia del linaje y de cada uno de sus miembros, repartida en el universo y que da unidad al grupo. Esa unidad es conciencia social y vital común, articulada por lo proteico de modo parecido a cómo la célula se liga al cosmos, y el alma colectiva a una naturaleza fuertemente territorializada: según las palabras que el Khori-Challwa dirige al pueblo, "Patria" es ámbito social; "Vida", ámbito universal. La fraternidad del grupo es así "instinto de unidad del universo" (*El pez* 916), y las mayorías, no las élites despóticas, impulsadas por el *Khori-Challwa* y unidas en la Naturaleza multiforme, pueden reaccionar a la parálisis: "Alma colectiva: naya. Corporación multánime, en que las unidades encuentran la unidad [...] Por tanto, Runa-Hakhes, patria no es colonia" (916).

La dimensión existencial de lo proteico: unión metamórfica en "Mama Kuka"

En otro nivel más existencial, los personajes míticos de *El pez de oro* apelan a y devienen los personajes autobiográficos de la obra:

el enunciador, su esposa muerta y el hijo que, como el Pez de oro, muere y resucita varias veces. En este caso, el carácter proteico apoya la transformación vanguardista de los sujetos inestables de la obra y sus múltiples dimensiones, y así propone una reflexión sobre la existencia que hace dialogar y enfrentarse a los conceptos andinos y occidentales de sujeto y de conciencia. El pensamiento andino, tal como lo reformula Churata, propondría la posibilidad de transformación de la materia como una especie de eternidad vital, en la que los seres persisten y mutan, pero conservan una cierta individualidad. La cadena de la ascendencia y la descendencia formula esta continuidad vital que en el pensamiento de Churata se convierte en una eternidad material.

En algunos capítulos, lo metamórfico se presenta en las vicisitudes de los personajes mismos: en "Mama Kuka", la esposa muerta, desde la visión agónica del viudo, es una flor y después un pájaro. La transmutación de la mujer muerta en flor tal vez alucinógena (amapola, que el enunciador llama paparverácea) empieza como ficción, y el enunciador desea así la perpetuación de su vínculo con la "wayñusiña" o mujer amada, que, en su ensoñación, "era un ababol de parlanchinas corolas abiertas al liliputiense cielo que la diera por patria" (*El pez* 481). El análisis de este capítulo, emprendido en el trabajo ya mencionado ("Ejes chamánicos") se concentra aquí en el valor de los cambios de forma en la reflexión filosófica del enunciador, y, respecto al artículo anterior, la propuesta sobre una conciencia colectiva se enriquece en este trabajo con la confrontación con las ideas de Jung.

Esta percepción que parece delirante se presenta en el texto por un momento como milagro y finalmente como locura que los amigos del enunciador –incluida santa Teresa de Jesús– consienten y desarrollan, preocupándose por la flor-esposa, por su necesidad de agua y por el cariño que le ha de procurar el enunciador. Del mismo modo, el propio enunciador analiza su posible locura, pero se decanta hacia el dejarse poseer por la experiencia metamórfica: la wayñusiña acude más tarde en forma de pájaro (con la secuencia flor-pájaro no podemos dejar de pensar en Cuniraya Viracocha, que se hace pájaro para fecundar una fruta), y sobre la unión que se produce, dictamina el *layqa* –oficiante chamánico andino– que se trata de un muerto querido que tiene sed de la sangre del protagonista. La lucha y curación (más que de la benigna posesión de la amada, de la de otras almas que se inmiscuyen en este complejo proceso, y que son más peligrosas) que escenifica el *layqa* mediante el ritual de ofrenda muestra, por un lado, que los muertos viven en nosotros, tal como se ve en los episodios en que el enunciador siente la presencia de la flor como mujer; y, por otro, en estrecha relación con esto, que la conciencia humana se relaciona directamente con el universo y con las otras personas.

En el curso de la ceremonia de curación, el camino iniciático hace que se perciba a la naturaleza como multiforme y cargada de energía, desde las constelaciones y el lago hasta los seres femeninos germinativos, como la Pachamama y todas las otras manifestaciones de la germinación y la abundancia. Al mismo tiempo, la pérdida de forma del enunciador y su fusión en la materia llevan a la meditación sobre conceptos andinos relativos a la pertenencia al universo y a la identidad personal de los seres humanos en medio de la fusión cósmica. Otro de los aspectos clave en que incide el carácter cambiante de los sujetos tiene que ver, ya se dijo, con un aspecto vanguardista del texto: la disolución del sujeto convencional aferrado a una conciencia monolítica y explícita. Por el contrario, las manifestaciones múltiples recuerdan la afirmación de Jung (en *Analytical Psychology: Its Theory and Practice*), sobre la energía y su consideración del subconsciente colectivo habitado por los arquetipos, en el que "el hombre ya no es un individuo particular, sino que su mente se amplía y se funde con la de toda la humanidad: no la mente consciente, sino la mente inconsciente de la humanidad, donde todos somos uno solo" (citado en Campbell 220-221). Por otro lado, la cualidad metamórfica señala la posibilidad de transmutarse dentro de la lógica de la materia y entrar en la muerte como camino iniciático. Se produce entonces también una compleja reflexión sobre la fusión con el universo y la individuación que, al contrario que en Jung, Churata cree que se mantiene, a pesar de todo, en esta entrada en la materia. Esto da nuevo sentido a lo observado (Usandizaga, "Ejes chamánicos" 1028): si bien el enunciador siente la inminencia del abandono del cuerpo y es devuelto a la simplicidad infantil "ello no obliteraba la conciencia de mi tiempo hogareño, pues sabía que era padre, que fui marido, que me amaron y amaba" (*El pez* 500). Lo proteico es entonces la manifestación de la vida en sus diversas formas, pero persiste un núcleo de individuación, como una carga genética, como una memoria celular que mantiene los rasgos individuales. Sin embargo, la sabiduría se produce en este proceso por un bloqueo del logos que lleva a unas visiones no ópticas que dejan "otra vida, tal vez olfativa, instintiva, en las más profundas moléculas del hueso" (501).

El ser humano, entonces, es a la vez el universo y lo individual; y, por otro lado, el subconsciente es aquello a lo que, como vimos al hablar de la conciencia social, se llama *naya*, el alma colectiva que interactúa con el universo. Conceptos aymaras como *ahayu* (alma telúrica), y el mencionado *naya* –"yo", pero no el ego, sino el "alma cósmica" (*El pez* 293) dan cuenta de la pertenencia del hombre individual al universo animado (Usandizaga, "Ejes chamánicos" 1029), lo que, como vimos, es una de las experiencias del viaje chamánico que ocurre en este episodio. Y, por otra parte, el *naya* se explica como interacción de conciencias: es "Ego: tú-multo" (*El pez* 694), o sea, yo más los otros. Yo o subconsciente que es yo y tú a la vez: "multiconciencia; existencia de conciencias, o gérmenes vivos, que se rigen por facultades y necesidades vivenciales" (533), y que es así el lugar habitado por varias conciencias y muchos deseos.

El cambio de forma como invasión, interacción, posesión; y en consecuencia la fusión y casi transmutación del narrador en su amada muerta a partir de lo proteico proponen una nueva idea del sujeto y la conciencia, que se explora en el viaje iniciático para experimentar la multiplicidad y la individuación, la unidad y la permanencia que proponen una diferente relación con la materia y con la vida: "Y esto me ha inducido a pensar que aquello que llamamos subconsciente acusa, simplemente, la presencia de conciencias que se albergan en la personalidad humana; y constituyen no una conciencia subyacente, sino una conciencia múltiple" (*El pez* 492-493). Como hemos visto, esta exploración en la conciencia a partir de conceptos andinos converge y a la vez se enfrenta con las ideas de Jung.

"Thumos": el animal, lo animal, como parte de la conciencia

En "Thumos", de nuevo, las historias de transformaciones guían la reflexión sobre la conciencia, sobre lo material de la vida y sobre la inmortalidad de la materia. Este es uno de los capítulos más extraños del libro, que comienza ya con la transmutación del enunciador en animal; un hombre que "había dejado la envoltura del hombre hacía rato", y que fue "hombre que amó a los animales acaso más que al hombre" (*El pez* 723). Este enunciador narra su historia, "la historia de un hombre-perro" a otros perros, Lulú y Capitán, que lo acogen y que se lo solicitan; es una historia "entre la muerte de un perro y el otro" (726) –de los que el enunciador ha sido el amo cuando era hombre–, Gorjo y Thumos, muertes entre las que median siete años. Pero la sabiduría de este hombre que se declara "un poco poeta" (726), aunque no fuera bachiller ni sochantre, pierde importancia ante la sabiduría de los perros –"Capitán fue mi verdadero maestro" (726)– y la admiración que le inspiran. Thumos "[n]o era solo un perro inteligente y bello; era un ser extraordinario, resultado de organización superior" (735-736). El propio perro Capitán en una ocasión ladra: "Des que conozco a los hombres, respeto más a los perros" (729). "Sabio Capitán", y "oh, mi Capitán", son las maneras que tiene el enunciador de dirigirse a su amigo, y en este último caso activa una intertextualidad con el poema de Walt Whitman "O Captain! My Captain!" ("Oh, capitán!, ¡mi capitán!") de *Leaves of grass*, traducido como *Hojas de hierba* (1900).

Por estas conversaciones, se ha visto en este capítulo un eco del *Coloquio de los perros*, la última de las *Novelas ejemplares* (1613) de Cervantes, y efectivamente esta conversación perruna la evoca –y se inscriben ambos coloquios en rasgos picarescos–, si bien los perros de Cervantes, Cipión y Berganza, se asombran de hablar, entenderse y razonar, y lo consideran un portento; y en cambio Satán (que será el nombre del hombre-perro), Capitán y Lulú lo ven como algo natural. Es más, en un momento, Capitán, a pesar de su negativa a dejarse llevar por filosofías, y menos por "filosofías dolorosas" (*El pez* 735), se define a sí mismo y a Satán como "perros intelectuales" (749), que debaten en su particular "Necrademia", o academia de los muertos –máximos detentores de la sabiduría–, y piensan que los perros, "hemos nacido para vivir a los muertos" (760-61).

Pues estos perros debaten y se narran historias en las que se muestra la superioridad moral del perro sobre el hombre: Satán cuenta la vida y muerte de su perro Gorjos, de "alma sutil" (*El pez* 730), que comunica al amo su muerte a distancia, mostrando con esta proyección que su alma es humana, y aun superior a lo humano. El perro que tuvo a continuación, el admirable Thumos, a quien quería mucho, "mas ciertamente le admiraba más" (736), morirá también, siete años después que Gorjo; pero antes habrá cuidado al hijo de su amo, y luego lo habrá velado y llorado como si fuera su propio hijo. Esta historia del hijo, del "hombrecito", que se revela como futuro inca que andará por el mundo, es una nueva versión de la historia del nacimiento y muerte del Pez de oro: este niño que prefiere a las "mamalas" antes que a las señoritas elegantes, y a la música nativa antes que a cualquier otra música, revela en esto "el imperio de una ahayu" (o alma de la tierra), según asegura su padre, "[u]nos que Chio-Khori; otros, que EL PEZ DE ORO..." (764). Entre Thumos y el niño dan al padre –que, irritado por sus llantos, maltrata a otra niña a la que cuidan mientras la madre se ha ausentado– una lección de humanidad: el padre no olvidará, dice, la mirada del niño ni el ladrido del perro que, mientras consuelan a la niña, reparan la brutalidad del padre y amo.

En este capítulo se aborda también la relación entre el hombre y la bestia con historias de amores entre humanos y animales, que evocan el poder erótico de la llama en los Andes y la potencia de esa atracción, que resulta a la vez condenable y fascinante, aunque nadie duda de que "a poco se frieguen los pigmentos de civilizado del hombre no surge la bestia y que si no son bestiales los pecados, o errores, que se le reconocen, buena seña son de que de la bestia viene y que es la bestia quien se duele y deforma en él" (*El pez* 748). En la sección "El ego en el mundo primitivo" se narra la historia más impresionante: la del primitivo Achokhallo (nombre que significa comadreja), "mozo de fuerzas hercúleas con las que nadie fue capaz de rivalizar; razón por la que se le temía, o admiraba, o ambas cosas" (753), que en un contexto arcaico, donde este ser compite en fuerza y poder con la propia naturaleza, protagoniza la historia de enamoramiento y encuentro sexual con una puma en una escena estremecedora: "Lo que luego vi fue tan pavoroso que en el mismo sueño temblaba ante el temor de despertar y perder la divina, o diabólica, visión de que era espectador exclusivo" (757).

Que el tema del capítulo es la relación del ser humano con los otros seres de la naturaleza es evidente y se anuncia desde el epígrafe, en el que se cita a Sócrates: "No basta examinar a los hombres entre sí, sino en relación con los animales, con las plantas y con todo lo que nace" (*El pez* 723). Pero no se trata solo de la relación sino, como hemos visto, de unión y de transformación. En definitiva, de reconocimiento de lo que de animal hay, o tendría que haber, en la persona. Esta comunicación proteica es evidente cuando vemos que el enunciador, Satán, no solo es el hombre-perro, sino que se declara en un momento el *Khori-Puma*, después de que Capitán señale la identidad entre él y Thumos: "–¡Oh, Capitán, Mi Capitán: Soy Thumos, el *Khori-Puma*!" (783). En este capítulo, entonces, los perros muertos viven en los perros vivos y, además, el Pez de oro vive dentro del enunciador: "¿Y qué diré, amigos míos, de EL PEZ DE ORO, viñador de mis pámpanos, que dentro me gorjea solo para que se le oiga en mis lágrimas?" (783). Y las identidades múltiples responden a otros tantos cambios de forma que revelan a este ser plural hecho de varios seres conectados directamente con la naturaleza: "me acomido a revelarles que Achokhallo, Thumos, Satán, son más que Uno: el *Khori-Puma*... Pero, el mismo Puma de Oro es solo posible en Él; y he aquí que en Él puedo yo vivir a Thumos, a Satán, a Achokhallo, y proyectarme desde ellos y a ellos" (783).

Es evidente que esa conexión mejora al ser humano, pues el enunciador añade: "Y así alcanzo plenitud humana en la humilde plenitud del perro" (*El pez* 784). La tesis de este capítulo es entonces la necesidad de conectar con el alma animal, la que fue en primera instancia el alma del hombre, al fin creado como "mono" y no como "humano". El enunciador razona que, si el hombre no fue creado como tal por Dios, sino como simio, entonces el alma que Dios puso en el hombre es un alma de animal: "Pues es al mono a quien Dios hizo; no al hombre actual, si ya estaba hecho en mono" (*El pez* 786). El hombre fue desde su inicio un animal, y por ello debería buscar su entendimiento en esta parte más natural de su ser.

La figura que se activa para seguir esta reflexión filosófica sobre la importancia de la parte animal del hombre es de nuevo la de las transformaciones míticas en la tradición andina, y por ello la confrontación con mitos proteicos de otras tradiciones enriquece este núcleo de significado, y abunda en la idea de que los dioses adoptan formas de seres naturales Esta conciencia de las transformaciones rebaja la soberbia de pensar que los dioses están hechos a nuestra imagen y semejanza, al considerar: "si al pobre hombre que se camela pensando que los dioses están hechos a su imagen, no le estará reservado el chasco de encontrar a esos dioses en la naturaleza de un tigre de Idumea o de la hidra de Lerna" (*El pez* 736), lo que alude, seguramente, a dos de los doce trabajos de Hércules: la muerte del león de Nemea y la muerte de la hidra de Lerna. Del mismo modo, el enunciador recuerda las transformaciones clásicas y su animalización de los dioses, "el retablo convulsivo de la bestia en funciones trascendentes", con Zeus como águila o como Cisne; el centauro Quirón "maestro de los grandes hombres de Grecia" (743); "Pasifae recibiendo la semilla de Neptuno (el Océano) es madre del Minotauro, que pensaba como un filósofo kantiano y arremetía como una manada de búfalos" (744). Y evoca, entre los seres totémicos, a deidades de varias religiones, como el buey Apis y el chacal Anubis egipcios, que convergen con el llamo andino, el Koo-Khena, que es hombre con cabeza de llamo. Recoge además formas míticas híbridas y fabulosas como el "Hipormimeco, formado de caballo y hormiga; el Leconópteros, de legumbre y ala; el Psilotóxotes, de pulga y arquero" (744), imágenes que toma en su mayor parte de la *Verdadera historia* de Luciano (siglo II d. C.).

Recoge también referencias cristianas que indican que "el hombre reconoció en todo tiempo la superioridad de la bestia"; si no fuera así, se pregunta irónicamente, por qué razón Cristo se representa como "una ovejuela sin alma" (*El pez* 744) y señala que "para que los ángeles pudiesen trasladarse de las esferas del Incognoscible a las del Conocimiento, se las proveyó de alas de avutarda" (744). Por todo ello concluye: "Ciertamente, la mentalidad del dios mosaico no es teológica; es ganadera, y por tanto bélica. Por algo se hizo llamar Dios de las manadas, o Ejércitos" (744-745). Previamente, había narrado la parábola de los cerdos, una de las más impresionantes de los Evangelios (está en Mateo 8:28-34; Marcos 5:1-20 y Lucas 8:26-39), para mostrar la equivalencia entre el alma del hombre y el alma del animal hasta para ser poseídas por el demonio; pues cuando Cristo "extrayendo de cierto infeliz endemoniado temible legión de espíritus infernales (legión de almas torturadas) la vierte en una piara", está demostrando su profunda heterodoxia y a la vez que "el alma de la bestia es el alma del hombre; que el alma de la bestia puede aposentarse en el hombre, en armoniosa afinidad vital; que el alma del hombre puede radicar en la bestia, la flor o el guijarro" (743).

Pero, sobre todo, Churata desarrolla su tesis en discusión con el pensamiento que afirma lo contrario que él respecto a la animalidad, articulando así uno de esos debates en los que convoca a varios "contertulios" famosos. Pues, como es habitual en *El pez de oro*, la del epígrafe no es la única confrontación con la sabiduría occidental. Para empezar, el nombre del perro Thumos viene directamente de esa tradición: es el "que Aristocles da al alma del animal. El lobito se llamaría Thumos; y Thumos se llamó" (*El pez* 734-735). Aristocles es uno de los contendientes favoritos de Churata, pues este era el verdadero nombre de Platón, seudónimo que significa *el de espalda ancha*. Pero también se enfrenta a otros filósofos: desea ahorcar a su admirado Rousseau, o a "su Chullpa tullu" (es decir, su persistencia como muerto protector), porque hubiera debido partir del perro encarnado en el hombre "para edificar su teoría del salvaje puro" (738). Esa teoría, según los perros y los hombres-perros, tendría que fundamentarse no en una bondad natural humana, sino en la animalidad del hombre, porque "no es lo humano lo que engrandece al hombre, sino lo contrario: es el hombre quien empequeñece al hombre" (738).

También se opone a la idea de los teólogos, y en especial de San Agustín, de que "el hombre es en cuanto en él actúa un soplo divino, en faltándole el cual cae en negación, animalía, vacío, pues para ellos, como para los socráticos, y no menos los postsocráticos, el hombre no es animal", algo que indigna al enunciador, pues piensa, como Capitán, que la "divinidad es solo una hipótesis, y como tal reconocida por ellos" (*El pez* 743). Pero, por otro lado, el concepto occidental de subconsciente, "desde los filósofos presocráticos a Freud" (751) juega a su favor, pues le ayuda a justificar la realidad de los sueños, inquietantes sueños de ser bestia, de volver a lo animal o de recuperarlo: "En sueños suele vivirse la tentación de la bestia en formas lacerantes", dice Satán, a lo que Capitán responde que "[y]a se puede hablar en serio del documento que suministra el subconsciente" (751), y recupera la idea que en el capítulo "Mama Kuka" aparecía en boca del enunciador poseído por su esposa muerta, de que, en el ensueño, el subconsciente manifiesta huellas biológicas de vidas anteriores, que elaboran "imágenes intelectivas o cinéticas" (751-752).

Pero la discusión se centra sobre todo en Platón y a Platón vuelve recurrentemente a lo largo del capítulo. Recordemos que, según este filósofo propone en el *Fedón* y en *La República*, el alma o psique está compuesta de tres partes, que compara en el *Fedro* a "una yunta alada y a su auriga" (*Fedro* 246a). De los dos caballos de la yunta, "uno es bueno y hermoso, y está hecho de esos mismos elementos, y el otro de todo lo contrario, como también su origen" (246b). Los dos caballos son Eros y Thumos, y este último es la parte animal del alma, la pasión y las emociones, de nivel inferior, aunque pueden ayudar a la razón a controlar los apetitos. Churata, en este contexto, rechaza la división y jerarquía de lo material y lo espiritual, lo cual constituye una de sus principales disensiones de Platón y de buena parte de la filosofía occidental.

No es casualidad, pues, que Churata elija el nombre de Thumos para su personaje-perro. En uno de sus habituales diálogos con Platón, le explica a este ("Comprende, Plato") que el alma del hombre no es Psique, la parte espiritual y supuestamente superior –Psique, en realidad, de acuerdo al *Fedón*, sería el conjunto del alma–, sino Thumos, la parte material del alma. En la diversidad de esencias animales y humanas, el alma es conexión con la vida material y para serlo, para recuperar la animalidad perdida, debe elevar su parte material a algo esencial, pero no en un sentido abstracto, sino en el sentido del poder de la vida, porque "Tu alma es una chispa de la vida; pero la vida es, también, una chispa de tu alma" (*El pez* 786). La idea de "chispa" une a humanos y animales en ese estallido de vida, y demuestra la similitud de sus almas, en la que el enunciador cree hasta el punto de llegar a decir que Thumos y su amo "parecen hermanos siameses" (787), lo que no es extraño "si la vida es una chispa del alma del perro Thumos y chispa del alma del Khori-Puma, su amo, o hermano" (788).

De las ideas de Platón, lo que se critica, sobre todo, es la clasificación de lo espiritual opuesto a lo terrestre, porque esta dicotomía cuerpo/espíritu, de acuerdo a Churata, desvirtúa el valor de la vida. Pues no solo la parte animal es mejor que la humana, sino que también es la que procura la inmortalidad. Gorjo y Thumos, los perros, entonces, se proyectan en el hombre tras la muerte, y su alma es tan sólida como la del hombre: "Gorjo es un ético que sirve principios de solidaridad y muere, heroicamente, trabajando. Thumos se agosta en olor de santidad. Son animales a quienes ilumina un alma: son hombres" (*El pez* 788). En cambio, el hombre que no conecta con el alma del perro es incompleto e insensible: "¿Han visto alguna vez llorar a uno de estos semejantes? No. Es que nunca han sido perros; y buena falta que les hace" (784). El hombre, según las reglas sociales, debe negar al animal para ser; Thumos no. Por eso, paradójicamente,

Thumos es responsable de la hominización del hombre al devolverle su animalidad perdida.

La relación con el universo y la vida define al hombre como núcleo de luz y poder, como "óvulo en que fructifica el Universo" (Churata, *El pez* 789), pero para situarse en ese núcleo es necesario conectar con lo animal; en este capítulo, con el perro, ignorado por el hombre, para que haga afluir su luz al alma humana: "tú también eres dinamita del alma de la luz y del alma de tu perro, si sabes fecundarlas con tu amor de todos los días" (786). Pero, de nuevo, discute la visión contraria que tiene Platón del alma y de la inmortalidad, fundamentada en un dualismo entre espíritu y materia. Platón, con su bisturí, "secciona la unidad de la vida para convertir al hombre en dios" (740), y su rechazo del animal hace del *Fedón* "la tragedia de la debilidad humana" (741). El hombre, según Platón, "es no en cuanto naturaleza animal, sino ente". Los intelectuales perrunos rechazan semejante abstracción y afirman que "[p]ara los efectos funcionales del alma todos debemos ser animales" (741). Es cierto que Churata discute a partir del *Fedón*, considerado el más dualista de sus diálogos, pues no lo serían tanto las ideas contenidas, respecto a la condena del cuerpo, "en el *Banquete* (que trata sobre el amor) y en el *Filebo* (que trata sobre el placer). Además de la referencia a la unión del cuerpo con el alma en el *Teeteto*" (Royo Hernández).

Además, para Platón, la mortalidad radica de modo autónomo en la parte material del alma –para él, afirma Capitán, "el 'Thumos' se destina a la corrupción y no la 'Psique'" (*El pez* 741), todo lo contrario que para Churata, para quien la materia es eterna. El enunciador llegará a esta verdad tras comprobar que la materia muere a su alrededor, mientras que él se siente tristemente inmortal como testigo de tanta muerte al percibir: "que todo moría a mi contorno, mientras yo, indemne, asistía a ese embarrancadero de cadáveres" (735). Pero es justamente la globalidad de la materia lo que permite entender la inmortalidad, que lo es solamente en relación con la vida, y a través de la muerte de las diferentes formas tras las que ella perdura: "Ciertamente, el ámbito de la inmortalidad del hombre es su alma; mas el inevitable ámbito de ser de su alma, es Thumos. Eres en cuanto Achokhallo, en cuanto Satán, pues solo así estás en Thumos y podrás relacionar tu inmortalidad y poder con la inmortalidad y poder de la vida" (786). No solo se rechaza la idea de la divinidad infundida, sino que se reclama la necesidad de absorber lo animal, la sagrada materia como bondad, felicidad y permanencia.

En efecto, el alma idealizada por una filosofía que opone materia y espíritu no es garantía de bondad; no solo la inmortalidad radica en la materia, sino que son necesarias las auténticas cualidades puras del animal para conectarse con la vida, para lo cual recomienda "Cuida de bañar tu alma todos los días en el amor y sé cándido como él" (*El pez* 787). Los valores sociales y existenciales, entonces, deben edificarse "dentro del animal, y no fuera de él: la humanidad ladraría, pero sería menos ridícula, y, sobre todo, menos cruel" (745). Esto invierte la valoración de lo que alienta en el animal y en el hombre: "no digáis que porque el alma encarnó en un bípedo dialéctico, o trascendental, es ya digna de las jerarquías emolientes y trascendentes y la de la bestia solo del polvo que huella su pezuña" (787). Tampoco "es alma el resoplido bruto en el aliento del ángel; ni el ángel es digno del alma si no sabe que el alma es la candidez eterna del germen que produce infinito y es infinito" (786).

El último argumento contra las ideas de Platón es esta concepción de la espiritualidad de la materia, o de la indistinción materia/espíritu, hasta llegar al ejercicio indispensable de recuperar la materia. Por ello, el hombre ha de buscar un alma material que sea como la del perro Thumos y como la del Khori-Puma, pues "no podemos negar la pureza de la bestia, como no se niega el parpadeo de la estrella ni el color florido de la Primavera" (*El pez* 787). Este camino de búsqueda del alma material llevará al hombre proteico a moverse por el universo con un poder no tiránico: "No pasarán milenios, ciertamente, que veremos al hombre atravesar, sin otros mecanismos que los de su materia, los abismos estelares para deambular entre los planetas; mas ha de ser solo cuando haya abarcado la profundidad de su alma y sepa regirse por su voluntad de permanencia y de poder" (788).

Este sujeto, que contiene a los muertos y a los descendientes, que es el enunciador y el *Khori Puma*, que es el Pez de oro y los perros a la vez, muestra una personalidad múltiple y quebrada que no solo es moderna sino también arcaica, pues es el *naya* o yo colectivo. Esta constelación de personas muestra el quebranto moderno –puesto que el sujeto no es capaz siempre de asumirla como totalidad– pero también la conciencia cósmica, la evidencia de que los muertos viven en nosotros, y la apelación a la parte animal del ser humano, que el enunciador reivindica con argumentos filosóficos a partir del intercambio de formas entre la naturaleza y el ser humano. Lo importante, entonces, en la vida humana, es la propia relación con la vida, con la potencia de la vida que conecta con la germinación, en un proceso de conexión con la naturaleza, con los animales y con los otros hombres, lo que la hace *naya*: "Amasa tu alma con el alma de tu perro; amásala con el alma de tu Cherekheña; con el alma de tu lago, sus peces y totorales; amásala con el dolor de tu prójimo, con la dulce constancia de los surcos, y brotarán alas en tu profundidad" (*El pez* 786).

La dimensión artística de lo proteico

La lectura de estos tres capítulos ("Morir de América", "Mama Kuka" y "Thumos") hace evidente que el significado mítico de lo proteico sustenta la reflexión sobre la vida social y existencial, dando forma a un pensamiento político y filosófico. Además, en un fundamental tercer plano de significado que señalábamos al principio de este trabajo, el de la escritura, los diferentes seres se manifiestan en un sujeto-enunciador gracias al canto, a la música, a la creación. La poética de Churata implica una conexión con los saberes andinos para crear una nueva escritura, y esto se manifiesta a través de esos seres que forman parte del enunciador-escritor, como el espíritu de las cascadas y de las cavernas, donde tradicionalmente habita la música oscura. Se manifiesta también a través del personaje proteico que es la sirena, que, como el espíritu tradicional de las aguas, transmite la música a su hijo el Pez de oro. Y también a través de otros personajes de la naturaleza, que cantan, ladran y trinan con una música que el enunciador busca a lo largo de la obra para hallar una escritura conectada con el núcleo vital. El trino del Pez de oro es un motivo recurrente que figurativiza este canto que renace de lo muerto, y, cuando este desfallece, la Sirena, tradicional transmisora de la música, toma el relevo, por ejemplo en "Morir de América": "*Cuando ya su trino agonizaba ... Una pepita de oro muerto añuña la Sirena y le arrulla con sus locas tonadas*" (*El pez* 928). En "Mama Kuka", el canto se busca en el viaje iniciático por la naturaleza multiforme y su profundidad oscura: el destino del enunciador curado en el viaje chamánico es un destino solar, pero, según el *layqa*, su antepasado tutelar no es la estrella sino el señor de las cavernas, de lo oscuro, lo que también hace alusión a esa búsqueda en las formas oscuras de la creación, de la vida y de la historia para renacer a una nueva era solar: por ello el camino iniciático de su escritura, que el *layqa* ayuda a descubrir, ha de estar inspirado por las raíces andinas y por su manifestación en diferentes materias.

En el capítulo "Thumos", este insistente motivo del canto de la naturaleza sobrepasa las imágenes heredadas de la tradición literaria occidental, como el canto de los pájaros o el susurro de los árboles. El enunciador-escritor se pregunta sobre la razón musical de lo salvaje, en lo que quiere encontrar la inspiración: "Convengamos que el infeliz del hombre está muy lejos de estos arrobos de la gracia cósmica... El lenguaje de los Khawras es un canto llano de belleza recóndita, y sus salmodias cuando el Sol cae a plomo en el uyu tienen la solemnidad misteriosa de los coros monásticos en torno a misterios de la carne perecedera..." (*El pez* 736-737). Ya en el primer capítulo, "Homilía del Khori-Challwa", el enunciador anunciaba: "Al hombre debe hallársele en la cuerda, el gorjeo, o la Khaswa, átomos sanguíneos de su discurso vital. En la célula" (*El pez* 195). En otros momentos del mismo capítulo y de otros, el enunciador, en un modo más ensayístico, debate sobre la tradición y su necesaria innovación o cambio radical; pero aquí la razón de la escritura es una razón musical, de una música de la materia, casi de las moléculas. La palabra se busca en el óvulo, el punto lácteo, el trino, el ladrido, el canto de los Khawras; y así las transformaciones míticas una vez más crean significado y llegan a sugerir el nuevo lenguaje: "Y esto, que para mí fue capital: el ladrido del perro, o el trino del pajarillo, no son meras voces más o menos armoniosas: son expresión de sensaciones, sentimientos, deseos, medios de comunicación; verdadero lenguaje" (*El pez* 736).

Bibliografía

Bouysse-Cassagne, Thérèse y Olivia Harris. "Pacha: en torno al pensamiento Aymara". *Tres reflexiones sobre el pensamiento andino.* Bouysse Cassagne, Thérèse y otros, editores. La Paz: Hisbol, 1987. 11-59.

Campbell, Joseph. *Imagen del mito.* Girona: Atalanta, 2012.

Churata, Gamaliel. *El pez de oro.* Helena Usandizaga, editora. Madrid: Cátedra, 2012.

_____ "El pez de oro, o dialéctica del realismo psíquico, alfabeto del incognoscible". Conferencia en el cine Puno de esa ciudad, 30 de enero de 1965. *Antología y valoración*. Lima: Instituto Puneño de Cultura, 1971. 13-36.

_____ "Dialéctica del realismo psíquico". *Simbología de El pez de Oro*. Lima: San Marcos, 2006. 21-26.

Flores Galindo, Alberto. *Buscando un Inca. Identidad y utopía en los Andes*. La Habana: Casa de las Américas, 1986.

Manuscrito de Huarochirí. Ritos y tradiciones de Huarochirí. Manuscrito quechua de comienzos del siglo XVII. Gerald Taylor, editor. Lima: Instituto de Estudios Peruanos/Instituto Francés de Estudios Andinos, 1987.

Morote Best, Efraín. *Aldeas sumergidas: cultura popular y sociedad en los Andes*. Cusco: Centro de Estudios Andinos Bartolomé de las Casas, 1988.

Platón. "Fedro". *Diálogos (Fedón. Banquete. Fedro)*. Francisco Lisi, editor; C. García Gual, M. Martínez Hernández y E. Lledó Iñigo, traductores y anotadores. Barcelona: Círculo de Lectores / Editorial Gredos, 2007. 1-112.

Royo Hernández, Simón. "Breve esbozo del concepto de alma y de la inmortalidad en la historia de la filosofía (y de la teología)". <lacavernadeplaton.com/histofilobis/almacuerpo1112.htm> 15 enero 2018.

Usandizaga, Helena. "Irradiación semántica de los mitos andinos en *El Pez de Oro*, de Gamaliel Churata". *La palabra recuperada*. Helena Usandizaga, editora. Madrid, Frankfurt: Iberoamericana / Vervuert, 2006. 145-180.

_____ "Inkarrí". *Palimpsestos de la antigua palabra. Inventario de mitos prehispánicos en la literatura latinoamericana*. Helena Usandizaga, editora. Oxford: Peter Lang, 2013. 317-326.

_____ "Mitos andinos en *El pez de oro*, de Gamaliel Churata". *Mito, palabra e historia en la tradición literaria latinoamericana*. José Carlos Rovira y Eva Valero Juan, editores. Madrid, Frankfurt: Iberoamericana/Vervuert, 2013. 281-300.

_____ "Ejes chamánicos transandinos: una lectura de *El pez de oro*, de Gamaliel Churata". Pittsburgh: *Revista Iberoamericana* LXXXI/235 (oct.-dic. 2015): 1015-1032. <revista-iberoamericana.pitt.edu/ojs/index.php/Iberoamericana/article/view/7337> 15 enero 2018.

Retos hermenéuticos en la producción literaria de Gamaliel Churata. Introducción a la conferencia "Simbología de *El pez de oro*"[1]

Riccardo Badini

EL RETRASO LLEVADO POR LA CRÍTICA LITERARIA EN ACERCARSE A LA obra del escritor puneño Gamaliel Churata mide la dificultad con que la cultura peruana en primer lugar, luego los estudios sobre la literatura latinoamericana, encaran la subversiva capacidad demostrada por los enfoques epistémicos no occidentales de poner en tela de juicio la idea de modernidad. Churata no era indígena, a pesar de eso, la novedad y la complejidad de su propuesta "indigenista" no fueron entendidas, o mejor dicho sufrieron un intento de cancelación por parte de la cultura oficial. Lo que habitualmente se define como "oscuridad" de su mensaje es síntoma de un desafío que la crítica literaria tardó en asumir, seguramente porque exigía liberarse del etnocentrismo inherente a la mayoría de nuestros instrumentos hermenéuticos o, por lo menos, reconocer su ineficacia al acercarse a obras que expresan una lógica distinta de la occidental.

Tal vez ayude en este sentido el tránsito, que paulatinamente se observa en algunos países de América latina y en el Perú de las últimas décadas, del indígena concebido como objeto de estudio a

---

[1] El presente artículo formó parte de una publicación preparada juntamente con José Luis Ayala en 2006, con el título de *Simbología de El pez de oro*. Esta publicación fue poco difundida fuera del Perú, razón por la que ahora se la reproduce en versión revisada, actualizada y complementada con una bibliografía que incluye las principales fuentes de investigación sobre Churata.

sujeto histórico que asume, desde una perspectiva interna, el reto de sus reivindicaciones en el ámbito territorial, político, cultural y educativo. En este proceso de autodeterminación, el rechazo de la homologación cultural, el fomento de una educación intercultural en que el bilingüismo no represente una simple forma de integración al mundo en lengua española, la defensa de la biodiversidad y de la diversidad cultural, se acompañan a menudo con el surgir de una literatura escrita en lenguas nativas. Fenómeno que pone a los lectores y a los críticos literarios frente a retos interpretativos inéditos y a los autores frente a recursos expresivos necesariamente experimentales.

Churata desarrolló la habilidad de hacer estallar desde dentro la estructura lógica del razonamiento occidental gracias al contacto con categorías de pensamiento quechua y aymara, indicando la ruta para una innovación de nuestros instrumentos hermenéuticos. Husmeó en las grietas producidas por el pensamiento occidental buscando nuevas dialécticas y proponiendo un desmoronamiento de las jerarquías clásicas del saber. Las bases de este procedimiento se pueden rastrear en las tres conferencias que el mismo autor dictó entre 1965 y 1966. La primera tuvo lugar en el Cine Puno de la misma ciudad lacustre en enero de 1965, cuando Churata regresó de su larga permanencia en Bolivia. Esta conferencia fue solicitada por la Asociación Cultural Chaski y está recopilada con el título "El Pez de Oro, dialéctica del realismo psíquico, Alfabeto del Incognoscible" (Churata 1971, 13-36). La segunda conferencia se realizó en el mismo cine Puno pocos días después, debido a que los integrantes de Chaski, considerando obscuro el mensaje de la primera conferencia, le pidieron a Churata una réplica cuyo contenido fuese más claro. Este segundo texto se encuentra entre los inéditos de Gamaliel Churata con el título "Simbología de *El pez de oro*" y fue publicado en 2006 (Badini y Ayala 15-29) en una edición que ha tenido escasa circulación, motivo por el que lo reproducimos íntegramente al final de este artículo. La tercera y última ocasión conocida en que Churata habla de su obra frente a un público tuvo como auditorio a los estudiantes de la Universidad Nacional Federico Villareal en 1966, y está recopilada junto con las conferencias de Arguedas, Alegría e Izquierdo Ríos, propiciadas por la misma Universidad (Morote Gamboa 1989, 57-67).

Los mecanismos de adopción del mundo indígena y el proceso de actualización de la cosmovisión quechua y aymara están trazados en estas tres conferencias. El desplazamiento de la cuestión indígena hacia la esfera lingüística y psicológica se puede observar ya desde los tiempos de actividad del grupo Orkopata, a principios del siglo XX. En una entrevista de Churata con el escritor orkopata Emilio Armaza, publicada en el número XXV del *Boletín Titikaka* se discuten los temas de la revolución artística, social y del indianismo, destacando la certeza, común al interior del grupo, de que la vanguardia procede de las culturas originarias americanas y sobre todo la idea de que los gérmenes de la revolución se encuentran en las regiones del subconsciente. Un artículo de Luis E. Valcárcel es publicado en el número XXXII de la misma revista por el hecho de reflejar algunos conceptos fundamentales del grupo Orkopata y de su director. Se trata de constataciones según las cuales "No son indios todos los étnicamente tales; y pueden llamarse con ese nombre muchos en cuya sangre no se ha mezclado una gota de la que circuló por las venas de Manko" puesto que "El «indianismo» ha pasado ya del plano puramente racial, biológico, para adquirir todo su valor en el mundo psíquico" ("Sobre peruanidad" *Boletín Titikaka* XXXII, 4). A manera de confirmación, Valcárcel cita los estudios de Jung sobre la civilización norteamericana, en los que se trae como ejemplo una tradición mitológica aborigen australiana según la cual no se puede conquistar verdaderamente ningún territorio ajeno, pues en él viven los espíritus de los antepasados. El pensador cuzqueño reafirma de esta forma el concepto de que el país conquistado termina conquistando al conquistador. Churata, que en la conferencia de 1966 afirma: "se puede ser indio y tener los ojos azules", traslada la misma intuición al campo lingüístico, decidiéndose por un proceso de hibridación de la lengua literaria obtenido de la observación de la realidad lingüística puneña, caracterizada por el trilingüismo quechua, aymara y español, que en el uso popular genera palabras castellanas con sufijos procedentes de las lenguas autóctonas o viceversa. A este proceso inverso de conquista idiomática corresponde el insinuarse de una lógica derivada de los saberes indígenas que destruye la semiosis concebida según criterios racionales occidentales.

En la primera conferencia de 1965 Churata evidencia su apego hacia las cuestiones lingüísticas cuando sugiere que en la lengua descansa "[u]n mundo que no descubrieron los descubridores. Ya vemos, el idioma es: la fuente de Juvencio de la verdad cósmica e interior para los hombres; y los hombres no tienen otro camino de conocerse que la lengua con que conocieron sus ancestros que permanecen vivos en su corazón" (Churata 1971, 24).

La sensibilidad típicamente vanguardista hacia el aspecto formal de la literatura se convierte en un eficaz instrumento de reivindicación cultural, logrando una porosidad del lenguaje con respecto a las categorías lógicas andinas, que llega a liberar la escritura de su marco occidental. La expresión indígena *Hallpa kamaska*, que designa al ser humano como "tierra animada", es utilizada por Churata (1971, 22) como demostración de que el humano comparte los mismos fenómenos que afectan a la madre tierra, la *Pachamama*. A través de este procedimiento, la visión andina del mundo de los muertos, en la que estos permanecen debajo de la tierra como semillas propiciando la fertilidad del terreno o la posibilidad de un *pachakuti* como "vuelta" hacia un futuro en el que las formas de vida representadas por el pasado prehispánico no se hayan perdido, se convierte en una potencialidad que acompaña genéticamente a los individuos humanos. Llegamos así a la parte esencial del símbolo representado por el Pez de oro, que encierra en sí el concepto de gen incaico oculto en la sangre de los vivos, y de alma colectiva indígena. El concepto de psique con su halo metafísico, totalmente concebido dentro de parámetros epistémicos occidentales, se desplaza hacia el campo biológico, ofreciendo una visión completamente andina de la intuición jungiana del inconsciente colectivo. La obra de Churata no se dirige estrictamente al individuo absorto en la soledad de su lectura, sino a una comunidad de oyentes (representada por los genes de los antepasados) que se alberga en el cuerpo de los individuos mismos y en la cual reside la posibilidad de un futuro. Churata forja el concepto de *necrademia* (Academia de los muertos) para aproximar este tipo de escritura literaria a las expresiones culturales indígenas, imprescindibles de un contexto colectivo comunitario (Morote Gamboa 1989, 63-64).

La expresión aymara-quechua *ahayu watan* ["el alma amarra"] es citada por Churata en la primera conferencia de 1965. Otra vez los idiomas indígenas son el punto de partida para profundizar en los saberes andinos, en los que el alma de los muertos se puede insinuar dentro de los vivos y actuar benéfica o maléficamente, según la manera de vivir del poseído. En *Resurrección de los muertos* el mismo concepto sirve para revisar y refutar la historia de las religiones, la filosofía antigua y moderna y los descubrimientos del siglo pasado en el campo de la psicología. Tampoco el psicoanálisis y el marxismo como utopías de liberación del ser humano y fundamento de actitudes revolucionarias occidentales se escurren de esta operación, y sus evidencias sencillamente se desmoronan con el simple acercamiento a los procesos cognitivos indígenas. La teoría y la praxis freudiana pierden estabilidad frente a la percepción de un ego comunitario andino, de una distinta representación temporal y de un horizonte mitológico que no se limita a los fundamentos griegos. Un procedimiento parecido, en su forma de afincarse en "otra" racionalidad, solo se encuentra en la obra póstuma de César Calvo, *Edipo entre los Inkas*, publicada en 2001 por las ediciones del Congreso peruano. A partir de ese título emerge el recuerdo del más grande escritor indigenista peruano: José María Arguedas, y la ineficacia de una cura psicoanalítica, que el autor adoptó en los años finales de su vida, frente a un trauma que se caracteriza como colectivo, iniciado en 1492. Calvo evidencia, además, las limitaciones de las categorizaciones occidentales para enfrentar formas de pensamientos alternativos andinos o amazónicos clasificándolos como "mitos", produciendo una percepción fosilizada de lo que en realidad es vivo y actuante.

La posición crítica con que Churata observa la modernidad se agudiza particularmente en el momento en que analiza la posición de Marx con respecto a las masas no industrializadas, observando cómo estas quedan excluidas del proyecto revolucionario, excepto previa alfabetización y sucesiva proletarización dentro de una lógica completamente occidental. Desafiante, Churata escribe: "Es ateo el marxismo, mas no por eso deja de ser *mitomorfótico*. No cree en Dios porque cree en el progreso, y es ese un Dios más real y conjugable con las simbologías de la política dialéctica, la cual le conserva entre los factores espirituales de la dinámica social" (Churata 2010, 501). Un tal procedimiento lógico conduce a la necesaria toma de conciencia de las actitudes neocolonialistas que se esconden en la aplicación de teorías elaboradas en Occidente al universo andino, sin un antecedente y profunda adaptación.

El propósito de no interpretar al indígena sino de expresarlo (Churata 1989, 65) se perfila en Churata con una dimensión abarcadora que en su alcance integra a todos los seres humanos. Leyendo la primera conferencia de 1965 aprendemos que el autor, en los años de escuela en que fue alumno del gran pedagogo José Antonio Encinas, estaba obsesionado con la idea de escribir una nueva enciclopedia. El adjetivo "nueva" hace surgir espontáneo un paralelismo con el mismo intento que quizá animó a Felipe Guamán Poma de Ayala en el momento en que tituló su descomunal carta al Emperador Felipe III *Nueva Corónica*, marcando una diferencia con el género occidental de las crónicas, en que se proponía una mera aplicación de los parámetros occidentales a las realidades del Nuevo Mundo. Obras *nuevas* la de Guamán Poma y la de Churata, revolucionarias e incómodas, y por lo tanto sufriendo, con distintas modalidades, un intento de cancelación por parte de la cultura oficial. *Nueva enciclopedia, arquitectura megalítica, concepción ambiciosa del pensamiento humano,* son las expresiones con que Churata se refiere a su proyecto editorial, que además de *El pez de oro*, contempla una vasta producción de obras escritas en forma narrativa, dramática o poética.

Con la publicación de la segunda conferencia de Puno "Simbología de *El pez de oro*" (2006), que representa la continuación de la conferencia de 1965, los lectores y los críticos de Churata hemos tenido la posibilidad volver a reflexionar sobre los mecanismos de la operación cultural que subyace a su producción literaria. La negación de principios filosóficos clásicos, como el mundo de las ideas de Platón, frente a la realidad de la experiencia sensorial vehiculada a través de una percepción del ser humano centrado en sí mismo, es sólo uno de los núcleos temáticos que permiten a Churata proponer una nueva forma de organizar el conocimiento humano. Si para Platón las percepciones sensoriales tienen el límite de la sombra, en el sistema churatiano los sentidos adquieren una posición central en el proceso del conocimiento. Hacia los sentidos se dirige el lenguaje del autor que, en efecto, se perfila en sus obras sin un género literario privilegiado para trasmitir formas de saber, mezclando a menudo el discurso filosófico con la poesía, la autobiografía o la escritura dramatúrgica.

A la pregunta de una participante a la conferencia sobre cómo es posible, y sobre cómo se puede entender que la muerte no existe –paradoja fundamental de la ruptura epistémica operada por Churata– el autor contesta aconsejando un regreso gnoseológico en el que el "mito" de la inteligencia, en su sentido etimológico de leer dentro o entre, es enfrentado en su vertiente epistémica: "El verdadero conocimiento de la realidad no puede venir de la inteligencia, sino del sentimiento, es decir de la capacidad sensorial de la naturaleza humana" (16). Sigue en la misma conferencia una actitud crítica que llega hasta el punto de poner en tela de juicio la convención occidental de la inteligibilidad, desvelando su cara obscura de matriz colonial: "[...] el verdadero conocimiento de la realidad íntima del mundo interior de la conciencia humana no puede ser abarcado por los inteligibles, puesto que estos son el idioma de entes enfermos que crean en la naturaleza conciencial del hombre un mundo ficticio [...]" (17).

La escritura, la religión y la filosofía (cuyas interacciones serán analizadas por Churata en su libro poético inédito titulado *Mayéutica*), aliados de la empresa colonial, han determinado una "muerte intelectual" que se ha impuesto sobre las formas cognitivas autóctonas, llevando a considerar que en grandes partes del continente americano no se produce pensamiento. Sobre estos requisitos se rige una inteligibilidad de molde occidental y moderno inevitablemente arbitraria, que mientras explica, esconde, perfilando una línea de ruptura más allá de la cual los saberes indígenas se quedan sin posibilidad de expresión, sin voz, sin que que tampoco exista la posibilidad de pensarlos. En este sentido se vislumbran, en las obras de Churata, antecedentes literarios de la teoría decolonial, demostrando cómo, las actuales tendencias críticas se pueden colocar dentro de una tradición de resistencia y de necesaria experimentación que empieza en Perú con Felipe Guamán Poma de Ayala.

La horizontalidad de la comunicación con el mundo natural, el principio de consanguineidad con el reino animal, en oposición a la dicotomía occidental naturaleza/cultura y eje cardinal de la relación ser humano-mundo en las tierras andinas y amazónicas, se convierten en base e impulso de una pesquisa orientada a despertar el acervo indígena en las conciencias. "La raíz animal del hombre" negada por el progreso impuesto recupera, a través del lenguaje sensorial propuesto, su lugar en la historia de la humanidad y específicamente en la del Tawantinsuyo, por medio de una empresa titánica concebida en forma unitaria e incluyente, más allá de las diferencias de género literario. De hecho, a las obras de Churata ya publicadas (*El pez de oro* y *Resurrección de los muertos*) siguen obras teatrales como una síntesis escénica de *Resurrección de los muertos*, dramas incompletos o con páginas perdidas, centrados en las figuras de Don Quijote y Sancho Panza, y recopilaciones de poemas como *Mayéutica* y *Kirkillas*, actualmente en fase de publicación.

A continuación se reproduce el texto completo de la segunda conferencia que Churata ofreció en Puno el 31 de enero de 1965, con el título de "Dialéctica del realismo psíquico". En los inéditos, el texto de esta conferencia aparece con un título distinto: "Simbología de El pez de oro". Con ese título la reproducimos.

Bibliografía

Aguiluz Ibargüen, Maya. "Espacio para una mística de lo común. ¿Churata en perspectiva barroca?". *Encrucijadas estético-políticas en el espacio andino*. La Paz: Universidad Nacional Autónoma de México, Universidad Mayor de San Andrés, La Paz, 2008. 215-236.

Aramayo, Omar. *El pez de oro, la biblia del indigenismo*. Puno: Mimeo, 1979.

Ayala, José Luis. "¿Y quién es Gamaliel Churata?". En Gamaliel Churata *El pez de oro: Retablos del Laykhakuy*. Segunda edición. Puno: CORPUNO, 1987. 427-432.

Badini, Riccardo. "La fucina del popolo. Il sincretismo nella cultura andina: il caso Churata". *L'America e la differenza*. Luciano Giannelli y Maria Beatrice Lenzi, editores. Siena: Laboratorio EtnoAntropológico, 1994. 119-131.

_____ "La ósmosis de Gamaliel Churata". *Memorias de JALLA Tucumán 1995*. Ricardo J. Kaliman, editor. Tucumán, Argentina: Instituto de Historia y Pensamiento Argentinos, Facultad de Filosofía y Letras, Universidad Nacional de Tucumán, 1997. 344-351.

_____ Et al. *Simbología de* El pez de oro. Lima: San Marcos Editorial, 2006.

_____ "Los inéditos de Gamaliel Churata. Rutas para la construcción de otra modernidad". *Encrucijadas estético-políticas en el espacio andino*. Maya Aguiluz Ibargüen, editora. La Paz: Universidad Nacional Autónoma de México, Universidad Mayor de San Andrés, La Paz, 2008. 207-214.

Boletín Titikaka. Edición Facimilar. Dante Callo Cuno, editor. Arequipa: Editorial UNSA, 2004.

Bosshard, Marco Thomas. *Ästhetik der andinen Avantgarde. Gamaliel Churata zwischen indigenismus und Surrealismus*. Berlín: Wvb, 2002.

____ "El espejo asiático. Las vanguardias andinas frente a las vanguardias asiáticas: ¿Subalternidad gemela o yuxtaposición conflictiva? Acerca de la apropiación y la transformación del surrealismo en Perú, China y Japón". *Encrucijadas estético-políticas en el espacio andino*. Maya Aguiluz Ibargüen, editora. La Paz: Universidad Nacional Autónoma de México, Universidad Mayor de San Andrés, La Paz, 2008. 279-306.

Churata, Gamaliel. *El pez de oro. Retablos del Laykhakuy*. La Paz: Canata, 1957.

____ *El pez de oro. Retablos del Laykhakuy*. Segunda edición. Puno: CORPUNO, 1987.

____ *El pez de oro*. Elena Usandizaga, ed. Madrid: Cátedra, 2012.

____ Entrevista a Emilio Armaza. *Boletín Titikaka* XXV (diciembre 1928): 1.

____ "El pez de oro, dialéctica del realismo psíquico, alfabeto del incognoscible". *Antología y valoración*. Lima: Ediciones Instituto Puneño de Cultura, 1971. 13-36.

____ "Dialéctica del realismo psíquico". *Simbología de* El pez de oro. Lima: Editorial San Marcos, 2006. 15-29.

____ "Conferencia en la Universidad Federico Villarreal". *Motivaciones del escritor. Arguedas, Alegría, Izquierdo Ríos, Churata*. Godofredo Morote Gamboa, editor. Lima: Universidad Nacional Federico Villarreal, 1989. 57-67.

____ *Resurrección de los muertos*. Riccardo Badini, editor. Lima: Asamblea Nacional de Rectores, 2010.

____ et al. *Antología y valoración*. Lima: Instituto Puneño de Cultura. 1971.

De Sousa Santos, Boaventura. *Para descolonizar Occidente. Más allá de un pensamiento abismal*. Buenos Aires: Consejo Latino Americano de Ciencias Sociales CLACSO, 2010.

Gonzales Fernández, Guissela. *El dolor americano. Literatura y periodismo en Gamaliel Churata*, Lima: Fondo Editorial del Pedagógico San Marcos, 2009.

González Vigil, Ricardo. "Surrealismo y cultura andina: La opción de Gamaliel Churata". *Avatares del surrealismo en el Perú y en América Latina. Avatars du surréalisme au Pérou et en Amérique Latine*. Joseph Alonso, Daniel Lefort, y José Rodríguez Garrido, editores. Lima:

Institut Français des Études Andines / Universidad Católica, 1992. 111-129.

Hernando Marsal, Merixtell. "El Proyecto literario de Gamaliel Churata: del paradigma antropológico a la reciprocidad". *Letral* 9 (2012): 20-34.

Huamán, Miguel Ángel. *Fronteras de la escritura. Discurso y utopía en Churata*. Lima: Editorial Horizonte, 1994.

_____ "Escritura utópica y crítica estético-política: de Churata a Colchado". *Encrucijadas estético-políticas en el espacio andino*. En Maya Aguiluz Ibargüen, editora. La Paz: Universidad Nacional Autónoma de México, Universidad Mayor de San Andrés, La Paz, 2008. 265-278.

Kaliman, Ricardo J. "Cultura Imaginada y cultura vivida. Indigenismo en los Andes centromeridionales". *Revista de Crítica Literaria Latinoamericana*. Año XI, n. 42, Lima-Berkeley, 2do semestre (1995): 87-99.

López Lenci, Yazmín. *El laboratorio de la vanguardia peruana*. Lima: Horizonte, 1999.

Moraña, Mabel. *Churata postcolonial*. Lima: CELACP, 2015.

Mamani Macedo, Mauro. *Quechumara. Proyecto estético-ideológico de Gamaliel Churata*. Lima: Fondo editorial UCH, 2012.

Mamani Macedo, Mauro. *Ahayu watan / El alma amarra: Suma poética de Gamaliel Churata*. Lima: FLCH-UNMSM, 2013.

Monasterios Pérez, Elizabeth. *La vanguardia plebeya del Titikaka. Gamaliel Churata y otras beligerancias estéticas en los Andes*. La Paz: Plural-IFEA, 2015.

Morote Gamboa, Godofredo. *Motivaciones del escritor*. Lima: Universidad Nacional Federico Villarreal, 1989.

Pantigoso, Manuel. *El ultraorbicismo en el pensamiento de Gamaliel Churata*. Lima: Universidad Ricardo Palma, 1999.

Tamayo Herrera, José. *Historia social e indigenismo en el altiplano*. Lima: Ediciones Treintaitrés, 1982.

Usandizaga, Helena. "Cosmovisión y conocimiento andinos en *El pez de oro*, de Gamaliel Churata". *Encrucijadas estético-políticas en el espacio andino*. Maya Aguiluz Ibargüen, editora. La Paz: Universidad Nacional Autónoma de México, Universidad Mayor de San Andrés, La Paz, 2008. 177-206.

Valcárcel, Luis. E. "Sobre peruanidad". *Boletín Titikaka* XXXII (julio 1929): 4.

Vich, Cynthia. *Indigenismo de vanguardia en el Perú. Un estudio sobre el Boletín Titikaka*. Lima: Universidad Católica, 2000.

_____ "Reinventando la nación: el 'indigenismo vanguardista' del Boletín Titikaka". *Encrucijadas estético-políticas en el espacio andino*. Maya Aguiluz Ibargüen, editora. La Paz: Universidad Nacional Autónoma de México, Universidad Mayor de San Andrés, 2008. 117-146.

Vilchis Cedillo, Arturo. "El andar de Churata en Bolivia". *Encrucijadas estético-políticas en el espacio andino*. Maya Aguiluz Ibargüen, editora. La Paz: Universidad Nacional Autónoma de México, Universidad Mayor de San Andrés, 2008. 237-250.

Wise, David. "Vanguardismo a 3800 metros: el caso del Boletín Titikaka (Puno 1926-1930)". *Revista de Crítica literaria Latinoamericana* X/20 (1984): 89-100.

Zevallos Aguilar, Ulises Juan. *Indigenismo y nación. Retos a la representación de la subalternidad aymara y quechua en el Boletín Titikaka (1926-1930)*. Lima: Instituto Francés de Estudios Andinos / Banco Central de Reserva del Perú, 2002.

Simbología de *El pez de oro* (Segunda conferencia en el cine Puno, 31 de enero de 1965)[1]

Gamaliel Churata

DOS CUESTIONES PREVIAS. MIS BUENOS CAMARADAS DE ORKO-PATA me manifestaron ayer, después de mi primera conferencia, que a ellos más les habría complacido oírme discurrir sobre el tema de la Dialéctica del realismo psíquico, Alfabeto del incognoscible, que dar lectura de las treinta páginas de ella. Ciertamente, eso habría sido inclusive más placentero. Pero yo soy devoto contrito de toda norma disciplinaria. Y los Chaskis[2] tienen establecido que toda conferencia en su seno debe ser previamente conocida por sus miembros directivos, sin que esto importe limitar la libertad de expresión del conferenciante. Esa la razón por que en esta misma operación de exégesis yo me someto con agrado a la norma. Y otra, la más importante. Una dama hermosa y gentil se me allegó ayer y me dijo que, lamentablemente, ella no estuvo a la altura de los temas tratados y que de la conferencia había entendido poco. Es necesario que yo exprese con todo ahincamiento que reconozco tales temas abstrusos y que darles expresión asequible al demos mayoritario, no es tarea propia y menos factible. Pero, es que aquí estamos frente a otra cuestión grave en suma medida. Los hechos –y yo pretendo discurrir con ellos y en su materia– no son discutibles: tienen que

---
[1] Texto reproducido con permiso de Amaratt Peralta, hijo y heredero de Gamaliel Churata.
[2] Sociedad Cultural puneña activa en los años sesenta, que retomó el nombre de los antiguos corredores incaicos encargados del correo del Inca.

poseer la rotunda verticalidad de la vida y cuando no se entiende la fraseología dialéctica, el hombre que oye debe buscar si oye con el sentimiento. Es decir, si en la conciencia se le hace sensible la materia de la exposición.

Cuando digo los muertos no están muertos, he, reciamente, lanzado una proposición insólita. Y cómo lo demuestra usted, se me dice. La palabra humana no da para estas demostraciones. Entonces respondo: tienen que responder ellos –los muertos– ¿Y cómo? ¿Cómo? Hablando. Si están vivos pueden y deben hablar. Oímosles pero no con los oídos de la inteligencia, sino con los de la entraña. Si están en parte alguna, digo yo que es en nosotros donde están, porque es en nosotros que les sentimos. ¿Dónde nos duelen? ¿Dónde lloramos lo que fue nuestro y que adoramos? En el corazón. ¿O no es en el corazón que sentimos la ausencia de nuestros muertos? Sí, en él es. Entonces, digo yo a la dignísima señora que me honró con su amable confidencia: de qué le serviría, señora, haberme entendido, si siente usted que es como yo afirmo, que es en su noble entraña donde los muertos se hacen manifiestos. Ya estamos acá frente a un problema gnoseológico subitáneo. El verdadero conocimiento de la realidad no puede venir de la inteligencia, sino del sentimiento, es decir de la capacidad sensorial de la naturaleza humana. Transportémonos a Alejandría, ese foco del África de donde parten las irradiaciones del misticismo cristiano y vemos en los desiertos la tragedia del místico.[3] Él se recluye en una cueva y en ella sufre las torturas del Demonio que le asedia en la figura de la Súcubo el alma torturada por las psicosis genitales, y ya es la hurí[4] de floral epidermis, la niña desnuda que se le ofrece. Y el asceta concibe que son formas demoníacas del enemigo del alma que trata de sumirlo en los vertiginosos abismos del mal... Pero, allí hay un filósofo que siente el mismo asedio, y ve las mismas figuras infernales que ya le arrastran al delirio de la locura. Pero tiene la suficiente serenidad y objetivismo para comprender que esas naturalezas son individuos de un orden genético, y se aplica la medicina más grotesca, si se quiere, pero la única acorde con la realidad sensorial: se yugula. Y las visiones y tormentos desaparecen.

---

[3] Referencia a San Antonio Abad, fundador del movimiento eremítico y célebre por sus "tentaciones" en el desierto. Nació el año 251dC y murió a los 105 años de edad.
[4] En el Corán las Huri son hermosas doncellas que atienden a los beatos en el Paraíso.

Esto entiendo yo por la Dialéctica del realismo psíquico. Proclo[5] se llama ese filósofo, como el de la Tesalia se llama el famoso Antonio de Como. Si San Antonio hubiese poseído el sentido realista del teólogo que fue Proclo habría curado de su mal como logró éste.

Este hecho de la realidad está señalando que el verdadero conocimiento de la realidad íntima del mundo interior de la conciencia humana no puede ser abarcado por los inteligibles, puesto que estos son el idioma de entes enfermos que crean en la naturaleza conciencial del hombre, un mundo ficticio del cual se valen para dominar a prójimos ya como Súcubos o Incubes, y es lo mismo decir Demiurgos o Daimones. Tras esto revisar en centón de las teodiceas de todos los pueblos es encontrar en los símbolos de la demonología arábiga o helénica la confirmación de que la realidad del mundo interior humano está constituida por la presencia de los muertos en la sangre y la naturaleza medular de los vivos. Cuando tenga yo la suerte de lanzar al conocimiento de mis amigos el texto del libro *Resurrección de los muertos*, estoy seguro que estas breves anticipaciones serán definitivamente comprendidas.

Pero, no sólo la hagiografía, esto es, la biografía de los santos nos revelará la realidad, sino el análisis de la Metafísica, y el análisis metafísico de la poesía de los hombres, demostrarán que los muertos no sólo existen en nosotros, sino que se han estado expresando a través de los milenios sin que se llegase a entenderles por no saber sentirles. Entre esas expresiones recientes tenemos que tomar en cuenta unas del filósofo francés Sartre, quien en su biografía, de la cual ha entregado ya una primera parte, manifiesta que él no morirá, mas permanecerá entre los hombres convertido en un corpúsculo magnético, un estallido microscópico de estrella, viviendo con ellos, dueño de una conciencia viva, actual, filosófica y política. Así es en efecto. Pero es que el ateo Sartre, materialista de cátedra, juzga que su Yo, su ego, es la forma en esencia de su materia, y no obstante repudiar las especulaciones místicas, que son de la misma índole, ignora que ese Yo, es sólo el genes, la semilla del hombre, como reveló Proclo sin haberlo entendido.

---

[5] Proclo, junto a Plutarco, es el representante más importante de la escuela neoplatónica en Atenas.

Es, pues; la simbología de EL PEZ DE ORO nada más que la dramatización de ese individuo genital al que se ha dado el nombre de alma y es el principio dinamogénico de la naturaleza germinal del Universo, y es su naturaleza de conciencia, de eternidad de fruto. EL PEZ DE ORO es el genes del Hombre del Tawantinsuyu; la Sirena, su madre, el símbolo de la naturaleza germinal del agua; su padre el Khori-Puma, la raíz animal del hombre. Y ya tengo que decir a ustedes que la abuela de EL PEZ DE ORO es la Pacha-Mama, que nosotros los orkopatas llamamos, la Mama-Khamak, la tierra fecunda que constituye la gleba universal de la vida. Entonces se verá fácilmente que desde los versículos del primer capítulo a las puntualizaciones de los restantes, hay sólo la dramática de la raíz animal del hombre que lucha por recuperar la semilla de su hijo EL PEZ DE ORO a quien la muerte intelectual le había amputado de la carne. Y si ese decurso se refiere no ya al problema universal e histórico del hombre, sino a los episodios del homicidio del Tawantinsuyu, se comprenderá que la batalla del Puma se dirige a levantar de la tumba el alma de la patria.

Es claro que las imágenes de los retablos del Laykhakuy no todas infieren a morfologías zoóticas y algunos vemos que son meramente esqueletos homines, pero para la buena comprensión de sus formas se debe entender que allí donde aparece el hombre es porque está viviendo su naturaleza humana y allí donde aparece humano está viviendo su naturaleza animal.

Esto se dirigirá, pues, a deprimir la dignidad del hombre? Nunca. No puede deprimir al hombre su realidad, porque es su realidad cuanto puede suministrarle salud orgánica y acuidad de conciencia, ya que pretender que el hombre sea sólo posible en una proposición silogística es borrarle del orden de la vida, la cual es en lo que es y no en lo que el alma enloquecida de los espíritus sostiene que sea.

Creo que con las puntualizaciones que he brindado ayer y las de ahora, ya el lector de EL PEZ DE ORO se hallará en condiciones de entender las simbologías de su dramática. Más debo responder a la observación que se me ha formulado con mucha sindéresis. Por qué —me dijeron nuevos amigos— pudiendo usted exponer la trama de su libro las cosas como ahora plantea, optó por dejar el acertijo para la fatiga de quienes se interesan por su obra.

Mi respuesta es simple y creo que honesta. Porque EL PEZ DE ORO es para mí también una experiencia. Los temas que él trata no son nuevos aunque son muy viejos. Y hoy no se trata de la fortuna de un libro literariamente juzgado, sino buscar demostraciones en la experiencia. No es esta una hazaña proselitista, ni vengo a buscar la formación de una capilla teúrgica, vengo a decirle al hombre de descubrir la realidad de su conciencia y conocer allí si los hechos pueden determinar la realidad de su naturaleza, o las ideas, esa creación espirita de la filosofía que acabó haciendo del hombre un ente de razón sin raíces en la biología y con un infierno en el corazón en el cual fermentan todas las pasiones abyectas lacerando la carne humana actual y ahogando en detrimento y vaciedad y odios a las conciencia nobles de nuestros muertos que sufren ese infierno.

Pero, hágaseme el honor de entenderme que esta planificación empírica de la realidad del subconsciente, que llamaba el psicólogo Yung [sic], no se dirige a sectarismo alguno, ni pretende ponerse frente a las religiones y la fe de las gentes. Es un llamado, sin apostolado alguno, al hombre para que, por su cuenta, sin valerse ya de agentes condicionados, se resuelva a que su conciencia no responda a dinamogénicas teúrgicas, sino a leyes propias a todos los seres de la Naturaleza. Y enfrentado a ese problema responderán los hechos, aunque el Verbo de los inteligibles enmudezca para siempre…

Y ahora, soy todo oídos para responder al compromiso de la mesa redonda que inaugurará el señor secretario de los Chaskis, a quienes rindo mi más profundo agradecimiento por la oportunidad que me brindaron de hablar desde este altoplano del Titikaka a los míos y al hombre, al hombre que vemos y al hombre a quien no vemos y desde nuestros ojos está mirando el decurso de este carromato desvencijado, que conduce el Diablo, y que se llama la Historia del Hombre.

La dialéctica del realismo psíquico de Gamaliel Churata

Aldo Medinaceli

Este trabajo ofrece algunas pautas al lector para responder a la pregunta ¿qué es la *dialéctica del realismo psíquico* para Gamaliel Churata? y para la caracterización de esta dialéctica a través de tres conceptos aymaras: *Ahayu watan, Hallpa qamasqa* y *Hata*, extraídos de la conferencia que el escritor ofreció en Puno en 1965 y tituló "Dialéctica del realismo psíquico, alfabeto del incognoscible". Mediante un análisis de esta conferencia se sostiene que la misma es una importante herramienta de lectura para la obra de Gamaliel Churata y que de ella se implican relaciones con uno de los grandes temas de su obra: la reconceptualización de la muerte. La mencionada conferencia fue inaugurada el 30 de enero de 1965 y dio lugar a una segunda, realizada poco después también en el cine Puno. El presente estudio está centrado en la primera.

Entre noviembre de 1965 y febrero de 1966, Churata brindó tres conferencias, dos en la ciudad de Puno y otra en Lima, en la Universidad Federico Villareal, luego de su salida de La Paz, Bolivia, donde había pasado los últimos treinta y dos años de su vida. En el proceso de investigación para este trabajo se pudo conseguir la grabación en audio original de la conferencia, la que coincide con el texto de su primera publicación (1971) y ofrece además algunos fragmentos inéditos.[1]

Se aclara que en ningún momento este trabajo ingresa en los dos libros más conocidos del autor: *El pez de oro* (1957) y *Resurrección de los muertos* (2010), sino que se limita a enhebrar una herramienta de lectura para esas obras a través del análisis de la conferencia objeto de estudio. Para esto, en una primera etapa, se realiza un repaso de los antecedentes críticos que han dejado otros estudios de la obra de Churata, luego se justifica el por qué de la elección de esta conferencia, para finalmente desarrollar el análisis.

Antecedentes

Elizabeth Monasterios ha profundizado en el estudio de *El pez de oro* primero desde la perspectiva de una vanguardia andina alternativa a los ismos, expresada en la obra de Churata y de los bolivianos Arturo Borda y Jaime Saenz (Cursillo de Vanguardia Andina, 2005), y más recientemente, integrándolo en un corpus denominado "la vanguardia plebeya del Titikaka" en el cual reconoce en la obra de Churata "una asombrosa lucidez para advertir un eventual protagonismo indígena" ("La vanguardia plebeya" 42). En la década de los noventa, Patricia Marín había realizado un acercamiento a la estadía de Churata en Bolivia con el trabajo *Tras la huella de Gamaliel Churata en Bolivia* (1992). En esa misma década Miguel Ángel Huamán y Domingo Pantigoso dedicaron sendos libros al estudio de *El pez de oro*. Huamán centrándose en las fronteras discursivas entre oralidad y escritura, en su libro *Fronteras de la escritura. Discurso y utopía en Churata* (1993), y Pantigoso, en *El ultraorbicismo en el pensamiento de Gamaliel Churata* (1999), intentando sistematizar una categoría estética llamada "ultraorbicismo" para asimilar la propuesta literaria churatiana.

Entre 2002 y 2007 Marco Thomas Bosshard realizó estudios de *El pez de oro* asumiéndolo como una obra surrealista de estética andina y equiparando la lógica de este libro con preceptos asiáticos. Mabel Moraña, en 2015, publicó *Churata postcolonial*, donde vincula el

---
[1] Se agradece la gentileza y el desprendimiento del hijo menor de Gamaliel Churata, Amaratt Peralta, quien nos confió la grabación en audio para la realización de este estudio.

trabajo de Churata a corrientes teóricas desarrolladas en la academia metropolitana.

Es destacable la labor de difusión y recopilación de José Luis Ayala, quien realizó un compendio con varios textos referidos a Churata, y además se encargó de la primera publicación de la conferencia motivo de este estudio, el año 1971, en el libro *Gamaliel Churata, Antología y valoración*, publicado por el Instituto Puneño de Cultura. En este mismo camino se enlista el reciente libro *Ahayu Watan Suma poética* (2013) de Mauro Mamani Macedo, el cual recopila la mayor parte de su producción poética.

Por otra parte, Arturo Vilchis Cedillo trabajó en la recopilación más amplia de los documentos históricos relacionados a su participación en la vida sociopolítica de Bolivia (2007), exponiendo su relación con la creación de la escuela de Warisata y el periodismo cultural de mediados del siglo XX. Guissela Gonzalez Fernández también le dedica un libro al trabajo periodístico de Churata en Bolivia (2009), y a ellos se suma una extensa cantidad de autores más recientes que han dedicado artículos o ensayos cortos a la obra del autor andino durante los últimos años.

La mayoría de los estudios de la obra de Churata se han centrado en su –hasta hace pocos años– única obra publicada, *El pez de oro* y, más recientemente, a uno de sus libros póstumos: *Resurrección de los muertos* (2010), del cual Riccardo Badini hace un amplio estudio filológico centrado en su relación con la mitología cercana al lago Titicaca, y relaciona algunas de las ideas frecuentes en la obra churatiana a conceptos platónicos, como las apariencias de la caverna y la función del diálogo en sus obras. Hasta donde se tiene conocimiento, únicamente Guissela Gonzales Fernández junto a Juan Carlos Ríos hacen referencia al *realismo psíquico* en una ponencia del año 1995, aunque sin profundizar en la conferencia misma. La corta ponencia realizada en el encuentro regional de literatura JALLA de 1995 –junto a un estudio posterior de la misma autora que mencionaremos en detalle más adelante–, son por ahora el principal antecedente en este tema. En sus líneas, los autores afirman que:

> En "Dialéctica del realismo psíquico..." Churata niega la argumentación lógica, forma de conocimiento por excelencia en occidente e intenta reformular el espacio socialmente institucionalizado de la literatura en sus aspectos centrales. El negar la argumentación lógica, no implica la

negación de las normas vigentes de la literatura occidental, normas que son utilizadas para presentar formas alternativas provenientes del mundo andino de tal manera que su literatura se presenta como una metateoría, un metalenguaje de sí mismo que busca la situación ideal del habla. (Gonzales Fernández y Ríos 369)

Cerca de diez años después, Gonzáles –esta vez sin la colaboración de Ríos– le dedica un corto capítulo al tema del realismo psíquico en el libro *El dolor americano* (2009), esta vez eludiendo el término "dialéctica". Aquí una parte importante de sus conclusiones:

> El realismo psíquico se presenta como una epistemología, como una nueva forma de conocimiento de la realidad, en este caso, de la realidad americana. Esto se origina en la cosmovisión andina pero es una lectura nueva, reelaborada, en la que también se articulan elementos occidentales. (Gonzáles 63)

El presente trabajo intenta profundizar, ahondar y problematizar aquella conclusión, así como brindar nuevas aproximaciones y desarrollar otros conceptos para responder a la pregunta ¿qué es la *dialéctica del realismo psíquico* para Gamaliel Churata?

Justificación

Para la elección de la conferencia se procedió a una exhaustiva lectura y amplia selección de la producción intelectual de Gamaliel Churata "periférica" a sus dos obras centrales, es decir: *El pez de oro* y *Resurrección de los muertos*. En este caso, el término "periférica" se refiere a artículos literarios, ensayos filosóficos y notas editoriales publicados en diarios y revistas de la primera mitad del siglo XX. Algunos de estos trabajos merecen un estudio independiente a las obras mayores del autor debido a su complejidad. Tal es el caso de la serie de ensayos titulada "Problemas ontológicos" (1949), que mantiene correspondencia con el resto de la obra de Churata, así como el ensayo "Bocetos de una filosofía salvaje" (1937), que también merecería un estudio independiente debido a la profundidad de sus propuestas.

La conferencia "Dialéctica del realismo psíquico" ocurre en un momento capital en la vida del autor. Se deduce que para 1965, cuatro años antes de su muerte, la mayoría de su obra ya había sido escrita y –en el caso de *El pez de oro*– publicada años atrás. Para el año de la conferencia, Churata ya poseía cierta distancia con varios de sus postulados, además de una conciencia crítica con relación a su propia obra.

En el entendido de que la mayor parte de los estudios acerca de la obra de Gamaliel Churata se han centrado en *El pez de oro*, este trabajo intenta acercarse a esa obra desde otra perspectiva, desde la mirada epistemológica que el mismo autor intentó sembrar en sus lectores.

Dialéctica del realismo psíquico

¿Cómo ordenar las vísceras, estructurar lo azaroso, canalizar el caos? En este intento por solucionar un obstáculo, respondemos: mediante la búsqueda de un marco esclarecedor que la misma obra ofrezca, instalando un delineado preliminar que permita ingresar en aquel espacio de criptografías. Siguiendo esta senda se hace inevitable la necesidad de un rastreo, la verificación de que tal delineado exista primero y corresponda luego a lo desarrollado en la obra. En tal acción resultan relevantes todas las señales que ayuden en la formación del delineado, toda palabra o enunciado que posibilite un paso en la bruma. La validez de las señas será mayor si es emitida por el mismo creador de aquel espacio visceral y azaroso antes mencionado: el pensador escribiendo sobre su propio pensamiento o el autor de la obra delineando su propio trabajo. Vamos a pesquisar un anhelo: la creación de un nuevo sistema, una lógica callada, un escenario no dado.

El proyecto literario que Gamaliel Churata proponía en su escritura, si bien se halla implícito en *El pez de oro* y el resto de los volúmenes inéditos, encuentra mayor claridad en la interminable lista de artículos, ensayos, y –de central importancia– conferencias que diera pocos años antes de su muerte, como conclusión del trabajo de toda una vida y en las que desarrolló las líneas necesarias para un ingreso menos vertiginoso a su obra central.[2]

Vamos a detenernos en la escritura "periférica" enhebrando ideas, deshaciendo nudos, con el afán de caracterizar –pausada y

---

[2] El material básico que hemos utilizado para esta pesquisa se centra en las tres conferencias brindadas por Churata entre 1965 y 1966; en la serie titulada "Problemas Ontológicos", que fuera publicada en el suplemento *Cuadernos Literarios* del diario *Última Hora*, el año 1949, y en artículos específicos en los que el autor va armando la postura funcional y estética de su obra. Todo este material aparece listado en la bibliografía.

cimeramente, palabra por palabra– aquello que Gamaliel Churata bautizó como *dialéctica del realismo psíquico, alfabeto del incognoscible*.

La dialéctica para Churata

La oposición que supone el proceso dialéctico *tesis-antítesis* y su punto de encuentro, *síntesis*, que a su vez genera una nueva tesis proclive a otra antítesis, siguiendo un proceso interminable, es utilizada por Churata frente a una nueva dimensión: lo incognoscible. El intento de aplicar un proceso racional-científico ante algo carente de raciocinios válidos o de encontrar "el alfabeto del misterio, de lo inasible o inconcebible" ("Dialéctica" 27) nos presenta la fórmula alfabeto *del incognoscible* como una figura paradójica. Churata rechaza la dialéctica hegeliana debido al lugar central que le otorga al pensamiento,[3] a lo cognoscible, y mediante este cuestionamiento se aleja de la premisa moderna *cogito ergo sum*. Asimismo, no retoma el uso tradicional de la dialéctica como figura retórica según la cual se alcanzan conclusiones parciales, acuerdos y desacuerdos mediante procesos de razonamiento, tal como queda definido en el *Diccionario de retórica y poética*:

> La dialéctica es el arte de discutir intercambiando argumentos, o de razonar desarrollando ideas mediante el encadenamiento de juicios o de hechos tendientes a demostrar algo, (...). El eslabonamiento dialéctico de los argumentos puede consistir en una estrategia para el desarrollo monológico del discurso y también puede entrar en el diálogo. (Beristaín 143)

En el proceso dialéctico, según entiende Churata, interviene tanto el instinto como el pensamiento, de ahí su postura crítica ante lo meramente racional: "pretender que el hombre sea solo posible en una proposición silogística es borrarle del orden de la vida" ("Dialéctica". Segunda Parte, 11).[4] Asimismo, mantiene una postura crítica ante la dialéctica marxista, cuya evidencia, como sugiere Riccardo Badini, se desmorana con un acercamiento a categorías de pensamiento indígena (Badini 2006, 11). Si tanto en la postura de Hegel como en la de Marx el uso de la dialéctica responde a realidades materiales

---

[3] Émile Bréhier observa que "La filosofía de Hegel es una vasta alquimia: se trata de transformar en pensamientos los datos de los sentidos y las representaciones". (*Historia de la filosofía*. Vol. II, sexta parte, capítulo IX, 3).

[4] Con este título, el año 2007 la *Revista Alejandría* publicó en Bolivia la segunda conferencia de Churata.

(el capital económico) o mentales (*cogito*), el uso de tal término para Churata estará intervenido por el factor "incognoscible".

Cuestionar estos términos de estratégica importancia supone interferir en la raíz misma del pensamiento moderno occidental. Además, requiere de un trabajo mucho más amplio que el que nos permite la cantidad de páginas aquí desarrolladas. Sin embargo, al tratarse de la médula de la propuesta de Churata, es mejor asumirla

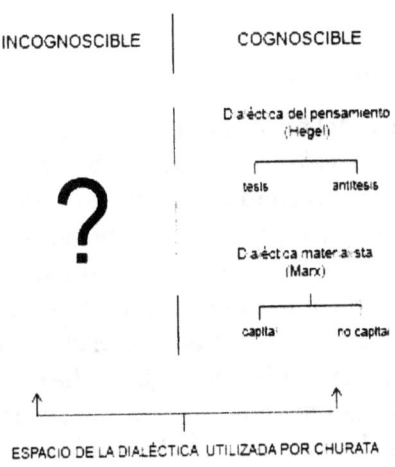

en su misma escala, para ofrecer una imagen real de la propuesta. Esta nueva propuesta podría esquematizarse de la siguiente manera:

La dialéctica para Churata no abandona el espacio intelectual. Se desprende de él, asimilando la razón como parte integrante del individuo. Sin embargo, no centra sus fuerzas en el entendimiento de los hechos y sus causas según un proceso de contraposiciones (tesis-antítesis), sino que hurga en aquellos espacios carentes de base racional, en el lugar nunca develado: el incognoscible. Su manera de conocer este espacio, en plena afrenta a lo estipulado,[5] será mediante la creación de un *escenario*, a través del intercambio entre lo orgánico y lo mental, entre lo material y lo no material, de una convivencia siempre en pugna, de ahí que en su dialéctica intervengan no solo los

---

[5] Conocer lo incognoscible o develar lo velado significará en la obra de Churata el hurto prometeico del fuego, su premio y condena por tal deseo.

silogismos sino, y en la misma medida, intervengan como vehículos de acceso al espacio de lo incognoscible los sentires percibidos a través del instinto.

Tal escenario es el espacio requerido para que los elementos de su obra interactúen, para que una *realidad* acontezca. Su *dialéctica* invita y hace intervenir a una región antes anulada, promueve el encuentro de dos dimensiones, una sensorial y otra racional, para la creación de un escenario en el que pueda desarrollarse tal realidad.

El realismo para Churata

En Churata el uso del término *realismo* se acerca más a un intento de fidelidad introspectiva que a la observación externa de los hechos. Así, habla de la *psique* individual como un lugar de conexiones y descubrimientos, de un lugar, si bien individual, que trasciende esa calidad de 'uno solo' para alcanzar regiones comunes, espacios compartidos: "en la conciencia del hombre, en su intimidad orgánica, radica la verdad de la naturaleza humana. Si el hombre es capaz de así entenderlo, es muy presumible que llegue el día en que logre describir con elementos de su lenguaje la realidad de su naturaleza anímica, que hoy intuye como hipótesis" ("Dialéctica" 14-15). Tal *realidad* sirve como un vehículo expresivo que canalice los aconteceres en aquel encuentro entre lo cognoscible y el misterio, o también llamado lo in-congnoscible. El *realismo* churatiano se acomoda como una manera experimental de representar el encuentro que promueve esa *dialéctica*.

Este *realismo* se instala en la *psique* de la subjetividad personal, en una mirada de los 'hechos' que ocurren dentro, como el análisis introspectivo. No se trata de una categoría que apunte a representar la realidad conocida (o cognoscible) solamente; también se desplaza hacia un nuevo territorio, hacia la representación de lo velado, y su interacción con lo no velado. Tal *realismo psíquico* se desenvuelve entre brumas y materias sepultadas, supone una intervención en lugares sin piso, donde la razón pierde las batallas, y acude a lo sensible sin aparatos medidores ni fórmulas silogísticas. Tal *realismo psíquico* vuelca la mirada hacia el interior, sin olvidar los agentes o detonadores que influyen desde afuera, sin una separación radical con los mismos, y replantea una categoría literaria para amplificarla/renovarla con un inconmensurable espacio a ser explorado.

En este sentido, podríamos acercar el realismo de Churata a la lectura que Fredric Jameson hace de esta corriente en las novelas del siglo XIX, quizás la mayor época del realismo literario, en lo que él denomina realismo ontológico:

> ¿Qué podría haber por encima de este mundo realista –y qué forma podría adoptar– que, no obstante, siga formando una sola pieza con él, siendo carne de su carne? Pienso que dicha trascendencia solo puede detectarse en un único lugar: en el espacio de una alteridad ontológica, una dimensión liberada del peso del ser y la inercia del orden social presente. Me parece posible concebir el funcionamiento de esta trascendencia en el pasado, por medio de la reconstrucción histórica de sociedades que han dejado de existir. (Jameson 26-27)

Esta tipificación de *realismo* parecería acercarse en su complejidad al planteamiento de Churata, sobre todo por su búsqueda del pasado de sociedades que han dejado o están dejando de existir. Sin embargo, la postura abiertamente marxista de Jameson, al ponderar el cimiento teórico "carne de mi carne", se aleja parcialmente de lo que Churata propone, pues en su inasibilidad, el último aspira a un contacto con lo no material, de ahí su idealismo, al intentar alcanzar y explicar lo incognoscible.

La novedad del *realismo psíquico* de Churata radica en que –a diferencia del surrealismo– el sujeto de enunciación está desplazado hacia una colectividad, pues no se trata solamente de un inconsciente que habla, o una psique individual que se vuelca sobre el papel, sino de un saber antiguo conformado por muchas voces, de cantos polifónicos de abuelos o *achachilas* que encuentran un lugar de manifestación en este denominado *realismo psíquico*, el cual a su vez posee una cualidad visceral, como veremos más adelante.

La psique en la obra de Churata

Lo *psíquico* para Churata no representa una inmaterialidad desvincualada del músculo o la sangre, no es un algo inasible que se separa de lo orgánico del cuerpo humano. En la creación de un espacio de encuentros (dialéctica) y la lógica que esto supone, lo palpable tiene íntima e inevitable correspondencia con lo inasible. Según la conceptualización de Churata, ambos no aparecen separados indefectiblemente uno del otro, sino que las murallas se adelgazan posibilitando una unión tensa, y coadyuvan en esa pugna mayor que representa su *dialéctica*. Al afirmar: "Lo psíquico no es algo flotando en la atmósfera, sería imposible su existencia sin la vida y por lo tanto sin la corporeidad y sin la materialidad del organismo" ("Problemas ontológicos" 28),[6] Churata reafirma su postura de no separar tajantemente el pensamiento del sentimiento o, mediante sus agentes operadores, la mente que piensa y el cuerpo que siente. La relatividad de esta premisa será la base para la creación del espacio de encuentros que Churata propone, en el que cada fibra corporal medita, y los razonamientos se hacen carne y vísceras. Dentro de esta lógica, lo *psíquico* está entrelazado con lo biológico, y entre ambos enhebran las relaciones de lo que el autor llama *realismo psíquico*.

La creación de esta categoría literaria, de este *ismo* de tan amplio espectro, funciona como un espacio de aperturas y negaciones. Por un lado rechaza antiguos usos del término *dialéctica* (racional y material) para, al mismo tiempo, servirse de ellos, modificando el común denominador del *realismo* literario, sin desechar del todo un anhelo de representación, hacia lo inconmensurable de lo interno, y expande las fronteras de lo adoptado como *psíquico*, ya como materia orgánica y biológica no solo mental, atribuyéndole capacidades de un espacio sobre el otro en un movimiento recíproco, abriendo canales para que los términos usados continúen casi intactos, aunque con un cambio fundamental: el recibimiento de su contrario.

Por otra parte, y en este mismo sentido, el espacio generado a través de la *dialéctica del realismo psíquico* significa un acto de apertura hacia lo misterioso y velado. El *realismo* vuelca el lente hacia el interior del individuo y lo *psíquico* deja de ser solamente un algo inasible para conectarse con lo orgánico, lo que lleva a postular que, entendidos como estancos aislados, "Materialismo, biologismo y psicologismo son posiciones insostenibles porque contradicen la ley de la libertad, son productos de metafísicas especulativas" (28).

---

[6] "Problemas Ontológicos" es una serie de artículos cortos publicados bajo el mismo título en fechas 2, 9, 23, 30 de abril y 7 de mayo de 1949 en el suplemento *Cuadernos Literarios* del diario *Última Hora*. Están reproducidos en la revista literaria *La Mariposa Mundial* 19-20 (2012): 25-29. Las citas que se hacen están tomadas de esa publicación.

La dialéctica del realismo psíquico: un escenario de encuentros

Entonces, la *dialéctica del realismo psíquico* funciona como la representación de un escenario mental/orgánico en el que dialogan preceptos psicológicos, biológicos y materialistas, y se fundamenta en un descreimiento de lo dado para –utilizando sus anteriores alcances– iniciar una nueva manera de entender la propia experiencia.

La primera noticia que se tiene de esta categoría es la conferencia de enero de 1965, titulada "Dialéctica del realismo psíquico, alfabeto del incognoscible", preparada a pedido del Grupo Cultural Chaski. En esta conferencia el autor hace un resumen de las motivaciones, búsquedas y ejes conductores que guiaron su obra. *El pez de oro* había sido publicado ocho años atrás y la mayoría de sus inéditos estaban en el estado que hoy se los conoce, fragmentados y/o inconclusos.

Si bien la "dialéctica del realismo psíquico" es ya en sí una reutilización de los términos que la conforman, la creación de una categoría literaria que bien puede ser herramienta para el ingreso a otras obras y autores, responde a la necesidad de Churata por encontrar un aparato que sostenga, sólida y convincentemente, su premisa de obra: *los muertos no están muertos*.

En la primera publicación de la conferencia, en 1971, así como en su reedición a cargo de la revista *La Mariposa Mundial* (2012), se ha tomado en cuenta solamente el texto que Churata expusiera, es decir, sin la corta introducción que preparó para la ocasión. En la misma –que solamente es posible escuchar en la grabación de audio– Churata inicia con las palabras: "No quiero iniciar esta conferencia sin antes evocar la figura y el nombre de todos nuestros muertos" (Audio inédito recuperado para este trabajo). La conferencia apunta a dilucidar la presencia de la muerte, más específicamente de los muertos, en el proyecto que Gamaliel Churata tenía para su literatura. Ese espacio generado para la interacción de agentes conocidos y desconocidos, junto a la figura de una materia psíquica que posea movimiento y organicidad, van conformando la propuesta de una categoría ("dialéctica del realismo psíquico") tan inasible e inclasificable como su idea de *realismo* y de *psique*, lanzando a los lectores de *El pez de oro* una bitácora y guía clave para la internación en tal libro.

La lectura de *El pez de oro* se ve potencializada al ser considerada como un escenario de constante interacción de voces vivas y voces muertas, de meditaciones a veces absurdas o de asociación libre, de anulación de temporalidades lineales. En suma, un escenario interior vívido que posee su propia lógica, así como llega a ser inclasificable mediante la razón, pues en él también acontecen emociones, sentires viscerales, reminiscencias y demás agentes que la *psique* humana acoge. El *realismo psíquico*, además, es una propuesta pensada por Churata con el fin de sustentar la premisa de que *los muertos no están muertos*, y de expresar abiertamente que para su entendimiento, el lector no debe utilizar únicamente la mente, sino la exploración sincera de su entraña, que también forma una *realidad*:

> La proposición *Dialéctica del realismo psíquico, alfabeto del incognoscible*, pueda ser juzgada superficialmente, solo como expresión de aguda esquizofrenia, porque si es psíquico un fenómeno, no puede alcanzar realidad positiva y táctil, y su proposición, constituyendo el Alfabeto del misterio, de lo inasible o inconcebible, determinará conclusión radical que señale al método fisiológico el medio único de su conocimiento, y ya deja de ser psíquico. Realmente, por más que yo esforzara mi modestia por elucubrar silogismo fructuoso que hiciese lógica su naturaleza, no habría alcanzado a más que agregar, sobre los simumes de la arena de la Dialéctica,[7] grano más insignificante. A estos esquemas solo pueden responder realidades. ¿Los muertos viven? Sí. Pues que hablan. ("Dialéctica" 27-28)

La propuesta churatiana parte de una raigambre considerada pagana, que dentro su contexto inmediato, en las ciudades de Puno y La Paz de la primera mitad del siglo XX, era inadmisible debido a su postura anticlerical. Sobre ese *paganismo*, aúna dos dimensiones consideradas contrarias: lo *visible* y lo *invisible* o, en términos de su dialéctica: lo *cognoscible* y lo *incognoscible*. Asimismo, entrecruza dos dimensiones que se habrían desarrollado independientes y alejadas, afianzando y entretejiendo las dos redes que Ángel Rama denominó "la red física" y "la red simbólica":

> Las ciudades despliegan suntuosamente un lenguaje mediante dos redes diferentes y superpuestas: la física que el visitante común recorre hasta perderse en su multiplicidad y fragmentación, y la simbólica que la ordena e interpreta, aunque solo para aquellos espíritus afines capaces de leer como

---

[7] En este caso, Churata se refiere a la dialéctica tradicional, es decir a la dialéctica que utiliza el silogismo para fundamentar sus argumentos. Es llamativo que utilice el mismo término para rechazarlo o, como hemos visto, para ampliarlo. Churata, en aparente acto contradictorio, rechaza una *dialéctica* para crear otra. No va en contra del concepto, sino que, desde el mismo, lo rebate y amplifica.

significaciones los que no son nada más que significantes visibles para los demás, y, a merced a esa lectura, reconstruir el orden. Hay un laberinto de las calles que solo la aventura personal puede penetrar y un laberinto de los signos que solo la inteligencia razonante puede descifrar, encontrando su orden. (Rama 177)

Churata desordena tal razonamiento. Al no separar lo simbólico de lo vivencial, sus significantes no buscan un orden racional, más bien lo cuestionan, ingresando en su universo para desestabilizarlo. Dentro de la lógica de su *dialéctica*, las vísceras están también involucradas en el orden simbólico, difuminando la barrera entre la "inteligencia razonante" que ordena los símbolos y la "aventura personal" que camina las calles. La experiencia vital en la obra de Churata resulta fundamental, pues la misma está representada desde lo orgánico, desde la *psique carnal* que plantea su *realismo*.

Sin embargo, y antes de seguir en este desarrollo, dos apuntes son necesarios para entender la creación del *realismo psíquico*. Primero, la formación de Churata es heterodoxa: por un lado católica-ortodoxa, con lecturas que provienen del canon religioso, filosófico y literario occidental; por otro, política y enraizada en las culturas andinas. Y segundo, la escritura de *El pez de oro* se inicia en durante su primera infancia,[8] cuando todavía recita a sus compañeros pasajes enteros del *Antiguo Testamento*. Estas dos puntualizaciones nos hacen entender el escenario del *realismo psíquico* como una tensa convivencia de partes dispares, en este caso de una formación cristiana/occidental que se va abriendo hacia una visión andina; además, y en interesante medida, del paso de una mirada católica ortodoxa hacia una exploración profunda en las prácticas y postulados de la religiosidad andina, sin abandonar del todo la primera vertiente del autor. De ahí que en una *dialéctica* unificadora y en un escenario en el que las voces muertas conversan con las vivas, estén presentes conceptualizaciones y premisas tanto occidentales como andinas, conviviendo en pugna o complementariedad.

Prestando atención al subtítulo de *El pez de oro: Retablos del Laykhakuy,* Miguel Ángel Huamán caracterizó la obra de Churata

---

[8] En una posterior conferencia fechada en 1966, Churata se refirió al proceso de escritura de *El pez de oro*: "[...] en gran medida, comenzó a ser escrito en la escuela primaria. Yo he sido un mal estudiante, me he considerado hasta pésimo estudiante. Es que había una sola razón: Yo no estudiaba. Me ocupaba de escribir *El pez de oro*" (citado en Morote Gamboa 1989, 64).

como esos retablos, altares/escenarios que recorrían las comunidades andinas durante los siglos XVII y posteriores, y en base a ello proyectó en *El pez de oro* una fuerte carga oral propia de esos retablos, que además funcionaban como teatros móviles: "una obra como el libro de Churata está destinada no a ser leída sino a ser oída" (Huamán 191). Enfocada desde el *realismo psíquico*, sin embargo, la obra de Churata trasciende la categoría oral o lectiva simplemente, para instalarse en aquel espacio que genera el *realismo psíquico*, es decir, en el espacio de la no-materia que cohabita con la materia, que se enuncia desde lo *incognoscible*, desde donde es posible percibir, agudizando las emociones y percepciones humanas, las voces y cadencias de los muertos. El trabajo de Huamán ahonda en la lectura de Churata desde el espacio del *retablo*, pero este se vería amplificado si se lo pensara como imagen poética de un *retablo psíquico*.

En este punto del desarrollo, y para una mejor caracterización de las ideas de Churata, es necesario alejarse un poco de términos tomados del devenir occidental (*dialéctica, realismo, psique*) y sus alcances, e ingresar en conceptualizaciones andinas, sin que esto signifique que no puedan, mediante cierta unión tensa, complementarse.

Fernando Montes Ruiz, en *La máscara de piedra* (1999), habla de una "unidad contradictoria" capaz no solo de acoger elementos opuestos, sino de crear un tercer estado trascendente, que afirma y niega a la vez: una unión paradójica que –tal cual la *dialéctica* que enhebra Churata– iría en contra del principio de oposiciones radicales. Montes Ruiz señala este principio como una de las características principales de la lógica andina:

> La oposición complementaria, que es el paradigma lógico, subyace al pensamiento andino, tiene tres valores de verdad: la afirmación, la negación, y un tercer elemento contradictorio que niega y afirma a la vez. Esta lógica viola los principios aristotélicos de identidad, contradicción y tercero excluido. (32)

Años después, en otro ensayo, añade:

> La unidad contradictoria, donde algo puede ser simultáneamente positivo y negativo, existente e inexistente, sí y no, masculino y femenino, en un paradójico tercer estado suspendido entre estas dos posibilidades. Una clara ruptura con el principio aristotélico del tercero excluido y un consiguiente retorno a la milenaria conjunción de opuestos del *tao* y el *tinku*. (*Las diosas* 68)

La lógica en la que se desenvuelve la obra de Churata, si bien retoma términos del devenir filosófico occidental (*dialéctica, realismo, psique*), se gesta dentro de una lógica andina que no expulsa ni revierte ideas provenientes de otras escuelas, por el contrario, las incluye dándoles un giro, sirviéndose incluso de su propia terminología para ampliar sus alcances y generar el escenario de encuentros que aquí se plantea. Montes Ruiz sugiere claramente que en estos casos estamos –tal como indica la cita anterior– ante una "ruptura con el principio aristotélico del tercero excluido". Tal ruptura no sería fatal ni agresiva, sino que, dentro la lógica integrativa y complementaria de la cual se desprende, articula una conjunción de principios distintos para, a su vez, dejarse transformar por los mismos. Asimismo, señala que esta lógica no puede ser asible si no es desde la paradoja, ya que posee una íntima correspondencia con los principios "milenarios del *tao* y el *tinku*", aunque no necesariamente se trate de una unión armónica, sino más relacionada al caos y la constante lucha. Tales conceptualizaciones representarían el principio básico de la lógica andina o –en el caso de los términos de este trabajo– de la *dialéctica* para Churata. Con el fin de brindar una estructura a sus postulados, Churata menciona reiteradamente las ideas-concepto andinas de *Hata* [semilla o gen], *Ajayu watan* [el alma que amarra] y *Hallpa khamaskha*[9] [tierra animada]. Los tres conceptos mencionados son importantes para argumentar las ideas que el *realismo psíquico* acoge.

Hata: la semilla

La idea de *Hata* que Churata sostiene proviene de la voz quechua-aymara *jatha* que podría interpretarse como semilla. Durante su primera conferencia, Churata menciona reiteradamente la importancia del "concepto de la Hata, la semilla" ("Dialéctica del realismo psíquico, alfabeto del incognoscible" 14). Desde una perspectiva lingüística y según el estudioso quechua Félix Layme, *hata* sería el equivalente a:

> *Jatha*, muju. s. Semilla. Cada uno de los cuerpos que forman parte del fruto que da origen a una nueva planta.
>
> *Jatha*, muju, q'itha, sapaqa. s. Esperma. Líquido seminal. // Polen. Polvo fecundante de los estambres de las flores. (80)

En este sentido se indiferencia entre "líquido seminal" y el cuerpo que "da origen a una planta", de modo que *Hata* será aquello

---

[9] En Churata el vocablo aparece escrito de esta manera.

que genera vida, como idea-concepto básico y natural que no hace diferencia entre la vida vegetal y la vida humana. *Hata* representa una chispa de vida y una fuerza generadora de nuevos seres, tal como indica el lingüista Donato Gómez Bacarreza:

> Jatha s. Casta familiar, ayllu, casta de reyes. Semilla de plantas. (96)

En ambos casos, *Hata* se relaciona tanto a la idea de "semilla vegetal" como al "líquido seminal" o a "casta familiar", es decir, aquello que unifica los lazos sanguíneos: el *gen*. El siguiente pasaje de la conferencia de Churata ayuda a esclarecer la idea/concepto andino de *Hata*, cuyo entendimiento es crucial para entender la lógica de su *dialéctica*:

> La semilla humana es no solamente inmortal, sino que es aérea y posee capacidad de traslación que supera a todo concepto de velocidad. El mismo Jehová lo hace saber a los israelitas, cuando les notifica que su enojo por la desobediencia de sus leyes le ha inspirado el propósito de castigarles; y que él prenderá en el corazón del babilonio el odio con que debe arrasarles, como él pondrá el miedo en los israelitas para que sean sometidos a esclavitud y convertidos en polvo. Ese individuo aéreo está, pues, tan pronto con unos y los otros hombres, gobernando en su voluntad. Esto, planificado en tal esquema, nos lleva a otra conclusión que se fundamenta en las conclusiones de laboratorios: el genes, o semilla, o alma del hombre, es individuo-memoria, es un agente que es porque tiene viva memoria de sí mismo; y sus descripciones al microscopio han llevado a la conclusión de que posee conciencia y capacidad de razón, o sea de lógica. Es pues, el alma del hombre, que los frigios representaron en Eros, el dios del amor, o en Psique, la libélula del aliento vital. ("Dialéctica" 30-31)

En este sentido, es posible caracterizar el concepto de *Hata* que utiliza Churata de la siguiente manera: "*Hata* es inmortal / *Hata* tiene memoria / *Hata* posee lógica". En cuanto concepto, *Hata* está presente en diferentes culturas y religiones.

En la obra de Churata el concepto *Hata* es básico para fundamentar su propuesta de que *los muertos no están muertos*. Esto, porque Churata no trabaja solamente con conceptualizaciones o teorías racionales, sino que apunta a una parte orgánica del ser: el gen, y le otorga la capacidad de memoria, inmortalidad y lógica propia, de "conciencia". Sumergiéndose en la caracterización de un elemento común a todos los seres humanos, equipara el concepto de *Hata* andino con el de *Psique* griego, y mediante un movimiento conceptual coherente con la lógica de su *dialéctica*, encuentra puntos de unión y encuentro entre pasajes del *Antiguo Testamento* e ideas provenientes de la cultura griega.

La equiparación que realiza va más allá de una comparación terminológica porque se proyecta en la realidad orgánica de la vida. *Hata* es aquello que cada uno lleva dentro, es su gen primordial, su lazo con los padres y abuelos, la unidad física/orgánica, indivisible, que está presente en todas las personas, indiferentemente de su región, color de piel o cultura. *Hata* es un concepto que hace del *gen* del ser humano un elemento con memoria, conciencia y lógica propia. *Hata*, además, nunca muere. *Hata* es un concepto a la vez literario y biológico-orgánico.

Hallpa khamaskha: un fluido incesante

Según el diccionario de la lengua aymara del lingüista Donato Gómez Bacarreza, es posible traducir *Hallpa khamaskha* como "tierra animada", siendo *Hallpa* = tierra, y *khamaskha*, proveniente de la voz aymara *Qamaña* = "vivir, residir", que en su gerundio *ski*, expresa la tierra "viviente". Este concepto denota un movimiento de intercambio entre el ser y su entorno, otorgando a la Tierra la capacidad de poseer ánima y de irradiar esta capacidad al ser humano. Así, para Churata, el hombre no es más que *Hallpa khamaskha* o, dicho de otra manera, ser humano y mundo comparten una misma vida. Para profundizar en el concepto y la caracterización de *Hallpa khamaskha* en la obra de Churata resulta útil el siguiente pasaje de su conferencia:

> Una buena noción de los categoremas indígenas no puede llevar a conclusiones baladíes. Los idiomas –y lo han establecido así los más altos exponentes europeos de esta ciencia– son el tesoro filosófico, político, técnico en que los pueblos sin letra sustancian el legado de sus concepciones del Cosmos. Cuando el Inka Garcilazo de la Vega nos recuerda que el aborigen del Tawantinsuyu definía al hombre como simple tierra animada, **Hallpa Khamaskha**, ¿había, acaso, enunciado una fruslería? Ese categorema es una síntesis biogenética, y nos dice que el hombre es, como las plantas y los animales, de las fenoménicas de la Madre Tierra, La **Pacha-mama**, la madre necesaria. ("Dialéctica del realismo psíquico, alfabeto del incognoscible" 22)

Hallpa khamaskha elimina una nueva barrera, aquella que se ha levantado entre el ser humano y su entorno, entre la naturaleza y el hombre. Churata mencionará más de una vez que el ser humano es *Hallpa khamaskha* y que proviene de una semilla común con todo lo natural viviente, que es "tierra animada" y que, por lo tanto, está conectado a la naturaleza. Esta caracterización de *Hallpa khamaskha* resulta crucial para entender la *dialéctica del realismo psíquico*, puesto que al ser esta un escenario que representa la organicidad del interior del ser, una vez asumido este interior como un reflejo de lo externo o, mejor, como un espacio conectado con el exterior, tal *dialéctica* representa un realismo que fluctúa entre lo interno y lo externo.

Se trata de un *realismo* que se interna en la *psique*, según entiende Churata, es decir, en la ENTRAÑA QUE PIENSA, así como ingresa en las lógicas de la naturaleza. La *dialéctica*, en este sentido, presta un escenario para *Hallpa khamaskha*, dejando que la naturaleza animada cobre vida dentro de sí. Tal *realismo psíquico* representa las lógicas naturales a la vez que los sentires/pensares del individuo que las expresa.

Una vez más, esta lógica responde a nociones andinas que, según el yatiri Fernando Huanacuni, están relacionadas al constante fluir de una energía: "Todo lo que sucede en nuestro interior, sucede en el exterior, y todo lo que sucede en el exterior, sucede en nuestro interior, comprender que hay algo que nos conecta con el conjunto [es entender] el fluir constante de la energía" (Huanacuni 2004, 7). De este modo, es posible caracterizar el concepto *Hallpa khamaskha* de la siguiente manera: "*Hallpa khamaskha* es tierra animada / *Hallpa khamaskha* conecta al ser con la naturaleza / *Hallpa khamaskha* otorga ánima a la Tierra". Este concepto permite que las lógicas de la naturaleza habiten en el interior (*psique*) del ser, así como el ser habita en la naturaleza.

El concepto *Hallpa khamaskha*, además, se relaciona y se entreteje con el de *Hata*. Ambos van configurando la estructura que otorga inmortalidad a la semilla, al gen, y, de este modo, brindan la imagen de un gen aéreo, que viaja incesantemente, que posee memoria y que se conecta con la naturaleza: "La semilla humana es no solamente inmortal, sino que es aérea y posee capacidad de traslación que supera a todo concepto de velocidad" ("Dialéctica" 30). *Hallpa khamaskha* ofrece un canal de contacto entre el ser y su entorno, permite que *Hata* sea inmortal y viaje, que se traslade, que posea movilidad y conciencia. Según este planteamiento, las semillas perviven dentro del ser, en *Hata*. Mediante el canal de *Hallpa khamaskha* y la perennidad de *Hata*, los que se han ido, los abuelos y antecesores, conviven con lo que está.

Ahayu watan: el aferrarse de las ánimas

El concepto *Ahayu-watan* es explicado por Churata como la capacidad que tiene el ánima de aferrarse. Si *Hata* es la semilla inmortal y *Hallpa Khamaskha* abre un canal de comunicación entre el ser y el entorno, *Ahayu-watan* es la manera en que el ánima o el alma (*ahayu* en idioma aymara) se aferra, es decir se 'amarra' a determinados espacios, a determinados cuerpos. La postura de Churata retrotrae antiguas creencias que guardan relación con ciencias erradicadas de la cultura occidental desde el Renacimiento. Su propuesta asume la realidad como un enorme organismo interconectado en el que existen partes (*Hata*) que poseen memoria y vuelan inmortales, en el que existe asimismo un canal que unifica al ser con su entorno (*Hallpa kamaska*) y que –quizá en su gesto más provocador– otorga al ánima la "conciencia" de aferrase a cuerpos y espacios. Al respecto, es importante un pasaje de su conferencia en el que habla de los motivos que tienen las ánimas para "amarrarse", profundizando así en el concepto de *Ahayu-watan*:

> ¿Por qué es que el alma amarra? Yo obtuve la fórmula acá, en las cumbres de nuestro Delta. Amarra porque cuando el muerto se sabe ofendido por su prójimo, se mete en su corazón, y allí se castiga, como –y es natural– si recibió bondades, amor, lealtad, al llegar a ese corazón se hace panal de bondades y vive sustentando a quien amó y sigue amando. El **Ahayu-Watan**, además, plantea otra verdad secular: si el hombre es inmortal desde la semilla, esto es, desde el alma, los muertos de ayer son los que nacen hoy. ("Dialéctica" 24)

En su *dialéctica del realismo psíquico* Churata genera una lógica que permita comprender su premisa fundamental: *los muertos no están muertos*, y que se va enhebrando ya no desde concepciones filosóficas occidentales. Aunque no olvide sus lecturas del *Antiguo Testamento* y la filosofía occidental, y acuda permanentemente a intertextos literarios occidentales, fundamenta su lógica en conceptos andinos. Durante su conferencia caracteriza los conceptos de *Hata, Hallpa khamaskha* y *Ahayu-watan* como fórmulas claves a la hora de entender el *realismo* que plantea, ligado a lo contradictorio, teniendo a la paradoja como figura relevante, y desechando visiones que realicen separaciones radicales.

Enfocada desde el *realismo psíquico* y su *dialéctica*, la obra de Churata se acerca más a lo unificador en conflicto que a lo ordenancista. No crea barreras, sino que las transparenta, y mediante este acto transgresor se acerca a regiones oscuras, en sus palabras, al "incognoscible", intentando brindarle un alfabeto, es decir una gramática propia. Su propuesta tal vez más osada –en plena decadencia de la modernidad– haya sido aquella que expresa con el *Ahayu watan* y que podemos caracterizar de la siguiente manera: "*Ahayu watan* otorga conciencia y poder de decisión a las ánimas / *Ahayu watan* es un aferramiento, un lazo entre las ánimas / *Ahayu watan* (mediante *Hallpa khamaskha* y *Hata*) es el nexo de aquello muerto / con aquello vivo". Este concepto otorga capacidad afectiva a las ánimas, las cuales se "amarran" según el carácter de estos estados afectivos.

La *dialéctica del realismo psíquico, alfabeto del incognoscible* genera un espacio de macro-encuentros. No habla solamente de la unificación de dimensiones consideradas como contrarias, sino que se afianza en un contacto perdido, aquel de la vida y la muerte. Esta *dialéctica* permite, a través de su lógica de encuentros y pugnas, estados que no son una cosa ni la otra, que son lo uno sin dejar de ser lo otro, que como menciona Montes Ruiz niegan y afirman a la vez, sin un precedente en la dialéctica aristotélica, pues esta nueva "síntesis" –siguiendo la lógica tesis-antítesis– no es una afirmación o negación solamente, sino que se trata de un estado paradójico, contradictorio y fundamentalmente móvil, y como ya se ha dicho, instalado en regiones de desorden que se hunden en lo "incognoscible". Este tal vez sea el mayor aporte de esta *dialéctica*, el intento de brindarle un *alfabeto* a lo que el intelecto no conoce, la osadía de desear una escritura de lo prohibido, de iluminar las tinieblas o, en suma, el anhelo de decodificar aquello que no tiene código, que carece de forma y que solamente es asible desde lo instintivo, desde el lado salvaje y ánima(lizado) del ser humano.

Conclusión

La dialéctica propuesta por Churata se fundamenta en ideas/conceptos andinos que él denomina "categoremas indígenas" ("Dialéctica" 22) y que no necesariamente han sido desarrollados en escuelas letradas, sino que son fruto de exploraciones ajenas a la escritura, muchas veces fundamentadas desde una milenaria oralidad cotidiana, mediante una religiosidad que celebra el contacto con la muerte, que acoge aquel "otro" lado en ritualidades y hechos cotidianos como tributos, ofrendas, ensoñaciones, etc. Lo relevante de esta *dialéctica* y el hecho por el cual nos parece valiosa es que no anula a su supuesto/opuesto racional, sino que lo integra y lo hace participar. No se trata de una postura que aniquila a sus elementos contrarios, sino que los reagrupa, utilizando para esto un estado inclasificable y paradójico.

En este sentido, es posible hablar de una *dialéctica andina* como una motivación, como una búsqueda de agrupar lo inagrupable y ordenar lo inasible. Tal *dialéctica* se desprende de profundos conflictos entre creencias, aprendizajes y experiencias vitales mediante una lógica que intenta hacer emerger realidades impenetrables desde una racionalidad convencional. Se trata de una especie de profanación a esa racionalidad que tal vez logre explicar la marginalidad a la que fue sometida su obra, pero también desde una auto-marginación ética y consecuente, debido a una escritura inasible e impenetrable, tanto como el espacio que intenta representar.

La lectura de *El pez de oro* y *Resurrección de los muertos* puede enriquecerse tomando en cuenta estos aspectos, asumiendo, claro está, que no se trata de obras que se adaptan a anteriores parámetros de lectura, sino que exigen otros nuevos, que despliegan movimientos paradójicos a cada instante, que la contradicción en pugna es parte de su poética, que requieren de un lector participativo, dispuesto a ingresar en un espacio íntimo, en el que se muestran estados de la *psique* del autor, *psique* visceral que aparece conectada a su entorno, con lo natural/urbano, como un filtro/visión de Puno, La Paz, y de sus calles. En tal escenario, las voces no tienen un sujeto de enunciación fijo.

Igualmente enriquecedora sería una aproximación a *El pez de oro* como una auténtica experiencia vital antes que como lectura solamente racional. Una aproximación que más que orden pida sentimiento anímico y asuma la *dialéctica del realismo psíquico* como una manera de acercar elementos dispares. Una aproximación de este tipo permitiría que la lectura de *El pez de oro* sea asumida como la asistencia a un escenario en el que hay semillas que fluyen, donde cada sonido está conectado con su entorno, con el lector mismo, y donde se genera un espacio para aquellos que se han ido, para que mediante el permiso que les brinda el *Ahayu watan* se expresen como un cuerpo que no requiere autopsia literaria porque se reconoce vivo y aspira a convertirse en algo aéreo e intrauterino instalado en un espacio de intersticio que intenta funcionar como canal antes que como frontera, acogiendo a partes separadas bajo la condición de que "se amarren".

El *realismo psíquico* de Gamaliel Churata funcionaría entonces como un escenario en el que confluyen distintas visiones, tanto occidentales como pre-coloniales, atrayéndose y repeliéndose, sin separarse nunca, aunque tampoco uniéndose del todo. Por medio de esta *dinámica* Churata traslada al interior del ser humano el ritmo de la naturaleza misma, hurgando en lo velado y prefigurando nuevas formas de conocer:

> Cuando se investiga en el rigor de la letra, o de la Dialéctica, no se encuentra medio de conocimiento si él no procede de fenoménicas de la inteligencia; y de aquí que la filosofía y las teodiceas, éstas que se nutren de los símbolos, solo llegan a conclusiones apriorísticas o dados de fe y de razón. Sin embargo, la lección de los símbolos que corresponde a un medio de expresión anterior a la letra, descubre que no solamente el hombre ha conocido la realidad de su mundo interior, sino que los muertos que adquieren perfil en esos símbolos, han estado manifestando al hombre las puntualizaciones de un realismo psíquico. ("Dialéctica" 29-30)

A través de la construcción de esta categoría literaria –el *realismo psíquico*– Gamaliel Churata estaría ofreciendo su obra como un espacio de voces ajenas y voces propias que dialogan constantemente y, por otra parte, proponiendo la desafiante práctica de convivir con los muertos mediante un entramado conceptual que acepta estados de encuentro paradójico y admite que una cosa sea *otra* sin dejar de ser sí misma.

Bibliografía

Badini, Riccardo. "La hermenéutica germinal de Gamaliel Churata". Gamaliel Churata, *Resurrección de los muertos*. Lima: Asamblea Nacional de Rectores, 2010. 23-38.

_____ "Simbología de *El pez de oro*". *Simbología de El pez de oro*. Lima: Editorial San Marcos, 2006. 7-12.

Beristaín, Helena. *Diccionario de retórica y poética*. Ciudad de México: Editorial Porrúa, 1985.

Bréhier, Émile. *Historia de la filosofía*. Juan Antonio Pérez Millán y María Dolores Morán, traductores. Madrid: Editorial Tecno, 1988.

Bosshard, Marco. "Mito y mónada: La cosmovisión andina como base de la estética vanguardista de Gamaliel Churata". *Revista Iberoamericana* 220 (2007): 515-539.

_____ *Ästhetik der andinen Avantgarde : Gamaliel Churata zwischen Indigenismus und Surrealismus*. Berlin : WVB, Wiss. Verl., 2002.

Churata, Gamaliel. *Resurrección de los muertos*. Ricardo Badini, editor. Lima: Asamblea Nacional de Rectores. 2010.

_____ "Conferencia en la Universidad Federico Villarreal". *Motivaciones del escritor. Arguedas, Alegría, Izquierdo Ríos, Churata*. Godofredo Morote Gamboa, editor. Lima: Universidad Nacional Federico Villarreal, 1989. 59-67.

_____ "Dialéctica del realismo psíquico, alfabeto del incognoscible". Segunda Parte. *Revista Alejandría* 9 (2007): 10-11.

_____ "El pez de oro, o dialéctica del realismo psíquico, alfabeto del incognoscible". *Antología y valoración*. Lima: Instituto Puneño de Cultura, 1971. 13-36.

_____ Audio Conferencia: "Dialéctica del realismo psíquico, alfabeto del incognoscible". Primera Parte. 1965. Inédita.

_____ *El pez de oro*. La Paz-Cochabamba: Editorial Canata, 1957.

_____ "Filosofía del chullpa-tullu ¿muere la patria en los muertos?". *La Nación*. La Paz, 22 de octubre de 1955.

_____ "Periodismo y barbarie" [1950]. *Antología y valoración*. Varios Autores. Lima: Ediciones Instituto Puneño de Cultura, 1971. 299-336.

_____ "Problemas Ontológicos". *Última Hora*. Suplemento *Cuadernos Literarios*. Números 11-15 (1949).

_____ "Bocetos de una filosofía salvaje". *Revista de Bolivia* 2/1 (1° de agosto, 1937): s/p.

Gómez Bacarreza, Donato. *Diccionario aymara*. La Paz: ABOLENA (Academia Boliviana de Lenguas Nativas), 2004.

Gonzáles Fernández, Guissela. *El dolor americano, literatura y periodismo en Gamaliel Churata*. Lima: Fondo Editorial del Pedagógico San Marcos, 2009.

_____ y Juan Carlos Ríos Moreno. "Apuntes para una reconstrucción de la categoría de 'realismo psíquico' de Gamaliel Churata". *Memorias. Jornadas Andinas de Literatura Latinoamericana JALLA 1993*. La Paz: UMSA, Plural editores, 1995. 366-370.

Huanacuni, Fernando. *La sabiduría ancestral, llatunka*. La Paz: Ed. Armonía, 2005.

_____ *Visión cósmica de los andes*. La Paz: Ed. Armonía, 2004.
Jameson, Fredric. *El realismo y la novela providencial*. Marta Caro, traductora. Madrid: Círculo de Bellas Artes, 2006.
Layme, Félix. *Diccionario bilingüe aymara castellano*. La Paz: CEA, 2004.
Mamani Macedo, Mauro, editor. *Ahayu-watan. Suma poética de Gamaliel Churata*. Lima: Editorial Pakarina, 2013.
Marín, Patricia. 1992. *Tras la huella de Gamaliel Churata en Bolivia... Una aproximación al indigenismo 1932-1936*. Tesis de Maestría. La Paz, FLACSO-La Paz.
Monasterios Pérez, Elizabeth. *La vanguardia plebeya del Titikaka. Gamaliel Churata y otras beligerancias estéticas en los Andes*. La Paz: Plural-IFEA, 2015.
_____ "La vanguardia plebeya del Titikaka". *La Mariposa Mundial* 19/20 (2012): 39-49.
Montes Ruiz, Fernando. *Las diosas del cambio, masculino y femenino en la historia*. La Paz: Editorial Coordinadora de la Mujer, 2006.
_____ *La máscara de piedra. Simbolismo y personalidad aymaras en la historia*. La Paz: Armonía, 1999.
Moraña, Mabel. *Churata postcolonial*. Lima: Centro de Estudios Literarios Antonio Cornejo Polar - CELACP, 2015.
Morote Gamboa, Godofredo, editor. *Motivaciones del escritor. Arguedas, Alegría, Izquierdo Ríos, Churata*. Lima: Universidad Nacional Federico Villarreal, 1989.
Pantigoso, Manuel. *El ultraorbicismo en el pensamiento de Gamaliel Churata*. Lima: Universidad Ricardo Palma, 1999.
Rama, Ángel. *La ciudad Letrada*. Texas: Ediciones del Norte, 1984.
Vilchis, Arturo. *Arturo Pablo Peralta Miranda. Travesía de un itinerante*. Ciudad de México: Editorial Rumi Maki, 2007.

II. El debate identitario, lingüístico y escritural que posicionó Gamaliel Churata

Gamaliel Churata en La Paz, c1934. Archivo Amratt Peralta

Gamaliel Churata: El *ayllu-continente*

Mauro Mamani Macedo

> *Es que América antes que fruto debe saberse raíz.*
> *Antes que al Porvenir su deber es mirar al Pasado.*
> Gamaliel Churata

En este artículo nos proponemos estudiar la singular configuración de identidades americanas en la obra de Gamaliel Churata –tanto en el *El pez de oro* como en su todavía poco conocida producción ensayística. Partimos del contexto andino presente en su obra, donde la noción de *ayllu* es fundamental para pensar una América con posibilidad de unificación en la forma de un *ayllu*-continente enraizado en el *pasado actual*. Con espíritu articulador, Churata propone una patria grande con *ahayu* (alma andina). Este carácter confederativo es impulsado por los principios de solidaridad y complementariedad que regían las comunidades y pueblos que conformaban el Tahuantinsuyo, estableciendo entre ellos un *ayni* o cooperación en la que todos necesitaban de todos para sobrevivir. De aquí la pertinencia de leer a Churata en diálogo con las categorías culturales andinas de *ayllu* y *ahayu*.

El *ayllu* es una institución concentrada y nuclear en el mundo andino, en él se valora el carácter comunitario de los pueblos. Como categoría cultural tiene diversos usos en la obra de Churata, pudiendo explicar la expresión artística, el idioma, la identidad personal y colectiva, e incluso la idea de sociedades como el Tahuantinsuyo o de un continente como el americano. Por esta razón entendemos el ayllu como una categoría configuradora de identidad susceptible de proyectarse en el ámbito continental con la finalidad de desplegar su carácter cohesionador y generador, destacando la idea de "célula social" o "célula gentilicia" para crear la figura del *ayllu*-continente.

Para el contexto aymara, el diccionario de Ludovico Bertonio registra: "Ayllu: Parcialidad de indios; más propio es Hatha" (456). Para Hatha, propone dos acepciones. Primero como semilla de las plantas, de los hombres y de los animales, y luego como casta, familia, ayllu (532). Todo ello, nos trasmite la idea de comunidad, familia en convivencia férrea dentro de una misma colectividad. Para el contexto quechua, el diccionario de González Holguín indica que *ayllu* viene a ser parcialidad, genealogía, linaje, parentesco o casta: "Ayllu maciy: Mi pariente de mi linaje, o de mi nación. Ayllu: el género, o especie en las cosas" (39). En González Holguín esta idea de pertenencia se proyecta en espacios mayores. Un paisano, un *ayllu maciy*, no solo es pariente de una familia sino de una nación, en ese sentido se puede hablar de una nación con *ayllu*, si se mantiene su espíritu integrador; o del individuo como miembro que conforma un *ayllu*-nación.

En el guión lexicográfico que acompaña a *El pez de oro*[1] Churata define al *ayllu* como "célula gentilicia" (539), vinculando así persona y familia con cultura, nación, territorio y cosmovisión. Esto le permite postular la existencia de poetas, narradores, escritores, cantantes o críticos, con *ayllu*. El *ayllu* resulta entonces un lugar desde el que se puede visualizar la realidad americana, por ello Churata sube a las colinas del Ayllu de Konkachi y, desde allí, observa las *utas* y *musiñas* [casas y terrenos] donde viven los hombres. Desde esa altura realiza una "persecución de América" que queda plasmada en un ensayo titulado "Preludio de Konkachi", publicado en 1939 en la revista *Kollasuyo* (La Paz, Bolivia). La originalidad de este ensayo es que anticipándose a pensadores como O'Gorman, Dussel, Quijano o Mignolo, articula una sólida reflexión sobre la condición colonial del continente, inaugurando una crítica descolonizadora en los Andes. Por su importancia, y con permiso de los herederos, lo reproducimos al final de este trabajo.

---

[1] En este artículo utilizamos la edición Canata de *El pez de oro*.

Una de las primeras conclusiones a las que llega es que el conocimiento de nuestro pasado nos conduce a una integración, porque en él encontramos la raíz articulatoria que afirma nuestra identidad y posibilita el conocimiento de nuestros pueblos. Andar hacia el pasado, y conocerlo, es ir hacia el futuro, porque "[de] nada vale en el mundo nuestra ignorancia. La forma de salvarnos es conocernos" ("Preludio" 346).[2]

Rastreando a América desde las alturas del *ayllu* Konkachi, Churata se pregunta: ¿Es que América existe? y encuentra que:

> Lo que existe son grupos de pueblos, intenciones de trasplantes, hacinamientos que tratan de hacer nación. Inclinarnos a las nomenclaturas es empequeñecernos cuando somos algo más que una nomenclatura: somos un mundo en germen; y un mundo es variedad constante y sorpresiva. Lo que entendimos por América fue solo una metáfora feudal, una abstracción y, para decirlo en una fórmula: la hipóstasis del devenir. ("Preludio" 339)

Para explicar por qué América es "un mundo en germen" Churata recurre a la metáfora agrícola de la germinación de la semilla: América es una semilla-mundo en germen, un brote de vida. Este trazo, sin embargo, solo se visibiliza cuando desbrozamos la fuerza encubridora de lo hispano, la abstracción y la nomenclatura del "descubrimiento" y la conquista, que hacen de América un nombre sin realidad ni sustancia, relegada desde su lenguaje hasta su cosmovisión. Y sin embargo, Churata insiste: América no está desaparecida, sino refugiada en su "célula", desde donde emerge, lentamente, buscando romper la nomenclatura impuesta. Churata entiende que la "germinación" de América es un proyecto del futuro porque en el presente lo que se constata es la falta raigal del continente. Cuando mira a América desde las alturas de Konkachi solo ve un conjunto de pueblos y transplantes que señalan la no pertenencia al espacio, un hacinamiento que es un agruparse sin sentido. Esta disgregación se presenta porque no existe una conciencia articulatoria proveniente del pasado, de la semilla cuyo proceso fue truncado. Churata enfatiza que asimilarse a una nomenclatura sin tuétano es desconocer la potencia germinadora de América, su capacidad reproductiva, y que tomar conciencia de ello convertiría a América en un mundo con fundamento, un mundo que amanece en brote rebelde y sorprende.

---

[2] Las citas de "Preludio de Konkachi" están tomadas de su reproducción en *Gamaliel Churata. Antología y valoración* (1971).

Este razonamiento indica que América no es una isla que vaga en el vacío, o que apareció como isla en el tiempo, sino que es producto de una continuidad. Churata advierte que "[u]na mentalidad aguda encontraría que América es una idea fortuitamente continuada en la historia" ("Preludio" 339), pero en su propia historia, porque cuando la historia occidental la ha querido tomar como espacio de salvación, no la ha tratado con ecuanimidad, por el contrario, ha estropeado a su gente: "[l]a continuidad con que la cenestesia europea quiere ver en América un retazo de la tierra prometida no ha sido parte, en cambio, para que los descendientes de la raza prócer dejasen de ser tratados como bestias, y sigan hoy aun arrastrando el más pobre y miserable destino" ("Preludio" 342). Discurso fingido, que por un lado otorga a América la condición de "tierra prometida", de "mundo nuevo que salva", y por otro humilla a quienes la habitan.

En estas dinámicas conflictivas de interpretación de América, Churata confronta al "bizarro" español que no se preocupó de comprender a América ni valorar las formas culturales que encontró en el continente, trasmitiendo una versión deformada del referente que encontraron. Callaron, por ejemplo, que esta América era una república sin la velocidad que ellos tenían, pero que andaba a su propio ritmo cultural, que solo poseía la fuerza humana, que no conocía el caballo ni el camello, que el único animal era la llama, que destacaba por su finura y docilidad. No obstante, exhibía construcciones impresionantes como Saqsaywaman, edificadas por tecnología humana. Con estas reflexiones, confronta Churata la realidad de América y el silencio español. Allí mismo denuncia que esta América, que supuestamente fue la sed de la Edad Media, fue diezmada por un recolector salvaje:

> [l]os encomenderos no valorizaban las tierras por sus acres o sus ganados sino por el número de esclavos de que disponían; que América para Europa solo ha sido "divino estiércol" o "posibilidad inmediata del infinito", en cuanto el proceso de reducción metálica del valor comercial lo cumplían esos encomenderos con sistemas recolectores propios de grupos salvajes. Nada de esto dijo [el bizarro español] a nuestros historiadores y contribuyó más bien con dialéctica aguda y palabras imaginíferas a que se anegaran en el guaranguismo típico del sudamericano. ("Preludio" 342-343)

Ese es el discurso que oculta, desorienta y ficcionaliza la "realidad" de una América que no se entendió sino que se le antecedió una imagen deformante haciéndola pasar por cierta, porque no se encontró al ser humano con voluntad y sentimiento, sino a un ser reducido a instrumento para escarbar codiciosamente los metales.

En esta forma de proceder, que se encarnaba en el encomendero, Churata percibe un comportamiento propio de grupos salvajes. Invierte así posiciones y visiones, porque desde este punto de vista, salvajes son los europeos. Por eso percibe como bárbaros espantables a los encargados del rey en América, a los que caracteriza como ambiciosos, iracundos y brutos en *El pez de oro* (32). Esos personajes nunca confesaron que "lo único grande que para Europa poseía la 'idea' de América, es la parte de Sancho que hay en ella. La hiperestesia gástrica que impulsa a los argonautas feudales a lanzarse a lo desconocido, no era sed de América, sino, simplemente, sed de vivir" ("Preludio" 343). No había, en la mentalidad de estos "argonautas", ninguna apertura de horizonte, sino salvarse, vivir, porque en su territorio ya fueron destinados a la muerte, por ello llegaron con el hambre salvaje de vida, no para conocer y vivir en América sino para practicar allí el pillaje. Pero así como el observatorio del ayllu de Konkachi desata una lúcida crítica a la condición colonial del continente, también actúa como una especie de mirador que permite expresar las varias formas de sentir América:

> América es la realidad que yo aprisiono en este preludio. Este paisaje de Konkachi, escueto y sin árboles, o con árboles achatados bajo la inmensidad del ozono. Este Romualdo Pacho que me hospeda, limpio, vacío, hambriento, como cualquier bestia del mundo. América es esa mujer de Konkachi que cubre su cuerpo con un trapo burdo, y estos niños que se revuelcan entre chillidos de gozo primitivo; este enorme Titikaka que no surcan argonautas sino hombres semisalvajes, bruñidos de yodo; este brujo que ataca a su enemigo acribillando el cuerpo de *jampato* con mil alfileres; América cejijunta de montañas inaccesibles y de **diocecillos** subterráneos que hablan con la voz de trueno; de ríos cristalinos que bajan de las neveras y llegan en turbios y espesos aludes a la mar; América de los labradores interdictos, cuya amenaza de sublevación se traduce en *japapeos* escalofriantes y que invaden los latifundios lo mismo que mangas de langostas los trigales; América de las haciendas improductivas y de las parcialidades hambrientas; América de carne y hueso; la que no perseguía la Edad Media, porque la Edad Media quería salvarse del infierno católico y no se abandonaría en el infierno sabeísta; América del gamonal sin entrañas, heredero del orgullo español, de su sangre azul y de sus ímpetus nobiliarios, que no ha engendrado sino cholos dipsómanos, tinterillos sin conciencia y sin luz, curas rapaces y pecaminosos, cholas que no tienen el garbo de la andaluza ni la inocencia india, pero que han estilizado la mugre de ambas. Esta tierra que duele es la América. Y es para no perdernos en rutas

ilusionarías, ni ahogarnos en el mar de pompas de jabón de la hipérbole, que tenemos que revelarla y exaltarla. ("Preludio" 347-348)

Desde el *ayllu* de Konkachi Churata ve todo claro y en callada germinación. Nada hay de difuso ni confuso:

> Hasta este momento no he visto nada difuso ni confuso en este ovario de Konkachi. Ningún niño triste, ninguna mujer alegre Si el silencio se apropió de la naturaleza es porque el misterio genital de la vida trabaja sin estruendo. ("Preludio" 348-349)

Esta es la América diversa, paradojal y contradictoria que encuentra Churata, con habitantes regidos por códigos culturales propios, como aquel *Mallku* de la comunidad cuya "franqueza y dignidad […] revelan que posee más honor público que la totalidad de tiranuelos americanos" ("Preludio" 349), o el *layka* (sacerdote andino), que con su sabiduría y sus rituales ancestrales administra justicia y restablece lo socialmente quebrado. Una América en la que el coraje de la gente, capaz de rebelarse contra la injusticia, coexiste con la pobreza (tanto en haciendas como en comunidades) y lo que es peor, con la pobreza espiritual de los gamonales, de los cholos alcohólicos, de los tinterillos brutales y sin inteligencia, con la corrupción de la iglesia, con el discurso engañoso de las instituciones modernas, cuestionadas a raíz del comportamiento vergonzoso de sus integrantes. Todo esto mira Churata desde el Ayllu de Konkachi, convertido ya en un espacio privilegiado para la conciencia, algo así como el cerro Orkopata para los integrantes del grupo Orkopata, que se alejaban de la ciudad para, desde ese lugar, ver mejor las cosas, encontrar solución a sus problemas y fortalecer sus proyectos culturales.

Con anterioridad a "Preludio de Konkachi", Churata había abordado el tema del *ayllu* en un ensayo de 1931 titulado "Indagación de los Kunturis. Anatomía del suelo" (1931). En ese texto articula conocimientos recogidos en una visita al *ayllu* Yunguyo que permiten entender la singular relación que se establece entre el *ayllu* y sus integrantes. Observa Churata que conscientes de su identidad y reconociendo su territorio, los *runa-hakhes* no se desvinculan de sus espacios por más que vivan en otros, porque los lazos que tienen con ellos no son solamente de carácter físico (puesto que no se puede asociar la identidad andina solo con un territorio fáctico), sino que también hay vinculaciones simbólicas y mentales que tienen que ver con las memorias de cada sujeto y las memorias colectivas de las comunidades y *ayllus*. Tal es así que, cuando se observa que un *ayllu* cobra nuevas formas debido a los procesos de modernización, o llega a tener contactos con la ciudad, como el caso del *ayllu* Yunguyo (que siguiendo la estrategia andina de complementariedad se reconoce como un "*ayllu* campo" en su dimensión rural y tradicional y un "*ayllu* ciudad" en su funcionamiento moderno y urbano), sus integrantes preservan su pertenencia al núcleo matriz, al que siempre regresan, como esos "asalariados" que habiéndose instalado en la ciudad, "regresan a la parcela para *sentirse*" ("Indagación" 13, 14).

De esta forma observamos que entre el *ayllu* campo y el *ayllu* ciudad no hay desconexión sino proyección, y que idéntica estrategia se puede proyectar al ámbito continental, puesto que el *ayllu*, en tanto célula y semilla, tiene memoria, potencia creadora y conformadora. Desde un nivel mínimo, crece y se expande a uno mayor. Así se explica que a partir del *ayllu* se llegue al imperio: "[l]a naturaleza devino Imperio; el imperio no resultado esporádico. Ciertamente, de un ayllu partió; porque todo parte de la célula; pero el Imperio es solo ese ayllu: ha hecho más que crecer" (*El pez de oro* 475). Churata entiende que fue el carácter constitutivo del *ayllu* lo que permitió esa gran articulación de territorios que dio forma al Imperio del Tahuantinsuyo, que desde un centro organizador, *chaupi*, articuló cuatro *suyos* y, dentro de ellos, a los múltiples pueblos que, con sus dioses y hombres, y sin abandonar sus costumbres, asilaron lo foráneo. En la base de ese Imperio estaba el *ayllu* como la unidad mínima que lo sostenía. Por ello, esa sociedad no surgió en forma azarosa, sino a partir de la célula gentilicia que es el *ayllu*.

Piensa Churata que así como el *ayllu* fue capaz de reproducirse en esa gran articulación de territorios que fue el Tanhuantinsuyo, también podría articular al continente americano. Por eso, en la década de los 30, consideró que al *ayllu* se lo debía tomar en cuenta para ejecutar proyectos liberadores, pero no entendido como una visión utópica, arcaica, salvaje, sin destino, sino como una institución plenamente organizada, puesto que: "[el] ayllu no es un caos. No es la vorágine del vacío racial, como afirman sus detractores. Algo más, si el destino de los grupos es formar el caos, pues de él surge la nueva síntesis, puede afirmarse que el ayllu es ya la síntesis del caos americano" ("Temas de religión y arte americanos" 16).

Este reconocimiento de la potencialidad del ayllu implica un proceso de descolonización económica, política, intelectual y artística. Churata observa que "si la emancipación económica es una necesidad histórica porque es un imperativo vital [...] la emancipación intelectual y artística es un resultado de esos fenómenos" ("Tendencia y filosofía de la Chujlla" 10), y subraya que "[el] movimiento liberador, intelectualmente, para nosotros, tiene que partir de un repudio de la Metrópoli, de todo el españolismo o chulismo ibérico con una radical y poderosa actitud aborigen, salvaje, cruda y ruda, dionisiaca, actitud que en sí envuelva un mensaje de salud y temperatura varonil" ("Tendencia" 11).

La emancipación artística e intelectual, en opinión de Churata, es imprescindible para la construcción de una América auténtica, en posesión de un arte americano que albergue propuestas universales, pero afirmando el componente aborigen, lo que implica sacudirse de modelos impuestos, liberarse de las dependencias, y afirmarse en lo nativo sin un cierre ciego que prive la participación de otras manifestaciones, como la hispana. No se trata de que la expresión americana sea un caso geográfico, sino que en ella se exprese su singularidad. Por ello sostiene que América, dentro del escenario de los ismos en las expresiones artísticas, debe aportar sus propios ismos:

> ¿Hablaríamos de escuelas de arte? ¡Pero esto es exultante! ¿Será posible que este continente "estúpido" haya llegado a la edad de albergar en su seno esos síntomas de sabiduría y la esperanza que son las escuelas mentales? Sí. Hay que decirlo bravamente. Ha llegado el momento en que América contribuya con unos ismos más a la beligerancia de la cultura humana. ("Temas" 16)

En el campo estético, Churata considera al *ayllu* como una energía orientadora, y lo demuestra recordándonos que en literatura "América no ha tenido sino dos manifestaciones evidentes: el modernismo de Darío y el vanguardismo. Pero mientras el modernismo es europeizante, el vanguardismo es aborigen, y, por tanto, popular, infiere a la masa, y es socialista o socializante" ("Tendencia" 11.) Es evidente que en su observación se refiere al vanguardismo que él mismo promovió en Puno, que sin dejar de ser "vanguardista" ni "universal", se sustentó en materiales específicamente andinos:

> [...] nuestros hombres estéticos obran por idéntica manera. Hablan en griego o latín, francés, escadinavo o croata –esto es lo aparencial– y en el fondo llevan el paisaje, la perspectiva, el humus, la tierra. Vale decir el ayllu. ("Temas" 16)

Churata siempre sostuvo que era en la poesía donde primero se habían manifestado expresiones artísticas afectadas por el *ayllu*, señalando que ese tipo de expresiones solo se consiguen dejando de ser espectador y pasando a ser parte de la naturaleza de América, algo que, en general, no había ocurrido, porque

> [n]uestros escritores no han tenido relación con América sino cuando eran políticos, es decir cosa de gobierno. Industria y trabajo no llegaron a formar categorías espirituales, de donde resulta que nuestro arte necesariamente es un arte de imitación y de préstamo". ("Temas" 13)

El llamado de Churata es que a partir de lo que es propio se forjen categorías estéticas que nos expresen, lo que propone ya la idea de una descolonización epistémica y creativa. Refiriéndose a la poesía de José María Eguren y Ricardo Jaimes Freyre, observa que si bien en ambos se filtra una "mentalidad nutrida de entusiasmos europeos", es innegable el rol que desempeña "la influencia maternal del paisaje" y el servicio "a la patria, a la nacionalidad del cielo" ("Temas" 14). En el mismo texto, anota que "[e]sa religión establecida entre el ojo que copia y el cielo que posa es la religión –religare– que forma la psicología más fuerte y engendradora en el hombre destinado a la creación, y a la cual no se traiciona" ("Temas" 14).

Propone así establecer un vínculo re-ligioso con la tierra. Buscar un arte y una poética "no ya simplemente toponímica y pintoresca sino literatura y arte intensivos, intraepidérmicos" ("Temas" 14), y dándose cuenta de los problemas que esto planteaba, advierte que "la solución más cómoda, burguesa, salta a la vista: abominar de la tierra, del cielo, para dar ejecutoria a lo colonial o tudesco, pongamos por caso, a lo que es, precisamente, ajeno al paisaje, al cielo, al hombre" ("Temas" 15). Churata también entiende que para llevar adelante su propuesta debe operarse en el sujeto un cambio de actitud. Dejar de ser un contemplador y empezar a ser un actor. Al intelectual le pide salir a la realidad, al periodista que baje a la arena de la vida, a la calle, y al escritor, al artista, que establezca contacto con la realidad, específicamente con la naturaleza, convertirse en un hombre-naturaleza, tierra, humus, porque ello le permitirá expresar la sustancialidad del *ayllu* y de América. Una vez que el artista haya regresado a su madre tierra y haya vivido y sentido a su pueblo, no podrá ya eludirse a sí mismo. Por más formas foráneas que experimente, su escritura siempre revelará la sustancia que posee y reprime con las nuevas formas, porque como la semilla, romperá la tierra para germinar, manifestando así su resistencia cultural.

En relación a las lenguas del *ayllu*, quechua y aymara, Churata propone una suerte de quechumara como inicio de hibridación idiomática, es decir, la confluencia de las dos lenguas nativas plenamente vivas del altiplano, en "cópula" idiomática. Una muestra de esta intención es la expresión que usa en forma extensa: *Runahakhes*, que en el guión lexicográfico que acompaña a *El pez de oro* es explicada de la siguiente forma:

> Runa y Hakhes. Runa y Hakhe. Ay. y Kh. Gente, individuo gentilicio. La Fusión de ambas voces en el sentido de EL PEZ DE ORO persigue la unidad de aymara y kheswa como elementos vertebrales del inkaismo. (*El pez de oro* 550)

En otro lugar, se aclara todavía más el sentido de la confluencia de estas dos lenguas:

> Queda establecido que **El pez de oro** es de una literatura que no persigue ciertamente la creación de un nuevo idioma, [...] pero sí que pretende infundir en el hispano una emotividad idiomática, que en alguna manera nos hable de las raíces de la Runa-Sumi, que yo llamo Kheswa-aymara". ("El pez de oro, o dialéctica del realismo psíquico" 24)

De esta forma, y con distintas proporcionalidades, Churata empalma y trenza tres idiomas provenientes de matrices culturales distintas: por un lado, la nativa, concentrada en el quechumara o quechua y aymara; por el otro, la occidental española. Esa porosidad lingüística genera la expresión "rústica" o "kaskosa" que se escucha entre los miembros del ayllu que asimilan otras lenguas. Sobre los idiomas quechua y aymara, Churata nos dice que

> [...] uno y el otro para realidad anímica del americano de América juegan el papel del latín y el griego para los grecoromanos; son lenguas depositarias no en este caso de sabiduría clásica, sí de un sentimiento clásico de la naturaleza, de cultura biogenética. (*El pez de oro* 11)

Estas lenguas de "rudos y pétreos vestigios" conforman una trenza lingüística con el torrente hispánico que, por su mayor proporción y condición dominante, se incrusta en la expresión nativa. Las diversas variantes que se generan de estos contactos lingüísticos conforman una idiomática convergente y nutrida por componentes nativos y extranjeros. Esa es la expresión idiomática del qollao, entendida no como un sistema fijo y puro, sino como un instrumento comunicativo y vivencial en permanente renovación, y que en cuanto lengua está todavía en proceso de formación, porque la creación de una lengua, dice Churata, es tarea de siglos, pero no es imposible, por lo que espera que "de intentos de esta índole surja al fin idioma americano, a seguirse el buen camino de Huaman, si entiendo bien, será fruto de los escritores que lo intenten con genio y amor de plebe" (*El pez de oro* 17).

Es en este contexto cuando expresa su respeto por "[e]sos poetas del ayllu –los orkopatas Mamani y Awaranka" (*El pez de oro* 533), que se expresan en la lengua de sus *ayllus*, quienes con espíritu de *ayllu* publicaron poemas en el *Boletín Titikaka* y en varias otras revistas como *Runa Soncco* y *Choquehuanca*. Para muestra de la existencia de esta poesía a mediados de siglo XX, cita versos de "Puma Khapak" (poema suyo todavía inédito) y al poeta aymara Timoteo Aliaga, subrayando que "[e]n pueblos americanos con raíces vivas se dan con no poca frecuencia caos como éstos, y ello no por decisiones intelectuales, sí por ineluctable determinismo de la materia" (*El pez de oro* 531).

En el pensamiento de Churata la lengua es importante porque sin ella no podría existir ni nación ni literatura. La existencia de una literatura nacional, por tanto, supone una previa definición del idioma, porque a través de él se puede destilar una identidad: "[s]in lengua nacional, ningún pueblo posee literatura nacional" ("El pez de oro, o dialéctica del realismo psíquico" 22). Churata insiste en la idea de que la lengua aloja, conserva y transmite la identidad de una nación y que la lengua y la literatura, cuando empiezan a construir mundos posibles, transmiten la consciencia de su pueblo. Esto lo lleva a sostener que idiomáticamente, "la literatura del Continente es una literatura de Colonia", y que "el idioma de los inkas no es una lengua inferior, y menos un dialecto" (20). Plantea así un cuestionamiento a las posturas diglósicas, que en su época propugnaban jerarquías entre "lengua" y "dialecto", y exige para el quechua y el aymara igual respeto que para el español, enfatizando que una "literatura americana" debería manifestar en su expresión los varios torrentes lingüísticos que la atraviesan.

Coincide con Mariátegui en señalar que una literatura colonial es una literatura dependiente, y que la creación de una literatura sin dependencia, autónoma y nacional, sería la última fase del proceso literario, pero sin dejar de insistir en que "si somos americanos, nunca llegaremos a conocernos si no conocemos nuestra lengua materna" (21). *Chacchar* (masticar) nuestra lengua como *chacchamos* la coca, hace posible saber de nosotros; pero por supuesto, sin caer en esencialismos o voluntarismos de cumplimiento, sino como una forma de adquirir conciencia de las palabras que organizan un mundo que "no descubrieron los descubridores" pero que podemos conocer mediante la lengua de nuestros ancestros, que al conectarnos con nuestro pasado, nos proporciona un sentido de identidad vinculado a la idea de colectividad, al *ayllu*.

Tomando en cuenta estos núcleos articuladores que son la lengua y el *ayllu*, Churata construye la idea de una América multitemporal, situada en un presente en el que convergen el pasado y el porvenir. De esta multitemporalidad derivan tres tópicos fundamentales en la concepción que tiene de América: el federalismo, el valor del pasado y la proyección al futuro.

Primero, destaca la necesidad de pensar a América desde una perspectiva unificadora, no como un conglomerado de naciones sino como "un país", un *ayllu* mayor que cifra la esperanza de configurar al continente como un solo pueblo, lo que potenciaría sus posibilidades de realización. Para explicar esta "posibilidad" recurre a los principios de colectividad y solidaridad del *ayllu*, que cuestionan el egoísmo individual de las naciones que buscan su Porvenir en forma solitaria. El federalismo, entonces, no es concebido como una cuestión aditiva de naciones, sino como una "unidad en lo múltiple" articulada por prácticas ancestrales sustentadas en el *ayni*, esa práctica de cooperación real en la que todos necesitan de todos para realizar la vida. Por ello, no adjetiva a América como continente sino como "país" en sentido de "patria continental" que se renueva desde lo antiguo, porque el pasado sigue desplegando su potencia creadora. Pero además, complementa esta lógica unificadora incluyendo los "modos" de vivir lo antiguo que se desarrollan en las comunidades contemporáneas.

Segundo, insta a asumir con respeto los saberes del pasado no solo porque pueden contribuir a la resolución de urgencias del presente, sino también porque conociéndolo se puede descubrir y comprender la América y los americanos "que no descubrieron los conquistadores". Sugerentemente, anota que aquel que no se siente americano es porque nunca lo ha sido, debido a que el pasado es difícil de sacudirse. El pasado punza y se proyecta en el devenir.

Tercero, subraya una voluntad de proyección al futuro, recalcando que América no se ha detenido en el pasado, sino que se renueva en el tiempo, porque su camino siempre ha sido el Porvenir, marcha interrumpida por el descubrimiento y la conquista, que impactaron el desarrollo de un pueblo celular, con pasado; pero no alcanzaron a destruir su memoria. ("La América no existe" 106). De allí que el pasado regresa y, con la solidez de sus organizaciones y por las vías del *ahayu*, impulsa al futuro. Churata sostiene que solo una mente dañina podría pensar que América se detuvo en el tiempo, o que abandonó su tiempo para ingresar en la correntada temporal de occidente, cortando de un tajo su raíz y negando su memoria, para así vivir modernidades ajenas. Tal cosa no parece haber, ni detenimiento ni esencialismo, sino raíz e hibridación impulsando la vida abierta al mundo y al futuro. Entonces, para Churata la idea confederativa tiene tres anclajes temporales indeslignables: el pasado, el porvenir y el pasado actual (presente), que se trenzan para configurar una idea de América con célula andina y asimilaciones exógenas, y una idea de identidad plural que converge en lo continental estructurado de acuerdo a la lógica del *ayllu*.

En concreto, es el *ayllu* y sus distintos componentes y manifestaciones lo que contribuye a la estructuración de un continente con raíz, con célula y semilla germinante que potencializa lo propio sin eludir manifestaciones externas, revelando así el carácter confederativo, integrador y solidario de las culturas andinas —esa *plasticidad cultural* de la que hablaba Ángel Rama. Esta acción unificadora y expansiva del *ayllu* permite pensar regiones, naciones y continentes-*ayllu*.

Bibliografía

Bertonio, Ludovico [1612]. *Vocabulario de la lengua aymara*. Arequipa: El Lector, 2006.
Boletín Titikaka (1926-1930). Edición facsimilar. Lima: Centro de Estudios Antonio Cornejo Polar/ Lluvia Editores/ Mauro Mamani Macedo, 2016.
Churata, Gamaliel. "Indagación de los kunturis. Anatomía del suelo". *El Comercio*. Cusco, XXXVI/6632 (miércoles 11 de noviembre de

1931). En Wilber B. Cutipa Luque, comp. *El Hombre de la calle. Gamaliel Churata en sus textos*. Tacna: Khorekhenkhe, 2009. 13-14.

_____ "Tendencia y filosofía de la Chujlla". *La Semana Gráfica*. La Paz, II/49 (30 de septiembre de 1933). Reproducido en Arturo Vilchis Cedillo, comp. *Gamaliel Churata en la Semana Gráfica*, México: Editorial América Nuestra Rumi Maki, 2008. 8-11.

_____ "Temas de religión y arte americanos". Colofón a *Jirones Kollavinos*, de Gloria Serrano y D. Crespo Castelú. La Paz: Editorial Escuela Salesiana, 1933. Reproducido en Arturo Vilchis Cedillo, comp. *Gamaliel Churata en la Semana Gráfica*. México: Editorial América Nuestra Rumi Maki, 2008. 12-17

_____ "La América no existe". *La Calle. Diario socialista de la mañana*. La Paz, lunes, 12 de octubre de 1936. En Wilmer Kutipa Luque, comp. *Gamaliel Churata: Textos esenciales/Versión final*. Tacna: Perro Calato Ediciones, 2017. 105-106. <https://perulibertario.files.wordpress.com/2017/08/gamaliel-churata-textos-esenciales-versiocc81n-final.pdf> 15 enero 2018.

_____ *El pez de oro. Retablos del Laykhakuy*. La Paz: Canata, 1957.

_____ "Preludio de Konkachi". *Antología y valoración*. Lima: Ediciones Instituto Puneño de Cultura, 1971. 337-349.

_____ "El pez de oro, o dialéctica del realismo psíquico, alfabeto del incognoscible". *Antología y valoración*. Lima: Instituto Puneño de Cultura, 1971. 13-36.

González Holguín, Diego. *Vocabulario de la lengua general de todo el Perú llamada lengua qquichua o del Inca*. Lima: Universidad Nacional Mayor de San Marcos, 1989.

Mariátegui, José Carlos. *7 ensayos de interpretación de la realidad peruana*. Caracas: Biblioteca Ayacucho, 2007.

Vilchis Cedillo, Arturo. *Arturo Peralta Miranda. Travesía de un itinerante*. México: América Nuestra Rumi Maki, 2008.

Preludio de Konkachi[1]

Gamaliel Churata

> *Estaban en la tierra de promisión.*
> Nefi

> *La Edad Media es una nostalgia de América.*
> G. Marañón

LA CONTRADICCIÓN AGRARIA

Las utas y musiñas del ayllu de Konkachi están en mi delante y las abarco desde la colina en que me he situado para dominar el panorama. Agrupadas, dan la impresión de juguetes cubistas. La mayor no tiene dos metros y no está compuesta sino por dos habitaciones que hacen ángulo y que, con una pirca cuya altura no llega al tórax, forman el patio, pues la cocina, esa habitación principal de la vivienda indígena que tanto sirve para adobar las viandas como para servírselas a charlar con los amigos, generalmente está construida fuera del cuadrángulo, y más bien colinda con los uyus, parcelas de cultivo o pastizales. Por tanto, si se afirma que la musiña no ocupa una extensión mayor de trescientos metros cuadrados, no se pondera. Los terrenos que labran los agricultores de Konkachi son miserables y no dan para más. Quitarle a la siembra dos metros sería privar a la

---
[1] Texto reproducido con permiso de Amaratt Peralta, hijo y heredero de Gamaliel Churata

familia de una semana de alimentación. Afortunadamente, este año los surcos han esponjado con el fruto abundante, y quienes comparten la sociedad del labriego saben que la tierra como los hombres sanos, es generosa y noble si el cielo lo permite. Para observar la diversidad de intereses que es posible encontrar en una sola colina, baste decir que esta, a que he dado el nombre de Konkachi, se apellida un poco más allá, al Oeste, Wiskachani, por ser tal el nombre de otro ayllu distante de Konkachi unos mil metros, y a una distancia acaso mayor, Quiniquini, la misma razón, y más allá todavía, Tajkina. ¡Cuatro ayllus que cobijan a tres mil metros de tierra larga y pedregal, que suelta apenas parcelas diminutas para la siembra!

Al sur de Konkachi se ve la pampa de Pirapi, extendida en una legua hasta los cerros de Kamata, hacienda, Kheallani, Lampunasa, Kimsapujio. Pirapi está, es una buena parte todavía, en poder de las parcialidades, esto es, de los destruidos grupos comunitarios; pero no carece de los signos que amenazan la invasión irremediable del latifundio. La pampa es bella y abrigada; ofrece pastos inmejorables y trébol abundante, y no le faltan los **jalsus** a cuyos bordes crece la totorilla nutritiva. Es región rica para la crianza de ganado, y tanto o más, para chacarismo. Mientras a la vuelta de las montañas se cuentan por leguas las tierras de productividad rudimentaria y egoísta de los latifundios, en Pirapi se apeñuscas las indiadas que ya no tienen sino las uñas que roer.

Sobre el ancho horizonte de Pirapi hay un cielo estival de tonos delicados y de grave, casi religioso silencio. Al norte se extiende la pampa de Moroamaya, límite de los cerros de Chinchera-ayllu y de la aldea de Chucuito, lugares prominentes en la Colonia y el Inkario, tristes reductos hoy de tinterillos, gamonales y curas.

Los campesinos de Konkachi rompen la tierra para extraer los frutos que constituirán, si el año es bueno, el sustento de la familia y de las parcialidades, y si malo, la notificación de emigrar en busca de limosna que las ciudades les confieren para que no desaparezcan todavía.

Persecución de América

He aquí que yo no he venido hasta Konkachi a perseguir al indio. He venido en busca de América. ¿Es que América existe? Lo que existe son grupos de pueblos, intenciones de trasplantes, hacinamientos que tratan de hacer nación. Inclinarnos a las nomenclaturas es empequeñecernos cuando somos algo más que una nomenclatura: somos un mundo en germen; y un mundo es variedad constante y sorpresiva. Lo que entendimos por América fue solo una metáfora feudal, una abstracción y, para decirlo en una fórmula: la hipóstasis del devenir. En nada como en esta ilusión de América se comprueba el pensamiento platónico de que la idea es una casualidad. La Edad Media con su neurótico espectáculo de águilas sangrientas fue uno de los caminos revolucionarios que conducían a esa abstracción; y de ella intemporalmente toman realidad la visión mosaica de Horeb y la visión de Campanella. Es una sed de cielo materializada en el ascetismo medieval, diría Berdiaev. Pero una mentalidad aguda encontraría que América es una idea fortuitamente continuada en la historia.

Descubrimiento de la utopía

Aquí, frente a esta América de montes gigantescos, desnudos de vegetación, pero cuya entraña mineraliza el líquido icoroso, complace entrever a ciertos espíritus agonales que un día transpusieron su horizonte y fugaron hasta alcanzar playas desconocidas. Tal aventura transoceánica importaba el desplazamiento del comercio europeo del Mediterráneo sobre el Atlántico, y como todo lo que corresponde a esa época era un fenómeno cargado de cacofonías litúrgicas, dimensiones estratificadas. Nubes inmóviles, locura y ferocidad. Son el momento y el ambiente estrecho inmejorables para la proyección de utopismos que alivien la pesadumbre de esa realidad ahíta de virus. ¿No se ve acaso que hasta el flemático Américo Vespucci, al describir el "nuevo mundo", habla de hombres que viven en él sin amos y sin leyes, en perfecta ciencia y conciencia? ¿No indica ello que Américo Vespucci se había dado de bruces con la república de la Utopía? Lo que el Medioevo buscaba en los mares no era América ni las Indias Occidentales: era la Utopía. Hacia ella se encaminó en trágica procesión para descubrir o inventar a América. Esto último fue ocurrido. Y el abrazo sexual en que el país de la Utopía, país asombroso y nemoroso, demostró que América no tenía utopías que ofrecer; y dio lo que sigue dando: oro, goma, tagua, patatas, cacao, maíz, tabaco, quinua. En cambio, se reservó el lastre de gigantomaquia.

No digo que lo único grande que para Europa posee la "idea" utopista, que desde entonces con tautología asfixiante repetirá que en América retenemos el ombligo del mundo... Obsérvese, empero, que América, es decir el Tawantinsuyu o el Anáhuac por lo menos, no son responsables de esa "germinal tendencia a sentirse centro", tan característica del guarismo típico del "europeo moderno", que es "el americano", para recordar la corrosiva dialéctica de Ortega y Gasset. Lo que flota en los mares verbales del trópico americano no son las pobres algas indias; es el corcho europeo.

Gran guiñol

Desde este anfiteatro de roquedos podemos avizorar un espectáculo que tuvo por escenario el puerto de Sevilla en la tercera década que va corrida de este siglo, y que comprueba cómo el corcho y la hipérbole son productos más europeos que americanos.

Parla uno de los primeros intelectuales españoles, parla frente a un corro de historiadores de Indias, reunido en cierto ágape o congreso, mientras el ponto sevillano, nostálgico de los encomenderos de los siglos XVI y XVII, farfulla en las resacas, mismamente que cuando, en vez de doctores, llegaban de América rudos indianos cargados de oro y plata.

Señores –dice– la Edad Media ha sido una nostalgia de América...

Pero, esto, con ser mayestático, no es lo definitivo. La comedia tiene sus años. Cuando los países meridionales rechazaron en mares del callao la tentativa de reconquista que había organizado la metrópoli, se estaba llevando a cabo un hecho más importante para historia de la América.

José Smith, oscuro yanqui de extracción irlandesa, recibía el Urim y el Tumin, que constituyen el mensaje más insólito de la revelación, contenido en un petroglifo con dos mil quinientos años de existencia. En tal petroglifo, según sus acotadores, se habla ya de la América y del judío Cristóforo Colombo, que al atravesar las aguas encontró a los descendientes semitas que estaban en la tierra de promisión.

La continuidad con que la cenestesia europea quiere ver en América un retazo de la tierra prometida no ha sido parte, en cambio, para que los descendientes de la raza prócer dejasen de ser tratados como bestias, y sigan hoy aun arrastrando el más pobre y miserable destino.

Realidad e idea de América

Hay que imaginar el regusto de esos colombroños al saberse sujetos de una nostalgia europea. Pero el bizarro español no se cuidó de explicar previamente que cosa era esa América para que una edad de Europa –la más importante, acaso– pudiera considerarse su anhelo. No dijo que América era una república sin velocidad; que no poseía otra fuerza motriz que el hombre; que desconoció el caballo y el camello; que el llamo, su animal doméstico, es casi un cristiano, y no se concibe que con él, siendo tan fino y esbelto, hubiera acometido la empresa de levantar las murallas del Saqsaywamán; que en ese mundo primitivo todo lo hizo la mano del hombre o la espalda del esclavo; que es un universo sin instrumentos, a no ser el instrumento de sangre; que en esta América que constituyó la sed de la Edad Media, los encomenderos no valorizaban las tierras por sus acres o sus ganados sino por el número de esclavos de que disponían; que América para Europa solo ha sido "divino estiércol" o "posibilidad inmediata del infinito", en cuanto el proceso de reducción metálica del valor comercial lo cumplían esos encomenderos con sistemas recolectores propios de grupos salvajes. Nada de esto dijo a nuestros historiadores y contribuyó más bien con dialéctica aguda y palabras imaginíferas a que se anegaran en el guaranguismo típico del sudamericano.

No dijo que lo único grande que para Europa posee la "idea" de América, es la parte de Sancho que hay en ella. La hiperestesia gástrica que impulsa a los argonautas feudales a lanzarse a lo desconocido, no era sed de América, sino, simplemente, sed de vivir: sicio. Europa no se necesitaba para nada. Europa no podía sentir entonces necesidad de retornar a una edad primitiva. Sus crepúsculos, hechos de fanatismo y de sangre, no necesitaban de nuestros crepúsculos hechos de barbarie espeluncal y de feto; y aunque la Utopía medieval ha localizado la edad de oro en la infancia del mundo, no es posible que esa nostalgia de sencillez haya sido satisfecha por América; porque Europa, lejos de acoger su ingenuidad, hincó en la carne infante un sadismo provecto.

El sepulcro de la locura

Más propio resultaba decir que América para los europeos fue la fascinación de una eudofagia colectiva; pues en ella Europa se perseguía a sí misma, perseguía su dimensión angélica. Solo cuando se afirma con frialdad analítica que el traslado de la influencia comercial del Mediterráneo al Atlántico puso entre el lejano Cipango y Europa un islote inesperado cuya magnitud creó "necesidades" a la Edad Media, tanto que empujaron a la vida nueva ilusión: el Renacimiento; se llega a entender que América es la "idea" de un "cuerpo" del mar, espíritu oceánico, del que han surgido nuevos campos de colonización que utilizaron, y utilizan aún, descendientes de fenicios, griegos y romanos.

¿Qué naturaleza de nostalgia vino a satisfacer América? De horizonte, se dice. Pero entonces cabe preguntar: ¿es de horizonte físico, ontológico, comercial o humorístico? ¿El reducido horizonte del **ayllu**, la **jatha** o el **calpulli**, ampliaría las dimensiones bióticas de Europa? Tal vez hoy de regreso de la experiencia y la desilusión podía el mundo pedirnos la dimensión tribal del ayllu, y habría un sentido en su demanda. Pero en la Edad Media, no. Todo misticismo supone atrofia especial; por eso la Edad Media se nos revela con fuerza y materiales de impulsión tan grandes que su desborde abre las rutas de la mar, de donde vino la "especería", como entendió Las Casas. Mas en ningún caso es esta razón para pensar que el horizonte del mundo medieval ha sido ampliado por tal hecho. Al contrario, América ha venido a limitar la profundidad de la Utopía, y hasta es dable decir que la ha suprimido segando toda esperanza en el horizonte. Colón extendió las rutas de navegación, es cierto; amplió además las posibilidades marítimas y comerciales del mundo; pero descubriendo a América descubrió también la pequeñez del planeta, y demostró que el horizonte de la Edad Media no estaba en la tierra.

¿Qué horizonte ha venido a elasticar entonces el mito de América? En verdad, cuando avanzamos en la identificación de la Tierra Nueva, llegamos a la conclusión de que América no existe, al menos de que se le niega con hipérbole.

Amainan las aves divinas que un día partieron dispuestas a perforar el horizonte. Su regreso es triste. No han traído sino oro y algunas piezas tropicales de apariencia humana. El islote descubierto es vasto y fecundo. Posee tierras de sima y tierras altas donde fulge "la nunca pisada de hombres, ni aves, inmarcesible cordillera de nieve". Teopompo, Juan de Patmos, Tomás Moro, pueden seguir alimentando el sueño: aquella no era la tierra presentida. América es apenas tierra nueva, nueva para Europa. Nada más. Si tan siquiera hubiera sido nuevo mundo, y no tierra mostrenca, Europa pactara con ella, como en su latín salmantino sostenía Vittoria y tal vez así hundiéndose en el seno visceral de ese Nuevo Mundo, pudiera ofrecer los frutos de su aventura.

La mentira

Pero, en tanto, la Utopía se ha quedado en nosotros.

Los hombres de América, como productos menos bursátiles, permanecemos relegados bajo el amparo de las grandes montañas y de nuestros dioses vencidos. Ya no podrá decirse que la fecundidad de la tierra alimenta nuestra sangre. Pachamama da a luz para el **werajocha** atlántico, y habituada a sus métodos –mujer, al fin– un día se niega a alumbrar para sus chacareros. Ese día comienza la vía crucis, comienzan las guerras por la reconquista, los sacrificios y la agonía. Ya no hemos vivido después sino en Pachamama y en Edad Media; es decir, en anhelo de un temblor de tierra; de otra América por descubrir, de una fuga oceánica que salven a sesenta millones de indios del infierno estrecho de su miseria. Renacimiento en América sería por eso renascencia en sentido vegetal, hervor y entraña volcánica. Pero, esos son símbolos verbales que nos lega esa misma Edad Media que, degenerada, vive en nosotros. Tenemos que salvar al hombre, así la tierra se hunda y revienten como sapos los dioses tutelares. Y salvar al hombre no es inmortalizar al salvaje, sino movilizar al salvaje, dinamizarlo, por más que tras de esta operación valerosa se posterguen su arte pintoresco, sus **aguayos** y sus **wankaras**, sus **wayñus** y su magia espeluznante, y nos veamos privados de la mesnada de pongos que se humilla a nuestro paso, mochándonos como el Inka.

Nada vale en el mundo nuestra ignorancia.

La forma de salvarnos es conocernos.

América no existe

África poseyó siempre mayor ubicuidad que nosotros. Seguramente este ciclo histórico que precipita un complexo de culturas y por tanto un complexo de morbos, requiere de una lubricidad bárbara para galvanizar su sangre –tanto que se observan signos del retorno de Atila–; porque si África no es una estricnina sí es el guarapo de esta época. América no provoca ningún entusiasmo. Fuera de las cátedras de etnología, malicio que solo tiene bonos en el Pool del estaño o en los mercados de algodón, trigo, carnes heladas, o lana. Nuestras canciones no entusiasman a nadie. Hasta hace poco la literatura americana era ridícula. La lírica campesina de espíritu arcádico y apacible, ¿qué puede decir al hombre de hoy, citadino y cósmico? El arte chimú o nazca de maravillosas simbologías agrarias y meteorológicas, ¿dirá algo de la torturada psicosis contemporánea? Hace medio siglo músicos de genio revelan el tesoro pentatónico, y fuera de algunos universitarios de Cambridge u Oxford parece que el público no se notifica de la maravilla, o bosteza. Su lirismo recuerda a Ossian o a la Vedanta, habla del agro dócil y de la posesión tranquila de la tierra. En ningún punto del planeta –París, Nueva York, Berlín, Roma– encuentra solidaridad. ¿Acaso la encontrará en los **koljoses** soviéticos? El primitivismo del arte europeo de reciente data tampoco ha tenido que ver con América. Apenas si a Gauguin se le reconoce alguna vinculación uterina con cierta dama comunista "nacida en el Perú". En cambio, África gravita sobre el mundo en esto también como una tarántula venenosa. El fenómeno vanguardista de las letras americanas no tiene otra explicación que Picasso, Apollinaire o Simmias, el alejandrino. Tampoco en el mundo de las ideas América existe. Ni España se ha beneficiado con América; y como es la única nación que no se ha beneficiado, cada vez con mayor claridad se constata su inútil heroísmo –inútil o estúpido–, salvo que se considere ganancia para ella haber venido a agonizar en las montañas. Por ello, ninguno de los porfiados estetas que pretenden descubrir, muchos con copia de talento y la mejor buena fe –y de ser así sería una pizca–, la mano del artista chibcha o tarasco en los ábsides o columnatas del barroco español de América, olvidan elementales leyes de sociología, y algo más elemental todavía: que España fue desalojada de América cuando precisamente comenzaba a entenderla y a asimilarla.

Preludio de Konkachi

América es la realidad que yo aprisiono en este preludio. Este paisaje de Konkachi, escueto y sin árboles, o con árboles achatados bajo la inmensidad del ozono. Este Romualdo Pacho que me hospeda, limpio, vacío, hambriento, como cualquier bestia del mundo. América es esa mujer Konkachi que cubre su cuerpo con un trapo burdo y estos niños que se revuelcan entre chillidos de gozo primitivo; este enorme Titikaka que no surcan argonautas sino hombres semisalvajes, bruñidos de yodo; este brujo que ataca a su enemigo acribillando el cuerpo de **jampato** con mil alfileres; América cejijunta de montañas inaccesibles y de diocesillos subterráneos que hablan con la voz del trueno; de ríos caudalosos que bajan cristalinos de las neveras y llegan en turbios y espesos aludes a la mar; América de los labradores interdictos, cuya amenaza de sublevación se traduce en **japapeos** escalofriantes y que invaden los latifundios lo mismo que mangas de langostas los trigales; América de las haciendas improductivas y de las parcialidades hambrientas; América de carne y hueso; la que no perseguía la Edad Media, porque la Edad Media quería salvarse del infierno católico y no se abandonaría en el infierno sabeísta; América del gamonal sin entrañas, heredero del orgullo español, de su sangre azul y de sus ímpetus nobiliarios, que no han engendrado sino cholos dipsómanos, tinterillos sin conciencia y sin luz, curas rapaces y pecaminosos, cholas que no tienen el garbo de la andaluza ni la inocencia de la india, pero que han estilizado la mugre de ambas. Esta tierra que duele es la América. Y es para no perdernos en rutas ilusionarias, ni ahogarnos en el mar de pompas de jabón de la hipérbole, que tenemos que revelarla y exaltarla.

Hasta este momento no he visto nada difuso ni confuso en este ovario de Konkachi.

Ningún niño triste, ninguna mujer alegre.

Si el silencio se apropió de la naturaleza es porque el misterio genital de la vida trabaja sin estruendos.

El **Mallku** me ha visitado tres veces. Es muchacho más bien delgado que grueso, y su franqueza y dignidad me revelan que posee más honor público que la totalidad de tiranuelos americanos, me dice que el desempeño de su oficio junto al gobernador le imponía el deber irrehuible de embriagarse todos los días en el pueblo, y que por tanto nunca tenía seguro regresar a Konkachi, que es la sede de la **jilakatura**. Y las tres veces le he visto desaparecer tras de la cumbre del Atoja, digna de la melena de un león; y todavía cuando ha descendido venciendo la pampa de Chinchera, trepar las estrías cárdenas de Tikina, en las que se apelotonaban las musiñas y se otea las llanuras verdes y fecundas de las haciendas...

¿No es verdad que este funcionario político es solo naturaleza, como la pampa de Chinchera, como la América?

Gamaliel Churata y los contrapunteos de la identidad Seguido de un "duelo" entre *Ahayu Watan* (Churata) y *Calibán* (Fernández Retamar)

Ladislao Landa Vásquez

EL DEBATE SOBRE LA IDENTIDAD (LATINO)AMERICANA ES UN TEMA recurrente en muchas generaciones de nuestro continente y pocos intelectuales de nuestros países se abstuvieron de pensar sobre las raíces culturales de nuestros pueblos. Aun cuando se trata de un tema que formalmente los científicos sociales (historiadores, sociólogos y antropólogos) asumen como tarea disciplinaria, es en la literatura donde se presenta más prolíficamente y con ángulos muy particulares. Es innegable que es entre novelas, poemas y ensayos, donde esta inquietud por preguntarse sobre nuestras identificaciones se halla muy difundida.

Rastreando este cometido, en esta ocasión me gustaría mostrar la mirada de un escritor que felizmente está siendo con justicia rescatado del olvido: Gamaliel Churata (Arturo Pablo Peralta Miranda), un fecundo y genial pensador que nos está permitiendo descubrir, entre otras cosas, la existencia de otras Américas, o preguntarnos sobre su real presencia. Me permitiré introducir a otro interlocutor que ayude a pensar este difícil tema de auscultarnos a nosotros mismos; me refiero al poeta y escritor cubano Roberto Fernández Retamar, quien ha desarrollado también una frondosa reflexión sobre las raíces culturales de América. Ambos autores apuntaron a señalar la necesidad de pensar la cultura, y sobre todo explorar la identidad de nuestro continente; aunque, como veremos, apuestan por líneas divergentes, aunque no totalmente contradictorias ni inconmensurables. Se podría decir que intento presentar, si los lectores me permiten, un "duelo" entre *Ahayu Watan* (Churata) y *Calibán* (Fernández Retamar).

Antes de continuar, permítaseme recordar mis propios límites: Tengo que confesar las circunstancias de mi acercamiento real a Churata, que ciertamente fueron muy casuales. Hace unos años atrás, los amigos que editaron el libro de Gissela Fernández, *El dolor americano* (sobre la labor periodística de Churata en Bolivia) me invitaron a comentarlo en su presentación. Hice lo que pude esa vez (y ahora creo será algo parecido). Provocado por esa lectura volví a manosear el *opus magnum* churatiano, *El pez de oro*, y balbuceé entre los estudiantes sanmarquinos de Letras y Ciencias Sociales sobre la pertinencia de investigar el tema de la "identidad" desde Churata. Un tercer momento se dio en la presentación de la Revista *Contextos* Nº 4 (2014, número dedicado a Churata) de la Facultad de Letras de San Marcos, ocasión que me permitió leer a algunos de los grandes conocedores de la obra churatiana.

¿Qué puedo decir en estas condiciones? Tal vez, hablar simplemente de lo que siento al leer un documento tan singular como es *El pez de oro*. Mi lectura, entonces, es una libre interpelación que me producen estos textos. Me circunscribo exclusivamente a dos documentos (*El pez de oro* de Churata y *Todo Calibán* de Fernández Retamar) que considero oportunos para discutir el asunto de la identidad (latino)americana. Ex profesamente eludiré los eruditos comentarios de los críticos de Churata y Fernández Retamar. Tal vez todo lo que afirme ya esté dicho.

Esta justificación también me permite anunciar mi estrategia de conversación con estos dos autores. Al leerlos, pretendo identificar ciertos enunciados que nos permitan percibir sus respectivas miradas sobre la identidad. Tanto Churata como Fernández Retamar construyeron sus discursos obedeciendo ciertos parámetros de pensamiento que pueden rastrearse en sus propios textos. Debo también advertir que mi *aislamiento* interpretativo está informado por las modalidades que Barthes y Foucault insinuaban en sus trabajos de comprensión de discursos. Se trata de perseguir ciertos enunciados al interior de los textos, sin pretender contagiarlos con otros decires y críticas al autor o, para recordar las propias palabras de Foucault, "Hacer aparecer en su pureza el espacio en el que se despliegan los acontecimientos discursivos no es tratar de restablecerlo en un aislamiento que no se podría superar; no es encerrarlo sobre sí mismo; es hacerse libre para describir en él y fuera de él, juegos de relaciones" (2002, 47).

Creo también que es productivo comprender estos enunciados con las estrategias analíticas de Mikhail Bakhtin (1997) expresadas en sus conceptos de "cronotopo" y "heteroglosia", que nos permitirán navegar entre el Caribe y el Lago Titikaka. Asimismo, me apoyaré en el concepto althusseriano de "interpelación", que me parece muy útil en toda lectura, sobre todo cuando se trata de investigar el impacto de los discursos (Althusser, 1996).

Como Stuart Hall (2010, 337-447) ha evidenciado hace muchos años, la "identidad" es un tópico crítico, más aún hoy, cuando la fragmentación de nuestros discursos corresponde a búsquedas cada vez más heterogéneas. El debate que nos proponemos abordar corresponde aún a una época en que el deseo de los intelectuales apuntaba a comprender sus propias sociedades con argumentaciones sólidas y avanzar hacia algunos ángulos de la modernidad. En ese contexto, tanto en el siglo XIX como en el XX, preguntarse por la "identidad" de un continente que había transitado por un complejo camino de vicisitudes, con procesos coloniales demasiados trágicos, generaba inquietudes sobre el futuro, permitía descubrir vacíos, y resaltar aspectos considerados claves para constituirnos como sociedad. Las reflexiones de Churata y Fernández Retamar se caracterizan (de manera semejante a otros pensadores como Francisco Bilbao, Leopoldo Zea o Augusto Salazar Bondy) por avanzar más allá de sus propias fronteras y fundamentar identidades continentales, o más exactamente: tratar de descubrir las raíces identitarias de un continente.

¿Cómo leer a Churata?

Los puntos de vista de Gamaliel Churata quizás se deban entender desde una coordenada particular en términos geográficos y culturales, pues su intención posiblemente fue coadyuvar en la construcción de una propuesta identitaria desde una perspectiva que hoy se reconoce casi unánimemente como "indigenista". Este indigenismo altiplánico, que tuvo como uno de sus impulsores al grupo Orkopata, fue también el hogar desde donde Churata manifestara sus ideas. No viene al caso historiar la trayectoria de Churata, pues existen numerosos estudios y esbozos de biografías sobre nuestro autor. Baste decir que sus ideas se deben entender como formadas en la cultura trilingüe de Puno, La Paz y Potosí.

Se ha dicho que la lectura de Churata presupone una hermenéutica hasta hoy difícil de penetrar. Si así fue en su tiempo, hoy nos toca considerar la época a la que pertenece su discurso, que todavía corresponde a un tiempo en el que el "buen escribir" en castellano era requisito fundamental, de modo que aun cuando se le considere como vanguardista, debemos entender su obra apegada a las formas de este *buen escribir*. Esto no impidió, a pesar de todo, que nuestro autor apuntara hacia lo *andino*, a veces comprendido como telúrico, indigenista y hasta indianista (hoy incluso calificado como *pachamamismo*). En efecto, Churata fue introduciendo expresiones, morfemas originales y otras estrategias para *presentificar* lo andino en la escritura, de modo que su propuesta es un compuesto de tradiciones diversas que se encuentran confluyendo de manera compleja pero no incomprensible.

Leo a Churata no como a Mariátegui, sino como a Luis E. Valcárcel o Antero Peralta Vásquez, quienes elaboraron textos que muestran cierto arcaísmo provinciano que evita "quedarse atrás" frente al limeñismo de ese entonces. Su lectura requiere deshacerse analíticamente de nuestros cosmopolitismos, prescindiendo de cronotopos contemporáneos y volviendo al contexto en el que expresiones como *faramalla, caramanchel, avió, escanciar*... palabras aparentemente extrañas al léxico quechua y aymara, pero aclimatadas en nuestros andes, circulan todavía en boca de mis paisanos de Ayacucho y Cusco (a quienes mejor conozco).

Esta propuesta consiste también en reafirmar que Churata desarrolló una sintaxis de raigambre castellana pero arcaizante. Habría que comenzar diciendo que desde una perspectiva diglósica de andinos que escribimos *errado*; el lenguaje de Churata, realmente, nos parece admirable. El ritmo de su verbo, la exactitud de su habla, debe haber generado muchas envidias entre quienes aspiraban a convertirse en escritores. Pero como ya dijimos, esto no impide que la aventura churatiana consista también de renovadores arranques en su lenguaje, invención de vocablos y recuperación de discursos que circulaban en su medioambiente puneño, potosino y paceño.

Churata admitía que hasta mediados de siglo XX la literatura desarrollada en América consistía en parapetarse en la lengua del dominante, en el buen escribir en castellano. *El pez de oro* se caracteriza por reconocer esa realidad, pero su objetivo mayor es pelear contra ella para construir lenguajes que permitan aflorar nuestros modos de ser. No obstante, como veremos, el mismo Churata se dejará arrastrar por el buen manejo de la lengua castellana que, además, en su caso está entretejida por una gran erudición y conocimiento de la cultura europea. Estamos ante un intelectual que, hijo de su tiempo, se deja arrastrar por su erudición ecuménica, desde donde se propone interpelar a sus lectores. Pero a diferencia de otras lecturas, que han acentuado el universalismo y erudición de Churata, propongo leerlo más bien desde perspectivas particulares, si se quiere localistas, tratando de discutir lo que rescató de una cultura que hoy se define andina, y en especial desde un lugar de enunciación muy singular como es el altiplano. Ensayo, entonces esta mirada con el objetivo de buscar nuevos elementos en la comprensión de su obra.

La propuesta identitaria de Churata

El objetivo de Churata en *El pez de oro* no fue abordar prioritariamente el tema identitario, puesto que la obra está desarrollada principalmente en terrenos de la estética literaria. Sin embargo, definir las condiciones en las que se producen las literaturas americanas es, según el mismo Churata, fundamental, de modo que la dinámica cultural se convierte en un tópico pertinente para fundar la expresión literaria, y es aquí donde podemos desentrañar la posición churatiana sobre este tema. Considero tres planos en los que se puede rastrear la propuesta identitaria de Churata: 1) cuando expone su preocupación ontológica por la definición de América y del sujeto americano, 2) cuando propone una alternativa "indigenista-indianista" para la literatura americana, y 3) cuando realiza su experimentación escrituraria partiendo de paradigmas indígenas y mestizos.

1. La preocupación ontológica por la definición de América y del sujeto americano

En relación a una preocupación ontológica por la definición del sujeto americano, la postura de Gamaliel Churata debe reconocerse en tres aspectos: su punto de vista sobre el *ser*, su comunalismo y su teoría de la continuidad o *ahayu watan*.

Iniciemos rescatando una de sus afirmaciones lapidarias, en la que está claramente identificado un plano ontológico, más allá de otras problemáticas, o para decirlo a su manera: cualquier análisis acerca de temas literarios, históricos, sociales, culturales o espaciales están supeditados a una comprensión de la identidad:

> Ya no se puede, ni se debe, considerar a América problema político, geográfico, o comercial, solamente. El suyo antes de todo es un problema del SER. Por eso mismo no somos de los americanos más reverentes por la hazaña de la Independencia Americana, si en ella es dable comprobar fenómeno americano alguno, cuanto resultado de otro virtualmente español y pizarresco. (*El pez de oro* 195-196)

Las palabras finales de *El pez de oro* enuncian "¡América, adentro, más adentro; hasta la célula!..." (973). Esta puede ser la fórmula de la propuesta churatiana para fundamentar la identidad de América en su ser más profundo, en su célula, en su génesis, donde aún existen semillas que no haya eliminado el colonialismo. Podríamos aventurar que hoy día esta propuesta tiene mayor cercanía con el *indianismo* contemporáneo que con el *indigenismo* de su época, y esto principalmente por su decisiva apuesta por rescatar las expresiones indígenas y no solamente su representación.[1] No pretendo afirmar con esto que Churata habría logrado avistar la ansiada "¡pueden los subalternos hablar!", sino apuntar básicamente hacia el reconocimiento claro y preciso de la indianidad en toda su complejidad. Churata nos muestra repetidamente su opción por esta indianidad adoptando frases como "quienes nos propalamos kuikos, salimos del circuito hispano" (*El pez de oro* 180). Lo *kuiko* correspondería a la identidad

---

[1] Siguiendo a Guillermo Bonfil Batalla (1981), consideramos que los discursos de líderes indígenas en la segunda mitad del siglo XX pueden definirse como indianismo. En este sentido, apostamos por la existencia de discursos indígenas que están desarrollándose en todo el continente hoy rebautizado Abya Yala. Que este discurso sea parcial, trunco o pachamamista, no debe condicionar su obscurecimiento ni menos su desaparición con las críticas que se le haga. La distinción que hacemos entre indianismo e indigenismo está tratada en detalle en "Pensamientos indígenas en nuestra América" (2006).

americana que permite diferenciarnos de la hispanidad colonial.[2]

La apuesta churatiana, sin embargo, tampoco es una radical posición indianista que se asemeje a los temibles apotegmas que más tardíamente, en la segunda mitad del siglo XX, fueron desarrollados por el boliviano Fausto Reinaga y que hoy están siendo estudiados como fuente inspiradora del "posmoderno" movimiento indígena contemporáneo.[3] Se trata más bien de una ambivalente posición en la que se reconoce lo mestizo, pero se apunta la pertinencia de lo indígena.

A partir de esto, no se debe concluir una lectura fundamentalmente indianista (es decir: *solo lo indio*, como en el caso de Reinaga), puesto que Churata reintroduce también la temática del mestizaje, que podríamos calificar más exactamente como la *duda mestiza*, expresada en frases como esta: "En la republica de mulatos, lobos, cambujos, torna-atrases, albarizados, barainos coyotes, tente-en-el-aires, no-te-entiendos... América, América: *no te entendemos*" (*El pez de oro* 597; énfasis mío). En efecto, para Churata América no es necesariamente una realidad, tampoco una promesa. Es una interrogante, como cuando repite: "¡América!, América! Qué pregunta, la tuya, pesada para el hombre... Qué amarga respuesta, la suya, para América" (652).

Estas dudas sobre América implican también una necesidad por observar su génesis, y lo que sorprende en el verbo de Churata son ciertas coincidencias con discursos que fueron desarrollados ampliamente en la segunda mitad del siglo XX, por ejemplo, el de la invención de América:

> Y es que en América la génesis patricia –debe sabérselo desde acá–no puede venir de las patrias coloniales, a causa de otro imperativo. Y es que la Colonia Española constituye la negación de la patria americana; por más que tabardillos sostengan que no solo nos han dado naturaleza con llamarnos indios, sino que España menos conquistó América *cuanto la ha inventado*. (175, énfasis mío)

Sobre esta *invención*, advierte Churata, se debe dudar, porque como enseguida agrega, España "¡No la inventó; la ha borrado! Y el

---

[2] Aquí cabe anotar que la expresión *kuiko* es rescatada por Churata del diccionario de Honorio Mossi (1857) y, como nos recuerda Uzandizaga siguiendo a César Itier, "no corresponde a un verdadero conocimiento del quechua" (Usandizaga, n. 155), por lo que no tuvo mayor impacto.
[3] Sobre el pensamiento de Fausto Reinaga véase la biografía y el estudio de Gustavo R. Cruz, *Los senderos de Fausto Reinaga. Filosofía de un pensamiento indio* (2013).

borrador somos nosotros, criollos y mestizos, en quienes ni España vale lo que un cuesco, y el indio menos" (175).

Ese vacío en el que se instituye América como negación de sociedades nativas nos hace volver a figuras contemporáneas como Edmundo O'Gorman (1957) y Enrique Dussel (1994), para quienes América fue inventada para servir de espejo a Europa. La propuesta churatiana, empero, es mucho más radical, pues mientras para los citados autores América existe como una invención realizada en el proceso colonial, para Churata *sin indio no hay América:* "Es que América antes que fruto debe saberse raíz. Antes que al Porvenir su deber es mirar al pasado: pulsarse a sí misma; sin que le acochinen gollerías como esa de su infantilidad" (185).

Otro aspecto que permite estudiar las reflexiones de Churata sobre la identidad es el que denominaremos su comunalismo, que podría asociarse al colectivismo de las comunidades indígenas y que supone el reconocimiento de una tradición que circulaba en ese tiempo. Este reconocimiento podría entenderse también como el nexo más significativo de Churata con el indigenismo de la época, puesto que varios intelectuales de su generación utilizaron el discurso colectivista (caracterizado por un espíritu de solidaridad entre los indios) en pro de la defensa de los pueblos indígenas. Que esta ideología haya sido criticada por su romanticismo y porque haya obscurecido las diferencias sociales (incluso en tiempos incas) no viene el caso recordar hoy, solo debemos constar que Churata la suscribe.

En oposición a una mirada individualista de la modernidad, la perspectiva indigenista nos dice que el individuo es la síntesis del colectivo, que la persona es una representación de una comunidad. En algunos pasajes Churata llega a identificar estas ideas bajo el concepto de hombre-masa. Se trata de un acercamiento muy semejante a como fue explicado el tema por antropólogos y sociólogos como Maurice Leenhardt (sobre los kanakos de Nueva Caledonia en *Do Kamo* 1997), o Louis Dumont (sobre la jerarquía y comunidad en la India en *Homo Hierarquicus* 1992). Se trata de comprender sociedades colectivas donde el sujeto solo existe porque pertenece al grupo.

La construcción del sintagma *Naya* es otra estrategia por medio de la cual, creemos, Churata plantea el concepto de identidad, y esta vez en relación a los principios básicos de un diálogo. Es decir, en la construcción de un discurso entre dos personas, y más específicamente, entre los niveles de tú y yo. Como es sabido, en aymara las expresiones *Nä* y *Naya* corresponden a pronombres de primera persona; entonces cuando Churata enuncia su apoteósico: "¡Naya... ¡tu eres naya!" (*El pez de oro* 205), está articulando no solo las equivalencias entre tú y yo, sino transponiendo uno en el otro, y esto implica obviamente ese sentido de comunalidad tan evidenciado por el indigenismo: el igualitarismo comunitario.[4]

También relevante para estudiar las reflexiones de Churata sobre la identidad americana son sus argumentos sobre lo que denominaríamos una teoría de la continuidad cultural, que comprende una mutua alimentación entre seres vivos y muertos. Esta idea está expresada en el concepto de *Ahayu Watan*, por cierto no muy desarrollada en *El pez de oro* sino más bien en otros trabajos.[5] Se trata de un concepto que hace referencia a la continuidad cultural o, en palabras de Churata, a la "ahayu americana" (162), y consiste en comprender nuestras sociedades en relación al mundo del *chullpa tullu* (morada de los muertos o prosaicamente cementerio de los huesos). Esto, porque en Churata la comunidad, la colectividad, el gregarismo, no solo corresponden a la sociedad de los vivos, sino también a la de los muertos; es decir, la comunidad somos todos: los ancestros muertos y los vivos. Y lo más interesante es que en esta comunidad no existen jerarquías, pues la jerarquía corresponde al "mundo de los ángeles" y su puesto en lo "sagrado". Los personajes más representativos de *El pez de oro* generan este tipo de comunidad. El Khori Challwa, el Khori Puma, "aterrizan" en el mundo de los humanos para fundar sociedades (en este caso la sociedad inka y antes de ella las sociedades altiplánicas) horizontales en las que los muertos forman comunidad con los vivos. Esta colectividad, que podríamos definir como una *Ahayu Watan* democrática churatiana, no es solo

---

[4] Algunas expresiones de Churata a este respecto son: "Khori-Challwa: ¿Eres el Chullpa-tullu a que mis huesos se saben enfeudados? Relámpago de mi carne, tú la iluminas en 'Él, y Él eres con todos los caudales del Universo. Bien sé que en ti hay sólo un hombrecito del Titikaka, de trompa alacre, zafirinos ojuelos, contráctil bigote y aleta melodiosa. Sé bien que EL PEZ eres; aquél que en mi sangre latía cuando esperaba, y espesaba, en los barros del álveo, y ni el Sol era Lupi, ni se había animado dios alguno en las profundidades del átomo. Eres mi existente porque eres mi habitante. Y, cuanto amo, y beso, y lloro, es más que manera de ser en Ti, sentimiento y espasmo de mi hueso. ¡Tú eres naya! ¡Tú eres naya! ¡Tú eres naya! Tú eres naya! Tú eres naya!". (205)

[5] Mauro Mamani Macedo (2013) es el estudioso que ha desarrollado más persistentemente esta visión churatiana del *Ahayu Watan*.

generacional sino también histórica. La comunidad consiste de esta continuidad de todos: los vivos y los muertos, nuestros abuelos:

> El Sapo Nengro es el alma, es tu alma; pero es, también, y no dejes de creérmelo, el alma, o las almas, de quienes vivieron como tú ahora y esperan volver a vivir, de la misma manera que tú estuviste y estás. Mientras tu alma refugie a las almas de los que murieron, éstas vivirán en ti, no siempre persiguiendo su bien ni tu bien; muchas poseen la rencorosa angustia de verte vivir mientras ellas fueron privadas de vida, de la vida en la carne y el hueso pues el hombre no es hombre si un día no se para en ellos, y anda... Cuanto revelo es una realidad para mi tangible; será luego tangible para todos los hombres. Así sea. (713)

A esto habría que agregar la propuesta churatiana de comprender esta continuidad no solo entre el mundo humano, sino también entre este y la naturaleza. Si leyésemos desde ojos contemporáneos, sin duda Churata estaría cerca del perspectivismo amerindio de Viveiros de Castro (2010), movimiento teórico concentrado en la interpretación del pensamiento indígena amazónico, que en sus postulados centrales admite una continuidad entre lo humano y la naturaleza. La posibilidad de una interpretación perspectivista amerindia en el caso de Churata podría estar expresada en ese pasaje de *El pez de oro* en que el narrador confiesa que de tanto buscar al Khori Challwa se sintió árbol: "su búsqueda, su necesidad de cosmos, me ratificó indio, y me sentí árbol" (305).

En Churata, sin embargo, esta concepción continuista no es exclusiva del mundo andino, pues se advierte también en pensamientos religiosos de origen europeo. El afán comparatista de Churata hace que Santa Teresa de Jesús y el mundo Inka coincidan en estas ideas.[6] Aquí es donde se pierde de alguna manera la originalidad de la tesis de la continuidad americana, puesto que no solo el mundo

---

[6] A su modo, Churata lo menciona así: "En fin, Teresa, la de los espantables secretos vio que en el más velado rinconcito del palomar estaba vivo el Divino Palomo... Que todos llevamos vivos a los muertos; que lo muerto vive. Pensar que el Inka también lo sabía fue entonces para mí causa de hondas perplejidades; y que con esa majestad de Ley, de que tan bien hacía alarde, determinase que los muertos debían sometérsele, por lo que les marcó ayllu, y les impuso jefe; convertía mi asombro en estolidez. ¿De los místicos desvaríos de Teresa, hay, por ventura, mensurable distancia a la certitud del runa-hakhe de que el muerto ha sed, hambre, fría? Apreciadas ambas actitudes se ve que nada mensurable las separa; y que si aquélla siente vivo su Amoroso Palomo, y en el ardido pecho sus espantables necesidades de ser, de eternidad, de vida... el kuiku no sólo conserva vivos sus rediles, sí que sus rediles balan y triscan más allá de las fronteras oscuras" (560).

andino habría pensado de esta manera, sino también Europa y en particular una vertiente del mundo cristiano.

Para cerrar esta sección, podemos señalar que la "identidad" que propone Churata comprende una inquietud por auscultar América como entidad a la que debe referirse todo discurso (en este caso literario), y que en su caracterización no puede dejar de considerarse el tema de su continuidad histórica o genésica, ni la perspectiva de colectividad creada por sus primeros habitantes.

2. La alternativa "indigenista-indianista" para la literatura americana

En la época en que escribe Churata, la literatura americana se consideraba en proceso de formación. Se trataba de una hipótesis aún por consolidar, es decir, se planteaba América como una promesa y un reclamo por parte del discurso literario. En sus escritos, Churata no desarrolla análisis sobre autores específicos, pero está claro que dialoga con sus contemporáneos:

> el punto de partida de toda literatura (y de todo hombre) está en el idioma que la sustancia. Los americanos no tenemos literatura, filosofía, derecho de gentes, derecho público que no sean contenidos en los idiomas vernáculos, ninguna literatura escrita y solo leyendas en literatura vocal, ciencia hablada, que se guardaron mediante wayrurus, chispas de oro, khachinas de ónix, encantadora simbología y nemotecnia que empleaban los harawicus para representar sus epopeyas en los grandes días cívicos del Inkario y conservar así las creaciones específicamente literarias [...]. El caso es que nos empeñamos en tenerla valiéndonos de una lengua no kuika: la hispana. Y en ella borroneamos "como indios", aunque no en indio, que es cosa distinta. Y aun así esto será posible si resultamos capaces de hacer del español –solución provisional y aleatoria– lo que el español hizo de nosotros: mestizos... (*El pez de oro* 152-153)

La tarea que propone Churata es entonces la construcción de un cosmos literario genuinamente americano, y entiende que esa posibilidad ya ha entrado en la "mentalidad" de

> poetas cuzqueños, bolivianos, puneños, ayacuchanos, ecuatorianos, en quienes es forzoso identificar el renacimiento de la mentalidad poética del Tawantinsuyo; y en razón no de entusiasmos esporádicos sí por acentuación de valores germinales de alma americana. Estos harawicus ya no persiguen "interpretar" al indio, buscan expresarlo, y expresarlo en ellos, puesto que toda sugerencia estética debe contenerse en ego. Y es preciso que la voz india adquiera vigencia porque haya llegado la decisión fatal de su victoria sobre los elementos negativos que la soterraron. A poco que estos fenómenos sean estudiados en planos vitales y la crítica literaria pueda servirse del

> testimonio objetivo del alma humana, se establecerá ley por la cual todo injerto de la ahayu (alma colectiva), supone, en periodo cíclico, la expulsión de los factores que determinaron su inhibición. (158)

Desde esta perspectiva, y parafraseando a Cervantes, agrega que "los kuikos americanos escribimos al modo siniestro a merced de la mano que allá los suyos [a Cervantes] le cortaron" (152), lo cual indica claramente la necesidad de fundar alternativas escriturales que se distancien de los modos europeos, aun cuando absorban ciertos patrones creativos de ellos, como los de Cervantes, por ejemplo. Estas nuevas formas de experimentación no son extrañas a la historia colonial andina, y Churata encuentra en la *Nueua Corónica* de Guaman Poma de Ayala el texto que ha de servir como referencia:

> Huaman encasqueta al español la fonética de su lengua, cárgale su acento grave, y emplea el kheswa a guisa de excrilogía latina. Que decidan los expertos en patrística si quien hace lo que Huaman con el kheswa no implica, casi, un problema cismático. No perseguía rivalizar con el teólogo, ciertamente; buscaba hablarse a sí mismo; hablar a su pueblo en ego. Amestiza el idioma del amo porque tiene mucha casta para entenderlo castizo." [...]. Huaman permite descubrir algún atisbo germinal como síntoma o posibilidad de una Literatura Americana, pues –lo que ya nadie ha intentado, y con jerarquía menos— en él se constata la concurrencia colonial de las dos lenguas en que se enfrentan España y el Inkario; y que para devenir expresión nacional debe decidirse en unidad. En otras palabras: si América es una realidad genéticamente mestiza, la literatura americana debe ser idiomáticamente híbrida. (164, 165)

Asimismo, Churata plantea que un abordaje identitario con impacto en la literatura debe comenzar

> por acentuar menos que el paisaje la valoración antropológica. La verdadera capacidad estética de la América está en la sangre del indio y, por tanto, la forma de hacer estética americana es hacer de América un mundo indio; que será indio siempre, si la genésica de la cultura la suministra el habitante en cuanto naturaleza y fruto. Si no conciliamos las prerrogativas del criollo con las mayores del indio, y de éste creemos que sirve para más que menestral, covachuela, portero de hotel, pillastre electoralero, alcahuetista, mientras para aquel reservamos los dones de la arcangelidad, nunca tendremos un poeta indio, como en cuatrocientos años no hemos metido un santo cuprífero a las hornacinas ortodoxas, que no se escatimaron para negros ni amarillos. (167-168)

Realizando un balance crítico de la literatura americana, anota que esta

> es portuaria y de ventolina, a merced de las incitaciones de los meridianos mentales del viejo mundo, y ya bulevardiza, estepiza, niponiza, heleniza,

y siempre en criollismo, nativismo, decadentismo, vanguardismo, realismo, naturalismo, acaba excéntrica, con desasimiento, que no sea en el pintoricismo episódico y vacuo, de la coordenada india. (171)

Y termina sentenciando: "Al diablo con la porra. No hay Literatura Americana porque no hay americanos" (172). Al respecto, considera que expresiones novelescas como *María*, de Jorge Isacs, y la poesía de Mariano Melgar, son lloronas, y sugiere la necesidad de plantearse alternativas más decididas, valientes y guerreras, posiblemente como las que desarrolla en el último retablo de *El pez de oro*, "Morir de América", especie de epopeya en la que transcurre la derrota del Wawaku y el triunfo del Khori Challwa.

3. La experimentación escrituraria a partir de paradigmas indígenas y mestizos

La temática que estamos proponiendo como *experiencia escrituraria* es quizás la más difícil de abordar debido a que corresponde, entre otros aspectos, al controvertido tema del vanguardismo –del cual el mismo Churata no estaba muy convencido–, así como al sueño de un nuevo lenguaje que reconozca la estética literaria del mundo andino, que implicaba reconocer las oralidades de los pueblos indios y traerlas a escena para su respectivo reconocimiento. Considero que este propósito churatiano fue desigual y hasta cierto punto trunco, debido a ciertas condiciones en que aparece este discurso, pero también debido a que esta batalla se realizó en un terreno que de por sí define áreas o campos muy pantanosos, como es el de la escritura. Churata aceptó el reto, pero quedó atrapado en el pantano. Siguiendo la tesis de Eric Havelock (1994), que atribuye el nacimiento del pensamiento occidental al profundo cambio que se operó en la mente humana y en su manera de pensar cuando la filosofía griega dejó de ser oral para ser escrita, podemos decir que Churata olfateó muy bien la *trágica* diferencia entre la oralidad y la escritura –sus constantes provocaciones en *El pez de oro* así lo demuestran: "entendiste Plato?". No obstante, habría que evaluar su apuesta central: habiendo optado de alguna manera por la oralidad, pues había descubierto su riqueza, se dejó arrastrar por la escritura, es decir, su erudición libresca fue más importante que su oralidad andina. Y esto no es un reproche, puesto que no necesariamente debe entenderse como una opción churatiana, sino como un dejarse ganar por los esquemas en los que todo intelectual se desenvuelve para ser escuchado en este mundo occidentalizado. Permítase entonces elaborar este punto de vista.

Si pudiésemos calcular la presencia de sintaxis castellana en el texto churatiano diríamos que el peso específico europeo u occidental es mucho más significativo que el andino u originario. Se trata de imágenes, tropos, ejemplos, y por supuesto lenguaje, en los que se impone un conocimiento europeo, además de la admiración por escritores como Cervantes, Unamuno y Santa Teresa de Jesús, solo por mencionar a los más queridos por Churata. Pero es sobre todo en el regocijo con que Churata elabora su escritura donde se observa un sabor fuertemente castellano, elaborado muy rítmicamente, confundiéndonos entre si debemos leer su obra como poesía o como prosa. Esto implica atender, por ejemplo, a la buena performance en el uso gramatical de género y número, y a la sofisticada conjugación de sus verbos, en lo que sin duda debió haber influido su experiencia como corrector de estilo y su larga trayectoria como periodista.

Repito, no obstante, que estas observaciones no buscan desconocer la dimensión renovadora y original de sus "cuentos, si no fábulas, o mágicas del Laykhakuy" (151), como él mismo define el libro que estamos analizando. Nuestra llamada de atención apunta a observar las formas como se exponen estas fábulas. Sin exagerar, me atrevo a sugerir que Churata, en su afán de mostrar lo andino, acomete con imágenes eruditas de herencia europea y otros mundos clásicos no abyayalences (de Abya Yala). Si uno observa con atención el último capítulo, titulado "Morir de América", se percibe que el Khori Puma y el Khori Challwa se asemejan a personajes de un mundo griego en el que Príamo, Aquiles y Ulises estarían batallando en Troya y no realmente en el Lago Titikaka; que la Khori Wasi se parece más al Olimpo griego que a una verosímil morada andina como Khorikancha, Tiawanaku o Pisaq.[7]

Otra vez, sin exagerar, ¿será que se puede afirmar que Churata profana de alguna manera los mitos andinos al introducir esquemas de epopeyas o dramas europeos? ¿Tal vez este uso ortodoxo de un

---

[7] Para ser justos, hay que subrayar que el mismo Churata había advertido sus debilidades, e incluso se había propuesto censurar algunas partes de su libro, como se observa en la introducción cuando alerta al lector acerca de los "anacronismos, malos onomásticos, errores gráficos" que encontrará en el libro y que espera eliminar en una segunda edición (147).

género épico eminentemente europeo desdibuja la naturalidad de los relatos andinos, muchas veces contados con otros tonos por parte de narradores andinos, como por ejemplo en las etnografías de Carmen Escalante Gutiérrez y Ricardo Valderrama Fernández?

Aquí, sin embargo, debo moderar mis cuestionamientos señalando que esta supuesta profanación de los mitos es un acometimiento principalmente en la forma, mas no necesariamente en el contenido. Recurriendo a estrategias de análisis del (¿arcaico?) formalismo ruso, pienso que la intención de Churata no fue exactamente profanar la mitología andina y menos imponer el mundo europeo de forma colonizadora. Creo más bien que en el contexto en que producía su discurso no había otra manera de interpelar a sus contemporáneos.[8] Para llamar la atención de sus potenciales lectores (asumo) que Churata consideraba que su interpelación debía realizarse desde un ángulo que preveía un público de erudición convencional y, a través de esa convencionalidad, "contrabandear" lo andino y a momentos imponerlo mediante sus repetitivas reafirmaciones de que *América no es América sin sus indios*.

Esto me lleva a señalar que *El pez de oro* está construido principalmente para interpelar a dos tipos de lectores: al bilingüe cultural andino-occidental, y al monolingüe de habla castellana occidentalizante. Esto implica admitir –más allá del "presiento que me leen Challwas", que me parece básicamente un recurso retórico o performático al que recurre Churata– que hasta hoy día somos, en el mejor de los casos, bilingües y alfabetizados los que estamos leyendo esta obra (con excepción de los escasos lectores e intérpretes trilingües que provienen del altiplano, como José Luis Ayala, Wilmer Kutipa, o José Luis Velásquez Garambel).[9] Creo que es urgente continuar explorando miradas y lecturas trilingües que nos permitan atrapar toda la riqueza churatiana; es decir, lo ideal sería que personas

---

[8] Esta interpelación tuvo las mismas motivaciones que llevaron a Manuel González Prada a enunciar su famoso imperativo en el discurso que dio en el teatro Politeama. La famosa expresión de Gonzáles Prada tantas veces citada dice: "No forman el verdadero Perú las agrupaciones de criollos y extranjeros que habitan la faja de tierra situada entre el Pacífico y los Andes; la nación está formada por las muchedumbres de indios diseminados en la banda oriental de la cordillera". Expresión que por cierto sirvió de epígrafe a *Tempestad en los Andes*, de Luis. E. Valcárcel.

[9] Lamentablemente no conocemos todavía lecturas de challwas *runas-qaqes* como quisieron no solo Churata, sino todos los miembros de *Orqopata* (Puno), de *Resurgimiento y Kosko* (Cusco) y los tantos "indigenismos" que quisieron recuperar la nación en el siglo XX.

que hayan tenido la suerte de transitar el aymara, el quechua y el castellano nos permitan observar ángulos no explorados y que nos lleven a nadar libremente ese gran lago complejo que son los textos de Churata.[10] Veamos seguidamente algunos ejemplos concretos sobre estos vaivenes en su narrativa. Para comenzar, quiero mostrar la españolidad churatiana en casos como estos:

> "–Por la pauta de la flauta, Follincico, qué eres mico. ¡En el fondo, que me mustia de tu angustia el torzón, mi Follón!... ¿Mas, qué *q u e r e s*, si hay mujeres? No te queda más renuevo que pararlo de a de nuevo" (669, énfasis mío)

A excepción de la palabra *queres* (que podría ser asimilable a una especie de gramática chola), el resto de expresiones tranquilamente pueden pasar por castellano del siglo XVI-XVII, o para mencionar a uno de los héroes churatianos, pudieron ser pronunciadas por Sancho Panza. Pero vayamos al plano de la versificación, donde en estricto Churata solo recurre once veces a recuperar frases en idiomas nativos: ocho veces en quechua (páginas 151, 159, 264, 273, 508, 832, 834, y 929) y tres veces en aymara (páginas 253, 499, y 969). Considerando que repite cuatro veces un verso en quechua, solo quedarían ocho poemas en idiomas nativos. El verso repetitivo, con la correspondiente traducción al castellano, es:

> Kaipi   He aquí,
> Wañuska   el hijo
> Llakta   de la ciudad
> guaguan.   muerta.
>
> Kaipi   He aquí
> layka-kota   EL PEZ DE ORO
> khori-challwa... del lago
>   de los brujos (264).[11]

Cabe también mencionar que de los otros tres poemas aymaras, uno de ellos corresponde a los versos de una lindísima canción que se conoce hoy como *Qantati ururi* (lucero del amanecer).

---

[10] Marco Thomas Boshard (2002) sugiere también que los lectores ideales de Churata serían los bilingües o aquellos que conocen bien el mundo andino desde adentro.

[11] En la edición de Usandizaga, en la página 834 parece haber un error: la palabra quechua *llakta* es cambiada por "llanta", sin duda un error de imprenta. En mi cita, he recurrido a la versión de internet, en la que la palabra *llakta* está correctamente escrita (página 300). En esa misma página, sin embargo, existe un error en la palabra *wañuskha*, que aparece consignada como *wañiuskha*. Estos "pequeños" errores de imprenta son sintomáticos de nuestro descuido frente a idiomas nativos.

Continuando con la discusión del uso que hace Churata de la sintaxis nativa quisiera detenerme en un poema que, a modo de ejemplo, me permita discurrir sobre las limitaciones del quechuismo o aymarismo de nuestro autor:

> HARAWI
> Las serpentinas **thayas**
> **khaswan** para los ayllus;
> y en los ayllus ensueña
> la virgen con el Koo-khena.
> Ya la tarde ha caído.
> Paksi-mama es la Koya
> de la pampa y los chiñis,
> la Koya del añasko y el lekhe,
> del khamakhe es la Koya.
> Endulzan las khenayas,
> le escoltan warawaras.
>
> Las serpentinas thayas
> khaswan para los ayllus. (471-472)

Se trata de versos donde junto a sustantivos quechuas y aymaras, aparecen verbalizaciones híbridas. No soy lingüista, pero intentaré presentar algunas explicaciones sobre este uso de lenguas nativas en Churata. En concreto, me llaman la atención los dos lexemas en idiomas nativos: *thaya* (aymara) y *khaswa* (quechua).[12] Churata está utilizando una forma verbalizada (*khasway*) que es muy común en el habla campesina cusqueña y puneña, no obstante, la conjugación que propone con la introducción de la última letra o morfema "n"[13] prácticamente castellaniza esta palabra, la convierte en un verbo en presente indicativo. Al sustantivo *thaya* (viento o aire), en cambio, el morfema final "s" lo pluraliza, llevándolo también hacia el castellano. De modo que los dos versos podrían escribirse: *los serpentinos vientos/ cantan para los ayllus*. El resto de palabras en quechua o aymara son sustantivos que pueden consultarse en el glosario elaborado

---

[12] *Thaya* se puede traducir como viento o aire frio. *Khaswa* (prefiero escribir como Jorge Lira: qaswa) es la denominación de un ritual que comprende danza y canto (pero que también se verbaliza como *qasway*), cuya traducción podría ser: bailar cantando en ronda. Se trata de un tipo de canción y danza ritual relacionada con el enamoramiento nocturno; en Chumbivilcas (Cusco) se realiza en las noches, donde los jóvenes van con charango en busca de novias; en Ayacucho ha quedado asociada a la cosecha de granos, especialmente en la fase de la trilla, y también ocurre en las noches.

[13] En quechua el morfema "n" funciona como sufijo y solo se utiliza para conjugar verbos en tercera persona singular.

por Churata. Resumiendo, este poema tiene una matriz sintáctica eminentemente castellana. Los artículos están coordinados con el género y los sustantivos de manera correctamente castellana, lo que no implica que estas modalidades no sean renovadoras y originales; por supuesto lo son, sobre todo porque abren un abanico de interpretaciones para los bilingües. Aun así, sin exagerar en la crítica, nos hubiera gustado que Churata emprendiera algunas aventuras en sentido inverso: quechuizando palabras castellanas, sobre todo en versos o poemas completos.

Cuando Churata sí aprovecha con largura una sintaxis andina, sobre todo de composición quechua, es cuando recupera el habla cotidiana. Es lo que desde hace tiempo algunos escritores peruanos y bolivianos han estado experimentando: una sintaxis que puede denominarse chola (en lugar de plebeya, como consigna Churata),[14] que consiste en construir frases y oraciones, así como adjetivaciones, de corte híbrido. La singularidad de estas construcciones es que todas las palabras son castellanas, pero la sintaxis es quechua o aymara.[15] Esta modalidad es lo que el propio Churata define como "cascajoso castellano del indio, que es el único idioma que entiende el corazón". (714)

En *El pez de oro* existen muchos trechos en los que aparecen locuciones como las mostradas en el poema arriba citado, es decir, la prosa churatiana se intercala con este tipo de estrategias lingüísticas; no obstante, solo en algunos pasajes muy cortos desarrolla diálogos en los que predomina una sintaxis chola.[16] Churata menciona un

---

[14] Me parece que esto es lo que Helena Usandizaga reconoce como voseo (*El pez de oro* 632n).

[15] Churata menciona como ejemplos a determinados escritores que fueron construyendo este camino: "Hay escritores como Jorge Icaza, José María Arguedas, Cardoza Aragón, de Ecuador, Perú y Guatemala, en quienes es notorio el latido de una naturaleza con raíz; son, con decisión indisimulable, desde el punto de vista hispano deplorables. No, como posibilidades americanas; pues en ellos es sobre el idioma que recae la violencia expresiva de una personalidad que acabará por romper los tejidos idiomáticos, haciendo del romance una jerga cuasi bárbara, cuasi tan bárbara como la usada por Huaman Poma. No es necesario remarcar que autores como éstos elevan el barbarismo mestizo a categoría retórica, y que de proseguir en esa línea acabarán por animar el lenguaje indomestizohispano. Que esa literatura se consagre, problema es que depende del genio del gran escritor que con ella amase. Sin embargo, si se hallan en la corriente emotiva de las plebes, y la traducen e imbiben; también se hallan frente a mayoría que no va en esa dirección. Esa mayoría estará representada oficialmente por los millones de "americanos" censados como "blancos" y los cuales nada sienten del fenómeno" (182-183).

[16] Por cierto, el tema de la "sintaxis chola" es materia largamente discutida en los países andinos. Al respecto, refiero al estudio técnico recientemente realizado por el lingüista

par de veces que el propósito de Orkopata (que es retomado en su libro) fue "contrabandear" o experimentar con expresiones del habla cotidiana, en especial con ciertos diminutivos (que por cierto ya son parte del universo idiomático de algunos de nuestros países) que pueden asimilarse a lo que estamos calificando de gramática chola. En la "Homilía del Khori Challwa", retablo teórico, como ya ha sido calificado por la crítica, menciona precisamente estos propósitos renovadores.[17]

Entre los escritos experimentales de Churata que vienen desde su época de Orkopata quizás sea el retablo-capítulo "Los sapos nengros" el que más rienda suelta da a su creatividad, mixturando una rítmica española con palabras quechuas y aymaras, y ensayando abiertamente una gramática chola:

> —¡Chunkitoy! —la musito—: ¿quién eres usté?
> La chochomika me lo baila sus marineras: Y se lo hace crujir su camita; y se lo come sus Sapitos Nenglos.
> La grito:
> —¡Nó, no, a los Sapos Nenglos! ¡Chunkitoy: no te los comas a sus Sapos Nenglitos!
> Por el goce medio; medio por el miedo, el riuriu del viento me aserrucha los ojos.
> —¡Chunkituy!
> Su cópula me ronca.
> Pero, luego, soy el Tata-Titikaka que se ha parado en la tierra.
> —¡Yá, yá: pukllay, chochomika!
> Y de las crenchas la pillo; la pillo de las espigas de su trigo rubio; de sus pelos de maíz koskiño. Y la meso, y la estrujo, y la magullo, y la vapuleo.
> —¡Sus sapos, chochomika; sus sapos!
> ¿No podía esperar treinta y tres años, y sabiendo que mata su cru, y mi cruz se lo agarra para ella? ¡Loba vieja! ¡Virago paridora! ¡Chochoka, la chochomika!... Esperate, no más... ¿Conque te lo había traído al Khori-Puma para que te lo endulce tu hocico? y eres adorable cuanto más damnable. Buscona que ambulas dulce en el graznido de la chuseka:

---

alemán Stefan Pfänder, *Gramática Mestiza: con referencia al Castellano de Cochabamba. Presencia del quechua en el castellano boliviano* (2010).

[17] Churata dice al respecto: "El español de Huaman [Poma de Ayala] se parece mucho al que empleábamos los "vanguardistas" del Titikaka, por atrás de 1924, malo por su naturaleza (tanto como el que se lee acá), bastante indio por sus modos y, como el de aquél, horro de toda ciencia, menos por ignorancia –menos, digo– cuanto por lealtad con la expresión del indio en cuanto hombre. [...]Los idiomas indígenas carecen de artículos y preposiciones, y el indio al hablar el español de ellos le priva. A la larga le impondría, como en el uso diario hace, literariamente, sus desinencias y declinaciones, hibridando las voces: **asinita, elake, aquisito, maratito, aurita**. Y allí sedimentara la posibilidad de un nuevo idioma, consecuentemente, de una Literatura Americana" (165-166)

¿cuando llegas acaso el néctar de la sangre no rebulle? Te han macerado sus gorjeos, loba vieja; si ahura para tus ñuñus todos se vuelven guaguas y tus mensuales cardenales han hecho paridor al Sapo Nenglo.
—Elay, pues: míralo:[18] ¡en tus brazos su tempestad deshecha! Y de ellos qué no más podrá salirse; si lo has disuelto en risas; y tu risa ríe en la sacristía todavía.
Por eso, cuando se queja, me acurruco en su oreja:
—¡Choy, pelleja, chunkitoy! ¿Awichu soy?, ¿te ha empreñado mi hijitoy? Los murmurios muertos, ¡Sonso: aquí nadies ha muerto! El loco, el rematadamente loco es Él. No se van. Se niegan a irse. Opa: están contigo: no se irán... (673-674)

Seamos justos aquí también. Esta cosecha churatiana creo corresponde principalmente a su experiencia boliviana más que a la peruana, pues en el país vecino la castellanización de ciertos sustantivos quechuas se expresan de esta manera. Por ejemplo, la expresión *chunkitoy* (los que balbuceamos hoy un alfabeto quechua consignaríamos como *sunqituy*) está "injertada" con el diminutivo castellano "ito", pero finalizada por un reflexivo quechua "y". Así, *sunqu* (corazón) + *itu* (diminutivo castellano quechuizado) + *y* (reflexivo quechua) = sunqituy (corazoncito mío).[19] Lo mismo puede decirse de las expresiones *míralo* y *querés*, sin duda rescatadas en su larga estancia en Bolivia. Churata despliega estas estrategias escriturales con mayor abundancia en este capítulo, particularmente entre las páginas 598-602, 632-634 y 673-679. Veamos otro ejemplo:

—No mi fastirias, Palito: voy visaré mi werakhocha...
¿Qué? ¿La voz de la Mistusita? ¿Y quién me la fastiria? ¿Pablito? ¿El cochino ése?... Me iba a levantar a castigar al cochino... Pero: ¡guá!... Siempre más mejor hasete el sonso...
El barrio se ha volcado en la casa. Ahistapue... ¿No son éstos los Champillas, los Allkas, los Mamanis, los Champis, los Sejereros; no se han traído sus anus, sus wakas, sus khamakhes, sus khillis, sus waksallus? Salen de puntilla los parewanas; de puntillás entran los tikhis...
—¡Chis! ¡Chis!
—¡Chis! ¡Chis!
Entran de puntillas: ¡chis!, ¡chis!... Salen de puntillas: ¡chis!, ¡chis!...

---

[18] Quiero llamar la atención sobre esta palabra, que en la versión de Usandizaga aparece acentuada en la primera sílaba "míralo", pero en la versión electrónica la acentuación está en la penúltima sílaba "miralo". Tomando en cuenta la condición experimental de este fragmento, me parece que la versión electrónica recoge la palabra tal como la consignó Churata, ya que esta forma es típica de la gramática chola.

[19] No niego que este diminutivo castellano sea también utilizado en Puno, como efectivamente aparece en algunos textos del Boletín de los Orkopata, no obstante, está mucho más difundido en Bolivia.

¡Ay, tantos!
—¡Chisss!... No hagan bulla...
—Lo van a despertar al muerto: ¡chisss!..." (676)

Debemos aceptar que aun cuando la batalla churatiana fue por la conquista o reconquista de una lengua andina, no logra completar el proyecto, es decir no escribe corridamente en este híbrido idioma que ya ampliamente se desarrollaba en la oralidad corriente. Como ya he mencionado, son pocos los trechos en los que aparece este idioma cholo. Su vena arcaizante, mencionada por muchos de sus críticos, apunta preferentemente a léxicos castellanos y mucho menos a los andinos. Lo que es evidente es el uso de sustantivos, adjetivos y hasta frases en quechua o aymara, mas no oraciones o discursos corridos en esas lenguas. Con estas afirmaciones no quiero contribuir a las letanías que denuncian la impostura de los indigenistas, más bien pretendo mostrar que estos discursos de la defensa indígena tuvieron ciertas dificultades debido a las estrategias elegidas: la escritura. La escritura ha representado pues un terreno apetecible para dar a conocer el mundo indígena, pero ha implicado también un dejarse atrapar por ella.

LAS DUDAS DEL INDIGENISMO O LAS DIFÍCILES CONQUISTAS DEL *AHAYU*

Una vez observadas estas experimentaciones lingüísticas en la retórica churatiana, abordaremos algunos aspectos relacionados con su militancia indigenista. Como debemos recordar, en la polémica sobre la fundamentación del indigenismo, a inicios del siglo XX, la discusión giraba alrededor de las bases que permitirían construir la idea de nación, enfatizando que ésta debería estar constituida por la raíz indígena o mestiza del Perú. A este respecto podemos recordar dos figuras: Luis E. Valcárcel y Uriel García. Valcárcel, en *Tempestad en los Andes* (1927), defendía la raíz india de la identidad peruana y abogaba por la continuidad del mundo indígena, pugnando por su reconocimiento. Uriel García, por otra parte, sostenía en *El nuevo indio* (1930) que el mestizaje se había convertido en dominante y constituiría la base de nuestra identidad, de manera que había que hablar de un "nuevo indio".

Churata, al parecer, sostiene una mirada negativa del mestizo, pero agrega que esa es una percepción que tiene el propio indígena, lo cual nos lleva a suponer que Valcárcel pudo también haber interpretado adecuadamente una apreciación india. Lo interesante en el argumento de Churata es que manifiesta una duda sobre la situación del mestizo en la fundamentación identitaria del Perú de la primera mitad del siglo XX.[20] Valcárcel argumentó de una manera muy crítica y negativa la figura del mestizo, denunciando que con frecuencia "traicionaba" al indio, lo sobreexplotaba y castigaba mucho más que el propio español o criollo, en suma, el blanco. Esta visión de Valcárcel se acerca a la percepción de Guamán Poma, que igualmente detestaba a los mestizos y estaba literalmente alarmado por su crecimiento demográfico, que significaba también el decaimiento poblacional del indígena.

En Churata, la desconfianza hacia el mestizo se expresa también de manera histórica, sobre todo en la figura del Inca Garcilaso, y esto significa una revisión radical de nuestras construcciones identitarias. Aquí no se trata solo de la dureza del capataz o mayordomo mestizo que golpea a los indios, sino del intelectual que ha de representar al mundo indígena y que, teniendo opciones para comprometerse con ese mundo, opta por abandonarlo.

Esta sospecha sobre el mestizo lleva a Churata a analizar las historias de José María Khespe (Cristal) y el Lunarejo, en el capítulo "Morir de América". Ambos personajes transitaban el "mundo blanco", pero ciertas circunstancias los llevan a exponer su linaje. El caso de Khespe es más dramático debido a que sus hijas llegan a decir que no debieron ser engendradas sabiendo que él era un indio. Expresada en el siglo XX, la historia no podía ser más trágica. El Lunarejo (Juan de Espinosa Medrano) en cambio corresponde al siglo XVII. Este reconocido sacerdote, que había logrado un sitial en la iglesia, se ve en la situación de reconocer en pleno acto público que su madre es una india. Estas historias le sirven a Churata para proponer que el retorno a la raíz es condición decisiva para fundar una identidad y, a partir de ella, formular un discurso sobre la identidad. Churata se pregunta: "¿Si lo que más duele de América es el indio,

---

[20] Churata se expresa de esta manera: "Si no hay lenguaraz que pueda volver el categorema Hispanoamérica al aymara o al kheswa –idiomas de un alma con Tawantinsuyo— el deber realista para los americanos es edificar pueblos españoles o indios, sin término medio. Fijaos: el indio no despreció al español, y hasta ahora llaman werakhocha al varón noble y generoso. Le temió, le cultivó odio, y cuando pudo le degolló. A quienes desprecia es a nosotros: los felones, los ociosos, los cubileteros, los zamarros, los alcohólicos, los simoniacos, los hijos legítimos de la pseudomorfosis" (204).

será porque está muerto? No parece. Si el indio nos duele es porque nada hay más vivo en nosotros que el indio. Y si nada en el indio duele más que América, será porque solo en el indio América está viva" (343).

Semejante ensimismamiento en la identidad indígena corre el riego de aislar al sujeto enunciante si no existe un intertexto con el cual articularse, esto es la presencia de interlocutores que comprendan su indigenismo y su indianidad. Ante esa posibilidad, Churata se pronuncia: "Mi aislamiento orgulloso. Mis volvos... Cabroncicos. Escupo en mi carne y mi carne. Y mi soledad son ellos: los chullpas-tullus y los traposos. Con ellos parlo, consagro y celebro, con ellos soy engendro exquisito, placentero, agudo" (412).

Estas expresiones nos recuerdan los ensimismamientos refractarios de José María Arguedas en su poema *Huk ducturkunaman qayay* [Llamado a los doctores] (1966), cuando después de haber recibido las críticas a su novela *Todas las sangres*, asume la imposibilidad de una traducción de indio a criollo. Pero si Arguedas reaccionó a este reto con una respuesta trágica, Churata lo hace triunfalmente, sin miedo a aislarse, porque percibe un mundo indígena que lo escuchará efectivamente. Más aún, promete un resarcimiento cultural: "Mis amos. Mis cadenas. ¿Dónde, y por dónde? ¿Y son de perlas las cadenas o son del viento? Dadme un siglo y os estrangularé sin dejar vuestra laya. Un siglo quiero y purificaré el polvo que emporcaron vuestras liras" (413). Su respuesta es más optimista. Su promesa fue pensar que en cien años pueda surgir tal lenguaje esperado, una cultura india que elabore discursos quechuas, aymaras e híbridos. Lamentablemente esa promesa todavía no se ha cumplido. Los pocos textos que circulan recuperando idiomas nativos son insuficientes.[21] Tampoco lenguajes cholos o híbridos asoman frecuentemente; pero esto no se condice con la realidad cotidiana, puesto que pueblos como Cusco, Cochabamba, Huamanga, Otavalo, Puno o La Paz, son escenarios donde las personas trajinan cotidianamente con una maravillosa sintaxis híbrida, esperando pacientemente a escritores que continúen las huellas de José María Arguedas y Gamaliel Churata.

---

[21] Un recuento contemporáneo de la producción literaria indígena se puede observar en un artículo titulado "Literaturas de Abya Yala", escrito por Arturo Arias, Luis E. Cárcamo-Huechante y Emilio del Valle Escalante y publicado en el volumen XLIII de LASA-forum, en 2012.

Roberto Fernández Retamar y el debate de la identidad desde Calibán

Otra perspectiva desde donde se construyó una propuesta identitaria para América Latina corresponde a una mirada elaborada en la segunda mitad del siglo XX, época de grandes movimientos sociales que impactaron sobre todo a nuestro continente. Se trata también de un poeta y crítico literario que propuso ideas renovadoras sobre cómo entender la identidad latinoamericana. Creo que todos conocemos el famoso artículo de Roberto Fernández Retamar, "Calibán", que apareció por primera vez en 1971 en la revista *Casa de las Américas* y generó un gran impacto debido a su eminente contenido político y su defensa de la revolución cubana. "Calibán" no solo se convirtió en una alegoría de la realidad política de ese entonces, sino que reactualizó el debate identitario latinoamericano y provocó, en el mundo de la literatura, una serie de opiniones, comentarios y por supuesto contestaciones críticas.

Como el propio Fernández Retamar ha señalado, el contexto en que se recuperó el "concepto-metáfora" de Calibán, no fue fácil. Según sus propias palabras, la idea arrancó a raíz de la provocación de una pregunta "malintencionada" que le hizo un periodista europeo de izquierda: "¿Existen ustedes?", es decir "¿existimos los latinoamericanos?". Como era obvio, Fernández Retamar responde con indignación: "Pues poner en duda nuestra cultura es poner en duda nuestra propia existencia, nuestra realidad humana misma, y por tanto estar dispuestos a tomar partido en favor de nuestra irremediable condición colonial, ya que se sospecha que no seríamos sino eco desfigurado de lo que sucede en otra parte" (Fernandez Retamar 19). Acto seguido, el escritor cubano revisa la genealogía de este significante complejo y controversial que es Calibán (al que también denomina "personaje conceptual"), buscando sus raíces en la propia historia del Caribe y las Antillas, con la llegada de Colón y luego las interpretaciones de Shakespeare, Renán y Rodó, hasta finalmente plantear su propuesta:

> Nuestro símbolo no es pues Ariel, como pensó Rodó, sino Calibán. Esto es algo que vemos con particular nitidez los mestizos que habitamos estas mismas islas donde vivió Calibán: Próspero invadió las islas, mató a nuestros ancestros, esclavizó a Calibán y le enseñó su idioma para poder entenderse con él: ¿qué otra cosa puede hacer Calibán sino utilizar ese mismo idioma —hoy no tiene otro— para maldecirlo, para desear que

caiga sobre él la "roja plaga"? No conozco otra metáfora más acertada de nuestra situación cultural, de nuestra realidad. (33-34)

Calibán, según Fernández Retamar, es la representación del mundo nativo (indígena, originario o autóctono), pero percibido por los mestizos; es decir, América Latina, ya convertida o transformada en un mundo mestizo, solo puede definir a sus poblaciones originarias a partir de una metáfora simbolizada por Calibán. La postura de Fernández Retamar es insistente en afirmar la perspectiva mestiza como la enunciante de Calibán, incluso avanza hacia una generalización para todo el continente: "Pero existe en el mundo colonial, en el planeta, un caso especial: una vasta zona para la cual el mestizaje no es el accidente, *sino la esencia, la línea central: nosotros*, "nuestra América Mestiza" (21, énfasis mío). Claramente, el Calibán de Fernández Retamar está marcado por el mestizaje, o para ser exacto, es un indio post-colonial (en el sentido histórico-temporal) con lenguaje europeo.

Esta percepción europea sobre América, a la que en el mejor de los casos se considera incompleta o infantil, para no recordar las más reaccionarias posiciones que la califican como inexistente, es tópico fundamental para estas discusiones identitarias. Compleja, la posición de Fernández Retamar no niega la existencia de un mundo indígena, pero la subordina al mestizo y, al mismo tiempo, argumenta en contra de la perspectiva decimonónica de Domingo Faustino Sarmiento:

> Sarmiento se opone a lo americano esencial para implantar aquí, a sangre y fuego, como pretendieron los conquistadores, fórmulas foráneas; Martí defiende lo autóctono, lo verdaderamente americano. Lo cual, por supuesto, no quiere decir que rechazara torpemente cuanto de positivo le ofrecieran otras realidades: "Injértese en nuestras repúblicas el mundo," dijo, "pero el tronco ha de ser el de nuestras repúblicas". También Sarmiento pretendió injertar en nuestras repúblicas el mundo, pero descuajando el tronco de nuestras repúblicas. (51)

Como si estuviera discutiendo sobre Calibán, Churata se pregunta:

> ¿Ha sido cancelado el destino del pueblo indio? Acaso las grandes naciones iberoamericanas nada entienden ya de sus deberes arcaicos, si en ellas se opera la transfusión de Occidente, representada por los aludes inmigratorios y la sumisión de la cultura aluvional. Esto no excluye el de las naciones en que una sensibilidad americana subsiste. Es en estas que toda actitud vacilante implicará traición a los destinos americanos. Por lo menos ecuatorianos, bolivianos y peruanos, están obligados a representar la surgencia de un americanismo clásico, deviniendo nacionalidades inkaikas; que solo así retendrán el legado del espíritu patricio, de otra

manera condenado a desaparecer. El mito griego es el **alma mater** del mundo occidental; el mito inkásiko debe serlo de una América del Sur con "ego". Ciertamente, en la del Norte, frente al monstruoso poderío neobritánico, no es hispana la guardia de la frontera: es azteca. Deber de quienes detentan la Wiphala del Inka es no abandonar la batalla antes de la Victoria. (198-199)

¿Calibán o Ariel?

Si bien es cierto que Calibán representa la figura identitaria principal en el argumento de Fernández Retamar, su artículo pionero sobre este tema termina apostando por el otro personaje de Shakespeare: Ariel. Aquí vale interpelar también a Fernández Retamar sobre el leninista y gramsciano argumento de la hegemonía: "¿Quién es el pensador?" o, para expresarlo a la manera clásica, "¿Quién es el intelectual orgánico adecuado de una clase social?"[22] Respondiendo a esta pregunta, el candidato que nos propone Fernández Retamar como *pensador* sigue siendo el "intelectual orgánico", en este caso, *Ariel*, como el único capaz de representar al *mudo* pueblo expresado por Calibán. Si bien Fernández Retamar redescubre a Calibán, pensamos que todavía no le permite hablar debido a que ese descubrimiento está subordinado a la hegemonía de las lenguas europeas (Shakespeare, Renán, Rodó).[23] Por esto mismo, creo que en este proceso de deslumbramientos identitarios, los discursos latinoamericanistas se quedan a medio camino, dudando en su *intermediable* mestizaje. Ocurre en realidad un claro y maravilloso romance con Calibán redescubierto, pero también mostramos que siempre estuvimos enamorados de Ariel, el etéreo personaje "neutral" que, omnisciente, puede ver el escenario.

Y si continuamos con las objeciones –que por cierto ya existen– podemos incluso cuestionar la elección de las metáforas. ¿Por qué

---

[22] En los últimos años, esto mismo se ha formulado como el trunco proceso de construcción de un discurso para los de abajo, que se ha re-agitado con Gayatri Spivak y su ya famoso "Can the subaltern speak?" –que por cierto no tiene el turbulento contexto que tenía cuando Marx, Lenin y Gramsci formularon ideas similares.

[23] El único momento en que Fernández Retamar admite que Calibán puede "escribir" es cuando bromea sobre los constantes pedidos que le hacen para hablar de este tema, pues este personaje shakesperiano, dice: "se me volvió una suerte de encrucijada" y señala su deseo de darle una última revisión al ensayo para que "pueda despedirme con gratitud del atormentado, tempestuoso y querido muchacho…Pues si a él lo despojaron de su ínsula, él casi me despoja a mí de mi magro ser. A punto estuve de no saber cuál de los dos escribiría estas líneas, como la memorable página de "Borges y yo"" (72).

no utilizar personajes, aunque fueran de las ínsulas quijotescas a donde Sancho Panza quería ir a gobernar, o de las de Tirso de Molina, para ya no pedir mucho rebuscando en Huaman Poma, Garcilaso, Blas Valera, Alva Ixtlochitl, Tezozomoc y hoy posiblemente en los códices prehispánicos? Siempre quedará una espina molestando en la conciencia latinoamericana por haber tomado un personaje *recontra traducido* o interpretado por un inglés: Calibán.

Ahayu-watan con(tra) Calibán

Si comparamos cuánto se ha escrito sobre "Calibán" y cuánto sobre *El pez de oro*, notaremos que las diferencias son enormes. *El pez de oro* antecede a Calibán solo en catorce años, pero mientras aparecía en una editorial boliviana muy marginal y de poco impacto, "Calibán" aparecía simultáneamente en Cuba y México (1971) en revistas muy reconocidas. Mientras el artículo de Fernández Retamar se difundía a nivel continental, el libro de Churata solo podía llegar a quienes trajinaban el mundo andino y, dentro de él, la región del altiplano peruano-boliviano.

Aunque Calibán es un tema que ha sido "abandonado" varias veces por su autor,[24] siempre regresa (*Todo Calibán* 723-789), como el "perro Thumos" de Churata. Es más, sobre Calibán se han realizado innumerables publicaciones, traducciones y eventos académicos, incluido un Simposio Internacional en 1990 en la Isla Cerdeña (Italia), donde un grupo intelectual heterogéneo y de gran prestigio discutió las propuestas de Fernández Retamar.[25]

Estamos definitivamente frente a documentos desiguales, tan desiguales como la propia historia de nuestra América, y sin ambages, debemos admitir que expresan las exclusiones construidas por el proceso colonial. Uno de estos documentos es producido para la literatura culta de América Latina ("Calibán"), el otro es marginal

---

[24] En 1993, luego de más de 20 años de aparecido "Calibán", Fernández Retamar escribió "Adiós a Calibán", donde reconoce que "Calibán" es uno de sus trabajos más leídos y sobre el que continúan los comentarios, obligándolo a volver sobre el tema: "Llegué a confesarles a algunos amigos, sonriendo, que Calibán se me había convertido en mi Próspero" (72).

[25] Felizmente, el reconocimiento del trabajo de Churata ha empezado finalmente a divulgarse a nivel internacional. Recientemente, a inicios de 2017, se ha realizado en la Universidad de Pittsburgh el primer Congreso Internacional sobre su obra. Esperamos que la iniciativa continúe.

y producido muy artesanalmente para un consumo de bilingües o trilingües que se ubican en el altiplano (*El pez de oro*). Por supuesto que esto no implica una intención excluyente del propio Fernández Retamar, tan solo evidencia cómo está distribuido el mundo, aún con el impacto de la revolución cubana. El mismo Fernández Retamar, siguiendo a José Martí, reclamará justicia para estas desigualdades desde parámetros antirracistas.

Otra distinción que se debe tener en cuenta es la nominal: en el habla de Churata "América" es la denominación general que identifica tanto el territorio como la identidad americana (aunque aparecen obviamente expresiones como Hispanoamérica o Iberoamérica); mientras que Fernández Retamar, como intelectual de la segunda mitad del siglo XX, usa la denominación *Latinoamérica* o *América Latina*. Sobre las historias respectivas de estas denominaciones – aunque no están suficientemente esclarecidas– existen investigaciones muy interesantes que pueden ayudar a comprenderlas. Aquí solo optamos por señalar que corresponden a dos cronotopos diferentes: el de fines del siglo XIX y la primera mitad del XX (Churata); y el de la segunda mitad del siglo XX hacia adelante (Fernández Retamar).

Las diferencias entre ambos escritores expresan también distintas revisiones de la historia. Mientras Fernández Retamar "confía" aún en Simón Bolívar como un soporte identitario para América Latina, para Gamaliel Churata "Simón Bolívar es tan español como Gonzalo Pizarro" (*El pez de oro* 197), puesto que "La única surgencia libertaria con valor histórico fue la que propugnara Tupak Amaru (y así se lo sintió en el Caribe como en la Plata); con la muerte del último Orejón con derecho a la tiana, y la degollina que le siguió, el drama de América se torna minería y paisaje". (196)

Observamos también que para Fernández Retamar la figura de Calibán representa a un personaje híbrido. En otras palabras, Calibán existe hoy sin taínos ni caribes. En cambio, en el mundo andino, todavía existen *haqes* y *runas* con distintas etnicidades, y es allí donde Churata busca la raíz de América. También interesante es notar que no solo Fernández Retamar recurre a la figura del canibalismo, también Churata discute su lugar en la cultura americana. Ambos recurren al momento originario, a 1492, cuando Colón inventa al caníbal. Churata rebautiza esta identidad, pasando de Kanibas a Kanidia (*El pez de oro* 375-376) y khanidios (guion lexicográfico, 987);

pero lo sorprendente es que argumenta con ciertas similitudes a la historia de la antropofagia brasileña del siglo XVI, pero apoyado en una perspectiva andina: al enemigo se le debe consumir para adquirir su valentía (336-343). Aquí, no obstante, debemos recordar que tanto en el mito clásico, como en la versión churatiana, las distancias entre enemigo y amigo son muy frágiles. Fernández Retamar (141-151) llega a revisar la versión brasileña de la antropofagia en 1999 y sobre todo se explaya en la amplia literatura que se produce a partir de una de sus figuras principales, Oswald de Andrade. Pero aun con estas diferencias, hallamos varias coincidencias que pueden apuntarse de esta manera:

- Ambos recusan la dicotomía civilización-barbarie, y la apuesta por la "barbarie" sobresale como uno de los rasgos de nuestra identidad latinoamericana, por supuesto con acentos distintos. Esto indica que tanto Fernández Retamar como Churata están más allá de esta dicotomía decimonónica que pertenece básicamente al evolucionismo. Churata fundó el grupo Orkopata como un simbolismo reivindicativo de la indianidad, y Fernández Retamar realizó una de las críticas más decisivas a Sarmiento por su proceso civilizador occidentalista.

- La indudable raíz indígena de nuestra América, más allá de los procesos de mestizaje y transformación cultural que se han generado a partir del proceso colonial, es reivindicada por los dos autores.

- Ambos autores plantean el tema idiomático como uno de los ejes centrales de la batalla por la identidad. Aunque en este mismo punto Churata recusa la exclusividad del castellano como la lengua de diálogo; mientras Fernández Retamar la asume como la única posibilidad.

Churata no alcanzó a conocer al grupo étnico kuna de Panamá, quienes manifiestan haber tenido, desde periodos precolombinos, una idea sobre nuestro continente, al que denominaban Abya Yala. Probablemente Churata hubiera asimilado esa denominación y tal vez habría hablado desde ella, puesto que su radicalidad indianista es evidente: sin indio no hay literatura americana; a lo cual añadimos: sin indio no hay identidad americana. No en vano Riccardo Badini nos recordó que Churata ya había señalado la *"Nueva corónica y buen gobierno* de Felipe Guaman Poma de Ayala como prototipo de una literatura 'con ego', es decir, con personalidad americana" (Badini 23), que es equivalente a plantear nuestras representaciones culturales partiendo de discursos nativos. Sin ello no existiría identidad ni distinción latinoamericana.

Tiempo al tiempo, nuestra pretensión no fue descubrir a un Churata indianista o escritor indígena, ni a un Fernández Retamar indigenista. Ambos trabajos corresponden a su época, y lo que es más importante, nos ayudan a evocar los contextos de un debate identitario en el que emerge la indigeneidad emerge como un correlato fundamental para auscultar nuestros momentos fundacionales y su continuidad en nuestras culturas. Hoy día, el continente que preocupó a estos dos intelectuales está siendo reclamado por un movimiento indígena que se define *indianista*,[26] es decir que sus intelectuales o dirigentes se definen como indios y se consideran capaces de elaborar un discurso autónomo. Pero sobre todo ya no hablan de América Latina y menos de América, sino de Abya Yala. Con sinceridad, creo que Churata y Fernández Retamar estarían de acuerdo con estos discursos, pues los unen varios hilos. Las diferencias secundarias, como es de esperar, solo contribuirían a enriquecer este continente en el que continuaremos escarbando nuestras raíces, pero acumulando también otros fermentos. De todas maneras, sigue siendo difícil reconocer lo que se obscureció, lo que se derrotó y se enterró. Una *ahayu* americana no será única, sino una diversidad de continuidades, como posiblemente hubiera querido Churata y creo que Fernández Retamar está repensando en esta hora.

---

[26] Hasta hoy día no están del todo definidas las diferencias en cuanto a los conceptos indianismo e indigenismo. Los críticos e historiadores de literatura y los antropólogos siguen utilizando estas expresiones con visibles diferencias, lo cual llama la atención sobre la necesidad de diálogos entre nuestras disciplinas.

Bibliografía

Althusser, Louis. "Ideologia e Aparelhos Ideológicos de Estado". *Um Mapa da Ideologia*. Slavoj Zizek, organizador. Rio de Janeiro: Editora Contraponto, 1996. 105-142.
Arguedas, José María [1972]. "Huk ducturkunaman qayay". *Obras Completas*. Tomo V. Katatay Temblar. Lima: Ed. Horizonte, 1983. 221-270.
Arias, Arturo, Luis E. Cárcamo-Huechante y Emilio del Valle Escalante. "Literaturas de Abya Yala". *Lasaforum* vol. XLIII, winter 2012. 7-10. <lasa.international.pitt.edu/forum/files/vol43-issue1/ontheprofession2.pdf> 20 enero 2018.
Badini, Riccardo. "La hermenéutica germinal de Gamaliel Churata". *Resurrección de los Muertos*. Lima: Asamblea Nacional de Rectores, 2010. 23-35.
Bakhtin, Mikhail. *Estética da Criação Verbal*. Segunda Edición. María Ermantina Galvão G. Pereira, trad. São Paulo: Martins Fontes, 1997.
Bonfil Batalla, Guillermo, comp. *Utopía y Revolución. El pensamiento político contemporáneo de los indios en América Latina*. México DF: Nueva Imagen, 1981.
Bosshard, Marco Thomas. "Entrevista a Marco Thomas Bosshard en torno a su libro *Hacia una estética de la vanguardia andina. Gamaliel Churata entre el indigenismo y el surrealismo*". César Ángeles L. César, entrevistador. Ciberayllu. 2002. <andes.missouri.edu/andes/Cronicas/CAL_Bosshard.html> 20 enero 2018.
Cruz, Gustavo R. *Los senderos de Fausto Reinaga, Filosofía de un pensamiento indio*. La Paz: CIDEA-UMSA / Plural editores, 2013.
Churata, Gamaliel. *El pez de oro*. Helena Usandizaga, editora. Madrid: Cátedra, 2012.
_____ *El pez de oro Retablos del Laykhakuy*. Rolando Diez de Medina, 2007. La Paz, Bolivia. <andesacd.org/wp-content/uploads/2010/09/0035-elpezdeoro-1957.pdf.pdf> 20 enero 2018.
Dumont, Louis. *Homo Hierarchicus*. São Paulo: Editora da Universidade de São Paulo, 1992.
Dussel, Enrique. *1492, El encubrimiento del Otro. Hacia el origen del "mito de la Modernidad"*. La Paz: Plural editores/Facultad de Humanidades y Ciencias de la Educacion-UMSA, 1994.

Escalante Gutiérrez, Carmen y Ricardo Valderrama Fernández. *Nosotros los humanos, ñuqanchis runakuna.* Cusco: Centro de Estudios Regionales andinos "Bartolomé de las Casas", 1992.

Fernández Retamar, Roberto. *Todo Calibán.* Buenos Aires: CLACSO, 2005.

Foucault, Michel. *La arqueología del saber.* Buenos Aires, Siglo XXI editores, 2002.

García, Uriel [1930]. *El nuevo indio.* Colección de Autores Peruanos. Lima: Editorial Universo, 1973.

Hall, Stuart. *Sin garantías: Trayectorias y problemáticas en estudios culturales,* Eduardo Restrepo, Catherine Walsh y Víctor Vich, eds. Bogotá: Instituto de Estudios Sociales y Culturales Pensar, Universidad Javeriana; Lima: Instituto de Estudios Peruanos; Quito: Universidad Andina Simón Bolívar, sede Ecuador, Envión Editores, 2010.

Havelock, Eric, A. *A Revolução da Escrita na Grécia e suas conseqüências culturais.* São Paulo: Editora UNESP / Paz e Terra, 1996.

Landa Vásquez, Ladislao. "Pensamientos indígenas en nuestra América". *Crítica y teoría en el pensamiento social latinoamericano.* Buenos Aires: CLACSO, 2006.

Leenhardt, Maurice. *Do Kamo, La persona y el mito en el mundo melanesio.* Barcelona: Paidos, 1997.

Mamani Macedo, Mauro. *Ahayu-Watan, suma poética de Gamaliel Churata,* Lima: UNMSM/Pakarina, 2013.

O'Gorman, Edmundo. *La invención de América.* México D.F.: Fondo de Cultura Económica, 1957.

Pfänder, Stefan. *Gramática Mestiza: con referencia al Castellano de Cochabamba. Presencia del quechua en el castellano boliviano.* 2da. Edición. La Paz: Instituto Boliviano de Lexicografía y otros Estudios Lingüísticos, 2010.

Usandizaga, Helena. Introducción. *El pez de oro.* Madrid: Cátedra. Letras Hispánicas, 2012. 11-143.

Viveiros de Castro, Eduardo. *Metafísicas caníbales. Líneas de antropología post-estructural.* Madrid: Katz editores, 2010.

Escritura y filosofía política en Gamaliel Churata

Arturo Vilchis Cedillo

A Erre Ah por hacer versos en espiral
Para Estrella Peralta Castro, que irradia cada noche nuestro andar

*Hay que mirar ahora la política
de los pueblos con nuevos enfoques*
                                   Gamaliel Churata

EL ESTUDIO, ANÁLISIS Y CRÍTICA DE LA FILOSOFÍA POLÍTICA EN la obra de Gamaliel Churata es un proceso que se intenta realizar desde el acontecer historiográfico de su escritura en diversas épocas de su vida, como un movimiento de construcción fenoménica y preocupación epistemológica que además de una didáctica de la praxis busca articular autor y obra más allá de su contexto, del sustrato territorial de su circunstancia.

La obra de Gamaliel Churata no carece de sistematicidad y método, sino que se distancia de las imposiciones de una razón hegemónica y permite un amplio horizonte hermenéutico. En este trabajo haremos un análisis desde su intencionalidad en cuanto filosofía política, porque entendemos que la reflexión que realizó Churata sobre la historia marcha paralela a la elaboración de una filosofía política que involucra una posición ideológica y posibilita una crítica del sistema de gobierno de su época (que en ciertas pautas continúa vigente en el presente), de sus instituciones, prácticas del poder, así como de las sociedades cerradas en estructuras sociales rígidas, raciales y jerárquicas, cercanas a estamentos, donde los sectores excluidos permanecen en silencio, ocasionando la obstrucción de una actitud transformadora de sus condiciones de existencia.

Churata va de lo concreto de una realidad sociohistórica y una práctica de la realidad social y material, hacia la conciencia, a través de un procedimiento de reflexión crítica y creativa que propicia un acto y compromiso de transformación integral.[1] En su obra no definimos como primera instancia una concepción de filosofía política como abstracción conceptual ahistórica, definitiva y estática, sino que investigamos cómo esa definición se va conformando a través del proceso inductivo de interpretación de algunos escritos de su obra, sin olvidar algunos avatares de su vida. Desde esta perspectiva podemos señalar que en su pensamiento no encontraremos rastros de una filosofía política como proceso de dominación y apropiación del mundo, porque su concepción de la política no remite a una idea del Estado como forma de organización e institucionalidad liberal enmarcada en un sistema capitalista. Su filosofía política es una filosofía de la praxis, se constituye en una eticidad, es decir, se concibe desde una posición y compromiso ético, filosófico e ideológico con los otros, fundado en postulados del comunismo libertario y en las tradiciones, conocimientos y sabidurías de las comunidades andinas originarias.

En Churata, la filosofía política fue un quehacer escritural que implicó la necesidad de ir más allá de ciertos marcos de la experiencia y creación literaria para explorar formas de escritura como la periodística y el ensayo crítico, pero sin perder de vista el horizonte de la creación estética como proceso de transformación y toma de conciencia. Ese horizonte se articuló desde dos vertientes: la tradición occidental y la tradición andina. Ambas se funden en una reconstrucción histórica e historiográfica de las comunidades excluidas y oprimidas de los "desvalidos" (González Prada 45).

---

[1] La referencia a una transformación integral apunta a una revolución en todos los sentidos, no solo en el aspecto económico, sino también en lo ético, político y social, desde una perspectiva horizontal incluyente, una relación sujeto-sujetos, donde "sujetos" no se refiere únicamente a los seres humanos sino también a otros seres de la naturaleza.

Itinerario germinal

Arturo Pablo Peralta Miranda (1897-1969), mejor conocido como Gamaliel Churata, periodista y escritor originario de Arequipa, Perú, vivió y desarrolló gran parte de su obra en Bolivia bajo diversos sobrenombres (Juan Cajal, Gamaliel Churata, El Gringo Gramajo, El Hombre de la calle, etc.) y desde una destrucción y reconstrucción de diversos vehículos escriturales: poesía, cuento, teatro; así como de géneros de gran raigambre en la tradición latinoamericana: el ensayo, el artículo periodístico, la epístola, etc. Como intervención intelectual, su obra buscó incidir y persuadir en el imaginario de la época, romper y trazar otra historicidad como destino y herencia. Se podría decir que, en cuanto acto de creación, su obra "es una institución social que se deriva a partir de la psiquis colectiva" (Castoriadis, *La institución imaginaria* 137). Colectividad enmarcada en la circunstancia de las sociedades andinas: la permanente y conflictiva interacción de mestizos, pueblos originarios y blancos.

La axiología que guio a Churata en su producción escritural quedó enlazada a sus consideraciones estéticas, a su pensamiento crítico, sus afinidades ideológico-políticas, y muy particularmente a su experiencia boliviana. Sus textos, sean ensayos o artículos periodísticos, asumen un fondo ideológico fundamentado en tradiciones del socialismo libertario y saberes provenientes del entorno andino, sin que ello impida que mirara en el espejo político andino y boliviano, el drama continental. Churata establece entre su persona y los problemas de las comunidades andinas un sentido de comunión, pero sin entender "comunión" en términos de homogenización-alineación, sino más bien como "comunidad" en sentido de identidad que no se limita a una categorización ontológica, ya que su obra despliega una reflexión histórica y epistemológica que incluye a occidente, pero sin imponerlo como modelo de cultura, más bien conformando con él una "cosmogenia". En sus propias palabras:

> Aquí nadie ha muerto. Aplique usted este principio a la historia, a eso que se llama historia; y hablemos después de pueblos nuevos y de nuevas ideas. Apliquémoslo a la cosmogenia [origen del universo] y el resultado será el mismo. No hay sino una historia, en caverna, en vivencia circular, aunque hay muchas pseudohistorias. (*El pez de oro* 333)[2]

---

[2] Todas las citas de *El pez de oro* están tomadas de la edición de Cátedra.

Seguir el pensamiento político de Churata desde su particularidad boliviana hasta su irradiación en otras circunstancias, es descifrar cómo el escritor va más allá de las comunidades andinas; es adentrarnos en la concepción simbólica de indio, lo cual significa que su pensamiento, estando fundamentalmente identificado con las comunidades originarias de los Andes y/o de América, es también símbolo de los oprimidos y excluidos de otros contextos.

Utilizando principalmente la prensa como órgano difusor de opinión pública, el pensamiento de Gamaliel se manifestó en su forma más popular, pero no populista, en diarios y revistas, pasando por los escritos ensayísticos y narrativos de *El pez de oro* y *Resurrección de los muertos*, donde desplegó y redimensionó la idea de que el hombre de letras, el periodista, no debía estar aislado del acontecer social, político y económico, sino que debía establecer una nueva relación entre creación escritural y "pueblo" con el fin de alcanzar una comprensión auténtica del ideal de sociabilidad. Así, la letra trasciende la forma y se despliega en la acción política, quehacer de aquel al que se nombre "escritor".

Periodista y escritor ácrata

Como hombre de creación, Churata estuvo en líneas convergentes con "aquellos que han emprendido la gesta del pensamiento contra las cosas a partir de principios críticos" (Sansón 51). Es decir, se coloca en el mismo horizonte crítico y de compromiso con otros pensadores ácratas de Europa: Proudhon, Guyau, Reclús, Landauer, quienes desde su propia circunstancia también manifestaban la idea de una articulación entre "arte" y "pueblo".[3] Churata llegó a conocer la obra de algunos ácratas, llegó a leer a los libertarios franceses Reclús y Jean Grave,[4] así como a otros de quienes refiere que fue su difusor y

---

[3] La relación que diversos pensadores y militantes ácratas o socialistas libertarios mantuvieron con el arte y el pueblo y/o la comunidad, se puede observar en J.P Proudhon, *Sobre el principio del arte y sobre su destinación social* (1865); Jean Marie Guyau, *El arte desde el punto de vista sociológico* (1902); Élisee Reclús y su ensayo "L'Art et le Peuple" (1903); y Gustav Landauer y su conferencia posteriormente publicada como libro: *Incitación al socialismo* (1911).

[4] Jean Grave, anarquista francés, dos de sus principales obras: *Las aventuras de nono* (1901) y *La sociedad futura* (1892). En esta última, el capítulo "Sobre el arte y los artistas" remite concretamente a la relación entre arte y pueblo. Estas obras fueron difundidas en Latinoamérica durante las dos primeras décadas del siglo XX por la editorial española

propagador entre los miembros del grupo *Gesta Bárbara*, en Potosí, durante su primer periplo boliviano entre 1917-1918. En Potosí, nos dice Churata:

> divulgaba a los anarquistas Malato, Backunine [sic], Reclus, Jean Grava [sic], etc., tratando de inducir al grupo a 'sentir' los problemas del pueblo. ("Periodismo y barbarie" 98)

Esas lecturas influyeron profundamente en su pensamiento, como manifiesta su hija Estrella: "Mi padre leía con frecuencia dos libros, *La Biblia* y otro de un tal Grave, no recuerdo bien el nombre".[5] Como los ácratas europeos y como su maestro González Prada, Churata concibió la escritura como mecanismo fundamental en la lucha por la liberación social y reconstitución de una nueva humanidad. Siguiendo la tónica de otros libertarios, "el apóstol ácrata"[6] trabajó en el circuito del periodismo, descubriendo que este era un espacio que lo sumergía en el acontecer público y le permitía expresar sus afinidades con la búsqueda de una humanidad en la que los individuos volvieran a conformarse en "pueblo", y retomaran un sentido de comunidad. El periodismo, además, le sirvió como foro y diapasón para hacer crítica sobre el papel del intelectual, del hombre de letras, como señala en una carta dirigida al director del diario *La República*, el 23 de noviembre de 1932:

> Distinguido amigo:
>
> El Estado Mayor General de Bolivia ha declarado según aseveraciones hechas por un diario local que conceptúa peligrosa la presencia de periodistas extranjeros en las redacciones del diarismo boliviano en momentos como éste cuando el país debe tener el control absoluto de sus actividades internacionales. Actitud es ésta que no me creo con derecho de discutir.
>
> Pero como hace algunos días me cuento entre los colaboradores de LA REPÚBLICA, debido al espíritu cordial de su director y de su cuerpo de Redacción, creo de elemental respeto a la honestidad humana agradecer a usted el auspicio que me brindará evitando así que mi presencia despierte susceptibilidades que no deseo cohonestar.

Sempere, así como por diversos círculos editoriales ácratas de Argentina, Perú, Chile y México.

[5] Conversación con Estrella Peralta Castro, hija de Gamaliel Churata, Ciudad de México, 27 de diciembre de 2010.

[6] José Luis Ayala Olazával lo nombra el "apóstol ácrata", por su compromiso con la Humanidad. Conversación con José Luis Ayala O. Lima, 10 de marzo de 2013. Ayala anteriormente ya se había referido a Churata como el "apóstol ácrata" (Ayala 858 y 862).

> Sin embargo no terminaré esta carta sin hacer presente a usted mi agradecimiento por la generosa acogida que se dignó brindarme en mi calidad de intelectual exiliado a esta nación de mi viejo conocimiento. No he recibido en LA REPÚBLICA sino muestras de prócer comprensión, fruto claro es, del concepto que del periodismo, los periodistas y su función tiene usted.
>
> No es a título de amigo de su país que pedí y obtuve trabajo en su periódico sino a título de intelectual. Como intelectual igualmente creo de mi deber manifestarle que en cuanta intervención periodística hube de participar en LA REPÚBLICA obedecí siempre a la lealtad como norma: lealtad con mi conciencia política, y lealtad con quienes me brindaron su generoso auspicio.
>
> Con este motivo renuevo a usted, y en su persona al señor jefe de Redacción, al señor Gerente, al cuerpo de redactores y obreros de LA REPÚBLICA, la expresión de mi sincero cariño. Atentamente.
>
> GAMALIEL CHURATA. ("Carta" 8)

En varias ocasiones Gamaliel fue hecho prisionero por sus declaraciones periodísticas, que revelaban compromiso político y afinidades ideológicas "extremistas" en momentos en que la política boliviana se mostraba mayoritariamente anticomunista.[7] Además, como empleado de diversos diarios y revistas, percibió que dentro del propio gremio del periodismo había disidencias: "los artistas, escritores y periodistas nunca han cultivado con amor el sentido de la solidaridad gremial, [...] a veces las ideas, a veces los intereses los hacen enemigos" ("Solidaridad gremial" 3). Pese a ello, y sin miedo, manifestó que la organización de los trabajadores de la escritura, de la cultura, podía ser un factor de peligro para los intereses capitalistas de algunos dueños de diarios y una amenaza para personajes e instituciones del Estado:

> No puedo menos de manifestarles que solo la inconsciencia o una irremediable disposición al sometimiento, justificaría que periodistas profesionales atenten contra sus organizaciones de lucha y de defensa, haciendo eco a quienes desean neutralizarlas, acaso porque políticamente les resultan incómodas. ("El secretario de gobierno..." 4)

El periodista, como hombre de letras, debía adquirir un carácter de compromiso con los otros, debía ser capaz de cuestionar lo establecido y, desde la escritura, articular el arte y la cultura con otras instancias de interés público. La escritura periodística tenía que ser un acto de

---

[7] Churata fue llevado a prisión en varias ocasiones junto con sus compañeros. Sus "viajes obligados" eran frecuentes. Existen diversos artículos periodísticos de la época que señalan sus detenciones.

creación política, de inclusión de lo social y lo económico, sin por ello demeritar su valor estético: "Un prurito de economizar la literatura o de literatizar la economía, hay la urgencia de conferir contenido económico a la estética del ayllu" ("Ubicación del Pallasiri" 4).

El compromiso ético y "reciedumbre de sus convicciones ideológicas" (Dalence, "Carta" 2) ocasionó que en la Bolivia de los años treinta fuera considerado un escritor incómodo para los sectores conservadores (y dominantes) del gobierno de David Toro, quienes dispusieron, desde las prácticas del autoritarismo, espiar sus actividades e involucrarlo en todo movimiento o práctica "extremista":

> Nazario de Usín, Jefe de la división de investigaciones de la ciudad de La Paz-certifica en cuanto puede y el derecho le permite, que a consecuencia de investigaciones practicadas por la División de mi cargo, el señor Gamaliel Churata ha sido detenido como agitador extremista extranjero en contacto con centros comunistas y apristas y contravenir lo dispuesto por el Decreto de la Junta de Gobierno que considera al margen de la Ley a todos los partidos de ideología extremista, siendo obligación del Sr. Churata como extranjero cobijado en Bolivia acoger todas las disposiciones y decretos que rigen el Estado. ("Certificado que comprueba..." 7)

Para las autoridades conservadoras en el poder, cualquier enemigo a sus intereses era encasillado dentro de un mismo abanico de militancias y afinidades, lo que mostraba una visión reduccionista sobre la convergencia de diversas ideologías en el espacio geográfico e imaginario boliviano y latinoamericano. Acorde a este estigma, toda persona contraria a sus fines era estereotipado y clasificado como comunista:

> El señor Churata ha sido sancionado por las autoridades, debido a sus actividades comunistas y subversivas, con las que trataba de socavar los cimientos de la institucionalidad orgánica del país [...] Sanciones terminantes y enérgicas, como las adoptadas con Churata deben imponerse a todos los elementos rojos que obedecen directivas de la tercera internacional. ("Gamaliel Churata no ha sido secuestrado..." 7)

Las citas presentan dos preguntas: ¿Churata, era un comunista adherido a la Tercera Internacional? ¿Churata era aprista? Aunque Gamaliel había simpatizado con ambas ideologías, del aprismo se había distanciado poco tiempo después de su llegada a Bolivia en 1932, desencantado por las semejanzas entre las formas de hacer política de la organización y las del nacional socialismo; el culto al ego de Haya de la Torre; y un exacerbado autoritarismo en el APRA, que lo hacía comparable a Hitler: "Nada menos indoamericano que Hitler y el APRA, tópica fundamentalmente hitleriana" (Ramírez, "Entrevista" 19). De forma semejante se había apartado de un marxismo ortodoxo y de un socialismo de Estado. Era comunista, pero como crítico del marxismo dogmático, al que encontraba muy semejante al fascismo: "Pero ocurre que quienes conciben la existencia de una cultura marxista, no aceptan la posibilidad de una cultura fascista" ("Los tontos" 3).

Consistentemente, Churata hizo una crítica a la mala interpretación de la ideología marxista convertida en dogma por caudillos o líderes que buscaban intereses personales más que el bien común: "El marxismo [...] en manos de intelectualoides se hace visaje grotesco del aristarca demagogo que toma armas por el pueblo con ánimos de los signados del Espolio". (*Resurrección de los muertos* 360). Veía que los gobiernos de la Unión Soviética y de la China no conducían naciones de organización socialista, sino países donde el capitalismo se había desarrollado de forma disfrazada, bajo estructuras autocráticas, autoritarias, de exclusión y opresión hacia la población:

> Ni la Rusia Soviética ni la China Popular pueden llamarse Estados comunistas. [...] Por lo que Comunismo de estos países, hoy, es solo un capitalismo radical de Estado, cuyo principio, infortunadamente, es el famoso *impromtu* de Luis XIV: *El Estado soy yo...* Yo el sindicato, yo el Partido, yo el Comercio, yo la granja, yo la fábrica... (*Resurrección de los muertos* 501)

Aspectos que nos acercan a su afinidad política-ideológica con el comunismo libertario, anarco comunismo o socialismo libertario:[8]

> Cuanto diga no se estime dirigido contra el Comunismo, al contrario por el Comunismo, puesto que, si yo me sé tal, no habré en mí si no ánimos para evitar que los que así se hacen llamar hoy acaben por echar a la ciénaga del intelectualismo platónico y ramplón la última esperanza de equilibrio para

---

[8] Comunismo libertario, socialismo libertario o anarco comunismo, se comprende como una filosofía política, pero rebasa el plano político y se sitúa en el plano moral. Es un proceso revolucionario ético integral fundado en el apoyo mutuo, la libertad y la persuasión. Como una filosofía política aplicada con fundamentos éticos, se construye y desarrolla desde tres aspectos, articulados entre sí: uno individual (de los deberes de cada uno hacia sí mismo), otro social (de los deberes de cada uno hacia los demás), y el tercero, de los deberes individuales y colectivos hacia la naturaleza. Se diferencia del anarquismo individualista o egoísta (otra vertiente del anarquismo), definido como una actitud de rechazo a toda convención social, ayuda y organización, para vivir de acuerdo a formas y deseos propios; estableciendo con los demás una relación de carácter subordinado. En la perspectiva de un anarquismo individualista los seres de la naturaleza no tienen presencia ni se les reconoce sino como objetos de uso hedónico.

la sociedad humana. Y esto dice que no estoy sometido a la autoridad de clan alguno de este linaje, por lo que ni obedezco hablando ni me obedecerán porque hable. (*Resurrección de los muertos* 499)

El comunismo libertario que busca Churata articula el interés del bien común desde los intereses de la comunidad, es decir, desde un sentido de pertenencia a la tierra, desde la autonomía y autogestión de una ética en base al equilibrio y respeto del sujeto y de la naturaleza, y desde las razones de una organización política y social fundada en lógicas de inclusión y conocimientos ancestrales. Como socialista libertario Churata se pone al lado de otros parias y excluidos: las poblaciones originarias de América. Parias, desvalidos, pero no subalternos, porque para Gamaliel las comunidades originarias no son subalternas. Churata desecha una perspectiva paternalista sobre ellas porque sostiene que, desde sus conocimientos, tradiciones y sabidurías, no carecen de herramientas objetivas, subjetivas y epistemológicas, sino que soportan el poder impuesto por grupos (políticos, sociales, culturales, económicos) y por diversos medios (incluyendo la violencia) que producen un ocultamiento de su ideal de nación, de organización política y de ideología.

Una imposición de valores universales sobre los demás es una disgregación intelectual y moral y "un modo de comportamiento de los hombres, los unos hacia los otros", que los hace "incapaces de relaciones libres, de reflexión personal y colectiva, de iniciativa" (Landauer, *La revolución* 38, 69). Una imposición de valores toma cauce en el proceder de una cultura y por ende de una escritura nacional, funcionando como instrumento de dominio que dicta los patrones estético-culturales que han de guiar la "civilización" de los sujetos. La naturaleza del Estado, desde un orden económico, político y moral, es consecuencia de las relaciones que los grupos dominantes establecen con las comunidades originarias, hasta cierto grado "convencidas" de su omnipotencia y de la necesidad absoluta de su permanencia en el poder y por ende en la organización del Estado y en las formas de entender y hacer política.

Pensamiento y acción

Como socialista libertario, Gamaliel es producto de las condiciones histórico-sociales de las que surge y en las cuales se desenvolvió. No es un hombre adelantado a su tiempo, sino un hombre de quehacer político que lleva e impregna una fenomenicidad fundada en una ética, principios que irán regulando el sentido práctico que cruza toda su obra. Escribe sobre un proyecto político que busca alimentar y llevar a la realidad histórica.

Al hacer un ejercicio reflexivo y a la vez práctico, su obra no es preceptista sino orientadora, un proceso de *q'ispiyasiña* [autodeterminación] que se constituye en pensamiento político que no deriva en ciencia política porque no es prescriptivo ni normativo, sino más bien cercano a una filosofía política de la praxis profundamente ética e inductiva. Por eso apeló en su escritura a la intertextualidad de Giambattista Vico, que le permitía postular una articulación entre filosofía y praxis fundada en la historia y cultura ancestral andina: "si el Inkario no importa lo que Vico llama **ricorsi** de cultura ancestral, constituye problema histórico insoluble" (*El pez de oro* 193).⁹

Apelar desde Vico a la unión de pensamiento y acción es en Churata un ejercicio ideológico y filosófico de transformación de los sujetos concretos y de la realidad, y de creación de una utopía de contrapeso orientada hacia una política éticamente social y comunitaria. Churata entiende que no se puede hacer política fuera de la comunidad, por lo que hacer política involucrará formas de pensamiento propios de la comunidad. Filosofía y política no aparecen separadas en la obra y vida de Gamaliel porque nacen juntas, en un mismo movimiento, en el proceso de transitar de lo individual a lo colectivo, y de cuestionar las representaciones que una sociedad hace de sí misma, como sugiere el filósofo y crítico social Cornelius Castoriadis:

> Cuando digo filosofía no me refiero a sistemas, a libros y razonamientos escolásticos. Se trata primero y ante todo del cuestionamiento de la representación instituida del mundo, del cuestionamiento de la representación de los ídolos de la tribu, en el horizonte de una interrogación ilimitada. (*Los dominios del hombre* 132)

Nación, comunidad y pueblo

Como exiliado en Bolivia Churata era un extraño, sin embargo, jamás se sintió ajeno a la nación boliviana porque su sentir de

---

⁹ En *Resurrección de los muertos* Churata también apelará a Vico para cimentar su filosofía y praxis desde el fundamento histórico de la tradición andina: "el Inkaísmo supone il *ricorsi* de estrato político biogenético, por lo que representa en el clivaje geológico de la cultura el más viejo sistema de convivencia política" (132).

pertenencia estaba arraigado a un concepto de "nación andina" que a pesar de un proceso histórico de colonización e imperialismo capitalista en sus diversas modalidades, se mantenía firme: "la nacionalidad no se corrompe con la política del Estado, con la concurrencia de los mercados, los cartels y los truts de la Edad Capitalista" ("Temas de religión" 14).

En su concepción de "nación", Churata no apeló al principio de autoridad como fundamento de legitimación, y como deber categórico rebatió la idea del derecho sobre la propiedad de la tierra y la acumulación de su producción en manos de unos cuantos, lo cual configura una construcción epistemológica de "nación" que rompe de tajo con paradigmas ideológicos de dominación. En la "nación" que concibe Churata deben entrecruzarse diversas tradiciones de pueblos y civilizaciones de los conquistados, oprimidos y sojuzgados; aquellos que no se muestran y que, en consecuencia, no son aceptados como partes constitutivas de la "historia nacional" y mundial. Todo lo cual lo lleva a una reconstrucción de la idea de nación a partir de una conciencia comunitaria y colectiva cuyo principio teleológico es la asociación como elemento dinámico y necesario para reconstruir al sujeto nacional desde el sentido y valor de las comunidades originarias del continente, es decir, desde el indio, que:

> [a]scenderá los escaños del ágora, no debemos dudarlo; pero al ascender impondrá el sello de su cultura, cultura india, americana, desinfectando las pústulas criollas y mestizas, para hacer de la defunción política instrumento de progreso, de ratificación de valores históricos, de gérmenes patricios. ("Problemas nacionales: El campesino y la política" 4)

Churata asume que las comunidades originarias comparten una memoria, que son pueblos que al relacionarse de forma horizontal descubren la noción de tiempo como un proceso de toma de conciencia, entendiendo "conciencia" como voluntad de acción con sentido de responsabilidad. Esa conciencia como posicionamiento para transformar la realidad es lo que Churata percibe en las nuevas generaciones y aspira a que, con el tiempo, prenda en el discurso crítico:

> Esta última actitud está representada por la generación de niños indígenas que ya no busca el esparcimiento en la tropa de bailes, sino en el batallón guerrero; ya no su holgorio en la misa de la Virgen, sino en el libro, el volante, la proclama, sobre todo si conducen ellos el grano eficaz para esclarecer un sentido de clase. ("Beligerancia del mito" 8)

> [...] es preciso que la voz india adquiera vigencia porque haya llegado la decisión fatal de su victoria sobre los elementos negativos que la soterraron. A poco que estos fenómenos sean estudiados en planos vitales y la crítica literaria pueda servirse del testimonio objetivo del alma humana, se establecerá ley por la cual todo injerto de la ahayu (alma colectiva), supone, en período cíclico, la expulsión de los factores que determinaron su inhibición. (*El pez de oro* 158)

"Expulsar", en este contexto, adquiere un sentido de erradicar agregados provenientes de un occidente individual, liberal y capitalista, que Churata no circunscribe únicamente a Europa o a Estados Unidos, porque entiende que se han expandido en América como eje de articulación de la historia, la política y la cultura mundial. Es la centralidad occidental-individual como forma política la que, en su opinión, disgrega las relaciones comunitarias fundadas en un principio de pertenencia, de arraigo a lo comunitario, a la unidad. Frente a ello, Gamaliel estipula concebir la comunidad como el respeto de la pluralidad de fines y valores, y como una práctica que favorezca la creación de espacios político-sociales con sentido comunal-colectivo:

> Hay que vivir la santidad política de la Ulaka [Parlamento Amauta], para comprender qué significa para el indio, o en el indio, el sentido del derecho público. Su ejercicio para él no es una técnica, no una expresión de dignidad social; es un culto de naturaleza mística, culto que se ejercita como un instinto: en tal grado no es ya una idea colectiva, sino un sentido de colectividad. ("E Problemas nacionales: El campesino y la política" 4)

Una comunidad sustentada en el *ayllu* (como inclusión y pertenencia no solo a un espacio-territorio sino a diversas relaciones afines) y en el *ahayu* (alma colectiva como principio de eticidad, compromiso y respeto), donde la voluntad individual se atiene, mediante la persuasión y el diálogo, a las voluntades de la comunidad. La nación entonces se funda en un amarre de tradiciones y saberes que provienen del pasado y del presente, pero también de los vivos presentes y de los muertos que no se han ido. Desde ese horizonte de inteligibilidad, el sentido de nación implica que la política no se reduce a su relación con el Estado, sino que se funde con una ética de recuperación de valores de la comunidad y del sentido comunitario. Pero además, la política es un arraigo con la tierra, "su ser biológico y genésico" ("Tesis sobre Federación socialista" 2).

Churata da por sentado que los individuos constructores de la nación deberán estar constituidos de forma integral por lo político, lo ético, lo histórico, la tradición y los saberes del pasado, porque como seres son existencias continuas que germinan con raíz y memoria: "[y]a lo sabes Karl Marx, [...] el hombre no es un animal político ni económico: es un animal germinal" (*Resurrección de los muertos* 621). De acuerdo a esta lógica, las prácticas sociales cotidianas estarían también constituidas por una integralidad de lo político, lo social, lo económico y lo ideológico, con la tradición y el arraigo.

Si para los antiguos andinos hacer política tenía un arraigo en la tierra, y la tierra constituía germen y semilla, el acto de creación escritural debería poder reintegrar a los individuos a ese arraigo que los constituye en comunidad, en "pueblo". Churata advierte que esa comunidad se había denigrado y encadenado al individualismo liberal y capitalista de instituciones excluyentes, por lo que debía articularse un papel fundamental entre el "escritor creador" y la comunidad, el "pueblo":

> El verdadero artista es aquel que da expresión a los anhelos del pueblo. Y el poeta, el gran poeta, en el más puro sentido de la palabra, es aquel que busca en el subconsciente de la masa, para extraer los símbolos, cargados de significación, para hacerlos trascender hacia el futuro, en premonición y mensaje a través de una estructura inviolable para la humanidad. ("La Revolución nacional" 4)

Churata consideraba que a través del arte y de la cultura en sus múltiples representaciones, se reconstruiría el mito originario del "pueblo" como simiente de la comunalidad y del bien común:

> CXXXIX. ¿En qué plasma gime, crucificado, el dolor de América? ¿Quién el pueblo que ha siglos llora solo? [...] Ese el salvador ofendido y humillado. Si emerge en ti, pues te reafirma; tu deber apretarte a su posesión; cerrar tras Él puertas y ventanas; no le diluyan trapisondas en tanto te concentra. Él, el sistema de vasos comunicantes que te suma a la unidad; Él, tu conciencia de vida; Él, base de toda elaboración social, política, estética, filosófica; Él, quien retiene tu sentimiento de perennidad y sin Él no tendrás ser, historia, patria, wayñusiñas kuikas, symposios griegos, aptapis cholos.
> Y cuando te enraíce...
> –¡Engendra!...
> CXXL. El tu pueblo, en tanto, tú, pueblo. (*El pez de oro* 349)

Pertenecer a la comunidad, al pueblo, es ser el pueblo, la existencia y creación de una relación no solo de identidad, sino de compromiso, que en su práctica hace que ética y política se unan al deber de la comunidad. Lo que no significa que la ética sea automáticamente parte de la política. Si la ética forma parte de la política es porque el individuo está condicionado, en su ser, por el ser de la comunidad, del pueblo y de la sociedad que la política organiza. Porque el tejido de su ser es social, el individuo tiene una necesidad de reconocerse y ser reconocido en la comunidad. Esta vivencia ético-política de servicio y reciprocidad *en* y *a* la comunidad, donde el compromiso establece una igualdad de derechos y obligaciones fundada en el apoyo mutuo y el bien común, no es solo una constante de las comunidades andinas de los aymara-quechuas, sino de todo pueblo originario que conserva sus singularidades culturales, y Churata sostiene que debería ser una constante en la humanidad.

Cuando se pregunta cómo sembrar esa "semilla" en las nuevas generaciones, encuentra respuesta en la construcción del ser humano a partir de una educación que cultive en el infante la voluntad de aprender. A los maestros encargados de educar a los niños los interpela recalcando que:

> el magisterio es una profesión en cuanto se profesa un culto: el alma del niño. Comenzad por demostrar que sabéis en qué consiste el alma y cuáles las modalidades del alma de vuestro discípulo, no tanto como resultado de investigaciones sistemáticas y de laboratorio, cuanto como de la exploración de su personalidad. (896-897)

Churata habla de un aprendizaje que se funda en un conocimiento integral, proveniente no solo de una inteligencia que encumbra a la razón como única y universal, restringiendo la capacidad de pensar al ejercicio individual de un sujeto. No, Gamaliel concibe una forma de conocimiento fundado en la capacidad sensorial, en la subjetividad y en la voluntad de la naturaleza humana, desde una lógica incluyente y una ética de lo común. Esas formas de dar sentido y coherencia a las acciones constituyen un *ethos* que no es nunca resultado exclusivo del individuo, sino de la condicionalidad de tradiciones, costumbres y comunidad-sociedad en la que se desarrolla y crece.

Reconstruir el ideal de "nación", por tanto, implicaba un radical distanciamiento de la institucionalidad de un Estado de carácter liberal-capitalista, ya que Gamaliel comprendía que las naciones liberales insertadas en un sistema capitalista no estaban constituidas aún del todo como naciones. Percibía que esas sociedades, y por ende sus instituciones, estaban fundadas en un individualismo y en una carencia de comunalidad y respeto hacia la tierra, que las llevaba a la práctica de políticas degradadas en nepotismo. En países así constituidos la política se había estancado en "organismos y en teorías académicas" y se había perdido la simiente primordial de la "conciencia popular" ("Manuel González Prada" 2). Se carecía, por tanto, de un equilibrio en la práctica de hacer política, porque la política dominaba la economía y ésta, desde la diversidad de las formas de producción, sobreexplotaba la tierra, provocando un desequilibrio entre los sujetos y la naturaleza, un desarraigo al sentir de la tierra:

> En EE. UU. se mató a la Tierra, a la religión de la tierra que dijo Ganivet, y se vivió con la soberbia capitalista alimentada de odio y ambición. El fruto es el caos. Para que EE.UU. ingrese a la vida regularizada en la armonía sinfónica de la tierra y el hombre, y desaparezca porque la naturaleza lo domine, lo adopte, lo prohíje, deberá examinarse a sí mismo, en sus funciones vitales. Este proceso de adaptación es luengo y la codicia capitalista –muy en su ley– es presta y voraz, y se destruirá a sí misma antes que el propósito de recrear el universo y perfeccionarlo dé frutos de humanidad. ("Temas de religión..." 15)

Gamaliel hablará entonces de una nación pensada como espacio territorial [*suyu*] inserto en una confederación de naciones [*jach'a suyu*] que comparte horizontes comunes con los pueblos originarios. Modelo que remite al horizonte ontológico y geográfico del *Tawantinsuyu* o *Pusisuyu* [unidad de los cuatro] prehispánico vigente hasta hoy día en las comunidades indígenas del Altiplano:

> He ahí la verdadera sustancia dialéctica que importa la Historia Americana vista desde su grande y monitot [sic] organización política: el Tawantinsuyu". (*Resurrección de los muertos* 134)

Parafraseando al anarquista francés Jean Grave, Churata acerca la idea de "nación" a la idea de "patria" en cuanto sentir y arraigo en la tierra que desvanece la noción de Estado moderno como cimiento de nación: "El patriotismo no es convención, y tiene lógica y seriedad cuando de él se dice que es el amor a la tierra que se lleva adherida a la suela de los zapatos, como el anarquista Jean Grave" (*El pez de oro* 208).

En síntesis, Churata pone en cuestión y critica la organización de un Estado excluyente y neocolonial vigente en América desde la República, ataviado de liberalismo-capitalista en el siglo XIX y de ficticios procesos de socialismo en el XX. Su crítica apunta a mostrar que, en su estructura, ese Estado echó a andar un principio civilizatorio basado en el *genesidio* [exterminio del gen] y la exclusión, prácticas legitimadas en una aparente noción de razón. En ese *genesidio* se fundamentó "el concepto histórico de Civilización, y lógicamente el valor de una supuesta inteligencia hominal como potencial de un *Ente* dado..." (Churata *Resurrección* 269)

Coda

Desde la escritura, como proceso de creación y producción, Gamaliel Churata intentó comprender la articulación de la política, la economía, el arte y la cultura, como un todo en sí. Un todo que planteó una filosofía política como el arte de convivir al margen de prácticas de poder y dominación. Su obra no renuncia a la acción ni busca imponer una función instrumental, sino que relaciona el pensar y el obrar sin constituir una instancia de dominio, ya que no se ampara en supuestos concebidos como categorías teóricas universales. Por ello, como filosofía política, se funda en una ética que no corta vínculos con sus orígenes históricos. Al contrario, son estos los que van a posibilitar su ejercicio.

En su pensamiento, Churata se aleja de un nominalismo que aprecia "lo individual, el racionalismo y el empirismo" (Magallón 21) y siembra la simiente de lo comunal-colectivo, forjando una utopía como posibilidad histórica ante un problema que hasta ahora no ha sido resuelto: una realidad social excluyente, opresiva, de dominio y desigualdad. En sus búsquedas, descubrió que las necesidades de una esperanza humana están históricamente determinadas, pero también son históricamente transformables, por lo que percibió una esperanza en la revolución, pero concebida como un redescubrirse en las raíces:

> Me infundían en la patria, que no hay revolución posible en los pueblos ni en los individuos si ella no importa regreso a las raíces. No, ciertamente, para inmovilizar el ritmo de la marcha; sí para adoptar su tronchado ritmo evolutivo. Revolución no es revolusionar.[10] Al contrario, es redescubrimiento de la célula; es religar: religión: unir al individuo con su espacio. (*El pez de oro* 881)

Esa esperanza, en nuestros tiempos, cobra una nueva fuerza como utopía, al refundarse desde acciones éticas, políticas, sociales y económicas distintas a las del capitalismo avanzado, y enraizadas en tradiciones comunitarias, a pesar de la presión de teóricos y modas académicas que, desde visiones unilaterales de la práctica del

---

[10] Como sugiere Helena Usandizaga, Churata parecería estar jugando con el sentido que la palabra "revulsión" tiene en medicina: inflamación provocada a fin de sustituir con ella otra más peligrosa.

saber, prescinden del compromiso revolucionario y/o del concepto de utopía, por considerarlos inútiles. La esperanza sigue vigente. ¡Amirika t'ukϋwimata sarthapma! Laq'a uraquita jutatäpxtanwa aka jichha pacha mach'a maranakaru kutkatasiñataki [América, despierta de tu letargo! Porque de tierra provenimos para afrontar la crisis de este siglo].

Bibliografía

Ayala, José Luis. Conversación personal. Lima, 10 de marzo 2013.

_____ "Churata en la cultura literaria universal". *Resurrección de los muertos*. Ricardo Badini, editor. Lima: Asamblea Nacional de Rectores, 2010. 843-862.

Castoriadis, Cornelius. *Los dominios del hombre: las encrucijadas del laberinto*. Barcelona: Gedisa, 1988.

_____ *La institución imaginaria de la sociedad*. Barcelona: Tusquets, 1983.

"Certificado que comprueba los trajines comunistas de G. Churata". *Última Hora* (La Paz) 9 de julio, 1937. 2.

Churata, Gamaliel. *El pez de oro* [1957]. Helena Usandizaga, editora. Madrid: Cátedra, 2012.

_____ "Dialéctica del realismo psíquico. Alfabeto del Incognoscible" [1965]. Conferencia sustentada en el cine Puno, el 30 de enero de 1965. Con la voz de Gamaliel Churata. México: América Nuestra-Rumi Maki, 2011. CD.

_____ *Resurrección de los muertos*. Ricardo Badini, editor. Lima: Asamblea Nacional de Rectores, 2010.

_____ [como El Hombre de la Calle]. "Problemas nacionales: El campesino y la política" [1955]. *La Nación* 2 septiembre 1955. México: América Nuestra - Rumi Maki, 2009. 3-4.

_____ [como El Hombre de la Calle]. "La revolución nacional y su trascendencia estética". *La Nación* 19 marzo 1953. 4.

_____ "Periodismo y barbarie". *Trigo, estaño y mar*. La Paz: Biblioteca Gesta Bárbara, 1950. 91-132.

_____ "El Secretario de Gobierno de la Asociación de Periodistas se dirige a los escritores de la prensa". *La Calle* 19 junio 1938. 4.

_____ [como El Hombre de la Calle]. "Tesis sobre Federación socialista. De una carta" [1937]. México: América Nuestra - Rumi Maki, 2009. 1-2.

_____ "Hacia la Federación Socialista del Perú". Entrevista a Gamaliel Churata por Walter Ramírez [1936]. *El Hombre de la Calle. Gamaliel Churata en sus textos.* Wilmer Kutipa Luque, editor. Tacna: Editorial Khorekhenkhe, 2009. 19-24.

_____ [como El Hombre de la Calle]. "Solidaridad Gremial". *El Diario* (La Paz) 27 de septiembre 1936. 3.

_____ [como El Gringo Gramajo]. "Los tontos y la servidumbre intelectual". *El Diario.* (La Paz) 27 de octubre, 1936. 3.

_____ "Temas de religión y arte americanos" [1933]. México: América Nuestra -Rumi Maki, 2008. 13-15.

_____ "Beligerancia del mito". *El Diario* (La Paz) 10 de enero 1932. 8.

_____ "Ubicación del Pallasiri." *El Diario* (La Paz) 5 de marzo 1932. 4.

_____ "Carta". *La República* (La Paz) 23 de noviembre 1932. 8.

_____ [como Juan Cajal]. "Manuel González Prada". *Gesta Bárbara. Cuadernos Literarios* 3 (1918): 100-106.

Dalence, Walter. "Carta". *La Calle* (La Paz) 4 de julio 1937. 2.

"Gamaliel Churata no ha sido secuestrado en ningún momento. Sus actividades comunistas y subversivas lo han hecho acreedor al respectivo castigo". *Última Hora* (La Paz) 8 de julio, 1937. 7.

González Prada, Manuel. "Discurso en el Politeama". *Páginas libres; horas de lucha.* Caracas: Biblioteca Ayacucho, 1976. 43-48.

Grave, Jean. *La sociedad futura.* Luis Marco, traductor. Buenos Aires: P. Tonini, 1896.

Guyau, Jean-Marie Guyau. *El arte desde el punto de vista sociológico.* Ricardo Rubio, traductor. Madrid: Librería de Fernando Fe, 1902.

Landauer, Gustav. *Incitación al socialismo.* Diego Abad de Santillán, traductor. Buenos Aires: Ediciones Nervio, 1932.

_____ *La Revolución.* Buenos Aires: Editorial Proyección, 1961.

Magallón Anaya, Mario. *José Gaos y el crepúsculo de la filosofía latinoamericana.* México: UNAM-CCyDEL, 2007.

Proudhon, Pierre-Joseph. *Sobre el principio del arte y sobre su destinación social.* José Gil de Ramales, traductor. Buenos Aires: Editorial Aguilar, 1980.

Reclús Élisee. "L'Art et le Peuple" [1903]. *Écrits sociaux.* Genève: Héros-limite, 2012. 140-148.

Sansón Figueroa, Josué M. *Traducibilidad y ruralidad. Tesis para obtener el grado de Maestro en Ciencias.* México: Universidad Autónoma de Chapingo, 2012.

Vilchis Cedillo, Arturo. Conversación con José Luis Ayala. Lima, 2013.
____ Conversación con Estrella Peralta Castro. Ciudad de México, 2010.

La ambivalencia de decir *nosotros*. "Mestizos" y "Mestizaje" en la obra de Gamaliel Churata[1]

Paola Mancosu

> Es la república de mulatos, lobos, cambujos, torna-atrases, albarizados, barainos, coyotes, tente-en-el-aires, no-tentiendos... América, América: no te entendemos
>
> Gamaliel Churata

Antecedentes históricos

El sistema político e ideológico de la Corona, herencia de la España tardo medieval, seccionó y clasificó la sociedad colonial americana en categorías naturalizadas y asimétricas, con la pretensión de que funcionaran como compartimientos estancos (Stolcke, "Los mestizos no nacen, se hacen" 16). Se construyó, de este modo, lo "negro", lo "indio", lo "blanco" y su "mezcla", es decir, lo "mestizo".[2] Procedente del latín "miscere" (mezclar), el término se utilizó para nombrar a los sujetos de doble origen. Se trata de "una descendencia bilateral", como afirma Stolcke, "cargada de jerarquías sociales que llevan a los mestizos a ser socialmente

---

[1] El título del presente artículo se inspira en *La urgencia de decir «nosotros». Los intelectuales y la idea de nación en el Perú republicano* (2015), de Gonzalo Portocarrero.
[2] Los términos de clasificación social deben entenderse por su carácter histórico, socio-político, no innato. En palabras de Stolcke, "las concepciones del yo, de la persona, del individuo, de la naturaleza, no son ni evidentes ni inmutables, sino que se trata de construcciones histórico-sociales" ("¿Es el sexo para el género lo que la raza para la etnicidad... y la naturaleza para la sociedad?" 46).

discriminados" ("Los mestizos..." 18). La Corona española y la Iglesia Contrarreformista, en relación al principio teológico y moral de *limpieza de sangre* tardo-medieval, dividieron la sociedad colonial en *república de españoles* y *república de indios*, como si fueran bloques aislados. De este modo, una multiplicidad de identidades fue encasillada bajo "una única identidad racial,[3] colonial y derogatoria", la de "indios" (Quijano, "Don Quijote y los molinos de viento en América Latina" 355). Empero, como observó Gruzinski (57), la frontera entre estas identidades fue permeable. Lo demuestra la inutilidad de los numerosos decretos reales emitidos para detener el aumento de hijos(as), generalmente de padre español y madre india, clasificados social y jurídicamente como mestizos(as) (Stolcke, "Los mestizos no nacen, se hacen" 22). Por la ilegitimidad que pesaba sobre la parte indígena, a menudo representada por la madre, "los mestizos adquirieron una identidad socio-política excepcionalmente ambivalente que a la larga se tradujo en unas relaciones con las elites españolas y criollas cargadas de tensión y desconfianza" (24). A este propósito cabe recordar el esfuerzo del Inca Garcilaso de la Vega para rescatar la condición mestiza. En el capítulo "Nombres nuevos para nombrar diversas generaciones" de sus *Comentarios reales*, escribe lo siguiente:

> A los hijos de español y de india, o de indio y española, nos llaman mestizos, por decir que somos mezclados de ambas naciones; fue impuesto por los primeros españoles que tuvieron hijos en Indias; y por ser nombre impuesto por nuestros padres y por su significación, me lo llamo yo a boca llena, y me honro con él. Aunque en Indias si a uno de ellos le dicen sois un mestizo o es un mestizo, lo toman por menosprecio. (253)

A pesar de los muchos esfuerzos para concebir el mestizaje como síntesis armónica entre los opuestos, hay que insistir en la ambigüedad que subyace al discurso garcilasiano. La categoría de "mestizaje" se ubica "en su condición equívoca y precaria, densamente ambigua, que no convierte la unión en armonía sino –al revés– en convivencia forzosa, difícil, dolorosa y traumática" (Cornejo Polar, *Escribir en el aire* 99).

---

[3] Como precisa Spedding en referencia al estudio de Quijano, emplear el concepto de "raza" en el siglo XVI sería "completamente anacrónico" ya que "en 1500 nadie era racista en el sentido que expresa un concepto de "raza", como se entiende ahora, concepto urdido en el curso del siglo XIX" (Spedding, "Descolonización. Crítica y problematización a partir del contexto boliviano" 85). Para profundizar sobre la historia del término "raza" ver también los trabajos de Ventura, Stolcke y Wade citados en la bibliografía.

Con el paso del tiempo, los sucesos históricos que determinaron la creación de la identidad colonial mestiza se hundieron en el olvido (Stolcke, "Los mestizos..." 15). Desde las primeras décadas del siglo XX, la intelectualidad peruana hizo de Garcilaso el "símbolo mayor de una nación que, siquiera en el discurso de las intenciones, necesitaba reconciliar sus dos vertientes" (*Escribir en el aire* 100). La conflictualidad existencial del Inca, así como la heterogeneidad social y cultural peruana, fueron encubiertas por el discurso nacionalista oficial que utilizó el concepto de "mestizaje" para vehicular la imagen de una nación armónica muy poco adherente con la realidad. En efecto, tras haber perdido la Guerra del Pacífico con Chile en 1879, desde las murallas de la "ciudad letrada" se imputó la derrota a una escasa conciencia comunitaria (Zevallos, *Indigenismo y nación*). La reciente formación del Perú implicaba la creación de una identidad nacional, debate que todavía sigue abierto en el país. Era necesario imaginar una *comunidad* y definir un "yo" que la expresara. Cabía preguntarse, entonces, "¿cuál era el contenido de ese yo?" (Campra 19). Un "yo" que trasciende los límites individuales y deviene colectivo, es decir, se vuelve un "nosotros" que se (re)define en relación con los "otros" (Eriksen 62). Empero, en este juego de representaciones, definiciones y delimitaciones de los confines identitarios sociales, existe el riesgo de pensar en esa "nosotredad/otredad" como si se tratara de categorías monolíticas. Concebir la realidad en términos dicotómicos resulta, a menudo, más simple que reflexionar sobre la ambigüedad de los umbrales de las clasificaciones sociales supuestamente definidas, como ha señalado Gruzinski en su clásico estudio *El pensamiento mestizo* (2007). Del mismo modo, es difícil reflexionar sobre la ambivalencia que puede subyacer al contenido del "nosotros". Es más fácil pensar que "todo lo que parece ambiguo solo lo es en apariencia, y que la ambigüedad no existe" (Gruzinski 56). Indagar sobre la ambivalencia implica adentrarse en los terrenos resbaladizos de "las no-cosas", "los intersticios entre las cosas clasificadas", recuerda Ventura siguiendo a Mary Douglas ("Introducción: sistemas de clasificación social, fronteras y mezclas" 7). Portocarrero, en *La urgencia por decir «nosotros». Los intelectuales y la idea de nación en el Perú republicano*, analiza diferentes proyectos nacionales propuestos por intelectuales peruanos que asumieron el reto de imaginar una nación en la que fuera posible eliminar las jerarquías de poder que fragmentan la sociedad. El último proyecto tomado en cuenta en el libro es el de José María Arguedas que, al recoger la herencia mariateguiana, planteaba superar categorizaciones excluyentes como la de "criollo" e "indio". Su propuesta iba a contracorriente del discurso oficial estatal del "mestizaje acriollado" que supuestamente podía responder con mayor eficacia al afán modernizador, a detrimento de la "identificación con el mundo indígena". Al contrario, la valoración de la cultura indígena como parte de una comunidad nacional integrada equivalía a "dialogar en vez de ocultar, o tratar de aniquilar, los legados que lo constituyen" (Portocarrero 290).

Desde el Inca Garcilaso hasta el mismo José María Arguedas, muchos son los escritores que han indagado la condición "mestiza" reflejando la ambivalencia de una categoría fronteriza "con su doble vertiente de indefinición y ambigüedad, de peligrosidad incluso [...], de ser que no responde a una cosa ni a otra y responde a las dos a la vez" (Ventura "Introducción..." 12). Sin embargo, no se trata de establecer adherencias entre sus discursos identitarios y sus biografías "reales" (Cornejo Polar, *Escribir*... 87), sino de considerarlos como portavoces de un sujeto colectivo. En esta tradición se inscribe también la obra de Gamaliel Churata (Arturo Peralta Miranda, 1897-1969), donde la noción de "mestizaje" es medular y ha sido analizada en diferentes estudios críticos dedicados, sobre todo, al *Boletín Titikaka* (1926-1930) y a *El pez de oro*.

Con respecto a la revista, cabe señalar el trabajo de Cynthia Vich, *Indigenismo de Vanguardia en el Perú: un estudio sobre el* Boletín Titikaka (2000), donde se destaca una visión del autor idealizada y conciliadora del mestizaje; y el estudio de Zevallos, *Indigenismo y nación. Los retos a la representación de la subalteridad aymara y quechua en el* Boletín Titikaka *(1926-1930)* (2000), donde se subraya una resignificación del término con la finalidad de reivindicar su raíz indígena. Por lo que respecta a *El pez de oro*, la "heterogeneidad conflictiva" subyace a la visión del mestizaje de Churata, reflejándose en su polifacética estructura (Bosshard 2002, Niemeyer 2004, Hernando Marsal 2007 y 2010, Espezúa 2015). *El pez de oro*, afirma Niemeyer, "evita cualquier «reconciliación». Re-elabora, pero también relativiza las formas literarias indígenas –cuya revalorización fue parte central de la Vanguardia de Puno– y a la vez «devora» y deconstruye la literatura dominante" (Niemeyer 318). Churata se aleja de la idea de un supuesto mestizaje feliz, sea biológico o cultural, ya que "piensa en lo indígena articulado con otras referencias culturales, pero no como fusión, sino como perpetuo encuentro y combate a la vez" (Usandizaga "Introducción" 42). Hernando Marsal observa que la heterogeneidad interviene en las formas literarias y lingüísticas para desafiar relaciones sociales, históricas y culturales hegemónicas, y reivindicar la subalternidad indígena ("El hibridismo (im)posible... 26 y ss.). Churata elaboraría, entonces, "un mestizaje desde abajo, fundado en la opción de lo indígena y de un discurso que reúna conflictivamente (sin apagar sus disputas) las lenguas encontradas" (Hernando Marsal, "Una propuesta lingüística vanguardista para América Latina" 72). Monasterios, por su parte, investiga las propuestas que sobre el mestizaje elaboraron los escritores que confluyeron en el *Boletín Titikaka*, (por ejemplo Vasconcelos, Valcárcel, Mariátegui, Pavletich, García, Chuqiwanqa Ayulo, entre otros) y las compara con la que Churata propuso tanto en la revista como en *El pez de oro*, destacando su cuestionamiento del "mestizaje cultural en cuanto posibilidad de identidad nacional" (Monasterios, *La vanguardia plebeya del Titikaka* 239).[4]

Ahora bien, el presente trabajo se centrará en el uso que Churata hace del término "nosotros" en su dirigirse al Perú "mestizo". Se demostrará, además, cómo la ambivalencia en el criterio de identificación refleja una crítica a la generalización de la noción de "mestizaje acriollado", ese "mestizaje mimético, imitativo que desaloja a lo indígena" (Portocarrero 296). En la primera parte se mostrará cómo, ya en las páginas del *Boletín Titikaka*, aparece en germen una noción de mestizaje conflictiva y exenta de cualquier acepción aculturadora o sincrética. De este modo, en el debate sobre la identidad nacional, la visión de Churata se diferenciará con respecto a otras perspectivas indigenistas, cuestionando la naturalización de las categorías sociales y remarcando la porosidad de sus fronteras. En la segunda parte, se individuarán, sobre todo en *El pez de oro*, las estrategias discursivas, inclusivas y exclusivas, empleadas por el autor para subrayar la ambivalencia y permeabilidad de la identidad mestiza.

---

[4] De la misma autora, véase también "La nacionalidad: ¿Condición negativa de la política? El aporte de Gamaliel Churata a la teoría política boliviana" (2015).

1. Una propuesta desde los Andes: Churata y el grupo Orkopata

A principio del siglo XX, en contraposición al discurso literario oficial portavoz de la oligarquía aristocrática criolla, Gamaliel Churata y el grupo Orkopata intervinieron en el debate sobre la identidad peruana y americana. Desde la periférica Puno, publicaron, entre 1926 y 1930, el *Boletín Titikaka*, una revista literaria y política que desafiaba con su marginalidad el centralismo limeño y su discurso modernizador. El "Vanguardismo del Titikaka", como lo definirá Churata más tarde (*El pez de oro* 170), permitía indagar nuevos caminos identitarios. El discurso nacionalista homogeneizador y su corolario implícito, es decir, la negación o aculturación forzosa de los sectores mestizos e indígenas en pro de un paradigma moderno, encubría las desigualdades sociales. Su pretensión era consolidar un capitalismo neocolonial sustentado en la abertura del mercado a inversionistas extranjeros para dar vida a la construcción de una nación moderna, la llamada "Patria Nueva" idealizada por el gobierno de Augusto Leguía (1919-1930). Este proceso de modernización había agudizado las contradicciones sociales y las jerarquías ejercidas por las oligarquías nacionales y el gamonalismo, particularmente evidentes en zonas periféricas como las del departamento de Puno. Relaciones de poder que se (re)crearon después de la formación de los Estados-nación mediante formas de "colonialismo interno". Este concepto, propuesto por Pablo González Casanova (1969) y luego reelaborado por Silvia Rivera Cusicanqui, alude al "conjunto de contradicciones diacrónicas de diversa profundidad, que emergen a la superficie de la contemporaneidad, y cruzan, por tanto, las esferas coetáneas de los modos de producción, los sistemas políticos estatales y las ideologías ancladas en la homogeneidad cultural" (Rivera Cusicanqui, *Ch'ixinakax utxiwa. Una reflexión sobre prácticas y discursos descolonizadores* 37).

Como observa Marisol de la Cadena, para celar diferencias socioeconómicas, el mestizaje devino máscara social "purificadora" de lo indígena (De la Cadena 53). Expresando un tajante rechazo frente a esa costumbre política, Churata contrapuso a la "idea" de América Latina, la de "Indoamérica". Los dos términos son explicativos en la medida en que "Latino" América se ancla, de manera subalterna, en Europa. Al contrario, el término "Indo" América, cuya paternidad es atribuible a Haya de la Torre y al APRA,[5] evidencia la indigeneidad americana. En su artículo "Indoamericanismo", publicado en el número de mayo de 1928 del *Boletín Titikaka*, Churata escribe lo siguiente:

> [...] sobre el estrato étnico se puebla el continente de individuos que representan fundidas en matriz aborigen todas las razas humanas [...] –desde su vejez voronofizada la india se mezcla en la niebla de una conciencia que nace tras de los andes– no nos son extraños el campesino eslavo, el banquero semita ni el filósofo asiático–el fatalismo de América es mantenerse presta a captar el mensaje del mundo–percibimos finamente dentro de nosotros mismos un vago ritmo en que renacen conciencias sepultas y germinan módulos futuros. ("Indoamericanismo" en *Boletín Titikaka*, mayo 1928, 85)

Lejos de un mestizaje biológico "por defecto", en el que las etiquetas raciales significan y separan, ya se puede entrever la idea de "mestizaje" que será luego desarrollada por Churata. El punto focal es la existencia de una "matriz aborigen", un común denominador indígena que subyace al heterogéneo tejido social y cultural americano. Su renacer, además, no impide a América "captar el mensaje del mundo", siempre y cuando la relación sea simétrica. El sentir *en sí* de la conciencia determina la germinación de "módulos futuros".[6] Esta perspectiva se distancia de la imagen de "raza cósmica" elaborada por Vasconcelos en 1925 (*La raza cósmica* 30)[7] y, al mismo tiempo, de la propuesta de Valcárcel, que en *Tempestad en los Andes* (1927) demonizaba la sociedad mestiza y la modernización, en favor de una recuperación idílica de la época prehispánica. El mestizaje que concibe Churata está más cerca de la reflexión de Cornejo Polar. No

---

[5] Como recuerda Usandizaga, "Churata conectó cada vez más con el pensamiento socialista de Mariátegui, y la posible simpatía hacia el APRA que gravitó en la época del *Boletín Titikaka* se convirtió más adelante para Churata en rechazo. Tras cinco años de reflexión boliviana, Churata expresa claramente en 1936 su oposición al pensamiento aprista, lo que tiene que ver con su arraigo socialista y mariateguiano; y todo ello se inscribe en *El pez de oro*" (Usandizaga "Introducción" 27-28).

[6] Monasterios destaca que en Churata "la propuesta que planteaba Haya de darle a los países americanos una identidad etnocultural anti-imperialista es pensada desde expectativas indianistas y descolonizadoras interesadas en viabilizar un ciclo civilizador (no un frente amplio que convoque a las clases trabajadoras bajo la dirigencia de las clases medias) del que ninguna clase o imperio pueda sentirse dueño, y cuyo sujeto histórico no era el armónico mestizo o neoindio, sino un "engendro" que se estaba formando en los Andes no solo porque en esa geografía confluían todas las razas humanas, como sostenía Vasconcelos, sino porque el fatalismo de la conquista había reunido allí todos los intereses y ambiciones históricas" (*La vanguardia plebeya del Titikaka* 170).

[7] Sobre la relación de Churata con Vasconcelos, véase Bosshard, "Hacia la «sabiduría sinfónica»: Vasconcelos en *El pez de oro* de Gamaliel Churata".

conduce a la mezcla biológica y cultural entre dos categorías sociales consideradas "incontaminadas", y tampoco da origen a culturas y a sujetos nuevos "sin fisuras" (Cornejo Polar, "Mestizaje e Hibridez: los riesgos de las metáforas. Apuntes" 341). En "Tendencia y filosofía de la chujlla", artículo publicado en 1933 en la *Semana Gráfica*, Churata escribe:

> la conquista no gestó un espíritu; impuso un idioma y un régimen artificial que tiende a inhibirse. No nos unificamos en el hispanismo. El latinismo tampoco unifica. Solo unifica la raza –conjunto de ideales político-económico–. América ha vivido escindiendo su cultura propia, olvidándose de sí misma. ("Tendencia y filosofía de la chujlla". En Guissela González Fernández, *El dolor americano. Literatura y periodismo en Gamaliel Churata* 172-173)

La idea de una unión socio-cultural que atraviesa el trabajo de Churata se podría interpretar y, por ende, reducirse a la de un supuesto mestizaje cultural armónico, si no fuera por los conflictos que el mismo Churata evidencia. Ya en las páginas del *Boletín Titikaka* se muestra plenamente consciente de la ambigüedad propia de la identidad mestiza. De este modo lo explica el autor:

> ¡la primera cadena de ignorancia que hay que saber destrozar, es la que ata al mestizo sabihondo y politiquero, catedrático y obispo, y también estudiante, al prejuicio anticientífico y necio de que aún existan indios! No hay indios: todos somos indios! ("Revistas comentarios" en *Boletín Titikaka*. Febrero 1929, 112)

La crítica va dirigida a los mestizos atados a una ideología "anticientífica" que reproduce categorías coloniales, como la de "indio". Su desestructuración se traduce en una reducción de la distancia entre el narrador y el narrado y en una superación de la dicotomía mestizo/indio (Zevallos 80).

La profunda herida colonial hace que las identidades "colonizadas" sean extremadamente complejas y conflictivas, tanto las indígenas, como las mestizas y criollas (Rivera Cusicanqui, *Ch'ixinakax utxiwa* 119). En las páginas del *Boletín*, Churata expresa lo antagónico de un yo colectivo mestizo, del que es representante, mediante su autoidentificación con la parte indígena, exclamando: "todos somos indios". Esta visión no coincide con una actitud paternalista y aculturadora que empuja hacia la modernidad como única vía de salvación y progreso, posición que había caracterizado, por ejemplo, al neoindianismo de Uriel García. En un artículo publicado en tres entregas en el *Boletín Titikaka* (entre 1927 y 1928), García caracteriza al neoindianismo como un ciclo histórico-cultural iniciado con la conquista. Este proceso de "amestizamiento" cultural afecta, según el autor, a las subjetividades mestizas e indígenas, que se ven inmersas en transiciones reconfiguradoras: "nuestros pueblos indígenas son transiciones del hombre antiguo al hombre nuevo, igual que las colectividades mestizas" ("El Neoindianismo" en *Boletín Titikaka*. Noviembre 1927, 64).

Aunque los mestizos representaran un sector reducido de la sociedad, cabe subrayar la fluidez que caracterizaba las relaciones sociales en Puno durante las primeras décadas del siglo XX (Bourricaud). Monasterios ha destacado la integración, dentro del grupo Orkopata, del "polo mestizo-indígena". En efecto, la agencia indígena facilitó, aunque con limitaciones en su participación, la concreción de uno de los principales objetivos de Orkopata, es decir, dar vida a una "vanguardia de raíz india" que postulara "por primera vez la posibilidad de una literatura indígena moderna" (Monasterios, *La vanguardia plebeya* 131). De este modo lo remarca Churata en una conferencia dictada en 1966: "Allí, en Orcopata, vivíamos, pensábamos y escribíamos con los indios y en indio" (Conferencia en la Universidad Federico Villareal 66). Sin embargo, como afirma Cornejo Polar, hay que tomar en cuenta que el campesinado indígena y la clase media-baja urbana

> muestran rasgos comunes que se derivan de su intersección en la lucha de clases, lo cierto es que la situación social de los productores del indigenismo es diferente de la que desarrollan y esclarecen en sus textos: esto explica los desplazamientos ideológicos que subyacen en el indigenismo y pone de relieve, al mismo tiempo, la conflictividad esencial de su proyecto. ("El indigenismo y las literaturas heterogéneas: su doble estatuto socio-cultural" 19)

Churata atestigua la vivencia de este conflicto cuando, al referirse a los miembros del grupo Orkopata, escribe:

> Todos estos hombres tenían una sola obsesión: no interpretar al indio, sino expresarlo. Eso quiere decir que nosotros hicimos una literatura porque vivíamos el complejo indigenista de nuestro pueblo. Al lado de los poetas que hemos nombrado, vivían generaciones de indios que yo, al retornar al país después de tres décadas de ausencia, he encontrado convertidos en periodistas, en industriales, en hombres de una gran personalidad. (Conferencia en la Universidad Federico Villareal 66)

Estos escritores no falsificaron el mundo indígena, sino que lo vivieron, afirmando la existencia de su cultura y compartiendo su marginación social.[8] Churata hace hincapié en la "alianza interclasista e interétnica entre los intelectuales mestizos de clase media y los quechuas y los aymaras" (Zevallos 61). A lo largo de su trayectoria vital, política y literaria, desde su aprendizaje con el pedagogo José Antonio Encinas hasta su apoyo a la Escuela Indígena de Warisata,[9] Churata rechaza cualquier discurso paternalista y esencialista de la "otredad". El escritor remarca la permeabilidad de las fronteras (naturalizadas) entre mestizos e indios desde su lugar de enunciación, es decir, la sierra puneña. Prueba de esto es su participación en las sublevaciones contra la latifundización y usurpación de tierras (Rénique 83).[10] En una carta a Mariátegui escrita en 1926, Churata recuerda su involucramiento en los movimientos campesinos: "A los quince años desafiaba a duelo a un gamonal, a causa de los indios, y a los diecisiete me encarcelaban a causa de haber insultado el gobierno Benavides" (Mariátegui 193).[11]

Una solución viable hacia la permeabilización de las fronteras sociales, afirma Churata, residiría en que "los menos (los mestizos) se acerquen a los más (los indios)" (*Boletín Titikaka*. Diciembre 1927, 65). Empero, ¿cómo reducir esta distancia? En *El pez de oro* Churata busca responder a esta pregunta y denuncia el defecto inherente a la literatura indigenista, que a pesar de su función social, desconoce

---

[8] Como escribe Tamayo Herrera, Churata en esa temporada vivía "muy pobremente en Puno, en un canchón con dos habitaciones improvisadas, con techo de calamina en las afueras de la ciudad" (271).

[9] La escuela se fundó en Bolivia, en el departamento de La Paz, en 1931 y funcionó hasta 1940. Como destaca Vilchis, en ella no se intentaba "asimilar al indígena a una sociedad formada en moldes occidentales", sino que se basaban los programas pedagógicos en contenidos culturales autóctonos (128).

[10] Flores Galindo señala que "entre 1919 y 1923, en los Andes del sur del Perú llegan a producirse cerca de 50 rebeliones. El epicentro parece encontrarse en las alturas de Puno y Cuzco" (*Buscando un inca* 270).

[11] Hernando Marsal ha subrayado que "donde Churata se declara testigo de los levantamientos indígenas es en *Anales de Puno*, cuyos textos de carácter periodístico escribió entre 1922 y 1924". Otras referencias se hallan en los cuentos "El Gamonal" (1927) y "Tojjras" (1928), como también en *El pez de oro*, mediante imágenes que por su violencia podrían remitir a la sublevación indígena de Huancané (Hernando Marsal, "Historia, memoria y escritura en *El pez de oro* de Gamaliel Churata" 41-42). La narración de su participación se aprecia, por ejemplo, cuando escribe: "los gamonales ignoraban quién los hería, cuando más las heridas les bailaban. Salí a la plaza, y grité, y mostré los puños airados, y convertí mis sueños en el somatén del arquetipo: la bestia. Me encarcelaron, Me hirieron. No sabía entonces: ahora sé" (*El pez de oro* 276).

la realidad indígena, reproduciéndola de manera estereotipada. Por este motivo, aclara que "estos harawikus ya no persiguen 'interpretar' al indio, buscan expresarlo" (*El pez de oro* 158). No se anhela la representación del mundo indígena, sino más bien formas de explorar la caleidoscópica realidad social y cultural peruana, desestructurando sus jerarquías para llegar a la intimidad americana. De allí la expresión "¡América, adentro, más adentro; hasta la célula!..." (*El pez de oro* 973).

2. En la "encrucijada del mestizo"

> *Saj...Saj...Saj...* [...] *Somos los que andan;*
> *y saben que andan; por qué y para qué,*
> *adónde y en dónde*
>
> Gamaliel Churata

Después de la crisis mundial de 1929 se impone en el debate político e intelectual andino la necesidad de ingresar en el proceso de modernización a detrimento del discurso identitario nacional. La propuesta de un "socialismo indoamericano" orientado hacia una revitalización de lo indígena fue debilitándose, mientras se fortalecía la propuesta de un "nacionalismo criollo" que consideraba al sector "indio" como una "raza abyecta" (Portocarrero 284-285). En línea con el proyecto nacional arguediano, Churata se dirige al sector mestizo de la sociedad para superar la dicotomía indio-criollo e impulsar su identificación con el sector indígena, poniendo a dialogar las dos voces.

En el glosario que acompaña *El pez de oro*, se encuentra la entrada "**Mistisa**, Misticho. Hib. Y de ahí misti: cruzado de indio y español" (*El pez de oro* 994). La definición, que remite a un origen colonial, hace referencia al cruzamiento de la vertiente india e hispana. Sin embargo, su uso, a lo largo de la obra, no es homogéneo. La multiplicidad de acepciones que el término adquiere es funcional para acentuar la ambigüedad que caracteriza la identidad mestiza. Su ambivalencia se refleja a través del uso polisémico del pronombre personal "nosotros". En efecto, es posible rastrear un movimiento de autoidentificación de un "nosotros" colectivo, que se balancea entre la identidad indígena y la mestiza mediante mecanismos discursivos incluyentes y excluyentes.¹² Ahora bien, hay que explorar los criterios que determinan y justifican este movimiento.

En la "Homilía del Khori-Challwa", que funcionaría como introducción "metatextual" a la obra (Niemeyer 314), el autor critica al Inca Garcilaso por haber escrito sus *Comentarios reales* en español y no "en indio", subvalorando, de este modo, la ascendencia cultural indígena.¹³ Según Churata, "la actitud del Inka revelaría que en él contienden los gérmenes indoespañoles con evidente subalternidad de 'lo indio', lo que a no poco constituiría la encrucijada del mestizo" (*El pez de oro* 162). No obstante la denuncia de la asimetría intrínseca al discurso garcilasiano, Churata aprecia su reivindicación que la ascendencia materna indígena y continúa diciendo:

> [...] en el Inka Garcilaso hay un limo con sentimiento de patria, que en *nosotros*, por la simple razón de carecer de una, falta; que si de alguna *reclamamos* es del feudo apatriado que de *nuestros* padres barbones arrebatamos, sin derecho, y lo que es peor sin ningún beneficio para la sangre india de *nuestras* madres. (*El pez de oro* 174; énfasis mío)

Pocas líneas después añade:

> [...] la Colonia Española constituye la negación de la patria americana; por más que tabardillos sostengan que no sólo *nos* han dado naturaleza con *llamarnos* indios, sino que España menos conquistó América cuanto que la ha inventado. (*El pez de oro* 175; énfasis mío)

Y concluye:

---

[12] El uso oscilatorio del "nosotros" parece reflejar la lógica dialogal propia de la lengua aymara, en la que se tiene un "nosotros" que incluye al interlocutor (*jiwasanaka*) y un "nosotros" que lo excluye (*nayanaka*). Silvia Rivera Cusicanqui, en un estudio titulado "La identidad ch'ixi de un mestizo: en torno a *La voz del Campesino*, manifiesto anarquista de 1929" (2011), se detiene a analizar cómo Luis Cusicanqui, autor del manifiesto, mestizo que vive en La Paz, utiliza el "nosotros inclusivo" (*jiwasa*) en sentido étnico, para interpelar a los mestizos y a los indios, y el "nosotros exclusivo" (*nanaka*), en el sentido de unión de clase, para aludir a una subjetividad social formada por mestizos urbanos obreros y campesinos indígenas. La opresión social padecida por los dos grupos, los reúne y al mismo tiempo los separa de una élite *misti* hegemónica. Añade Rivera Cusicanqui que el uso inclusivo del "nosotros" atestigua la estrecha relación que existía entre las esferas sociales urbanas obreras y las comunidades indígenas campesinas (Rivera Cusicanqui 196-197). Sin embargo, como se analizará en el presente estudio, Churata hace un uso diferente del *nayanaka*, ya que lo emplea para referirse únicamente a los mestizos. Estrategia que es funcional para llevar a cabo una autorreflexión sobre la problematicidad de la identidad social mestiza.

[13] Para profundizar la lectura que Churata hace del Inca Garcilaso ver, en particular, Hernando Marsal ("Una propuesta lingüística vanguardista para América Latina", 2010), Monasterios (*La vanguardia plebeya del Titikaka*, 2015), Espezúa Salmón ("El lenguaje como campo de batalla. La expresión americana kuika según Gamaliel Churata", 2015) y Mancosu ("El Inca Garcilaso: una lectura de Gamaliel Churata", 2017).

¡No la inventó; la ha borrado! Y el borrador *somos nosotros*, criollos y mestizos, en quienes ni España vale lo que un cuesco, y el indio menos (*El pez de oro* 175; énfasis mío)

En estas pocas frases, puede apreciarse el uso ambiguo del *nosotros*. En la primera cita, el sujeto hablante se identifica como mestizo apátrida, hijo ilegítimo, mientras que en la segunda, se representa como indio, supuestamente inventado por los españoles. Pero, sucesivamente, vuelve a definirse como criollo y mestizo, en cuanto "borrador" entre dos clasificaciones, la "blanca" y la "india". Se realiza un movimiento oscilatorio entre un *nosotros* exclusivo e inclusivo. El *nosotros* exclusivo sirve para autodeterminarse como grupo sin patria y excluir, por esta razón, al interlocutor indio. Sin embargo, la distancia entre estas dos categorías sociales se comprime hasta anularse en el *nosotros* inclusivo, que alude a "mestizos" e "indios", en cuanto subjetividades oprimidas. De este modo, se consigue cruzar las fronteras entre las dos identidades. Además, al hablar de la "invención de América", Churata sugiere una problemática que tendrá su eco en el importante ensayo de Edmundo O'Gorman (1958), justamente titulado *La invención de América*. El concepto de "invención", consecuencia del descubrimiento y apropiación del continente, será posteriormente retomado por Walter Mignolo, evidenciando cómo la *idea* de América se elabora desde una perspectiva centrada en la "colonialidad" (Mignolo 16).[14]

En el pensamiento de Churata los mestizos pueden también ser parte de los *damnés de la terre* (Fanon 1963) por estar atrapados en las grietas de las categorías sociales: "no son" y, además, "no son" doblemente. De este modo lo explica Churata cuando afirma, siempre en referencia a Garcilaso: "Mestizo en cuero: no español; no indio. Se queda en un no redondo, como un hostio. ¡No es!" (*El pez de oro*

---

[14] La categoría de "colonialidad", propuesta por Aníbal Quijano en 1992, explica que si el colonialismo, entendido como dominación directa sobre las colonias, puede considerarse concluido, la "colonialidad" perdura en la formación de los Estados-nación. El concepto, entonces, sirve para describir jerarquías epistémicas, raciales, étnicas, de género y sexualidad aún existentes. En los años noventa, la red interdisciplinaria modernidad/colonialidad, conformada por estudiosos latinoamericanos como Ramón Grosfoguel, Enrique Dussel, Santiago Castro-Gómez, Walter Mignolo y el mismo Aníbal Quijano, recogieron la herencia de pensadores como Marx, Foucault, Gramsci, Fanon y Césaire, para elaborar nuevas categorías analíticas y teóricas como la "colonialidad del poder" (Quijano), la "colonialidad del saber" (Lander) y la "colonialidad del ser" (Mignolo, Maldonado-Torres), ejes teóricos de los llamados "estudios decoloniales".

201). Estas negaciones plantean interrogantes existenciales que en *El pez de oro* encuentran su respuesta: "Kuiku nayaha!... Soy un " (201). El término *kuiko*, que en quechua equivale a "aborigen", se une al pronombre *naya* ("yo" en aymara), que a su vez se extiende a una dimensión colectiva, abarcando a toda la sociedad americana como apelación para que ésta se reafirme *kuika* (Espezúa Salmón: 36)[15] y participe con su historia, silenciada desde la conquista. En palabras de Churata:

> [...] así *sabremos* que las moles eternas de Tiwanaku, Sillustani, Kosko, las levantaron no los señoritingos de la clandestinidad colonial, sí *nosotros*, en *nosotros mismos*, en indios, en runahakhes... Los españoles de acá, y los de allende, *estamos* ante el mismo conflicto hamletiano; ser o no ser. (*El pez de oro* 177; énfasis mío)

A lo largo de *El pez de oro* está presente un *nosotros* que es, como ya se ha señalado, tanto inclusivo como exclusivo. En el caso de esta cita, el sujeto colectivo mestizo se identifica con los quechuas y los aymaras que viven en la región andina mediante el uso del término quechua *runa* y aymara *hakhe*,[16] ambos significantes de "ser humano". Irónicamente, el dilema hamletiano se traslada a territorio americano y se convierte en una encrucijada identitaria. Piedra de toque es el viraje hacia la ascendencia indígena sobre la cual pesan siglos de subalternización. En otro pasaje, Churata escribe lo siguiente:

> Y sin embargo hay mayores desgracias que parecen irreparables (las desgracias del pueblo indio tienen reparación; y esa reparación él mismo la hallará); es la generación turbia que España ha dejado en *nosotros*, los mestizos, bajo cuyo despotismo el indio fue más vilmente humillado y sometido. Para *nosotros* la salvación ya no es España: es el indio: el regreso al vientre de la tierra. Todos *llevamos* una madre india en la sangre; pero no todos *nos embriagamos* con su sangre. (*El pez de oro* 276; énfasis mío)

No se trata entonces de otorgar voz a los "indios" mediante una actitud "aculturadora", ya que ellos mismos hallarán el camino de su representación, sino de iniciar un proceso de reflexión crítica sobre la identidad mestiza. Además, Churata no concibe esta categoría

---

[15] Espezúa Salmón hace notar que el autor "está en contra de la utilización del significante 'indio' y que intenta remplazarlo por el significante 'kuiko', que no necesariamente se refiere a lo mismo. Por lo tanto, debemos considerar también la relación por la cual un sujeto *Kuiko* exprese en un idioma *kuiko* una cultura *kuika*. Se puede también ampliar el universo cultural integrando elementos culturales de maneras que el sujeto americano exprese en una lengua americana una literatura americana" ("El lenguaje como campo de batalla..." 36).

[16] En la grafía actual aymara, *jaqi*.

social como si fuera un bloque monolítico, sino que diferencia entre el *misti*, que sigue perpetuando discriminaciones sociales, y el "mestizo de la plebe" (*El pez de oro* 201). Su proyecto no se reduce a una operación contra-hegemónica; tampoco plantea un rechazo radical de las formas culturales occidentales, más bien busca elaborar combinaciones múltiples de diálogo.[17] Según esta reflexión, se puede *ser* y *no ser* a la vez;[18] romper los "tejidos idiomáticos" y crear un "lenguaje indomestizohispano" mediante el cual "el conversor acabará convertido" (*El pez de oro* 182-183, 160). De este modo el antagonismo no da lugar a procesos identitarios "psicopatológicos", sino que se convierte en un proceso de (re)construcción identitaria que Churata caracteriza como un lenguaje "en ego" mediante el cual América podría tener la posibilidad de expresarse (*El pez de oro* 158).[19]

---

[17] Como han destacado Huamán, Bosshard, Niemeyer, Hernando Marsal, Badini y Usandizaga, la heterogeneidad social, étnica y epistémica se refleja en la caleidoscópica obra churatiana. Huamán describe la estructura de *El pez de oro* utilizando la metáfora andina del *tinku* en cuanto "unidad de encuentro de contrarios" (Huamán 64). En su análisis de la historia mítica del pez de oro, Bosshard la retoma en cuanto llave explicativa del texto y escribe: "El *tinkuy* como la unión de *hanan* y *hurin* posibilita la afirmación de la unidad del cuerpo y del espíritu en una base autóctona, convirtiéndose por ende en un concepto sobre el cual se podría desarrollar una filosofía andina" (Bosshard, "Mito y mónada..." 68). A estas interpretaciones, Hernando Marsal añade la metáfora de *ch'ixi* para destacar la naturaleza conflictiva, en particular en lo lingüístico, propia de la obra (Hernando Marsal, "Una propuesta lingüística vanguardista..." 68). En aymara, la palabra *ch'ixi* abarca diferentes significados. Entre muchos, Rivera Cusicanqui afirma que "es un color producto de la yuxtaposición, en pequeños puntos o manchas, de dos colores opuestos o contrastados: el blanco y el negro, el rojo y el verde etc. Es ese gris jaspeado resultante de la mezcla imperceptible del blanco y el negro, que se confunden para la percepción sin nunca mezclarse del todo" (Rivera Cusicanqui, *Ch'ixinakax utxiwa* 70). La socióloga boliviana ha utilizado dicha noción para describir la identidad mestiza y el proceso que conduce a ella, es decir, el mestizaje. Una identidad "abigarrada" en la que "coexisten en paralelo múltiples diferencias culturales, que no se funden, sino que antagonizan o se complementan. Cada una se reproduce a sí misma desde la profundidad del pasado y se relaciona con las otras de forma contenciosa" (70). Lejos de la noción de hibridez formulada por García Canclini, y también de la de *tinku*, la igualación simétrica de los complementarios, la visión *ch'ixi* descansa en epistemología aymara y es cercana a la de *taypi* (que literalmente, en aymara, designa lo que está en el medio).

[18] Por ejemplo, en la "Homilía del Khori-Challwa", se lee: "El escritor mestizo balbuce lengua corrosiva que alimenta con vidas que son y no suyas, constatando a diario que si entre España y América periclitaron pleitos, no pasa lo mismo con él; y que, o ahoga al indio, o expulsa al español. Allí donde todavía la contención exista, el drama del "pensamiento" americano se alimentará de ella; si es en ella que se originan sus pseudomorfosis psicopatológicas. Pero el vivir América es perseguir la unidad en medio a la acción de polos igualmente compelentes: por un lado España; por otro, la montaña indiática" (*El pez de oro* 199).

[19] En palabras del autor: "Vivir América, quiere decir, aceptar el complejo de todas las contradicciones de la naturaleza histórica y sobreponerse a los impactos de la naturaleza

El *nosotros* colectivo que "trata de asumir la identificación con lo indígena" (Portocarrero 290) reafirma un pasado sepultado por procesos de aculturación. Empero, no se trata de un tiempo inerte y fosilizado, sino que es "no yerto, fértil, fluyente" (*El pez de oro* 344). Un pasado que remite al concepto aymara de *nayra pacha*, traducido por Bertonio como "antiguamente" (Bertonio 416). Según Szemiński significaría "el primero", el que da comienzo, "el primer tiempo de la existencia" (Szemiński 320). La reconstrucción identitaria, por tanto, se traduce en reanudación con una temporalidad histórica negada. Un pasado histórico que, mediante la memoria colectiva, se (re)instala en el presente, proyectándose hacia el futuro. Como afirma Claudia Zapata, "una de las funciones más relevantes de la memoria es crear anclajes temporales y espaciales a la identidad, permitiéndole a ésta el control sobre el pasado y la legitimación de su existencia" (180). En definitiva, es necesaria una resemantización del pronombre personal *naya* ("yo"), que en Churata adquiere el valor de una "conciencia múltiple" (*El pez de oro* 493). *Naya*, además, "es el 'ánimo' que según las intuiciones del arcaico puede abandonar temporalmente (kiuchaska) la cobertura del sér" (293). El autor se refiere a la percepción andina de que, a raíz de un fuerte miedo, el "ánimo" puede dejar el cuerpo (Fernández 279-303). Según Burman, este "susto" sería atribuible, en un discurso identitario colectivo, al impacto del colonialismo, ya que se trataría de una pérdida del *ajayu*[20] o del espíritu colectivo a causa de una "imposición" colonial. El colonialismo se concibe como "un proceso de 'pérdida' e 'imposición'; pérdidas de identidades 'nativas', imposición de identidades 'extrañas'" (Burman, "The Strange and the Native: Ritual and Activism in the Aymara Quest

---

que trata de emulsionar en el complejo vital de la sangre americana. Si la América no es india, ¿qué cosa es? ¿Una colonia?" (Conferencia en la Universidad Federico Villareal 60-61).

[20] El término aymara *ajayu* (actual grafía en aymara) podría traducirse literalmente como "alma". En la reelaboración de Churata adquiere el significado de "fluido que anima" al ser humano y la naturaleza, en su dimensión espiritual y material. En la conferencia dictada en el cine Puno, el 30 de enero de 1965, afirma lo siguiente: "Yo no llamaré al fluido que anima, alma, con voz latina, ni psique, con voz griega; llamárela con voz vernácula americana: Ahayu" ("El pez de oro, o dialéctica del realismo psíquico, alfabeto del incognoscible" 21). Como afirma Gonzales Fernández, en la visión del autor "lo psíquico y lo biológico se encuentran envueltos en una dinámica que es reactualizada por un sujeto" (González Fernández 61). Para profundizar sobre el concepto de *ajayu* en Churata ver Mamani ("Ahayu-watan: una categoría andina para explicar nuestra cultura") y Mancosu ("Susto, pérdida y reapropiación del *ajayu* en la obra de Gamaliel Churata", de próxima publicación).

for Decolonization" 457). De esta manera, la reivindicación del ser equivale a una autoafirmación como sujeto histórico en el presente y en el pasado. Como escribe el mismo Churata, el pasado

> [...] no ha de ser interpretado por la energía del Presente, pues si el Presente se vive como energía, ¿cuya esa energía sino energía del Pasado? [...] Quien vive, vive del Pasado, en cuanto el Presente es energía acumulada, y no interpretación de la energía.
> [...]
> Historia no es de algo, sino en algo; por lo que donde falta sujeto no hay historia. Y será lo mismo decir que donde falta Presente no hay Pasado; viceversa; deben coexistir, y, más propiamente, tú–eres naya, o no eres" (*El pez de oro* 345).[21]

El pasado permanece en el presente y lo revivifica. Esta concepción temporal no hay que confundirla con el "eterno retorno", dice Churata, o con un movimiento circular, "porque lo que está retornando eternamente no tiene medios de retornar, puesto no se ha ido" (*El pez de oro* 333). Como señala Ventura siguiendo a Eric Wolf, "los mestizos tampoco tienen un pasado cortado con nuestro patrón, es decir, tampoco tienen pasado, y junto con los indígenas pasan al campo de la gente sin historia, o con una historia que empieza precisamente en el momento en que Occidente supo de ellos" (Ventura, "Un pasado que no pasa: reflexiones amerindias" 62). De aquí que Churata señala la urgencia de reconocer "cuatrocientos millones de hombres y mujeres sin historia; treinta, o más 'republiquetas' simiescas que desembocan en toda la Historia, pero en una Historia que no es nuestra Historia" (*El pez de oro* 307). Este discurso es funcional para rescatar la memoria social del sujeto mestizo que se percibe y es percibido sin pasado y sin antepasados. En palabras del autor:

> Si el maestro Eckhardt[22] preguntara al indio, él tan efecto a inquisiciones de esta índole:
> –¿Qué buscas en tus indios muertos?
> El indio le respondería:

---

[21] La fórmula "Tú eres naya", que vuelve a menudo a lo largo de todo el texto, se reanuda, como ha destacado Usandizaga, con la historia mítica, ya que "el yo no se aísla del otro y así formula esta conciencia cósmica, de modo que *ego* se relaciona más bien con el principio de individuación que transporta el Pez, el cual contiene la totalidad de la conciencia. En este contexto, el Pez de oro es el que da la permanencia de la colectividad y a la vez la persistencia de lo individual" ("Irradiación semántica..." 162).

[22] Eckhart de Hochheim (c.1260-c.1328) fue un filósofo y teólogo alemán de la orden de los dominicos que dio origen a la escuela mística renana. La escuela reivindicó el acceso del pueblo y de las mujeres a la experiencia mística, privilegio exclusivo de monasterios y conventos.

>   –Busco a mis indios vivos.
>   –¿Y qué en estos indios antiguos?
>   –Busco a los nuevos.
>   [...] No quedaría satisfecha su curiosidad si al mismo tiempo no lleva la enquesta a la zona del mestizo o criollo. Veamos los frutos que obtiene.
>   –¿Qué buscas en tus mestizos muertos?
>   Seguirá silencio que puede durar siglos de logorragia parlamentaria; mas al fin el mestizo dirá:
>   –¡Nada! (*El pez de oro* 342)

Mientras que el "indio" estaría en conexión con sus muertos y su pasado, los mestizos(as) serían sujetos amnésicos. Empero, ya que "se vive en *naya* intransferible, inoptativo y eterno", los mestizos(as) podrían volver a "sentir"[23] su ascendencia indígena. (*El pez de oro* 334). En dicha visión parecen resonar las palabras de Arguedas cuando dice: "no pudo dominar Occidente a este mestizo porque su profunda entraña india lo defendió. Y siguió y sigue pugnando por crearse una propia personalidad cultural" ("Entre el kechwa y el castellano la angustia del mestizo" 38).

Churata pone en discusión el paradigma racionalista de la filosofía occidental que decreta que los sentidos son obstáculos para alcanzar la verdad científica. El desplazamiento que hace el autor entre el *pensar* al *sentir* conlleva una resignificación del *cogito* cartesiano. El "pienso luego existo" se convierte en el "siento luego existo": "Si dejo de pensar dejé de existir: pero sigo doliendo... ¡y no existo! No hablo porque pienso; hablo porque siento" (*El pez de oro* 297). La única manera de sanar "sustos" que remontan a la conquista de América será entonces volver a sentir(se) parte de una conciencia colectiva, lo que lleva a postular que la "naturaleza étnica de la nacionalidad no está en el color de la piel, está en el movimiento del alma" (Conferencia en la Universidad Federico Villareal 64).

Churata quiebra con la idea de un mestizaje homogéneo y conciliador utilizado como "prótesis" ideológica blanqueadora.[24]

---

[23] En su análisis de la fórmula recurrente "Tú eres naya", Bosshard observa que "este acto de sentir al otro resulta fundamental para que Churata pueda construir el yo como parte integral de un colectivo. El 'ego' hay que comprenderlo en un tú múltiple [...] que coincide con el universo" ("Mito y mónada" 518).

[24] Afirma Churata: "Atravesamos periodo que los sociólogos biologistas llaman de miscigenación, ciclo del 'cholo'; y el cholo (el malo) harase arrancar las cuerdas vocales a permitir que mediante ellas gorjee el Cherekheña de Orko-pata, excepciones hechas, y muy canoras. La prótesis mestiza in milagrera; se arranca los incisivos indios de las estadísticas y los reemplaza con artificiales gringos" (*El pez de oro* 623).

Simultáneamente, rechaza las "políticas del censo" (Branca, "La lengua jaqi aru (aymara) como elemento de identidad") impuestas por las "republiquetas", dirigidas no solo a invisibilizar a la población indígena, sino también a naturalizar la sociedad mestiza como "no india". Aunque la noción de mestizaje se utilice para establecer fronteras y legitimar jerarquías socio-raciales, no se ha conseguido, recuerda el autor, arrancar la "raíz indígena" del ser americano. Raíz que se concibe como naturaleza "histórica" de una subjetividad colectiva que nunca muere.[25] Y si bien en las últimas páginas de *El pez de oro* leemos que "cualquier mestizaje es imposible" (972), permanece la posibilidad de que aflore la conciencia crítica de una "naturaleza étnica" que continúa reviviendo, en la complejidad y multiplicidad de sus historias y conocimientos.

Conclusiones

En una entrevista realizada en 1963, Churata contesta a la pregunta acerca del "genio indomestizo" y de su eventual potencialidad para crear una nueva cultura americana, y dice:

> No creo en un genio mestizo. El "gene" humano es refractario a toda acción o ácido y, como lo ha demostrado el laboratorio, posee condición de inmortalidad; [...] El mestizaje no alcanza sino a la materia miológica, al tegumento dérmico. La impronta americana tendrá, pues, que ser expresión de un ego indígena para ser americana; de lo contrario será griega ya que hispana no lo será a causa de la naturaleza poli-híbrida de Eurasia [...] Somos indios o no somos americanos, como se postuló ya en *El pez de oro*. ("Hablan los escritores" 210)

Al final de su trayectoria existencial y literaria, Gamaliel Churata vuelve a destacar el matiz ideológico propio de la noción de "mestizaje" en cuanto herramienta del discurso nacionalista criollo para ocultar jerarquías raciales, étnicas y de clase. En su caracterización del "ser mestizo" intenta detener su representación por negación en cuanto subjetividad que "no-es", giro que no solo visibiliza la conflictualidad vivida por los mestizos, sino que consigue detener un proceso de "desidentificación" que afecta a estos grandes sectores de la sociedad americana.

---

[25] Escribe el autor: "la célula no muere; mas se le obliga a vivir muerta. Investíguese, entonces, si el mestizaje logra romper la unidad de la célula embrional, y de allí se obtendrá el derecho de esclavizar pueblos en nombre de la cultura, el justificativo no menos como medio de ennoblecer las 'razas inferiores'" (*El pez de oro* 971).

Hasta aquí, y mediante un análisis de mecanismos discursivos oscilatorios, incluyentes y excluyentes, se ha intentado mostrar cómo la flexibilidad en el uso del *nosotros* devela las ambivalencias del "mestizo". Quedan por investigar rutas de análisis dirigidas a profundizar la idea de "comunidad nacional" imaginada por Churata, así como también una óptica de comparación con Arguedas, debido a la proximidad del período histórico en que vivieron los dos autores. A este propósito, quizá sea apropiado concluir con un fragmento del diálogo ficcional escrito por el autor peruano César Calvo:

> El grandioso poeta (kheshwa) y novelista (castellano) José María Arguedas lamentó que los médicos frustraran su penúltimo intento de suicidio arguyendo que él, de todos modos y más temprano que tarde, se quitaría la vida.
> – ¿Qué podemos hacer, todos los que te amamos y admiramos en el mundo; qué es lo que podríamos hacer para que no te mates? – le dije.
> Y él, casi sobreponiendo sus palabras en la mía, como si se estuviera oyendo decir algo ya desde muy lejos, me respondió con naturalidad:
> Impidan la llegada de los conquistadores españoles. (178)

De este relato se desprende "una conciencia de la historia como experiencia colectivamente vivida" (Cornejo Polar, *Escribir en el aire* 87). En este sentido, la respuesta de Arguedas es tajante. El trauma de quinientos años (pérdida de *ajayu*, diría Churata) desborda los cauces individuales para alcanzar una dimensión sociocultural e histórica colectiva.

Bibliografía

Anderson, Benedict. *Comunidades imaginadas. Reflexiones sobre el origen y la difusión del nacionalismo*. México: FCE, 1993.

Arguedas, José María. "Entre el kechwa y el castellano la angustia del mestizo". *Indios, mestizos y señores*. Lima: Editorial Horizonte, 1987. 35-38.

Badini, Riccardo. "La ósmosis de Gamaliel Churata". *Memorias de JALLA Tucumán*. Tomo I. Ricardo Kaliman, editor. Tucumán: Universidad Nacional de Tucumán, 1997. 344-351.

_____ "La hermenéutica germinal de Gamaliel Churata". *Resurrección de los muertos*. Lima: Asamblea Nacional de Rectores, 2010. 23-35.

Bertonio, Ludovico. *Transcripción del vocabulario de la lengua aymara* [1612]. La Paz: ILLA-A., 2011.

Bosshard, Marco Thomas. "Hacia la 'sabiduría sinfónica': Vasconcelos en *El pez de oro* de Gamaliel Churata". *Con Textos. Revista Crítica de Literatura* 4/4 (2013): 87-102.
_____ "Mito y mónada: la cosmovisión andina como base de la estética vanguardista de Gamaliel Churata". *Revista Iberoamericana* 73/220 (2007): 515-539.
_____ *Ästhetik der andinen Avantgarde. Gamaliel Churata zwischen indigenismus und Surrealismus*. Berlín: Wissenschaftlicher Verlag Berlin, 2002.
Bourricaud, François. *Cambios en Puno. Estudios de sociología andina*. Lima: IEP/IFEA, 2012.
Branca, Domenico. "*Colonialità*, modernità e identità sociali in alcune categorie di Quijano e Dussel". *Visioni LatinoAmericane* 10 (2014): 84-101.
_____ "La lengua jaqi aru (aymara) como elemento de identidad". *QuAderns-e* 19/2 (2014): 10-24.
Burman, Anders. *Descolonización aymara. Ritualidad y política (2006-2010)*. La Paz: Plural Editores, 2011.
_____ "The Strange and the Native: Ritual and Activism in the Aymara Quest for Decolonization". *The Journal of Latin American and Caribbean Anthropology* 15/2 (2010): 457-475.
Cadena, Marisol de la. "¿Son los mestizos híbridos? Las políticas conceptuales de las identidades andinas". *Universitas humanística* 61 (2006): 51-84.
Calvo Soriano, César. *Edipo entre los Inkas. El sexo y otros dioses*. Lima: Fondo Editorial del Congreso del Perú, 2001.
Campra, Rosalba. *América Latina: la identidad y la máscara*. Madrid: Siglo XXI Editores, 1998.
Churata, Gamaliel. "Comentario a Ortografía Indoamericana de Francisco Chuqiwanka". *Boletín Titikaka*. Diciembre 1927. Edición facsimilar. Lima: Lluvia Editores/CELAP, 2016. 65.
_____ "Indoamericanismo". *Boletín Titikaka*. Mayo 1928. Edición facsimilar. Lima: Lluvia Editores/CELAP, 2016. 85.
_____ "Revistas comentarios". *Boletín Titikaka*. Febrero 1929. Edición facsimilar. Lima: Lluvia Editores/CELAP, 2016. 112.
_____ *El pez de oro*. Helena Usandizaga, editor. Madrid: Cátedra, 2012.
_____ *Resurrección de los muertos*. Riccardo Badini, editor. Lima: Asamblea Nacional de Rectores, 2010.

_____ "Hablan los escritores. Con Gamaliel Churata" [1963]. *El dolor americano. Literatura y periodismo en Gamaliel Churata*. Guissela Gonzalez Fernández, editor. Lima: Fondo Editorial del Pedagógico San Marcos, 2009. 209-211.

_____ "Tendencia y filosofía de la chujlla". *El dolor americano. Literatura y periodismo en Gamaliel Churata*. Guissela González Fernández, editor. Lima: Fondo Editorial del Pedagógico San Marcos, 2009. 171-177.

_____ "Conferencia en la Universidad Federico Villarreal". *Motivaciones del escritor. Arguedas, Alegría, Izquierdo Ríos, Churata*. Godofredo Morote Gamboa, editor. Lima: Universidad Nacional Federico Villarreal, 1989. 59-67.

_____ "El pez de oro, o dialéctica del realismo psíquico, alfabeto del incognoscible". *Antología y valoración*. Lima: Instituto Puneño de Cultura, 1971. 13-36.

_____ "Tojjras: El levantamiento". *Amauta* 18 (1928): 21-29.

_____ "El gamonal" [1927]. *Amauta* 5 (1927): 30-33 y 6 (1927): 18-20.

Cornejo Polar, Antonio. "Mestizaje e Hibridez: los riesgos de las metáforas. Apuntes". *Revista Iberoamericana* LXIII/180 (1997): 341-344.

_____ *Escribir en el aire. Ensayo sobre la heterogeneidad socio-cultural en las literaturas andinas*. Lima: Editorial horizonte, 1994.

_____ "Mestizaje, transculturación, heterogeneidad". *Revista de Crítica Literaria Latinoamericana* 20/40 (1994): 368-371.

_____ "El indigenismo y las literaturas heterogéneas: su doble estatuto socio-cultural". *Revista de Crítica Literaria Latinoamericana* 4/7-8 (1978): 7-21.

Dussel, Enrique. "Eurocentrism and Modernity. Introduction to the Frankfurt Lectures". *The Postmodernism Debate in Latin America*. John Beverley, Michael Aronna y José Oviedo, editores. Durham: Duke University of Press, 1995. 65-76.

Eriksen, Thomas. *Ethnicity and Nationalism. Anthropological Perspectives*. London: Pluto Press, 1993.

Espezúa Salmón, Dorian. "El lenguaje como campo de batalla. La expresión americana *kuika* según Gamaliel Churata". *Caracol* 9 (2015): 18-90.

Fanon, Frantz. *Los condenados de la tierra*. México D.F.: Fondo de Cultura Económica, 1963.

Fernández Juárez, Gerardo. "Ahayu, Animu, Kuraji. La enfermedad del "susto" en el altiplano de Bolivia". *Salud e Interculturalidad en América Latina. Perspectivas antropológicas*. Gerardo Fernández Juárez, editor. La Paz: Abya-Yala, UCLM, 2004. 279-303.

Flores Galindo, Alberto. *Buscando un inca: identidad y utopía en los Andes*. La Habana: Casa de las Américas, 1986.

García Canclini, Néstor. *Culturas híbridas. Estrategias para entrar y salir de la modernidad*. México D.F.: Grijalbo, 1990.

García, Uriel. "El Neoindianismo". *Boletín Titikaka*. Noviembre 1926. Edición facsimilar. Lima: Editorial Lluvia Editores/CELAP, 2016. 64.

Garcilaso de la Vega, el Inca. *Comentarios reales*. Madrid: Cátedra, 2012.

González Casanova, Pablo. *Sociología de la explotación*. México: Grijalbo, 1969.

González Fernández, Guissela. *El dolor americano. Literatura y periodismo en Gamaliel Churata*. Lima: Fondo Editorial del Pedagógico San Marcos, 2009.

Gruzinski, Serge. *El pensamiento mestizo. Cultura amerindia y civilización del Renacimiento*. Barcelona: Paidós, 2007.

Hernando Marsal, Meritxell. "Historia, memoria y escritura en *El pez de oro* de Gamaliel Churata". *Con Textos. Revista Crítica de Literatura* 4/4 (2013): 35-51.

_____ "Una propuesta lingüística vanguardista para América Latina". *Estudios* 18/35 (2010): 49-75.

_____ "El hibridismo (im)posible: *El pez de oro* de Gamaliel Churata". *Wayra la* 3/6 (2007): 25-36.

Huamán, Miguel Ángel. *Fronteras de la escritura. Discurso y utopía en Churata*. Lima: Editorial Horizonte, 1994.

Lander, Edgardo, comp. *La colonialidad del saber: eurocentrismo y ciencias sociales. Perspectivas latinoamericanas*. Buenos Aires: Clacso, 2000.

López Lenci, Yazmín. *El laboratorio de la vanguardia literaria en el Perú*. Lima: Horizonte, 1999.

Maldonado Torres, Nelson. "Sobre la colonialidad del ser: contribuciones al desarrollo de un concepto". *El giro decolonial. Reflexiones para una diversidad epistémica más allá del capitalismo global*. Santiago Castro-Gómez y Ramón Grosfoguel, editores. Bogotá: Siglo del Hombre Editores; Universidad Central; Instituto de Estudios Sociales Contemporáneos y Pontificia Universidad Javeriana; Instituto Pensar, 2007. 127-167.

Mamani Macedo, Mauro (2015). "Ahayu-watan: una categoría andina para explicar nuestra cultura". *Caracol* 9 (2015): 92-127.

Mancosu, Paola. "Susto, pérdida y reapropiación del *ajayu* en la obra de Gamaliel Churata". En prensa.

―――― "El Inca Garcilaso de la Vega: una lectura de Gamaliel Churata". *Revista de crítica literaria latinoamericana* 85 (2017): 445-468.

Mariátegui, José Carlos. "Correspondencia (1915-1930)". *Obras completas* I. Lima: Biblioteca Amauta, 1984.

Mignolo, Walter. *La idea de América Latina*. Barcelona: Gedisa editorial, 2007.

Monasterios, Elizabeth. "La nacionalidad: ¿Condición negativa de la política? El aporte de Gamaliel Churata a la teoría política boliviana". *Estudios Bolivianos* 22 (2015): 139-159.

―――― *La vanguardia plebeya del Titikaka. Gamaliel Churata y otras beligerancias estéticas en los Andes*. Lima/La Paz: IFEA/Plural, 2015.

Niemeyer, Khatarina. *Subway de los sueños, alucinamiento, libro abierto. La novela vanguardista hispanoamericana*. Madrid/Frankfurt: Iberoamericana/Vervuert, 2004.

O'Gorman, Edmundo. *La invención de América: el universalismo de la cultura de Occidente*. México D.F: Fondo de Cultura Económica, 1958.

Portocarrero, Gonzalo. *La urgencia por decir «nosotros». Los intelectuales y la idea de nación en el Perú republicano*. Lima: Fondo editorial de la Pontificia Universidad Católica del Perú, 2015.

Quijano, Aníbal. "Don Quijote y los molinos de viento en América Latina". *Investigaciones Sociales* 10/16 (2006): 347-368.

―――― "Colonialidad del poder y clasificación social". *Journal of World-System Research* XI/2 (2000): 342-386.

―――― "Colonialidad y modernidad-racionalidad". *Los conquistados. 1492 y la población indígena de las Américas*. Heraclio Bonilla, editor. Quito: Tercer Mundo Editores/Flacso/Ediciones Libri Mundi, 1992. 437-447.

Rama, Ángel. *La ciudad letrada* [1984]. Madrid: Finec Editorial, 2009.

Rénique, José Luis. "Indios e indigenistas en el altiplano sur andino peruano, 1895-1930". *Encrucijadas estético-políticas en el espacio andino*. Maya Aguiluz Ibargüen, editor. México/La Paz: UNAM/UMSA, 2008. 81-112.

Rivera Cusicanqui, Silvia. "La identidad ch'ixi de un mestizo: En torno a *La Voz del Campesino*, manifiesto anarquista de 1929". *Ecuador Debate* 84 (2011): 193-204.

_____ *Ch'ixinakax utxiwa. Una reflexión sobre prácticas y discursos descolonizadores*. Buenos Aires: Tinta Limón Ediciones, 2010.

Spedding, Alison. *Descolonización. Crítica y problematización a partir del contexto boliviano*. La Paz: ISEAT, 2011.

Stolcke, Verena. "Los mestizos no nacen, se hacen". *Identidades Ambivalentes en América Latina (Siglos XVI-XXI)*. Verena Stolcke y Alexandre Coello, eds. Barcelona: Bellaterra, 2008. 14-51.

_____ "¿Es el sexo para el género lo que la raza para la etnicidad... y la naturaleza para la sociedad?" *Política y Cultura* 14 (2000): 25-60.

Szemiński, Jan. "Acerca de las posibilidades de encontrar huellas de una larga tradición histórica en las fuentes del XVI y XVII". *Los Andes cincuenta años después. Homenaje a John Murra (1953-2003)*. Ana María Lorandi, Carmen Salazar Soler, Nathan Wachtel, editores. Lima: Fondo Editorial de la Pontificia Universidad Católica del Perú, 2003. 317-338.

Tamayo Herrera, José. *Historia social e indigenismo en el altiplano*. Lima: Ediciones treintaitrés, 1982.

Usandizaga, Helena. "Introducción". Gamaliel Churata, *El pez de oro*. Madrid: Cátedra, 2012. 11-117.

_____ "Irradiación semántica de los mitos andinos en *El pez de oro*, de Gamaliel Churata". *La palabra recuperada: Mitos prehispánicos en la literatura latinoamericana*. Helena Usandizaga, editor. Madrid/Frankfurt: Iberoamericana/Vervuert, 2006. 145-180.

Valcárcel, Luis. *Tempestad en los Andes*. Perú: Editorial Minerva, 1927.

Vasconcelos, José. *La raza cósmica. Misión de la raza iberoamericana* [1925]. México, D.F.: Espasa-Calpe Mexicana, 1977.

Ventura, Montserrat. "Un pasado que no pasa: reflexiones amerindias". *Quaderns-e de l'Institut Català d'Antropologia* 20/2 (2015): 53-65.

_____ "Introducción: sistemas de clasificación social, fronteras y mezclas". *Fronteras y mestizajes. Sistemas de clasificación social en Europa, América y África*. Montserrat Ventura, ed. Bellaterra: Publicacions d'Antropologia Cultural de la Universitat Autònoma de Barcelona, 2010. 8-16.

_____ "Etnicidad i racisme". *Revista d'Etnologia de Catalunya* 5 (1994): 116-133.

Vich, Cynthia. *Indigenismo de Vanguardia en el Perú: un estudio sobre el Boletín Titikaka*. Lima: Pontificia Universidad Católica del Perú, 2000.

Vilchis Cedillo, Arturo. *Travesía de un itinerante*. Puno: Universidad Nacional del Altiplano, 2013.

Wade, Peter. *Raza y etnicidad en Latinoamérica*. Quito: Ediciones Abya-Yala, 2000.

Wolf, Eric. *Europa y la gente sin historia*. México: FCE, 1982.

Zapata Silva, Claudia (2007) "Memoria e historia. El proyecto de una identidad colectiva entre los aymarás de Chile". *Chungara. Revista de Antropología Chilena* 39/2 (2007): 171-183.

Zevallos Aguilar, Ulises Juan. *Indigenismo y nación. Los retos a la representación de la subalteridad aymara y quechua en el Boletín Titikaka (1926-1930)*. Lima: Instituto Francés de Estudios Andinos, 2002.

III. La impronta descolonizadora

En La Paz, c1960. Archivo Amaratt Peralta

Hibridismo, heterogeneidad y transculturación en el contexto de *El pez de oro*[1]

Marco Thomas Bosshard

En *El pez de oro*, Gamaliel Churata utilizó –décadas antes del surgimiento de las teorías respectivas– el término "hibridismo" como posible alternativa frente a la noción de "mestizaje", resaltando que "la literatura americana debe ser idiomáticamente híbrida" (*El pez de oro* 16).[2] Por eso, vale la pena abordar en qué medida *El pez de oro* coincide con las categorías terminológicas de la teoría cultural latinoamericana por una parte[3] y del poscolonialismo del ámbito norteamericano y anglosajón por la otra.[4]

Una lectura prolija de la obra de Churata muestra que en *El pez de oro*, en un momento relativamente temprano, se halla ya cimentada toda la controversia en torno al hibridismo y la transculturación. Tanto en la teoría literaria como en la cultural, el concepto de

---

[1] Texto publicado originalmente en 2002 en lengua alemana como parte del libro *Ästhetik der andinen Avantgarde. Gamaliel Churata zwischen Indigenismus und Surrealismus*. Su inclusión en este libro es una versión revisada de la traducción castellana que apareció en 2014. Con la distancia de casi quince años y a la luz de la obra completa de Churata, publicaremos próximamente un artículo que pone en tela de juicio la terminología poscolonial empleada aquí: "Gamaliel Churata como reto para la crítica literaria y teoría cultural latinoamericanas o cómo repensar las heterogeneidades del mundo contemporáneo" (University of Pittsburgh).
[2] Las citas de *El pez de oro* están tomadas de la primera edición (La Paz: Canata, 1957).
[3] La obra principal de referencia es, sin duda, la de Néstor García Canclini, *Culturas híbridas. Estrategias para entrar y salir de la modernidad* (1989).
[4] Consultar por ejemplo Homi K. Bhabha, *The Location of Culture* (1994).

"hibridismo" se establece a partir de la tardía recepción de Bajtín en Europa Occidental. La teoría de Ángel Rama de la "transculturación narrativa,"[5] por su parte, se basa en un modelo desarrollado por el sociólogo cubano Fernando Ortiz en 1940. Ortiz destaca del concepto de "aculturación" de una cultura con respecto a otra, el proceso de transición y transformación al cual está sujeta una cultura al entrar en contacto con otra, proceso que repercute necesariamente en ambas culturas originales y, de ese modo, da lugar a nuevos fenómenos culturales. Vale la pena por lo tanto observar más de cerca las premisas teóricas expuestas en *El pez de oro,* en gran parte redactadas hacia 1955, pero que se refieren a secciones del texto escritas ya en los años veinte.

La concepción de hibridismo de Churata es ambivalente desde el principio. Su perspectiva vitalista parece remitirse principalmente a los estudios biológicos de Mendel; a ellos se asocia una valoración originalmente negativa del híbrido como ser hermafrodita y estéril, que proporcionó a autores como Spencer o Le Bon, en el marco del discurso positivista, el fundamento argumentativo para la afirmación del mantenimiento de la pureza de la raza blanca entendida como superior. En sus comienzos radicales, el indigenismo está ligado a una visión igualmente positivista, solo que invierte las premisas y antepone la cultura indígena a la blanca. El mestizo como ser híbrido es negado del mismo modo por los teóricos europeos. La obra *Tempestad en los Andes,* de Luis E. Valcárcel, publicada en 1927, a veces ilustra tal postura cuando afirma:

> Se han mezclado las culturas.
> Nace del vientre de América un nuevo ser híbrido: no hereda las virtudes ancestrales sino los vicios y las taras. El mestizaje de las culturas no produce sino deformidades. (107)[6]

En *El pez de oro,* en cambio, se observan dos tipos de mestizajes, y ambos se designan a través del término "hibridismo". Churata observa que "[e]l hibridismo [...] [no] pudo cristalizar –ni puede– en la sangre; pues es en ella, precisamente, donde se oye el ¡Kharrajuskha!

---

[5] Esta teoría está desarrollada tanto en *Transculturación narrativa en América Latina* (1987), como en el artículo sinóptico "Processes of Transculturation in Latin American Narrative" (1997).

[6] A Valcárcel, quien más adelante revisó su postura militante de *Tempestad en los Andes,* se atribuye el mérito de un aporte esencial al establecimiento de la etnología y la antropología como disciplinas científicas en las universidades peruanas. No obstante, su antiguo radicalismo constituye un sedimento discursivo que ha marcado decisivamente y hasta el presente el punto de vista de numerosas generaciones de antropólogos peruanos.

del caballero español y el lloro del indio" (533). A primera vista, esta aserción al final del libro (a pesar de que el pasaje fue escrito en los años cincuenta) parece cuestionar el mestizaje en general, reflejando la visión negativa del fenómeno que se expresa, por ejemplo, en la obra temprana de Valcárcel. Sin embargo, la formulación de Churata ha de leerse como un resumen crítico de su compromiso indigenista de tantos años. Churata es muy consciente de que su propia obra, y en especial *El pez de oro*, deconstruye tal postura en la medida en que explora hasta el extremo, en el plano léxico, la hibridización de la lengua jamás habida en tan radical medida ni antes ni después de él. Por lo tanto, se yuxtapone al mestizaje biológico un segundo tipo de mestizaje, ubicado esta vez en el nivel del lenguaje. Así, Churata reconoce que:

> Cualquier mestizaje es imposible, mas hay alguno impasable; y uno –bien se lo ven en este libro– es el del hispano y las lenguas aborígenes de la América, si en lo que llevamos de cultura cristiana, y lo mismo es decir española, hemos originado hasta el deleitoso y pecador connubio de Juan de la Cruz y Verlaine; mas hay infarto estético de que podamos decir: he aquí el connubio indio-hispano. (*El pez de oro* 533)

Destaca el hecho de que Churata niegue el hibridismo "en la sangre" y, sin embargo, lo haga valer en el plano estético-idiomático,[7]

---

[7] En el plano estético, ha sido José Lezama Lima, entre otros, quien ha señalado el aspecto híbrido de la arquitectura latinoamericana del barroco en *La expresión americana* (1993), en especial en el caso de Aleijandrinho en Brasil así como Kondori en el ámbito andino (ver el capítulo "La curiosidad barroca", págs. 79-106). Churata parece referirse directamente a Lezama Lima al mencionar la iglesia de Juli, que el autor cubano pone como ejemplo, pero se muestra muy escéptico a este respecto: "Mucho se habla de una arquitectura híbrida, a causa de que el indio fue el alarife de las soberbias fábricas neohispanas [...] Más que con ánimo polémico, cuanto el de adquirir ese convencimiento he tratado a justificar a quienes con voluntad de bien manifiesta han sostenido hasta hoy doctrina tal [...] Muy a la vista se descubre que el señuelo domina el esquema reflexivo; precisamente porque juzgan de lo sustancial por lo adjetivo, no hallo valedero ninguno de sus argumentos. [...] Las soberbias iglesias de Pomata y Juli dan constantemente para discresiones [sic] de esta índole; pero hay que hacer un estéril esfuerzo mental para admitir el hibridaje allí donde si se advierte un ritmo de fuga del barroco es porque se acentúan los signos del Renacimiento italiano, particularmente en Pomata" (41y ss.). A pesar de la postura de Churata, que rechaza la idealización del barroco entendido como un *siglo de oro* de síntesis indohispana, la correcta apreciación de los elementos barrocos en *El pez de oro* es fundamental para entender la obra. Mientras que la caracterización del estilo escrito de Churata como "barroco" que hacen diversos críticos, parece ir acompañada de una connotación negativa o peyorativa (barroco = redundancia, excesivo recargo de elementos, etc.), en el marco del proyecto literario-idiomático de Churata, lo barroco representa sin duda el aspecto hispano, es decir, el peninsular e hispanoamericano –la literatura de un Cervantes, un Calderón o un Góngora por una parte, y de un Inca Garcilaso o un Ruiz de Alarcón por otra–, que se unifica en una síntesis con el léxico indígena en *El pez de oro*. Eso resulta aún más fácil en tanto la

pues la tendencia reciente de utilizar metáforas del campo de la botánica para el debate sobre el mestizaje y el hibridismo se explica justamente porque estas, al contrario de la metáfora del mestizo, no connotan sangre ni violencia.[8]

El abandono de la metáfora del mestizo, sin embargo, iba acompañado también de su rechazo como feliz síntesis de dos razas diferentes inmersas en un sistema idealista. Como lo han demostrado Gonzales Fernández y Ríos Moreno, el tránsito de Churata de la fase del *sujeto hegemónico* (idealista) al período del *realismo psíquico* (autoconsciente) presenta a este respecto ciertos paralelos, de modo que la hibridización de Churata anticipa ciertas posturas poscoloniales desarrolladas décadas más tarde.[9] Al mismo tiempo, hay que evitar

---

redundancia de la estética barroca coincide con la redundancia nemotécnica implícita de un sistema literario indígena oral, donde el tercer signo distintivo del estilo de Churata, el vanguardismo, desplaza los elementos barrocos y orales a la modernidad e intenta reconciliarlos allí. Tenemos la impresión de que hasta el momento todos estos puntos no han sido destacados, o no suficientemente, en el debate. También el tono mesiánico y milenarista en *El pez de oro*, que parece chocante o anacrónico en un texto "moderno", se explica por la constelación de fondo que es similar. Ha de remitirse necesariamente al discurso de los misioneros españoles por una parte (incluido el discurso adventista ligado a la modernidad y el progreso a los ojos de Churata) y por la otra a aquellos que insinúan la utopía andina del retorno del inca, ambos fundidos en una singular amalgama en *El pez de oro*.

[8] Consultar al respecto el artículo de Carlos Rincón "Metáforas y estudios culturales" citado en la bibliografía.

[9] Bhabha, por ejemplo, escribe en 1994: "Hybridity [...] is not a third term that resolves the tension between two cultures [...] in a dialectical play of 'recognition'. The displacement of symbol to sign creates a crisis for any concept of authority based on a system of recognition: colonial specularity, doubly inscribed, does not produce a mirror where the self apprehends itself; it is always the split screen of the self and its doubling, the hybrid. These metaphors are very much to the point, because they suggest that colonial hybridity is not a problem of geneology or identity between two different cultures which can then be resolved as an issue of cultural relativism. Hybridity is a problematic of colonial representation and individuation that reverses the effects of the colonialist disavowal, so that other 'denied' knowledges enter upon the dominant discourse and estrange the basis of its authority – the rules of recognition" (113 y ss.). Véase también la definición quizás aparentemente utópica, sin embargo perfectamente acceptable, de Bill Ashcroft, Gareth Griffiths y Helen Tiffin en *The Empire Writes Back*: "The postcolonial world is one in which destructive cultural encounter is changing to an acceptance of difference on equal terms. Both literary theorists and cultural historians are beginning to recognize cross-culturality as the potential termination point of an apparently endless human history of conquest and annihilation justified by the myth of group 'purity', and as the basis on which the postcolonial world can be creatively stabilized" (36). Lo sorprendente de esta definición es la estilización del orden mundial poscolonial como *telos* deseable, que no está en contradicción, o ya no, con la autonomía de los diferentes grupos étnicos basada en la diferencia, es decir que ese *telos* ya no es universalista, sino un *telos* pluralista de vigencia universal. Hasta qué punto no debe conducir esto finalmente a una asimilación de las diferentes etnias del mundo

estilizar a Churata como un precursor perfecto, porque muchas de las contradicciones en *El pez de oro* no logran resolverse definitivamente: si bien Churata critica duramente el idealismo, por otro lado no rompe definitivamente con él.[10] En especial, la caracterización de Bhabha de la situación colonial (y con ella también implícitamente de la literatura poscolonial, en la medida en que surge a partir de la experiencia colonial), así como la estrategia de la *mimicry* que busca subvertirla como 'ambivalente',[11] también puede ser trasladada a la 'ambivalente' obra de Gamaliel Churata. Es más: la ambivalencia incluso parece ser el cabal rasgo distintivo de *El pez de oro*, un texto en el que domina el oxímoron como principio fundamental; la existencia

---

postcolonial y a la consabida pérdida de la diversidad, queda en todo caso abierto y no puede ser discutido aquí; en opinión del autor, la postura de Churata queda caracterizada con precisión en esta cita, razón por la cual el concepto "poscolonial" es aplicable a su obra.

[10] El planteamiento idealista de J. Uriel García, quien representa una posición contraria a Valcárcel, ha influido esencialmente en Churata, como se muestra en el subcapítulo 2.2 de *Ästhetik der andinen Avantgarde* ("Los rasgos fundamentales del debate indigenista en el *Boletín Titikaka*", pags. 80-87 de la edición castellana). La reconsideración de Churata del *cogito ergo sum* cartesiano y de su sustitución por "Siento. Vivo" (*El pez de oro* 347) o "siento, aunque no exista" (93) o "–¿Sientes? / –Sí. // –Luego, existes. / –Admitido" (136) aparece además a menudo como antítesis en el marco de un sistema idealista y, en consecuencia, renovadamente occidental, tal como se observa con rasgos similares también en el caso del concepto de *négritude*: "Black culture, it claimed, was emotional rather than rational; it stressed integration and wholeness over analysis and dissection; it operated by distinctive rhythmic and temporal principles, and so forth. Négritude also claimed a distinctive African view of time-space relationships, ethics, metaphysics, and an aesthetics which separated itself from the supposedly 'universal' values of European taste and style. The danger was that, as a result, it could easily be reincorporated into a European model in which it functioned only as the antithesis of the thesis of white supremacy, a new 'universal' paradigm" (Ashcroft, Griffiths y Tiffin 21). Por estas razones los teóricos del poscolonialismo se han apartado del idealismo occidental y sus implicancias universalistas; sin embargo, nos aferramos al concepto de 'poscolonial' con relación a *El pez de oro*, tanto más cuanto incluso tratándose de autores poscoloniales –como resulta evidente en el pasaje citado anteriormente– pese a ese alejamiento superficial del idealismo occidental, parece seguir persistiendo la fe teleológica en una sociedad ideal poscolonial.

[11] Bhabha (66) considera además que la fijación (*fixity*) en tanto principal rasgo distintivo de la situación colonial, o mejor del discurso colonial –incluida su manifestación más frecuente, el estereotipo– es ambivalente: "Fixity, as the sign of cultural/historical/racial difference in the discourse of colonialism, is a paradoxical mode of representation: it connotes rigidity and an unchanging order as well as disorder, degeneracy and daemonic repetition. Likewise the stereotype, which is its major discursive strategy, is a form of knowledge and identification that vacillates between what is always 'in place', already known, and something that must be anxiously repeated [...]. For it is the force of ambivalence that gives the colonial stereotype its currency [...]". La concepción vitalista, heraclística de Churata ("La muerte es el no movimiento"112) parece en estas circunstancias querer romper con toda forma de fijación; no cabe duda por lo tanto de que la ambivalencia esté presente en *El pez de oro*.

de dos perspectivas diferentes –una de tendencia universalista e idealista, la otra más bien particularista y materialista–,[12] la mezcla de narrativa, poesía y teatro, así como de castellano, quechua y aymara, la inversión de la cronología, que concibe al padre como hijo y al hijo como padre, todo eso debe incluirse en esta categoría, con el trasfondo de la concepción andina del *tinkuy*.

Con respecto a las reservas de diversos estudiosos latinoamericanos frente a las teorías anglosajonas del poscolonialismo y su transferibilidad a América Latina,[13] reservas que no compartimos, debemos subrayar que son de igual utilidad los conceptos de García Canclini, Rama y Cornejo Polar[14] para aproximarse a *El pez de oro*. Sobre las propuestas terminológicas de los dos últimos entraremos en detalle a continuación.

A Churata se le puede llamar autor transcultural en la medida en que las tradiciones indígenas, por una parte, y la modernidad occidental por la otra, constituyen los dos polos de su actividad de

---

[12] Para el ámbito caribeño, al cual describe como "estructura rizomática: en *Poétique de la relation*, Edouard Glissant ha caracterizado, adaptando los conceptos de Deleuze, la simultaneidad de los movimientos universales y particulares como 'hacerse nómadas en el lugar' (véase Michaela Ott: *Vom Mimen zum Nomaden. Lektüren des Literarischen im Werk von Gilles Deleuze* 170). En la cuarta parte del capítulo 3 de *Ästhetik der andinen Avantgarde* ("El pez de oro como rizoma", pags. 168-180 de la edición castellana) intentamos acercarnos a *El pez de oro* a través de Deleuze.

[13] Consultar, entre otros, el polémico artículo "El postcolonialismo y la inmadurez de los pensadores hispanoamericanos", de Alberto Julián Pérez, incluido en *El debate de la potscolonialidad en Latinoamérica*, 199-213. Pérez defiende –como también lo hacen Hernán Vidal y Hugo Achúgar– el punto de vista que los críticos latinoamericanos harían mejor en leer a sus propios pensadores, como Martí, Mariátegui o Kusch, en lugar de referirse a teorías poscoloniales de moda, a las cuales, sin embargo, el autor concede su razón de existir. Walter D. Mignolo se esmera en "La razón postcolonial: Herencias coloniales y teorías postcoloniales" (incluido en *Postmodernidad y postcolonialidad. Breves reflexiones sobre Latinoamérica*, 51-70) en lograr una periodización diferenciada del poscolonialismo, para que también los estados latinoamericanos tempranamente independizados puedan identificarse con sus planteamientos teóricos. En "Postoccidentalismo: el argumento desde América Latina", Mignolo llega incluso a excederse, al punto de propagar el término de 'posoccidentalismo' en lugar de 'poscolonialismo', puesto que aquel sería más adecuado para la situación específica latinoamericana. A pesar de que este matiz terminológico carece de consecuencias de fondo, debe subrayarse que Mignolo –junto a Rama y también a Cornejo Polar– mantiene en la práctica, desde hace décadas, una postura que presenta cierto parentesco con el poscolonialismo teóricamente reforzado, en especial en el ámbito lingüístico anglosajón. Las objeciones de Mignolo, por lo tanto, deben ser tomadas muy en serio.

[14] Al respecto, véase Antonio Cornejo Polar, *Escribir en el aire. Ensayo sobre la heterogeneidad sociocultural en las literaturas andinas* (1994).

escritor. Los rasgos esenciales que caracterizan, según Rama, a los autores transculturales son, por lo tanto, válidos para él:

> Writers of transculturation responded both to the specific circumstances of the cultures in which they were formed and to the proposals and impositions of modern culture and, therefore, to the particular conflict generated between them. (Rama, "Processes of Transculturation", 163)

Como se aprecia a lo largo de este libro, los textos literarios de Churata se basan en gran medida en la mitología andina, lo cual de entrada armoniza plenamente con la propuesta de Rama:

> [...] the novelists of transculturation discovered myth. They did not, however, follow the trend set by the more erudite narrative of the time which –in the light of an irrationalism that mythified pre-existing rationalist discourse– merely produced variations on already frozen literary themes and forms. In contrast, their discovery revealed an almost fabulous repertoire of materials which had not been freely explored or employed by Regionalist literature– no matter how close to these materials it had always been. [...] Insofar as they were a response of deculturation that had given rise to avant-garde irrationalism, the transculturators appeared at first to sanction the modern, submitting themselves to it. In reality, however, they transcended it with an unprecedented richness which very few writers of "modernity" were able to equal: to the use of "literary myths" they would counterpose "mythical thought". (162 y ss.)

Puesto que Rama concibe la transculturación literaria como una respuesta a la oposición entre regionalismo (bajo el cual Mariátegui también incluye el indigenismo) y vanguardia, la pertenencia de Churata a ambos movimientos suscita dificultades que desbordan el marco del modelo de Rama. Para el autor, vanguardia y transculturación solo pueden ser compatibles excepcionalmente ("avant-garde forms were not adapted either although they can be traced episodically in certain texts by writers of transculturation" (161), por lo cual con respecto a la transculturación idiomática o hibridización que practica Churata y que constituye el aspecto más innovador de su escritura, se producen contradicciones, pues Rama sitúa la transculturación en los planos semántico y sintáctico; en cambio, en el caso de Churata, aquellas se evidencian también en el plano léxico:

> With regard to previous Regionalist tendencies, writers who practised transculturation registered the loss of the use of dialects, both rural and urban, not to mention indigenous languages, and even –within the lexical domain– the abandonment of many of the terms which criollista writers had scattered in their texts, limiting themselves thus to words of common usage which named concrete objects or to widely accepted neologisms.

> They compensated for this by notoriously widening the regional semantic field and the syntactic order, culminating in the invention in the Andean area of Spanish linguistic equivalents for the Quechua, a task probably initiated by Arguedas, which led to the consolidation of an artificial and literary language more recently evident in the novels of Manuel Scorza. (160)

En contra de todos los intentos de clasificación de Rama, el proyecto de Arguedas es, en todo caso, perfectamente comparable con el de Churata, por mucho que el aspecto exterior de la literatura de ambos autores no podría ser más diferente. En la obra de Churata se transfieren asimismo rasgos sintácticos del quechua y aymara al castellano –en esa medida Churata se adelanta a la iniciativa de Arguedas y con el mismo derecho podría ser considerado si no como creador, sí al menos como precursor de esa lengua artificial perfeccionada por Arguedas–, solo que más allá de ello fluye también el vocabulario de las lenguas indígenas en el idioma de los conquistadores, transformándolo hasta hacerlo irreconocible.[15] En ambos autores se observa el intento de plasmar la forma de expresión y pronunciación características del indio del modo más realista posible en el marco de una lengua artificial. También Icaza sigue, en ese sentido, una estrategia similar, pese a que le falta sutileza si se

---

[15] Churata relaciona su lenguaje artificial con Felipe Guamán Poma de Ayala, cuya crónica califica de "Biblia" (*El pez de oro* 14): "Huaman [sic] permite descubrir algún atisbo germinal como síntoma o posibilidad de una Literatura Americana, pues –lo que ya nadie ha intentado, y con jerarquía menos–, en él se constata la concurrencia colonial de las dos lenguas en que se enfrentan España y el Inkario; y que para devenir expresión nacional debe decidirse en unidad. En otras palabras: si América es una realidad genéticamente mestiza, la literatura americana debe ser idiomáticamente híbrida. // El español de Huaman [sic] se parece mucho al que empleábamos los 'vanguardistas' del Titikaka, antes de 1924, malo por su naturaleza (tanto como el que se lee acá), bastante indio por sus modos y, como el de aquél, horro de toda ciencia, menos por ignorancia –menos, digo– cuanto por lealtad con la expresión del indio en cuanto hombre. El de Huaman [sic] y el nuestro fue un español en estado del romance cuando amalgamaba las influencias que le conformaban y no asimilara aún las substancias visigóticas que, según historiadores del hispano, habrían de darle las características que le diferencian del latín. Los idiomas indígenas carecen de artículos y preposiciones, y el indio al hablar el español de ellos le priva. A la larga le impondría, como en el uso diario hace, literariamente, sus desinencias y declinaciones, hibridando las voces: **asinita, elake, aquisito, maratito, aurita**. Y allí sedimentara la posibilidad de un nuevo idioma, consecuentemente, de una Literatura Americana" (16). Aunque Churata relativice más adelante la vigencia de la lengua artificial que ha desarrollado ("De lo anterior no se saque que en EL PEZ DE ORO se pretenda ofrecer el paradigma de ese nuevo idioma indio-hispano", 17) y llame a los excesos léxicos con un espíritu autocrítico "incrustaciones indias más pintorescas que sustantivas" (17), su planteamiento debe ser tomado muy en serio. Con relación a la influencia sintáctica y también léxica de las lenguas indígenas en el castellano moderno véase Anna María Escobar: *Contacto social y lingüístico: El español en contacto con el quechua en el Perú* (2000).

le compara directamente con Churata y, sobre todo, con Arguedas.[16] Churata ha identificado el estrecho parentesco de los proyectos de ambos autores con el suyo, por lo que alaba a Arguedas e Icaza en relación a otros escritores indigenistas:

> Hay escritores como Jorge Icaza, José María Arguedas, Cardoza Aragón [sic], de Ecuador, Perú y Guatemala, en quienes es notorio el latido de una naturaleza con raíz; son, con decisión indisimulables, desde el punto de vista hispano deplorables. No, como posibilidades americanas; pues en ellos es sobre el idioma que recae la violencia expresiva de una personalidad que acabará por romper los tejidos idiomáticos, haciendo del romance una jerga cuasi bárbara, cuasi tan bárbara como la usada por Huaman [sic] Poma. No es necesario remarcar que autores como éstos elevan el barbarismo mestizo a categoría retórica, y que de proseguir en esa línea acabarán por animar el lenguaje indomestizohispano. (*El pez de oro* 24)

En todo caso, habría que objetar que *El pez de oro* no ejerce una transculturación activa en ese sentido, en la medida en que Churata presupone en su obra que se dan en el lector conocimientos sobre la cultura andina en lugar de brindárselos al lector no andino. Churata pondera más la resistencia cultural de la cultura andina frente a la europea, que el proceso de transculturación en sí, dentro del cual la resistencia cultural no es sino una variable entre otras. En este aspecto se diferencia *El pez de oro* del indigenismo de un Arguedas o un Icaza y solo se le puede captar bajo reserva con el concepto de "transculturación" de Rama (en la medida en que este coincide con el indigenismo literario practicado por Arguedas, que quiere proporcionar al espectador una mirada a la cultura indígena). La coherencia discursiva, favorable a la transculturación, también combatida por el vanguardismo de Churata, evidentemente no se da en *El pez de oro*.

El factor de la resistencia cultural se destaca notoriamente en el concepto de "heterogeneidad" de Cornejo Polar, de tendencia antidialéctica, acuñado ya en los años setenta. Pese a que encierra naturalmente diversas referencias a Rama y también a García Canclini,[17] la terminología de Cornejo Polar es más apropiada por tal

---

[16] Para una breve consideración comparativa de este aspecto de la literatura de Arguedas e Icaza véase el artículo de Kathleen Nora March "El bilingüismo literario y la verosimilitud", incluido en el volumen XIII de *Anales de literatura hispanoamericana* (1984).
[17] En "Transculturación, heterogeneidad, hibridez: Algunas reflexiones", Carlos García-Bedoya escribe: "Las categorías introducidas por Rama, Cornejo Polar y García Canclini nos permiten acercarnos a una compleja problemática cuyas repercusiones trascienden las

motivo que los conceptos de "hibridación" o "transculturación" para caracterizar *El pez de oro*; tiene además la ventaja de que se funda en un análisis sociocultural minucioso de la literatura andina y, en ese sentido, generaliza menos que Rama, si bien la obra de José María Arguedas es el punto principal de referencia tanto para Cornejo Polar como para Rama. Cornejo Polar entiende por "heterogeneidad" no solo la existencia de diferentes lenguas o visiones del mundo en los textos literarios de un mismo ámbito geográfico, sino que refiere el concepto igualmente a los receptores, que a menudo pertenecen a una capa sociocultural distinta de los autores,[18] lo que le permite definir con mayor exactitud tanto a los lectores típicos de literatura indigenista como el aspecto de la producción y difusión de la literatura en un país como Perú, donde nunca se ha llegado a desarrollar ni a consolidar una industria editorial comparable a la europea. Cornejo Polar sitúa en el año 1532 el comienzo de la heterogeneidad en la literatura peruana, la cual constituye, en tanto conjunto, una "totalidad contradictoria" de facetas heterogéneas de forma similar al *tinkuy* en *El pez de oro*,[19] es decir, que recurre a la captura de Atahualpa, cuando el padre Valverde le entrega la *Biblia* al Inca y este –siempre que se dé crédito a las crónicas– la hojea y se la pone al *oído*, para luego arrojarla enfadado, en vista de que no le ha revelado su verdad *acústicamente*, con lo cual provoca la primera, fatal colisión entre dos sistemas literarios diferentes –uno oral y

---

fronteras latinoamericanas. [...] La de transculturación parece enfatizar el aspecto procesal, dinámico, del contacto entre lo diverso; la de heterogeneidad apunta a la coexistencia en un espacio sociocultural de distintas filiaciones; hibridismo, en cambio, parece recalcar la mezcla interna que marca a un específico fenómeno cultural" (87). En el mismo volumen en el que se publicó el artículo de García Bedoya se halla impresa también la conferencia de Cornejo Polar "Mestizaje e hibridez: Los riesgos de las metáforas. Apuntes", que el autor redactó poco antes de su muerte y que expresa su apreciación personal, escéptica, de los conceptos de transculturación de Rama y de hibridación de García Canclini por considerarlos sinónimos de 'hibridismo' y 'mestizaje' y, por lo tanto, los rechaza.

[18] A pesar de que en la siguiente cita se hace referencia al indigenismo literario en su variante realista, las afirmaciones de Cornejo Polar son aplicables a Churata, que en *El pez de oro* remite a sus "locuciones ya radicalmente plebeyas" (8) e intenta alcanzar con su literatura a la población indígena humilde, lo que desde luego es una contradicción con su castellano a menudo manierista y culto: "[...] los abismos étnico-sociales del área andina son de tal magnitud que incluso si el ejercicio literario se ubica en el horizonte de las capas medias, que además reivindican orgullosamente su condición plebeya y establecen o tratan de establecer alianzas con los estratos populares urbanos y campesinos, su mera condición letrada descoloca y pone en crisis todo el proyecto" (*Escribir en el aire* 175).

[19] Consultar también el artículo de Antonio Cornejo Polar "La literatura peruana: totalidad contradictoria".

uno escrito– que perduran vecinos hasta el presente. La violenta conquista del Perú se desencadena entonces, en opinión del autor, por la incompatibilidad de ambos sistemas, el literario y el oral (*Escribir en el aire* 26-50).[20] Discursos literarios homogeneizadores, como se observan en los textos de un Inca Garcilaso durante el período colonial o Ricardo Palma como el ícono de la literatura peruana nacional tras la independencia, no se pueden considerar nunca desligados de la heterogeneidad constitutiva, en la medida en que buscan sobreponerse a ella mediante la construcción de una identidad nacional, con lo cual están reconociendo al mismo tiempo su existencia. Habiendo tomado como punto de partida los análisis de las obras de Manuel González Prada, Clorinda Matto de Turner y Juan León Mera en tanto representantes del indianismo romántico, el autor se dedica finalmente con profusión al indigenismo del siglo XX (Arguedas, Alegría, Icaza, etc.). Retomando los argumentos de Mariátegui y a diferencia de otros críticos, Cornejo Polar nunca concibió el indigenismo, con sus raíces en el naturalismo y el realismo social, como opuesto a las vanguardias (Vallejo, Palacio, etc.):[21]

> Tal vez pueda decirse que una [tendencia] resuelve el asunto [del vínculo entre la literatura y la realidad] por la vía de la representación, en el sentido de que vuelve a presentar lo que la realidad muestra, mientras que la otra prefiere el camino de la reproducción en cuanto produce no un sentido autónomo sino el que se esconde en la oquedad silenciosa del mundo. Son dos estrategias distintas, sin duda, pero en uno y otro caso la proyección final no es otra que la revelación –directa o sesgada, objetiva o subjetiva– de la realidad. (*Escribir en el aire* 173)

Sin embargo, Cornejo Polar en ningún momento ha abordado exhaustivamente el texto de *El pez de oro*; como mucho se remite a la literatura de Churata en pequeñas digresiones o notas a pie de página (por ejemplo en "El indigenismo andino" 735), en las cuales destaca la singularidad del autor. Pese a esta singularidad, *El pez de oro* puede insertarse magníficamente en el sistema teórico de coordenadas de

---

[20] Tzvetan Todorov proyecta en *La conquête de l'Amérique. La question de l'autre* (1982) un escenario semejante con respecto a México.

[21] Ya Mariátegui señaló que ambas corrientes han de ser pensadas conjuntamente en el marco del proyecto de la modernidad: "El 'indigenismo' de nuestra literatura actual no está desconectado de los demás elementos nuevos de esta hora. Por el contrario, se encuentra articulado con ellos" (*Siete ensayos* 217). El realismo y el regionalismo de las grandes novelas indigenistas parece haber desplazado por mucho tiempo la mirada de esta estrecha relación, de modo que el grueso de los teóricos literarios peruanos anteriores a Cornejo Polar no estaban de acuerdo con el vínculo entre indigenismo y vanguardias.

Cornejo Polar en cuanto al interrogante de los posibles receptores del texto, así como a la relación entre oralidad y escritura y de tradición y modernidad que él establece y no en último término también por razón de su heterogeneidad formal.

Bibliografía

Ashcroft, Bill, Gareth Griffiths y Helen Tiffin. *The Empire Writes Back: Theory and Practice in Post-colonial Literature*. London, New York: Routledge, 1989.

Babha, Homi. *The Location of Culture*. London, New York: Routledge, 1994.

Bosshard, Marco Thomas. *Ästhetik der andinen Avantgarde. Gamaliel Churata zwischen Indigenismus und Surrealismus*. Berlín: Wissenschaftlicher Verlag Berlin (wvb), 2002. [*Churata y la vanguardia andina*. Teresa Ruiz Rosas, traductora. Lima: CELACP, 2014].

Cornejo Polar, Antonio. *Escribir en el aire. Ensayo sobre la heterogeneidad sociocultural en las literaturas andinas*. Lima: Horizonte, 1994.

_____ "Mestizaje e hibridez: Los riesgos de las metáforas. Apuntes". *Perfil y entraña de Antonio Cornejo Polar. Homenaje*. Tomás G. Escajadillo, editor. Lima: Amaru, 1998. 187-192.

_____ "La literatura peruana: totalidad contradictoria". *Revista de Crítica Literaria Latinoamericana* 18 (1983): 37-50.

_____ "El indigenismo andino". *Palavra, literatura e cultura*. Ana Pizarro, ed. Vol. II. São Paulo: Memorial / UNICAMP. 719-738.

Churata, Gamaliel. *El pez de oro. Retablos del Laykhakuy*. La Paz: Canata, 1957.

Escobar, Anna María. *Contacto Social y Lingüístico. El español en contacto con el quechua en el Perú*. Lima: Universidad Católica, 2000.

García-Bedoya M, Carlos. "Transculturación, heterogeneidad, hibridez: Algunas reflexiones". *Perfil y entraña de Antonio Cornejo Polar. Homenaje*. Tomás G. Escajadillo, editor. Lima: Amaru, 1998. 79-87.

García Canclini, Néstor: *Culturas híbridas. Estrategias para entrar y salir de la modernidad*. México D. F.: Grijalbo, 1989.

Glissant, Édouard. *Poétique de la relation*. Paris: Gallimard, 1990.

Gonzales Fernández Guissela y Juan Carlos Ríos Moreno. *El proceso americano. Evolución de una estética en los artículos de Gamaliel Churata*. Tesis de Licenciatura. Lima, FLCH-UNMSM, 1996.

Lezama Lima, José. *La expresión americana*. México D. F.: Fondo de Cultura Económica, 1993.

March, Kathleen Nora. "El bilingüísmo literario y la verosimilitud". *Anales de literatura hispanoamericana* XIII (1984): 195-201.

Mariátegui, José Carlos. *Siete ensayos de interpretación de la realidad peruana*. Caracas: Biblioteca Ayacucho, 1979.

Mignolo. Walter D. "La razón postcolonial: Herencias coloniales y teorías postcoloniales". *Postmodernidad y postcolonialidad. Breves reflexiones sobre Latinoamérica*. Alfonso de Toro, editor. Madrid: Iberoamericana, 1997, 51-70.

_____ "Postoccidentalismo: el argumento desde América Latina". <http://www.perio.unlp.edu.ar/catedras/system/files/mignolo._postoccidentalismo.pdf> 20 febrero 2018.

Ott, Michaela. *Vom Mimen zum Nomaden. Lektüren des Literarischen im Werk von Gilles Deleuze*. Viena: Passagen Verlag, 1998.

Pérez, Alberto Julián. "El postcolonialismo y la inmadurez de los pensadores hispanoamericanos". *El debate de la potscolonialidad en Latinoamérica*. Alfonso y Fernando de Toro, editores. Madrid: Iberoamericana, 1999. 199-213.

Rama, Ángel. "Processes of transculturation in Latin American narrative". *Journal of Latin American Cultural Studies* 6/2 (1997): 155-171.

_____ *Transculturación narrativa en América Latina*. México D. F.: Siglo XXI, 1987.

Rincón, Carlos. "Metáforas y estudios culturales". *Culturas híbridas – No simultaneidad – Modernidad periférica. Mapas culturales para América Latina*. Sarah de Mojica, editora. Berlín: Wissenschaftlicher Verlag Berlin, 2000. 161-179.

Todorov, Tzvetan. *La conquête de l'Amérique. La question de l'autre*. Paris: Seuil, 1982.

Valcárcel Luis E. *Tempestad en los Andes*. Lima: Universo, 1972.

La crítica de Gamaliel Churata al sistema filosófico de Platón o cómo construir un mundo a-teológico y des-jerarquizado[1]

Elizabeth Monasterios Pérez

> *el hombre solo cognosce aquello que su palabra puede describir. […] se conoce con palabras; por lo que más lógico es sostener que el hombre conocerá solo aquello que su palabra pueda describir, por lo que su conocimiento irá hasta donde alcance su palabra*
>
> Gamaliel Churata

Que Churata es un escritor complejo y polémico no está en duda. Lo discutible es que a Churata no se lo pueda leer ni se lo pueda entender. Despejando ese sabor a "dificultad" que rodea su obra, ha surgido recientemente una comunidad internacional de lectores que la estudia y difunde con una pasión y un rigor que recuerda a los lectores de José Carlos Mariátegui, José María Arguedas o Guaman Poma de Ayala, escritores que Churata siempre consideró de su cercanía y que de distintas maneras homenajeó. A Mariátegui le dedicó el último número del *Boletín Titikaka;* en *El pez de oro* (182) se

---

[1] Un avance de este trabajo fue presentado en el XXXV congreso de la Latin American Studies Association (LASA) realizado en Lima, del 20 de abril al 1° de mayo de 2017. La lectura se realizó en el contexto de un panel organizado por la Sección LASA-Bolivia, bajo el título "Gamaliel Churata: potencial político y desafíos estéticos del escritor andino menos comprendido del siglo XX". Integraron el panel José Luis Ayala (escritor y Yatiri), Mauro Mamani Macedo (Universidad Nacional Mayor de San Marcos), Meritxell Hernando Marsal (Universidade Federal de Santa Catarina) y Elizabeth Monasterios (University of Pittsburgh).

refirió a Arguedas como a uno de los escritores más prometedores de la literatura latinoamericana, y dio inicio a la escritura de ese mismo libro con un epígrafe tomado de *Nueva Corónica y Buen gobierno*.[2] Pero así como hizo manifiesta su proximidad a escritores con los que compartía una comunidad de intereses en torno a la emancipación política y cultural de los sujetos andinos, hizo también manifiesta su crítica a escritores cuyo aparato conceptual ponía trabas a esa posibilidad. Uno de esos escritores es precisamente Platón, figura fundacional de la filosofía occidental. Moviéndose siempre en el espacio de la polémica, la ironía y la parodia, Churata convirtió a Platón en interlocutor imprescindible para construir un mundo sin Platón, es decir, un mundo no regido por verdades universales ni por el supuesto conceptual de que, para hacerse ente histórico y racional, el ser humano requiere de entidad divina. De aquí la pertinencia de leer a Churata absorbiendo la tajante des-autorización que hace del sistema filosófico de Platón.

La crítica que se ha ocupado de Churata ha identificado con precisión los aspectos anti-platónicos que atraviesan su obra, destacando como los más relevantes: una interpelación a Platón en cuanto fundador del modelo de representación dualista (Bosshard 517); una recreación del diálogo socrático (género filosófico-literario inventado por Platón) con el propósito de interpelar la filosofía platónica echando mano a códigos de la ironía andina (Badini); una crítica a la explicación teológica y divina del ser humano y de la muerte (Ayala), y una crítica al racionalismo que fundamenta la concepción platónica del lenguaje (Hernando Marsal). En diálogo con estas lecturas, propongo que una indagación al anti-platonismo que atraviesa el trabajo de Churata puede ofrecerle al lector actual sorpresas inesperadas y, por supuesto, vías de acceso a la lógica que sostiene uno de los proyectos intelectuales más provocativos de la literatura latinoamericana del siglo XX.

Desde sus primeros escritos (circa 1915), hasta los últimos (1969), Churata desafió las jerarquías estéticas, políticas y pedagógicas propuestas por el pionero de la cultura occidental y cuestionó su aplicabilidad en los procesos políticos y culturales andinos.

---

[2] Un estudio detenido del impacto que este epígrafe adquiere en la escritura de *El pez de oro* puede verse en *La vanguardia plebeya del Titikaka. Gamaliel Churata y otras beligerancias estéticas en los Andes* (232-274).

Consideraba Churata que al haber permeado la teología cristiana (contribuyendo a la oposición carne-espíritu y a la identificación de la idea de Dios con la idea del Bien) y la mentalidad científica (convirtiendo a las matemáticas en verdad absoluta cognoscible por vía exclusivamente racional), el sistema filosófico de Platón quedaba des-autorizado para dar cuenta de dinámicas culturales y literarias de carácter relacional y no clasificatorio. La creación literaria, como la entendió y practicó Churata, podía ser una poderosa expresión de dinamismo mental y emancipación cultural siempre y cuando estuviera despojada de ropajes platónicos que la remitan a conceptualizaciones universalistas de la "belleza", la "verdad" y la "divinidad".

En el contexto peruano, el proceso literario y cultural iniciado con Garcilaso le informaba que la literatura peruana no había logrado sustraerse al engranaje platónico. Era, por tanto, una "literatura de fuga" en la que estaban ausentes "los sentidos ontológicos" de las mayorías peruanas y el conjunto de saberes que habrían podido inscribir "una radical americana en la literatura de América" (*El pez de oro* 197, 167). A partir de estas observaciones, y desde su particular situación de enunciación, Churata vió la necesidad de desvincular las literaturas andinas del destino de la caverna platónica, entendida como lugar mental donde el ser humano común y corriente es pensado en términos de existencia condenada a percibir las sombras de las cosas y no las cosas mismas, porque el "conocimiento verdadero" no es privilegio suyo sino del demiurgo al que la filosofía ha convertido en dios. En esta figura de la caverna quedaba fundamentada la distinción platónica entre el mundo material de las apariencias, siempre cambiante y sometido a la percepción particular, y el mundo inteligible, verdadero e ideal de las Ideas (conceptualizadas como universales y jerárquicas, siendo la más elevada la Idea del Bien, seguida por la de Belleza, la Justicia, la Virtud, etc.) y de las entidades abstractas (que como las matemáticas o la geometría, explican el mundo y ordenan el conocimiento).[3] Emanciparse del régimen de los valores absolutos, cancelar el destino de la caverna platónica, se

---

[3] En la Grecia de Platón este privilegio otorgado a las matemáticas estaba inscrito en la portada del edificio que cobijaba a la Academia ateniense, institución que el filósofo había creado para el estudio del conocimiento: Ἀγεωμέτρητος μηδείς εἰσίτω [Aquí no entra nadie que no sepa geometría].

convierte así en un proyecto intelectual orientado a gestionar una intelección no platónica. Dicho de otra manera, Churata se estaba enfrentando, desde la literatura y la crítica cultural, al problema metafísico de las ideas abstractas y universales y a la primacía del "espíritu" sobre la "materia".

Los dos libros que hasta este momento conocemos de Churata (*El pez de oro*, de 1957 y *Resurrección de los muertos*, publicado póstumamente en 2010),[4] exponen, desde ángulos parecidos pero diferentes, el enfrentamiento con Platón. En *El pez de oro* a través de un énfasis en la posibilidad de *engendrar* una literatura nacional y descolonizada. En *Resurrección*, explorando la posibilidad de *engendrar* formas de inteligencia emancipadas de las "deshumanidades del hombre-letra". En ambos casos ha de ser la materialidad de la vida, no el "espíritu" ni las "ideas abstractas", el factor que interviene para ampliar el campo de acción de la creación literaria y del proceso cognoscitivo.

Una escritura tan abiertamente alejada de las convencionalidades con que la época abordaba la discusión estética fue irremediablemente percibida como impertinente. Con poquísimas excepciones, la propuesta literaria de Churata no recibió atención crítica ni promoción cultural. Se impuso la idea de que el escritor era "raro", "alucinado" y enemistado con la buena literatura. Con el correr del tiempo se le adjudicó el calificativo de "escritor de culto",[5] que contribuyó a que su obra siguiera siendo percibida como incómoda, oscura e inaccesible.

---

[4] El cuidado puesto por Riccardo Badini a la edición de este inédito de Churata facilita una lectura fluida y enriquecida por un minucioso sistema de anotación. En ocasiones, sin embargo, la dinámica inherente a la escritura de Churata y el hecho mismo de tratarse de un libro que el autor probablemente seguía trabajando y/o corrigiendo, hace que algunas intervenciones del Profesor Analfabeto resulten confusas, pero de ninguna manera ininteligibles.

[5] El término "escritor de culto" surgió en la década de los setenta, ante la necesidad de darle interpretación a la cinematografía de Alejandro Jodorowsky, que en su realización anti-hollywoodesca incorporaba saberes provenientes de la cultura popular, la metagenealogía y la psicomagia. La primera película categorizada como "culta" fue *El topo*, rodada el año 1970 en México. Ese mismo año John Lennon y Yoko Ono facilitaron su exhibición en New York. En una reciente entrevista publicada en el diario madrileño *El Confidencial*, Jodorowsky hizo una observación importante para situar la genealogía del término *culto*: "ellos [Lennon y Yoko Ono] hacían cortos de vanguardia y les gustó mi película. Se organizó una sesión de medianoche que presentó el propio Lennon, donde invitó a la gente a ver la película. Estas proyecciones de *El topo* constituyeron el origen de las sesiones golfas o "midnight movies", en que se programaban por la noche películas más *extremas o radicales*" (énfasis mío).

Hoy día, sabemos que la extrañeza de esa escritura era de otro orden. Respondía al hecho de estar planteada desde una inteligencia interdisciplinaria e iconoclasta que, absorbiendo la complejidad de la realidad peruana en sus relaciones con las culturas andinas, absorbía también los desafíos epistemológicos que planteaba la vanguardia científica de principios de siglo XX, particularmente las tesis del principio de la relatividad, que curiosamente no se originaron en el campo de la ciencia sino en el del ocultismo. Vale la pena detenerse un momento en la revisión de esta coyuntura.

Entre 1877 y 1888 Helena Blavatsky (a quien Churata leía asiduamente) había publicado dos libros que revolucionaron el curso del siglo XX y constituyeron el primer discurso cultural antisistémico de alcance global: *Isis sin velo. Clave de los misterios de la ciencia y teología antigua y moderna* (1877) y *La doctrina secreta* (1888).[6] En esos libros Blavatsky adelantaba una "teoría de la relatividad" a partir precisamente de un cuestionamiento al dualismo platónico, que en sus repercusiones en el pensamiento de Aristótéles y la teología cristiana, proponía al ser humano como una existencia escindida entre un cuerpo material y un alma espiritual, privilegiando siempre al alma sobre el cuerpo. A ese dualismo Blavatsky oponía un monismo fundamentado en la idea de que la naturaleza de la vida era la energía, el movimiento, y que el universo en su conjunto formaba parte de una misma energía viviente. El hecho de que estas reflexiones fueran propuestas por una mujer y desde vertientes ocultistas impidió que permearan la comunidad científica. Pese a ello, no faltaron lectores que encontraron en los escritos de Blavatsky un surtidor de conocimientos. En América Latina, Darío, Lugones y Tablada acogieron con entusiasmo sus teorías y las incorporaron en sus escritos literarios. En Europa, escritores como Yeats, Joyce, T.S. Eliot

---

[6] Originalmente la obra fue publicada en inglés (*Isis Unveiled. A Master-Key to the Mysteries of Ancient and Modern Science and Theology*) y en dos volúmenes que alcanzan una extension de más de mil páginas. En el primero la autora discute (y supera) el dogmatismo de la ciencia clásica. En el segundo le da el mismo tratamiento al dogmatismo de las religiones. En lengua española, la difusión de Blavatsky se inició a través de revistas teosóficas de gran circulación a fines del siglo XIX y principios del XX: la española *Sophia* (1893-1913) y la costarricense *Virya* (1908-1915). En 1918 el escritor y teósofo español Mario Roso de Luna (1872-1931) tradujo la producción cuentística de Blavatsky en un volumen titulado *La cueva de los ecos y otros cuentos ocultistas y macabros*, que tuvo enorme influencia en Darío y Lugones. En los años que siguieron, Roso de Luna tradujo prácticamente la totalidad de la obra de Blavatsky, escribió su biografía y recorrió distintos países de América Latina impartiendo conferencias de teosofía.

o Lawrence; artistas plásticos como Kandinsky, Gauguin, Mondrian o Klee; compositores como Sibelius, Scriabin o Satie, psicólogos como Jung o Fechner, y científicos como Edison, Oppenheimer y Einsten, absorbieron los escritos de Blavatsky como un aspecto más de la vanguardia artística y científica.

Einstein, la figura que aquí me interesa desarrollar, expresó en varias ocasiones su respeto por lo que los escritos de Blavatsky podían significar para la física moderna, y es sabido que en su escritorio conservaba una copia de *La doctrina secreta*. En 1905, más de tres décadas después de la publicación de ese libro, Einstein impugnó formalmente el sentido común con teorías que desautorizaban los fundamentos de la física clásica. Contra la teoría newtoniana de los valores absolutos, propuso que "no puede haber ningún sistema de referencia privilegiado"; contra el dualismo platónico que oponía el espíritu a la materia, y el mundo inteligible al mundo sensible, demostró que "existe una equivalencia entre la energía y la masa" (la famosa ecuación $E=mc^2$), y que "sobre la superficie de una esfera, dos geodésicas aparentemente paralelas, se cruzan" (*La nueva teoría del campo* 136-144). En América Latina estas innovaciones se difundieron a gran escala desde 1923, a raíz de las conferencias que Einstein dictó ese mismo año en España, publicadas por Ortega y Gasset en *Revista de Occidente*. Dos años más tarde se produjo la célebre visita de Einstein a la Argentina, que contribuyó a la difusión masiva de sus investigaciones. Desde Puno, el joven Churata seguía de cerca los acontecimientos, entendiendo que la revolución cultural que buscaba imprimir en el campo de la literatura no era incompatible con la colosal revolución epistemológica que el trabajo de Einstein estaba generando en el campo de las ciencias y en el de la filosofía. Las múltiples citas y alusiones a Einstein que encontramos en *El pez de oro* y el nutrido uso de lenguaje científico que atraviesa el libro son sintomáticos de la claridad con que Churata vislumbró vínculos entre las humanidades y los hallazgos de la vanguardia científica. No son pues gestos excéntricos de un literato alucinado, sino más bien aspectos constitutivos de un proyecto intelectual que buscaba erradicar el factor platónico de la práctica literaria y, por qué no decirlo, de la vida misma.

Contundente, Churata formulará que "cuerpo y alma son materia"; que "fuera de la materia no hay posibilidades para la vida";

que "los mitos de verdad y moral son la base de las teodiceas y de sus escalas de premios y castigos"; que la existencia no está sometida a la fatalidad de las paralelas porque "según los cálculos einstenianos las paralelas no pueden desarrollarse indefinidamente"; que para escapar al régimen de los valores absolutos "la primera condición es ver el mundo como fenómeno electro-magnético, sujeto a leyes de reflejos magnéticos" (*El pez de oro* 217, 316, 327; *Resurrección* 284). En un gesto por demás revelador de las fuentes que lo retroalimentaban, Churata autoriza su razonamiento subrayando que "extraído de la física, no puede menos que procurar alivio" (*El pez de oro* 217).

Hay que tomar en cuenta, sin embargo, que en Churata esta apertura a zanjar distancias entre las humanidades y la vanguardia científica es necesaria pero no suficiente para dar cuenta de las coordenadas que organizan su anti-platonismo. Hay en Churata otra vena que con igual fuerza y efecto triza la metafísica platónica: es la intervención de los saberes andinos, que para propósitos de este trabajo abordaré a partir del sitio que nuestro autor le otorga en la "histología de la hispanidad americana":

> [...] cuando se comprende que el genocidio aplicado al Tawantinsuyu (de diez millones de indios dejaron dos o tres) no importaba la cancelación de súbito del Imperio, sino la *sembradura* del genes indio en la naturaleza del dominador, se verá que la resistencia de **Khawiti**[7] (activa aún hoy) se había

---

[7] Churata se está refiriendo al jefe orejón Kawiri, que en lengua quechua significa "vigía". Este guerrero participó en la gran rebelión de Manco Inca por la reconquista del Cusco y el Tahuantinsuyo. En 1536 comandó la defensa de Sacsayhuaman y resistió heroicamente el avance de los Pizarro, prefiriendo morir antes que caer prisionero. En la historiografía peruana no hay acuerdo respecto a su nombre, que aparece escrito de distintas maneras (Quis Kullash, Titu Cusi Huallpa, Culla, Suri Huamán, Cahuide, Cayuide, Cauide, por ejemplo), pero entre los intelectuales indígenas hay consenso para referirse a él como Kawiri. Pedro Pizarro, soldado y cronista que participó en la batalla de Sacsayhuaman da noticias de este guerrero en su *Relación del descubrimiento y conquista de los Reinos del Perú*, describiéndolo como un capitán orejón "tan valeroso, que cierto se pudiera escribir de lo que de algunos romanos. Este orejón traía una adarga en el brazo, y una espada en la mano, y una porra en la mano de la adarga, y un morrión en la cabeza. Estas armas las había éste de los españoles que habían muerto en los caminos, y otras muchas que los indios tenían en su poder. Andaba este orejón como un león, de una parte a otra del cubo, en lo alto de todo, estorbando á los españoles que querían subir con escalas, y matando los indios que se les rendían [...] Pues avisándoles los suyos que subía algún español por alguna parte, aguijaba á él como un león con la espada, en la mano y embrazada la adarga. Visto ésto, Hernando Pizarro mandó poner tres ó cuatro escalas para que mientras acudía á una parte, subiesen por la otra, porque los indios queste orejón tenía consigo todos estaban ya rendidos y desmayados y él solo era el que peleaba; y mandó Hernando Pizarro a los españoles que subían que no matasen á este indio sino se lo tomasen á vida, jurando de no matalle si lo había vivo. Pues subiendo á una los españoles por dos ó tres partes, ganaron

> trasladado, para enloquecerlo o: estrangularlo, al corazón del amo español. Y que éste, al proliferar en entraña india, estaba dando carnatura hispana al indoñable orejón. Pero, así mismo, con morfologías de mollete, nacerá el caballero español, dando origen al pandemonium de las republiquetas y a la mazamorra mestiza. De tal manera que la destrucción del Tawantinsuyu hizo más que tornarse *guerra de células genésicas*; y es a esa guerra a donde debiera acudirse para estudiar la histología de la hispanidad americana. (*El pez de oro* 210. Mi énfasis)

El camino que elige Churata para incorporar saberes andinos en la discusión no es, como podría pensarse, ahondando en su origen, sino más bien prestando atención a aquello en lo que deviene: guerra, contienda sin tregua. La feroz imagen de Khawiri defendiendo Sacsayhuaman se proyecta en otra, también feroz, que provocada por una "guerra de células genéticas" permea la "histología de la hispanidad americana". Es Khawiri ingresando al horizonte hispano no como mestizo, ni como híbrido, ni transculturado. Sí como feroz guerrero que va "sembrando" su "célula genésica". Concluir que Churata estaba entendiendo la Conquista y la colonización "como un proceso biológico según la lógica positivista del siglo XIX" (Veres 690), resulta por demás incomprensivo de lo que está proponiendo el texto. Aquí el componente biológico no interviene desde una lógica positivista, sino más bien desde una lógica agrícola vinculada a la lucha por la reproducción de la vida. Por eso el factor enfatizado no es el genes indio en sí, sino su "sembradura" en la naturaleza del dominador, asumiendo que esa acción ha de tener características agonísticas. Esto lleva a un entendimiento de la Conquista y la colonización en primer lugar como genocidio, y en segundo lugar como giro histórico hacia un proceso cultural que Churata caracteriza como "guerra" de una cultura que se aferra a la vida "sembrándose" en otra. Pero, además, Churata enriquece su escritura con aprendizajes adquiridos en los ayllus de Puno, que le indican que la lógica agrícola no se detiene en la siembra, que apunta a la germinación de la semilla, entendida como "rebrote de la vida". Churata conjetura que las culturas agrarias hacen de la siembra, la cosecha y el consumo una ontología de la vida que permite vincular el proceso agrícola con el biológico, concluyendo que "la semilla genésica es la semilla de la

---

el cubo. Visto este orejón que se lo habían ganado y que le habían tomado por dos o tres partes el fuerte, arrojando las armas se tapó la cabeza y el rostro con la manta y se arrojó del cubo abajo, más de cien estados, y ansí se hizo pedazos. A Hernando Pizarro le pesó mucho por no tomalle á vida" (97-98).

vida" (645) y que "[S]emilla alguna muere porque se reproduzca, si [no] hace más que guerrear en su eternidad, que porque es guerra florece en la yema de la victoria sin finitudes" (320).

Semejante reconceptualización de la historiografía de la Conquista distanciaba a Churata de las dos propuestas indigenistas que a principios de siglo XX orientaban el debate en torno al indio: el incanismo de Luis Valcárcel, que apostaba a un "renacimiento" de la tradición pre-hispánica asumiendo que sus conductores serían los intelectuales indigenistas; y el neoindianismo de Uriel García, que objetaba ese ancestralismo con un mestizaje modernizante que llevaría al indio de la "barbarie" a la "cultura". El campo mestizo, en opinión de García, era "más dinámico y complejo que el maizal incaico" porque viabilizaba "la transición del ruralismo ancestral al individualismo moderno, del labriego al ciudadano, del poblacho rural a la vivienda civil", que en su forma superior (la ciudad) liberaba al hombre andino de su "colectivismo campestre" (*Boletín Titikaka* diciembre 1927, 72-73). Significativamente, García también apelaba al biologismo para "explicar" al indio, pero ahora sí desde una lógica positivista encadenada a la utopía platónica de un mundo rigurosamente jerarquizado y organizado en función a Ideas superiores que rigen sobre las inferiores:

> El indio de hoy más es valor biológico, posibilidad espiritual, mera arcilla para una nueva forma de cultura. En cuanto pervive en ciertas formas de su historia autóctona, –su agrarismo, su colectivismo rebañiego, su falta de inquietud sobre problemas de ultramundo, su legua, etcétera–, viene siendo un atrasado, un sujeto de estudio arqueológico o motivo de exaltación lírica, tema de folletones y tesis doctorales, un pueblo ahistórico, por tanto. Pero en cuando se liberta de ese estuario sombrío de su pasado que lo sume en mortal quietud y se pone en marcha, ya es otro, es el Nuevo indio. (*Boletín Titikaka* noviembre 1927, 70)

Churata toma distancias del mestizaje modernizante de García, pero no necesariamente en rechazo a un pensamiento moderno, sino más bien en rechazo al platonismo que sobrevive en ese pensamiento cuando privilegia "ideas superiores" por encima de otras, consensuadas como "inferiores", y a esa operación denomina "racionalidad". Apunta así a la construcción de un pensamiento crítico articulado desde "ideas" que no habían sido pensadas, porque sobre ellas había caído el velo de la irrepresentabilidad. Una de esas "ideas" propone que "podemos ser muy modernos pero siendo muy antiguos" ("Conferencia en la Universidad Federico Villarreal", 66).

Declaración inquietante y provocativa, que para los propósitos de este trabajo opera como idea-eje, básicamente porque muestra hasta qué punto la querella de antiguos y modernos adquiere en Churata complejidades no ensayadas por Valcárcel ni García. En Churata la "antiguedad" no está pensada en términos de "renacimiento del incanato", ni la modernidad en términos salvacionistas. Se apunta más bien a una coexistencia de lo antiguo y lo moderno que no conlleva la utopía platónica de un mundo jerarquizado, pero tampoco la utopía ancestralista de un pasado ideal(izado). A partir de esta *idea impensada,* Churata se interroga (y nos interroga) sobre el quiebre que una coexistencia de lo antiguo con lo moderno podría producir dentro de los cánones políticos y estéticos de la Modernidad. En *El pez de oro* esa coexistencia es explorada desde la posibilidad de *engendrar* una literatura nacional y descolonizada. En *Resurrección de los muertos*, desde la posibilidad de *engendrar* una inteligencia emancipada de las deshumanidades del hombre-letra. En ambos casos una categoría desconcertante para el discurso crítico producido desde la academia, pero indicativo de su anti-platonismo, ha de orientar la querella de antiguos y modernos: la geminación.

La posibilidad de *engendrar* una literatura nacional y descolonizada

Entendiendo que el surgimiento de una literatura nacional no dependía del virtuosismo de un escritor genial ni del empuje de ateneos o academias, sino más bien de una capacidad colectiva para imaginar desde la singularidad de aquello que constituye o debería constituir "lo nacional", Churata proponía que en el Perú la llamada "literatura a nacional" había sido fundada "fuera de sí misma". La habían construido, sistematizado y canonizado, sus minorías, y lo habían hecho con lenguajes y estéticas que no dialogaban con el sentir de las mayorías. Más aún, tributaria de la estética clásica, la literatura peruana de la primera mitad del siglo XX tendía a imitarlo todo (clasicismo, romanticismo, modernismo, etc.), y cuando ensayaba indigenismo, incurría en deslealtades que subalternizaban, patronizaban, folklorizaban o idealizaban las culturas indígenas con parámetros ajenos a ellas. Pensar en estos términos lo enemistaba con la estética clásica que, reproduciendo dualismos platónicos, concebía la "belleza" (y por extención las Bellas Letras) como una Idea con valor universal que el artista se encargaba de llevar a la materia o de lograr que esta la imite.

La proximidad que tenía Churata con expresiones artísticas y culturales andinas como ritualidades ancestrales, ritmos musicales, poesía y teatro quechua, danzas autóctonas, etc., le indicaba que la Idea de lo Bello no podía ser una Idea universal. En léxico aymara, el concepto de "belleza" ni siquiera existía. Lo que abundaba era una gran variedad de acepciones para expresar la "hermosura", la "lindura", las acciones que "hermosean". Y de entre todas las cosas hermosas, ninguna superaba la hermosura del "rebrote de la vida", expresada en la "germinación de la semilla" o en el grito de las *wawas* cuando nacen. Ese "primer burbujeo", nos dice Churata, emparenta a la *wawa* a la entraña de la que ha nacido, sugiriendo que cuando más conmovedora es la hermosura es cuando su creador la forja aferrada al ñuño que le dio vida –la mama humana, pero también la Mama Pacha que hace del recién nacido un "animal" aferrado a la tierra que lo recibió y que, cosecha tras cosecha, garantizará su sobrevivencia. Sorprender estos vínculos entre la germinación de la vida y el proceso estético, sugería que en los Andes la noción de "hermosura" no tenía cabida en el régimen platónico. En primer lugar, porque no correspondía a una Idea universal y, en segundo lugar, porque no se presentaba como abstracción, sino más bien como un aspecto más de la materialidad de la vida. Para demostrarlo, había que atreverse a desordenar la estética clásica y des-autorizar sus explicaciones.

Con ese proyecto en mente, Churata interpela la estética clásica en su momento constitutivo, es decir, en su formulación platónica. Para ello, construye un andamiaje discursivo sumamente particular: se apropia del método mayéutico[8] para instalar un debate imaginario con el discípulo de Sócrates, al que significativamente no llama "Platón", sino "Plato". Denominación a primera vista curiosa, pero que examinada con cuidado revela una contundente intencionalidad paródica. Por un lado, honra el status de pensador universal que tiene

---

[8] También conocido como "método socrático" o "ironía socrática", consiste en educar a los "ignorantes" mediante un proceso dialéctico que confrontándolos con sus incapacidades los empuja a abrazar las enseñanzas "sabias" del maestro. Pero antes de ser convertida en práctica pedagógica, la mayéutica era una "técnica de asistir en los partos" participando activamente en el nacimiento de una nueva vida. Churata recoge ambos desempeños, con la diferencia de que ahora la "ironía" apunta a "educar a los sabios" y a asistir en la "germinación de la vida".

Platón al actualizar la versión Latina de su nombre (Plato). Por otro, desestabiliza esa universalidad infundiéndole al latín clásico PLATO una derivación proveniente del latín vulgar (PLATTUS), que pasa al castellano como PLATO = utensilio de cocina que sirve para servir la comida. La parodia se intensifica cuando Churata juega literalmente con el nombre, escribiéndolo a veces con mayúscula y otras con minúscula, traduciéndolo al aymara (CHUA), y hasta aplicándole la ley de los diminutivos, que le permite dirigirse al Maestro de Sócrates en un castellano lúdico, aymarizado y cargado de irreverencias: "Mira, Platito, mira mi chuíta[9]..." (*Resurrección de los muertos* 319, 594). El debate con Platón, que permea las 533 páginas de *El pez de oro* (más de 800 en la edición Cátedra) y las 800 de *Resurrección de los muertos*, queda así formulado en tono paródico y a partir de una contundente interpelación a la Idea clásica de Belleza. La lógica que guía esa interpelación es lo que Churata quiere que Platón *mire*:

> Es que lo más espantable de todo esto es saber que *la hermosura* solo puede venir en gametos [células reproductoras], y que es el hombre el inductor del drama, el fálico sacerdote de la germinación. ¿Cómo, fuera de esta, podrá entenderse prelatura en el orden estético! El único mandamiento de la belleza viva: ¡engendrar! ¿Entiendes, Plato? para el americano de América: ¡engendrar! ¡engendrar! Engendrar hasta la profundidad del Tawantinsuyu. (*El pez de oro* 213, énfasis mío)

Adicionalmente, Churata buscaba también que su época pudiera *mirar* aquello que le estaba tratando de mostrar a Platón. Pero en el contexto peruano y boliviano de la primera mitad del siglo XX su escritura resultaba simplemente ilegible. Churata era, como tan acertadamente observó Badini, "un escritor que vino del futuro" (2010) al que con contadas excepciones todavía no se podía *mirar*. Sus irreverencias lastimaban las buenas conciencias, su sagaz ironía era percibía como extravagante, y sus demandas políticas y culturales se estrellaban contra la hegemonía criollo-mestiza que había construido la idea que en los Andes se tenía de "nación". Avanzado el siglo, y ya en plena antesala del boom latinoamericano, la incomprensión se acrecentó, porque frente a los ejercicios narrativos del boom, su escritura resultaba arcaica, pasada de moda. Sin exageración, puede afirmarse que la crítica literaria de los años cincuenta y sesenta (y esto

---

[9] Tanto en quechua como en aymara la palabra "chua" o "chuwa" significa "plato hondo de barro". La forma "chuíta" que registra Churata, castellaniza el vocablo sometiéndolo a la ley de los diminutivos.

incluye, por ejemplo, a Ángel Rama) no pudo apreciar la novedad y el alcance de un pensamiento tan radicalmente moderno, anti-platónico, crítico de occidente, y orientado a establecer un debate descolonizador en los Andes. En 1964, cuando Churata regresó al Perú después de un exilio de 32 años en Bolivia, la posibilidad de *engendrar* una literatura nacional y descolonizada en los términos que proponía *El pez de oro*, seguía siendo en ambos países una idea impensada. Tal vez por lo inconcebible que resultaba (y todavía resulta) imaginar un mundo sin Platón. O lo que es lo mismo, habitar un mundo desjerarquizado. *Resurrección de los muertos*, uno de los libros que Churata dejó inédito y recién pudimos conocer en 2010 cuando Badini lo publicó en edición anotada, recoge el debate con Platón precisamente para problematizar los universos jerarquizados y proponer la Idea de una des-jerarquización del conocimiento. En esta nueva interpelación al maestro de Sócrates, Churata forja un dispositivo conceptual que no habíamos visto en *El pez de oro* y que posiciona sus reflexiones en el centro de la crítica literaria latinoamericana: la querella con el hombre-letra.

LA POSIBILIDAD DE *ENGENDRAR* UNA INTELIGENCIA ANIMAL EMANCIPADA DE LAS DESHUMANIDADES DEL HOMBRE-LETRA

Resurrección de los muertos es un libro medular en varios sentidos. Orgánicamente vinculado a *El pez de oro* (en cuanto sostiene sus reflexiones y debates), despliega singularidades que lo hacen único y, conforme avanza el tiempo, fundamental para darle al pensamiento crítico latinoamericano giros renovadores. Esas singularidades resaltan de múltiples maneras. Por ejemplo, cuando advertimos que, desafiando convencionalidades literarias, se construye como un libro-espectáculo que no busca narrar una historia sino más bien escenificar una conversación entre la lógica de la Letra, cuyo expositor es Platón, y las razones de la no-Letra, argumentadas por un personaje al que conocemos como el Profesor Analfabeto. Se adelanta así a teorizaciones que como las de Ángel Rama o Antonio Cornejo Polar, recién se formularían a partir de la década de los sesenta, con la diferencia de no correr paralela a ellas. La Letra, en *Resurrección de los muertos,* no es interpelada únicamente en cuanto privilegio de intelectuales letrados, sino también en cuanto expresión del humano que se piensa a sí mismo como "antropomorfo superior". Semejante impertinencia semántica incita una desautorización de paradigmas racionalistas y la enunciación de Ideas impensadas, como aquella que propone al ser humano como "el único animal suficientemente estúpido para atribuirse inteligencia él y negársela al Universo total" (347), o la que sostiene que la "muerte" es un invento de la Letra que cerró rutas al conocimiento de saberes prehispánicos. La muerte, ha de decir el Profesor Analfabeto, no es sino

> [...] un mito y es ese mito en manos de las religiones positivas fundamento de la dualidad de Esencia y Sustancia como factores dialécticos de la conciencia humana. Si sostenemos lo primero, habremos de implantar de entrada este fundamento, la muerte es sino una creación de la palabra humana y no posee otro valor que el de las cinco letras que la forman: M u e r t e. (*Resurrección* 59)

¡Un "analfabeto" cuestionando la arbitrariedad del signo! El gesto apunta a una problematización del lenguaje en cuanto facilitador de significados conceptuales autónomos y universales –"formas", diría Platón, que certifican que el conocimiento no proviene de la realidad sensible sino de Ideas verdaderas y universales. A ese razonamiento Churata caracteriza como "idealismo morboso" y lo vincula al antropocentrismo que orienta el conocimiento racionalizado. Contra esa morbosidad construye la figura del "hombre-animal" y la posibilidad de engendrar una inteligencia animal emancipada de las deshumanidades del "hombre-letra". El personaje que ha de orquestar esa posibilidad y encarnar al hombre-animal es el Profesor Analfabeto, que desde la tribuna de un Paraninfo universitario escenificado en el cráneo del Homo Sapiens inaugura una vigorosa interpelación al "idealismo morboso". Las acotaciones que acompañan su aparición lo describen como "un intelectual iletrado" y "temible sardónico", de fisonomía "radicalmente vernácula", "voz bronca, locución lenta, flemática" y "severamente trajeado para un acto académico" (49-50). El público que asiste a su disertación proviene de "muchos países del planeta" y se distribuye en la amplísima sala del Paraninfo según el sitio que le corresponde en la escala social: "clase burguesa en platea, plutócratas y aristarcas en palcos y plebe internacional en gallinero" (50). Cuando el Profesor Analfabeto entra en escena, lo recibe una obertura musical (el guión no especifica la naturaleza de esa música) y una desconcertante ovación por parte de un sector del público:

¡Viva el sabio analfabeto!... ¡Hurra!.. ¡Hurra!... ¡Viva el indio catedrático!... ¡Rararal... ¡Rarara! ¡Viva el peso pesado de la tribuna!... ¡Arriba el futuro diputado!... ¡Hurra la burra baturra!... (51)[10]

Tan singular recibimiento convierte al Paraninfo universitario en un espacio en el que la severidad del acto académico convive con una suerte de fiesta de la inteligencia plebeya. En esa fiesta, el Profesor Analfabeto ha de debatir con Platón cuestiones que atañen a la universalización del conocimiento, la conceptualización de la "muerte", las limitaciones del hombre-letra y el impensado evento del hombre-animal. El debate arranca cuando el disertante pone en cuestionamiento el valor universal del "Verbo" y señala a Platón como el iniciador de una filosofía en la que el conocimiento adquiere valor verbal:

> el hombre solo *cognosce* aquello que su palabra puede describir. [...] se conoce con palabras; por lo que más lógico es sostener que el hombre conocerá solo aquello que su palabra pueda describir, por lo que su conocimiento irá hasta donde alcance su palabra. (61)

Esa figura que Churata caracteriza como hombre-letra queda así conceptualizada en términos lingüísticos y epistemológicos: aquel cuyo conocimiento llega hasta donde alcanza su palabra (sea esta oral o escrita). De aquí que el hombre-letra sea por antonomasia hombre-platónico e idealista morboso.[11] De aquí también que desmantelar el privilegio de la Letra en cuanto ruta de conocimiento sea objetivo central al proyecto de *Resurrección de los muertos*. Y si bien recurrir a la escritura para desmantelar la Letra podría parecer paradójico, el Profesor Analfabeto despeja la cuestión sugiriendo que, si el ser humano "Murió por la letra, letra debe resucitarle. ¡Resurgite!..."

---

[10] Intervenciones como esta irrumpen inopinadamente a lo largo del texto. El guión las anuncia bajo la rúbrica de "VOCES", y todo indica que provienen del sector plebeyo del público. Pero no debemos asumir que ese sector conforma una totalidad homogénea o concertada, porque si bien en su gran mayoría celebra la disertación del Profesor, no faltan voces que más bien se burlan de él y de sus argumentaciones. Ocasionalmente ambas partes se enfrentan y chocan violentamente entre sí, como se aprecia en el pasaje que cito a continuación: "¡Viva el profeta !... ¡Rarara!... ¡Rarara!... ¡Rarara!... ¡Viva el futuro diputado!... ¡Ra,ra,ra,ra,ra!... ¡Como va a ser Diputado un cholo analfabeto!... ¡Jajajajajaja!... ¡Callate, tetón; que sabrás tú!... ¡jojojojojojo!... (176)

[11] Una lectura ingenua de Platón desautorizaría el argumento enfatizando el rechazo que este filósofo hizo de la escritura, a la que consideró un medio ilegítimo de comunicar el conocimiento, y la confianza que depositó en la palabra hablada (*Fedro* 274c-277a y 279b-279c). Churata no permite que la crítica platónica a la palabra escrita confunda las cosas, y contundentemente sostiene que es en la palabra (escrita o hablada) donde el platonismo proyecta la soberanía del discurso y la violencia de las verdades absolutas.

(60). Declaración que el público celebra en medio de risas y ovación aymarizada: "¡Rawo, Tata Analfabitu!... [¡Bravo, Tata Analfabeto!...]" pero que al lector podría resultarle problemática. A ese lector se le podría argumentar que declaraciones de este tipo encuentran soporte en tradiciones filosóficas no analíticas, que desmarcadas de abstracciones platónicas y del empirismo de la Ilustración, conciben dinámicas reflexivas a partir precisamente de tensiones paradójicas. Ante la problemática de la "verdad", por ejemplo, Heidegger (a quien Churata cita en varias ocasiones)[12] propone la idea de la "no-verdad". Empuja así a pensar la "verdad" como acontecimiento indeterminado y abierto, que en el momento mismo en que des-oculta algo que estaba oculto, se obliga a nuevos desocultamientos. A ese procedimiento abierto, indeterminado y anti-platónico, Heidegger lo denominó "dialéctica del desocultamiento" y lo caracterizó en los siguientes términos:

> la naturaleza de la verdad, es decir del desocultamiento, está gobernada por una negación. Pero esta negación no es un defecto o carencia, como si la verdad fuera un desocultamiento que se ha safado de todo lo oculto. Si la verdad lograra eso, ya no sería ella misma. Esta negación, bajo forma de doble desocultamiento, pertenece a la naturaleza de la verdad como desocultamiento. La verdad es en sí misma la no-verdad. (*The Origin of the Work of Art* 54. Mi traducción)

Parecida (pero no idéntica) es la disquisición del Profesor Analfabeto: la "letra" que ha de resucitar al ser humano será la "no-letra", y su inductor no será el hombre-letra, sino el hombre-animal, capaz de empujar el conocimiento más allá del imperio de la palabra, y en esa operación recuperar la idiomática animal. En su exposición, el Profesor deja entender que esa "idiomática" está situada fuera del lenguaje, en un territorio próximo a la poesía y al canto de los animales:

> El canto del poeta en estos planos no es todavía palabra: el canto del poeta es canto de animal.
>
> [...]
>
> Luego señoras, señores, la divina palabra del hombre es causa de la atrofia animal del hombre, origen de su inferioridad filosófica respecto de los irracionales. (65, 155)

---

[12] Aun cuando Churata no explicita sus fuentes heideggerianas ni recoge acríticamente el pensamiento de Heidegger, es evidente su respeto por un filósofo cuestionador que centró su reflexión ya no en el fenómeno que se quiere conocer (o en una idea abstracta de él), sino en la experiencia que de ese fenómeno se tiene "aquí" y "ahora".

El espacio de originalidad que aquí se abre no reside en vincular la poesía con el "canto", sino en vincularla con el "canto animal", y a partir de esa inflexión deducir que la ausencia de animalidad en la palabra del hombre-letra más que una ventaja es una desventaja. Atribuirle a la palabra, que es "habla", insuficiencias semánticas que atañen en igual medida a la letra, problematiza la dicotomía oralidad-escritura en cuanto criterio orientador para el estudio de las pugnas lingüísticas en la región andina. Pero, además, lleva la reflexión sobre el lenguaje a terrenos en los que ya no influyen las limitaciones cognoscitivas que sobre los saberes lingüísticos impone el platonismo y sus derivados racionalistas. Esto último queda bien enfatizado cuando el Profesor Analfabeto identifica al platonismo como racionalidad que le puso al lenguaje la camisa de fuerza de la retórica y la gramática, dando marcha hacia la "inteligencia discursiva":[13]

> Es desde Platón, a quien desde luego suministran raíces la escuela de Elea, que el pensamiento adquiere valor verbal, pues Atenas inaugura el reinado del Verbo como fundamento ortodoxo y filosófico. En Atenas tiene consubstancialidad y proceso la palabra discursiva del hombre. (61-62)
>
> [...].
>
> A partir de Platón, y que más no sea, el lenguaje responde a necesidad de una mentalidad retórica, fenómeno que tiene exponente en la filosofía, su esporo escolar a la cual, como siente más de un erudito, si fue sólo fue rama clásica de la gramática, ya por esencia pertenece a su historia. (281)[14]

El hombre sin letras, en lógica churatiana, no corresponde al hombre de la oralidad, sino al hombre-animal, en cuya habla y letra no rigen "los principios universales que fecundaron los universales gramaticales" (281). De esa cesación de racionalidad emerge la posibilidad de una inteligencia distinta a la discursiva, y es precisamente esa *posibilidad* lo que el Profesor Analfabeto quiere *sembrar* en Platón. Primero indirectamente, a través de su disertación, y después directamente, provocando un diálogo con el filósofo griego que arranca en la página 140, cuando desautorizando las

---

[13] A esa "inteligencia" Platón denominó διάνοια [dianoia, que se traduce como *ratio* en Latín y *razón* en español]. Es el conocimiento racional construido a través de conceptos y siguiendo el modelo de las matemáticas y la geometría.
[14] Recientes investigaciones sobre el impacto del pensamiento de Platón en la lingüística moderna están llegando a teorizaciones similares a las que Churata elaboró a mediados de siglo XX. En el campo de los estudios churatianos, destaca el trabajo de Meritxell Hernando Marsal citado en la bibliografía.

interpretaciones que de la muerte había construido el cristianismo de inspiración helénica, trae a discusión la agencia que la "muerte" y los "muertos" pueden llegar a tener en culturas que, como las andinas, no tienen ganas de morir:[15]

> El muerto está allí, en la chullpa, vivo.
> [...]
> En la chullpa no habrá espíritu divino, sino el alma del muerto (no supuesta) que apodérase del individuo actual a título de un derecho de vida.
> [...]
> las chullpas fálicas de Sillusthani eran menos sepulcros que tiendas de campaña, [...] huelga llegar a la conclusión de que [las culturas andinas] poseían el conocimiento sensorial de que morir es nacer. Y que se vive para la muerte, no: para la vida. Frente a esto qué sentido hallaremos a la frase que Pablo de Tarso tomó a Job: ¿Para que la semilla viva es preciso que muera?... como tropo, bien, como verdad, trapo.
> Bien visto, oh, Plato alacre, no ha ido muy más allá de la piel de la vida el más allá del intelector letrado. A más allá de cuanto está, y en forma abisal, ha penetrado la conciencia del hombre sin intelecto y sin letras. (*Resurrección* 140-141, 143-144)

La interpelación descoloca a Platón que, en respuesta, apenas atina a balbusear: "Acaso... Acaso... Pero..." (144). Desestabilizada la inteligencia discursiva, va cobrando fuerza la posibilidad de engendrar una inteligencia animal emancipada de las deshumanidades del hombre-letra. Podría decirse que se inicia el camino hacia una animalización del conocimiento o, dicho de otra manera, hacia una reorganización del saber sobre la base de que "lo inteligente es inferir que el Universo todo, sin metafísicas, cabe en el cerebro de la hormiga o del piojo" y que "el hombre nacido sin letras y alzado sin ellas puede, si le asiste esa coordenada, mostrar como Shakhespeare mensaje erudítico capaz de asombrar los siglos" (100). Particularmente audaz es la explicación de cómo se construye el "menaje erudítico" del "nacido sin letras" o del que, desmarcándose de ellas, elige convertirse en "intelectual iletrado". En ambos casos el sujeto se desempeña al margen del pensamiento discursivo y "pretende que las palabras se hagan entidades no gramaticales, focos de irradiación de las cenestesias [sensaciones][16] de la voluntad actual".

---

[15] Tomo la expresión de Xavier Albó, que en su Introducción a *Raíces de América: el mundo aymara,* caracterizó al pueblo aymara como "un pueblo sin ganas de morir" (22).
[16] Etimológicamente el término "cenestesia" proviene de las voces griegas κοινος [común] y αισθησις [sensación], y refiere al conjunto de sensaciones que se tiene del estado del propio

Ingresar al ámbito emocional y sensorial de la cultura es algo que el análisis teórico tiende siempre a evitar, por considerar que los aspectos subjetivos de la experiencia carecen de autoridad para dar cuenta de procesos objetivos. Teorizar la experiencia, las sensaciones, resulta por tanto complicado, anti-platónico, pero no imposible. De hecho fue precisamente lo que hizo Raymond Williams, el creador de los estudios culturales, cuando para estudiar el ámbito emocional de la cultura forjó el fascinante concepto de "estructuras del sentir".[17] Vale la pena detenerse un momento en ellas para apreciar las sugestivas coincidencias que surgen entre el pensamiento de un filósofo andino y el de un crítico cultural europeo.

"Estructuras del sentir" fue una hipótesis cultural elaborada para resaltar una distinción entre las formas establecidas y definidoras en que se estructura una sociedad (instituciones, convenciones sociales, formalidades culturales, etc.) y aquellas que escapan a su dictamen, generando experiencias de "lo que se está viviendo en el presente" y que todavía no ha sido formalizado. Esas singularidades, que se manifiestan con especial relevancia en el arte y la literatura (elaboradas precisamente en base a una experiencia viviente del mundo), suscitan formas de "conciencia" casi siempre diferentes de la "conciencia oficial", pero de ninguna manera carentes de raciocinio, por más difíciles que sean sus relaciones con lo que ya está articulado. Quizás el mayor desafío que plantean las "estructuras del sentir" sea el desconcierto que producen en los universos ordenados, que no encuentran la fórmula para lidiar con situaciones que si bien escapan a la hegemonía de las formas fijas no son necesariamente su reverso, sino que coexisten conflictivamente con ellas. Williams subraya que los sistemas ideológicos hegemónicos difícilmente toleran esas experiencias y pensamientos des-categorizados. Más

---

cuerpo. En Churata, ese sentido de "sensación del propio cuerpo" incluye la experiencia con el lenguaje y con el mundo. Por eso se habla de "cenestesias de la voluntad actual".

[17] Se trata de un concepto que atraviesa toda la obra de Raymond Williams y que encuentra su genealogía en una sorprendente observación que hizo Marx en *El 18 Brumario de Luis Bonaparte*, donde apunta que "Sobre las diversas formas de propiedad y sobre las condiciones sociales de existencia se levanta toda una superestructura de sentimientos, ilusiones, modos de pensar y concepciones de vida diversos y plasmados de un modo peculiar. La clase entera los crea y los forma derivándolos de sus bases materiales y de las relaciones sociales correspondientes" (Cap.III, 39). Williams desarrolló la hipótesis de las "estructuras del sentir" en varios libros: *Preface to Film* (1954), *The Long Revolution* (1961), *Dramafrom Ibsen to Brecht* (1968), *The Country and the city* (1973) y *Marxism and Literature* (1977).

fácil es interponer oposiciones binarias que descalifican su agencia: lo subjetivo opuesto a lo objetivo, la experiencia a la certidumbre, el sentimiento al pensamiento, lo inmediato a lo general, etc. (*Marxismo y literatura* 151, 153, 156).

Se podría postular que en el trabajo de Churata actúan dinámicas muy similares a las "estructuras del sentir". Podría incluso decirse que el escritor peruano las anticipa, con la diferencia de que en su caso la impugnación de paradigmas racionalistas se radicaliza. Tanto *El pez de oro* como *Resurrección de los muertos* articulan experiencias y formas de conciencia des-categorizadas que vulneran la hegemonía de los discursos jerarquizantes; pero mientras a Williams esas insubordinaciones le sirven para entender la complejidad de la totalidad social y demostrar que el error básico del análisis cultural es la reducción de lo social a formas fijas; a Churata le sirven para mostrar que el error está en reducir el saber a las iniquidades del conocimiento antropomorfizado. En ambos casos la reflexión le abre horizontes desafiantes a la crítica cultural. En su momento, Williams y sus "estructuras del sentir" ayudaron a entender que "ningún modo de producción y por lo tanto ningún orden social dominante y por lo tanto ninguna cultura dominante verdaderamente incluye o agota toda la práctica humana, toda la energía humana y toda la intención humana" (*Marxismo y literatura* 1997,147).

Radicalizando la crítica a los sistemas hegemónicos, Churata y sus des-categorizaciones buscan des-sacralizar la "antropolatría" de pensar al ser humano como medida del universo.[18] Contra esa arrogancia construye personajes profundamente inquietantes, como el perro Thumos, en *El pez de oro*, o el Profesor Analfabeto, en *Resurrección de los muertos*. La *novedad* que estos personajes llevan a la literatura es la figura semántica del hombre-animal. Thumos es presentado como "el perro que fue hombre", el "hombre que se humanizó en la bestia" y con ese tránsito impensable abrió paso a experiencias civilizatorias distintas a las hegemónicas:

---

[18] Es posible inferir que junto a la des-sacralización de la antropolatría quedan des-sacralizadas las formas fijas que el pensamiento antropólatra había hecho de la literatura y de las bellas artes. La dificultad clasificatoria que presentan los textos de Churata al no dejarse atrapar en la forma-novela, teatro, ensayo o poesía, es ya síntoma de la naturaleza des-categorizada que los fundamenta.

Thumos me introdujo al respeto de la bestia; y no porque en él identificara el alma platónica del animal, sino porque en él descubrí una humanidad libre de las deshumanidades del hombre" (*El pez de oro* 736).[19]

También construido como hombre-animal, el Profesor Analfabeto da marcha a una pedagogía ácrata que des-sacraliza la alegoría de la caverna platónica mediante una *explicación científica* de la animalidad inherente al ser humano y el modo en que la *mentalidad civilizada* la ha arrinconado:

> El hombre procede de *genes* animal, en serio, sin discusión, científicamente[,] y la *mentalidad civilizada* se erige negación del animal, lo que le impone tratar a las plebes humanas como se trata a las plebes animales. (*Resurrección* 222)
>
> [...]
>
> Si se revisan leyendas de las plebes iletradas, más valiosas cuanto ellas provienen de los grupos humanos todavía llamados salvajes, se tiene que [...] la facultad de conocimiento del animal hombre en cuanto se refiere a los valores de propia naturaleza, ha sido obliterada por el despotismo hueco de la letra. O el Verbo, que es el principio de las cosas y de los tropos de trapo. (*Resurrección* 332)

Ningún darwinismo atraviesa el argumento. Al contrario, prevalece la hipótesis de que entre seres vivos "la facultad de conocimiento" no es privilegio exclusivo de la *mentalidad civilizada*.[20] Enfáticamente, el Profesor Analfabeto atribuye al despotismo de la letra el surgimiento de mundos excluyentes que denigran formas de vida y de inteligencia percibidas como "inferiores", "salvajes", "no-humanas"; y subraya que una de esas formas denigradas de vida y de inteligencia fue aquel "Gran Imperio de animales-hombre: el Tawantinsuyo", cuya conquista y colonización proyectó en América la "atrofia animal" que en Europa se había apoderado del hombre-letra (119, 155). Pero más que empujar el pensamiento hacia una democracia de la inteligencia o una igualdad de las inteligencias, el Profesor Analfabeto empuja a pensar el concepto "inteligencia" como un constructo más de la cabeza del hombre-letra. Desmontar el "mito de la inteligencia encefálica" requerirá de una "sociología

---

[19] Discusiones más elaboradas del Thumos churatiano pueden verse en mi libro *La vanguardia plebeya del Titikaka* (264) y en un artículo de próxima publicación, titulado "Gamaliel Churata y esa beligerancia estética conceptualizada como 'andinismo'".

[20] En su crítica a la teoría de la evolución, Churata sostiene que a Darwin le faltó información psicológica para probar "no que el hombre descienda del mono, sino que el hombre es el mono en descenso" (257). Más que "evolucionado" respecto al animal, el hombre vendría a ser un "involucionado".

animal" no afincada en la cabeza del antropomorfo ni en su "Divina Palabra" (339, 119), sino en lo que podría caracterizarse como una *sociedad de la vida* (una especie de *zoe*)[21]sin distinciones jerárquicas entre animales humanos, animales no humanos, vivos, muertos, plantas, accidentes geográficos, fenómenos metereológicos, minerales, etc. El Profesor Analfabeto entiende que esto implicaría formas de comportamiento social, político y cultural no desarrolladas en la cabeza del hombre-letra, pero cimentadas en los procesos cognitivos indígenas. Entiende también que para hablar con propiedad de estos asuntos necesita investirse de poderes que su condición humana no concede, por lo que recurre a la antigua práctica andino-amazónica de convertirse en animal para zanjar el dilema. Y se transforma en puma, concretamente, en el Khori Puma [Puma de oro] de *El pez de oro*.[22]

Esta transformación, que a más de un lector sacará de quicio, es indicativa de lo inmerso que estaba Churata en prácticas rituales andino-amazónicas y del conocimiento que tenía de la historia pre-

---

[21] Entendiendo *zoe* fuera de la distinción aristotélica que la remite a la vida de las especies no humanas, oponiéndola a *bio*, la vida humana propiamente dicha. En Churata la vida biológica, *zoe*, está referida a *todas* las especies vivas.

[22] Personaje-eje en *El pez de oro*, el Khori Puma es presentado como descendiente de un linaje de pumas y padre del Pez de oro. Su nombre es un híbrido del castellano "puma" (que en aymara refiere a *TITI* = gato salvaje, puma) y del aymara *KHORI* (o *quri*, equivalente a "oro" en castellano). La fuerza simbólica del apelativo *Khori Puma* reside en su articulación con la región del Titicaca, particularmente con el lago TITICACA, que en una de sus acepciones etimológicas se traduce como "Puma de piedra". El término "oro" que complementa el nombre del personaje conlleva más de un sentido. Por una parte, proyecta en el Khori Puma las cualidades del oro en cuanto "sustancia preciosa que surge desde las entrañas de la tierra" y personifica "la riqueza que crece dentro" (Arnold 84, 111). Por otra, subvierte la jerarquía que Platón había atribuido a los metales y que consciente o inconscientemente el indigenismo ratificaba: oro para el "alma" de los gobernantes, plata para el "alma" de los guardianes de la ciudad, y hierro y bronce para el "alma" de los artesanos y comerciantes. Desafiando un ordenamiento que identificaba al indio como una "raza de bronce" (apelativo que en 1919 Alcides Arguedas inmortalizó en la novela del mismo nombre), el *Khori Puma* es presentado como un personaje marcado, desde su nacimiento, por "áureo y extraño destino". Se lo caracteriza como "hombre genital [en cuanto es semilla], con la potencia genésica de la bestia", uno de "de aquellos animales de sentidos primitivos que sostienen que si la sabiduría se ha extraviado en el hombre, es porque el hombre ha amontonado basura en la sabiduría animal" (*El pez de oro* 405, 623). La portada de la primera edición de *El pez de oro* deja atónito al lector precisamente porque enfrenta a una imagen en la que Churata quiso plasmar "el reconocimiento de que el hombre se integra en la bestia o de que es sublime en ella" (746). En esa portada queda reproducida la imagen dorada y felina que Churata imaginó para el Khori Puma. A su lado, también desafiantes, aparecen el Pez de oro y Thumos, "el perro que fue hombre", el "hombre que se humanizó en la bestia" (Fig. 1).

hispánica. Piénsese por ejemplo en Atahualpa, que para huir de su cautiverio en Tomebamba durante la guerra de sucesión Inca "se convirtió" en culebra. Cieza de León y otros cronistas después de él registraron el episodio, y al margen de las variantes que registran sus relatos, en todos prevalece, como asunto central, la transformación de Atahualpa en culebra Veamos algunos ejemplos:

> [prisionero] en un aposento del tambo, *se soltó y fue a Quito donde hizo entender haberse vuelto culebra por voluntad de su Dios para salir de poder de sus enemigos* [...]. Tiénese por averiguado que Atabalipa se soltó con una coa, que es "palanca", que una mujer Cella le dio, un agujero (Cieza de León, *Crónica del Perú* 454-455. Mi énfasis)

> [...] y teniéndole metido en una casa con guardas, entre tanto que los del Cuzco celebraban su prisión con banquetes y borracheras, él tuvo modo cómo soltarse, horadando una pared con una barreta de plata que le dió una señora principal, a quien solamente era concedido entrarlo a ver en la cárcel. *Huyó a Quito Atau-Hualpa, y convocando sus gentes, les hizo un prudente razonamiento, fingiendo que el sol, su padre, había hecho con él un extraño milagro, porque lo había convertido en culebra y sacado de la prisión por un pequeño agujero*, prometiéndole juntamente su favor para alcanzar victoria de su hermano, si salía a pelear con él. (Cobo, *Historia del Nuevo mundo* 194. Mi énfasis)

> [...] la prisión que dicen de Atahuallpa fue novela que él mismo mandó echar para descuidar a Huáscar y a los suyos; *y el fingir luego, después de la prisión, y decir que su padre el Sol lo había convertido en culebra para que se saliese de ella por un agujero que había en el aposento*, fue para con aquella fábula autorizar y abonar su tiranía, para que la gente común entendiese que su Dios, el Sol, favorecía su partido (Garcilaso de la Vega, *Comentarios Reales*. Primera Parte, 510. Mi énfasis)

Esta transformación de Atahualpa en animal selvático requiere consideración. Contra el archivo colonial, que la reduce a una estrategia militar de índole supersticiosa, investigaciones como las de Thierry Saignes y Hugo Burgos-Guevara permiten apreciarla como expresión de profundos contactos culturales entre sociedades andinas de tierras altas y sociedades amazónicas de tierras bajas. Sugieren estos estudiosos que en ese enclave andino-amazónico, los poderes político-militares del Qullasuyu incaico, simbolizados en la figura del puma, se imbricaron con los poderes sobrenaturales y shamánicos del Antisuyu "salvaje", simbolizados en una culebra o anaconda (*amaru* en quechua y *katari* en aymara). Burgos-Guevara enfatiza que en el contexto quiteño el shaman equivale al *amaru* en cuanto se transforma en ese animal adquiriendo sus poderes; y que en el momento de la guerra civil inca "era todavía usual recurrir a la búsqueda de poderes mágico-religiosos, tal como se hacía en el oriente" (148-149). Sospechar la gran influencia que el Antisuyu "salvaje" pudo haber tenido en el incario, llevó a Saignes a preguntarse si "la ideología inca no queda en parte basada o animada por un orden 'salvaje' y una simbología tanto amazónica como andina" (309). Él mismo confirmó su sospecha examinando un Escudo de armas Inca dibujado por Guaman Poma, en el que dos *amarus* con borlas imperiales en la boca forman parte de las "armas rreales de los rreys Yngas", como se aprecia en el facsímil reproducido en la figura 2.

Figura 2: Facsímil de la página 83 titulada "SEGVNDA ARMA: LAS ARMAS"
Guaman Poma, *Nueva corónica y buen gobierno* (1615)

Tomando en cuenta estas consideraciones, la transformación de Atahualpa en *amaru* puede leerse como una estrategia de guerrra profundamente enraizada en intercambios culturales entre el mundo andino y el de tierras bajas. La política de paridad que debió haber fortalecido esos intercambios queda explícita en el "método" que Atahualpa utilizó para gestionar su huida: horadar la pared del recinto en que estaba prisionero con un artefacto que Cieza de León registra como *coa* [palanca] pero que, como sugiere Burgos-Guevara, pudo haber sido una *ccoa*, instrumento ritualístico en forma de felino, lo que sugiere que en pleno dominio de los recursos que ofrecían el oriente y el occidente andino, Atahualpa gestionó su huida recurriendo al poder simbólico de un puma y a la magia shamánica de un *amaru*.

¿Acaso la transformación del Profesor Analfabeto en puma no podría estar gestionada desde una lógica similar? ¿Podríamos conjeturar que una estrategia análoga a la que liberó a Atahualpa de su cautiverio en Tomebamba le permite al Profesor Analfabeto liberar al pensamiento del "mito de la inteligencia encefálica"? Más que respuestas conclusivas, estas preguntas plantean desafíos y le abren posibilidades de lectura a un texto que conforme va siendo indagado en su trama va mostrando complejidades que lo enriquecen y articulan con discusiones de suma actualidad. Una de esas complejidades es su demanda por una "sociedad animal" que podría traducirse como una bio-sociedad no sometida al discurso meramente ecológico, ni al arbitrio de una entelequia que se juzga independiente de las leyes de la vida. Contra esa entelequia encefálica que no posee fundamento orgánico alguno y contra su ejecutor, el hombre-letra, se alza la batalla del puma-shaman-animal-hombre instalado en la tribuna universitaria: "No le reconocemos al hombre superioridad biológica alguna sobre la Estrella de Mar. Todo lo que revela hoy es una fáctica no consolidada y, por tanto, divorcio con las bases de su naturaleza genética" (344).

La audiencia reunida en el Paraninfo sigue con euforia al Khoripuma y, como antes, irrumpe en ovaciones cargadas de ironía andinizada: "¡Haz desmontado la Caverna del Dios, Puma!... ¡Viva el genio del animal!... ¡Hurra!... ¡Horro Borro!... ¡Chuuuu!... ¡Palla, mamitay!.. ¡Se ha sentado en la trompa del Cielo!... ¡Viva el Khori-Puma!..." (344).

Desmontar la "caverna del Dios" equivale a desmontar el templo de la filosofía platónica y emprender camino hacia la construcción de un mundo a-teológico y des-jerarquizado que en la época en que Churata lo reclamaba parecía inconcebible, pero que ahora, bien entrado un nuevo siglo, empieza a permear vigorosos espacios de reflexión y actualidad. Recientemente, los organizadores de las Jornadas Andinas de Literatura Latinoamericana (JALLA-2018), realizadas en la Universidad Federal del Acre, Brasil, subrayaron que el congreso tendría lugar "en el corazón de la selva amazónica.

Una selva *con ciudades, ríos, seres humanos y no-humanos* en constantes diálogos, conflictos e intercambios de saberes, encantamientos y desencantamientos" (Primera Convocatoria. Mi énfasis).

Esta convocatoria y los esfuerzos que desde distintas disciplinas se están haciendo para asumir la vida sin horizontes jerarquizantes y para integrar a la dinámica del mundo el perspectivismo de los organismos no-humanos, hacen pensar en los aportes que el trabajo de Churata podría ofrecerle a una crítica interesada en desmontar el racionalismo normativo que pugna por apoderarse de las sociedades contemporáneas.

Figura 1: Portada de la primera edición de *El pez de oro* (1957). Diseño: Carlos Salazar Mostajo. Grabado: Timotheo Aliaga

Bibliografía

Albó, Xavier. Introducción. *Raíces de América: el mundo aymara*. Madrid: Sociedad Quinto Centenario, Alianza Editorial (UNESCO), 1988. 21-50.

Arnold, Denise. "Hacer al hombre a imagen de ella: Aspectos de género en los textiles de Qaqachaka (1)". *Chungara: Revista de Antropología Chilena* 26/1 (ENERO/JUNIO 1994): 79-115.

Ayala, José Luis. "Churata en la cultura literaria universal". *Resurrección de los muertos*. Lima: Asamblea Nacional de Rectores, 2010. 843-862.

Bosshard, Marco Thomas. "Mito y mónada: la cosmovisión andina como base de la estética vanguardista de Gamaliel Churata". *Revista Iberoamericana* LXXIII/220 (Julio-Septiembre 2007): 515-539.

Badini, "Churata es un escritor que vino del futuro". *La República* 11 agosto, 2010. <larepublica.pe/11-08-2010/churata-es-un-escritor-que-vino-del-futuro> 20 enero 2018.

Blavatsky, Helena Petrova. *Isis sin velo. Clave de los misterios de la ciencia y teología antigua y moderna*. Obra completa en cuatro tomos. Federico Climent Terrer, traducción. Málaga: Editorial Sirio, s.a., 2004.

_____ *La doctrina secreta*. Seis tomos. Traducción de varios miembros de la Rama de la s.t.e. Málaga: Maynade, 1928.

Burgos-Guevara, Hugo. *El Guaman, el puma y el amaru: formación estructural del gobierno indígena en el Ecuador*. Quito: Ecuador, Ediciones Abya Yala, 1995.

Churata, Gamaliel. *El Pez de Oro. Retablos del Laykhakuy*. Helena Usandizaga, editora. Madrid: Cátedra, 2012.

_____ *Resurrección de los muertos*. Riccardo Badini, editor. Lima: Asamblea Nacional de Rectores, 2010.

Cieza de León, Pedro. *Crónica del Perú*. Primera Parte. Selección, prólogo, notas, modernización del texto, cronología y bibliografía, Franklin Pease G.Y. Caracas: Fundación Biblioteca Ayacucho, 2005.

Cobo, Bernabé. *Historia del Nuevo mundo*. Editado por primera vez con notas y otras ilusbraciones de D. Marcos Jimenez de la Espada. Tomo III. Sevilla: Imp. de E. Rasco, Bustos Tavera, 1, 1892.

Einstein, Albert. "La nueva teoría del campo". *Revista de Occidente*. vii-xviii (febrero 1929): 129-44.

_____ *Teoría de la relatividad especial y general al alcance de todos.* [1905, 1915]. Fernando Lorente de Nó, traducción. Madrid: Talleres Tipográficos de Amancio Ruiz de Lara, 1923.

Espezúa Salmón, Dorian. "El lenguaje como campo de batalla. La expresión americana kuika según Gamaliel Churata". *Caracol* 9 (noviembre 2015): 18-90. <revistas.usp.br/caracol/article/view/107427> 20 enero 2018.

Galdo, Juan Carlos. "'Campo de batalla somos': saberes en conflicto y transgresiones barrocas en El pez de oro". *Revista de Crítica Literaria Latinoamericana* 36/72 (2010): 369-390.

Garcilaso de la Vega, El Inca. *Comentarios reales de los incas*. Carlos Araníbar, editor. México, Lima: Fondo de Cultura Económica, 1991. 2 vols.

García, Uriel. "El neoindianismo". *Boletín Titikaka*. Noviembre 1927. 4.

Heidegger, Martin. "The Origin of the Work of Art". *Poetry, Language, Thought*. Albert Hofstadter, traducción. Nueva York: Harper & Row, 1975. 15-87.

Hernando Marsal, Meritxell. "La lengua como energía social: potencialidad política de la obra de Gamaliel Churata". Ponencia presentada en el congreso internacionala de LASA-Lima, 2017.

JALLA. Primera Convocatoria. XIII Jornadas Andinas de Literaturas Latinoamericanas JALLA- AMAZONÍA 2018. "Éticas y poéticas de los mundos andinos-amazónicos: tránsitos de saberes, lenguajes y culturas". <file:///C:/Users/CS_User/Downloads/XIIIJALLA13%20(4).pdf> 10 abril 2018.

Jodorowsky, Alejandro. "Entrevista Alejandro Jodorowsky: '¡El cine es un orgasmo terrible!'". *El Confidencial*. 13 de agosto, 2016.

Marx, Karl. *El 18 Brumario de Luis Bonaparte*. Madrid: Fundación Federico Engels, 2003.

Monasterios, Elizabeth. "Gamaliel Churata y esa beligerancia estética conceptualizada como 'andinismo'". De próxima publicación en *Contracorriente*.

_____ *La vanguardia plebeya del Titikaka. Gamaliel Churata y otras beligerancias estéticas en los Andes*. La Paz: IFEA-Plural, 2015.

Pizarro, Pedro. *Relación del descubrimiento y conquista de los reinos del Perú y del gobierno y orden que los naturales tenían, y tesoros en ella se hallaron, y de las demás cosas que en él han subcedido hasta el día de la fecha, hecha por Pedro Pizarro*. Prólogo de Ernesto Morales. Colección Eurindia. Buenos Aires: Editorial Futuro, 1944.

Descubrimiento y Conquista del Perú. Colección de libros y documentos referentes a la historia del Perú. Tomo VI. Lima: Imprenta y Librería San Marti y Ca. MCMXVII.

Platón. *Diálogos*. III. *Fedon, Banquete, Fedro*. Traducción, introducción y notas, C. García Gual, M. Martínez Hernández, E. Lledó Íñigo. Madrid: Editorial Gredos, 1988.

Saignes, Thierry, F.M. Renard Casevitz y A.C. Taylor. *Al este de los Andes: relaciones entre las sociedades amazónicas y andinas entre los siglos XV y XVII*. Juan Carrera Colin, traducción. Quito: Ediciones Abya-Yala, Lima: IFEA, 1988.

Valcárcel, Luis E. *Tempestad en los Andes*. Lima: Editorial Universo, 1975.

Veres, Luis. "Colón y la conquista de Gamaliel Churata". *El viaje en la literatura hispanoamericana: el espiritú colombino*. Sonia Mattalia, Pilar Celma y Pilar Alonso, editoras. Madrid: Iberoamericana, 2008. 687-697.

Williams, Raymond. "Estructuras del sentir". *Marxismo y literatura*. Pablo di Masso, traducción. Barcelona: Ediciones Península, 2000. 150-158.

Dos vanguardias radicales: descolonización y antropofagia en Oswald de Andrade y Gamaliel Churata

Meritxell Hernando Marsal

El acercamiento entre Gamaliel Churata y Oswald de Andrade podría parecer insólito, pues sus personalidades y obras se presentan tan distantes como el contexto desde el que ejercieron su influencia: por un lado, Puno y el lago Titicaca, en relación de proximidad y comunicación constante con las culturas andinas y sus formas de vida, que eran reivindicadas frente a la explotación de los gamonales, junto a una modernidad concebida en un contexto regional; y, por el otro, São Paulo, que ya a comienzos del siglo XX era una ciudad cosmopolita donde se cruzaban migrantes de diversas partes del globo, se ensayaba una urbanización vertical y dinámica, y donde el contacto con las nuevas formas de arte parecía consustancial, algo acentuado por las prolongadas estancias de Andrade en París. Nada en común parecen tener el hombre del chullo y el del sombrero *canotier*, si no fuera su corpulencia, que les da una semejanza física. La comparación puede seguir sosteniéndose por esos datos externos y laterales de la biografía. Ambos compartieron inicios 'modernistas',[1] en los años veinte fundaron programas estéticos que exigen una continua relectura, y una década después fueron

---

[1] En la historiografía literaria brasileña el concepto de "modernismo" se reserva para referirse a las vanguardias de los años veinte; la denominación para la estética finisecular es, diferenciándose en dos tendencias, parnasianismo y simbolismo. Oswald de Andrade inicia su producción literaria con tres novelas simbolistas reunidas posteriormente bajo el título de *Os condenados*.

perseguidos por sus lazos con el comunismo, lo que dio lugar al exilio de Churata en Bolivia y al alejamiento de Andrade de los círculos literarios; el final de sus vidas está marcado por una especie similar de postergación y desafecto.

Tal paralelo comienza a aproximarlos, pero la clave está en la radicalidad de los proyectos que ensayaron en los años veinte, que mantuvieron y profundizaron a lo largo de su trayectoria. Ni Churata ni Andrade renuncian u olvidan los objetivos marcados en la época de la militancia vanguardista, pues más que una estética o una moda, ambos articularon una transformación de los modos de pensamiento y creación desde América Latina, cuestionando drásticamente su formación colonial. Ello explica la persistencia en unas ideas que en los años cincuenta da lugar a *El pez de oro* (1957) de Churata, obra altamente experimental, que compendia y pone en práctica las convicciones estéticas de su autor, y *A crise da filosofia messiânica* (1950) y *A marcha das utopías* (1953), donde Oswald de Andrade sistematiza las ideas expuestas en los virulentos manifiestos de los años veinte.

Lejos de plantear una asimilación de una y otra propuesta, este artículo se funda en la convicción de que el diálogo entre ambas puede resultar muy productivo para una mejor comprensión del esfuerzo de descolonizar el arte y el conocimiento latinoamericanos.

1. Antropofagia o asimilación de la diferencia

La Antropofagia surge en 1928 en fecha y lugar ciertos: el 11 de enero Tarsila do Amaral le regala a su marido, Oswald de Andrade, un cuadro de grandes dimensiones en que una figura de pies enormes y cabeza diminuta ocupa la tela. Oswald, entusiasmado, junto a Raul Bopp, bautiza este personaje como 'Abaporu', en tupi, "el hombre que come". Durante ese año, diversas acciones pondrán en marcha uno de los movimientos más radicales de la vanguardia latinoamericana: la publicación en mayo de 1928 del *Manifiesto Antropófago*; el lanzamiento de la *Revista de Antropofagia*, que tendrá dos épocas, la primera aglutinadora de las diferentes corrientes del modernismo brasileño y, la segunda, a partir de enero de 1929, mucho más combativa y revolucionaria; la publicación en junio de 1928 de *Macunaima. O herói sem nenhum caráter*, de Mário de Andrade, adoptada como obra paradigmática del movimiento; y la organización programada para agosto de 1929 del I Congreso de Antropofagia, que finalmente no se llevó a cabo. Entre los antropófagos destacan artistas como Tarsila e Cícero Dias, escritores como Oswald de Andrade, Pagu, Osvaldo Costa, Jorge de Lima, Álvaro Moreyra y Raul Bopp, o juristas como Francisco Pontes de Miranda.

Está claro que su concepción no surge de golpe y que proviene de la elaboración estética que Oswald de Andrade llevó a cabo a lo largo de la década, desde la participación en la famosa Semana de Arte Moderna de São Paulo de 1922. Su vínculo con Tarsila do Amaral, en que la literatura se alía a las artes plásticas más innovadoras, con largas estancias en París y relación directa con escritores e intelectuales como Blaise Cendrars, Jean Cocteau, Max Jacob, Albert Gleizes o Pablo Picasso, es sustancial. En 1924 Oswald de Andrade lanza el manifiesto y el libro de poemas *Pau Brasil*, donde establece las bases de una forma de pensar las relaciones culturales (el Pau Brasil era el principal producto de exportación colonial), que ya puede concebirse en términos antropofágicos (Schwartz 145).

La Antropofagia concentra la experiencia de las vanguardias (tanto en la literatura como en las artes plásticas), en su más radical asimilación y respuesta. La intuición está profundamente vinculada a las transformaciones estéticas de comienzo del siglo XX: se establece la ruptura con la tradición figurativa y lineal en todos los órdenes del discurso; el lenguaje deviene moneda de cambio, alejado del referente externo, que, una vez aprehendido en su estratégica reflexividad, consume la autoridad de los textos impuestos y de los intercambios. A partir de esta intuición central, Oswald de Andrade pretende reinventar el Brasil, su imagen y perspectiva, esto es, el orden de la representación: "Nenhuma forma para a contemporânea expressão do mundo. Ver com olhos livres", propone el *Manifesto da Poesia Pau Brasil* (44). Jorge Schwartz señaló la particular conjunción de nacionalismo y de experiencia vanguardista en el modernismo brasileño: "al mismo tiempo que busca actualizar los elementos nacionales, se siente atraída por la medusa de vientos vanguardistas europeos y trata de no caer en la mera imitación de modelos ajenos ni de perder, con la adopción de los nuevos lenguajes, su carácter nacional" (141).

Así, la Antropofagia parte de la alusión a una práctica histórica ritual para formularse como una operación de permuta; se trata de una máquina abstracta de transacciones culturales, "aventurando una exitosa correspondencia analógica entre el rito caníbal y los diversos procesos de producción, circulación y apropiación cultural" (Jáuregui 39). Los referentes que la alimentan pierden su hegemonía o precedencia histórica: son piezas equivalentes en el proceso de creación. Y la máquina es omnívora; *todo*, especialmente lo europeo, es devorado "Antropofagia. Absorção do inimigo sacro. Para transformá-lo em totem" (Andrade, "Manifiesto Antropófago" 51).

Por tanto, la figura del indio antropófago es un poderoso emblema. En cierta manera, se produce un proceso de vaciamiento referencial y el indígena deviene un tropo cultural. Como señala Carlos A. Jáuregui, el canibalismo reivindicado por Oswald de Andrade constituye "una *metáfora* vanguardista *de choque* con el archivo colonial, la tradición, el Romanticismo indianista, las instituciones académicas, el conservadurismo católico y el nacionalismo xenófobo" (393). Con él, Andrade elabora una teoría cultural para América Latina: asimilación de las referencias externas, poderosas y antagónicas, que son irreverentemente combinadas para fabricar lo propio. De esta manera, el intelectual brasileño cuestiona la dirección y autoridad de los flujos culturales, asegurándose un espacio autónomo.

La relación de esta teoría con la propuesta de Gamaliel Churata puede establecerse en diversos rasgos de su producción. Pero para partir de un punto más claro, quizá sea mejor ir hacia lo literal. En el primer capítulo de *El pez de oro* encontramos una alusión literal a la antropofagia:

> Metámonos por unos segundos en la carne y la saliva del antropófago. ¿Por qué, si a su alcance tiene animales diversos, y posee cocina, y puede ablandar la de aquéllos, prefiere la carne humana, es decir su carne? Seguramente porque con ella se sabe mejor nutrido, se siente en posesión de ese estado vital que implica la buena salud. Ese 'algo' de su carne era el todo de su sér [...] Es la sangre, el corazón, quien inspira el apetito antropofágico, pues las astillas que desea triturar del enemigo, son las astillas de esa parte en que el enemigo es personalidad moral, es individuo conciencial, en suma lo que se quiere devorar del enemigo es el alma [...] ¿Ese algo es digestivo, por tanto, orgánico? La saliva, o la ciencia de la saliva, nos dirá que el muerto es un cadáver; la sangre, o ciencia del corazón, nos dirá que no: el muerto sigue vivo, sin edad, en pleno uso de sus instintos. (117-118)[2]

La antropofagia está vinculada por tanto a uno de los significados más profundos de la obra de Churata, la negación de la muerte y la

---

[2] Las citas de *El pez de oro* están tomadas de la primera edición (1957).

perdurabilidad de las generaciones anteriores en los descendientes, lo cual cuestiona la destrucción de la cultura andina llevada a cabo por la conquista. Esta antropofagia se vincula a la propuesta de Andrade en la relación de asimilación activa de lo ajeno: al comerlo, ese otro sigue vivo en uno mismo. Ello configura una perspectiva americana, en un primer momento funesta: "Si los españoles dominaron tan holgadamente sobre nuestro mundo, fue porque algunos de los awichus se dieron buenos hartazgos de carne española" (119). Sin embargo, la época del Pez de oro, que Churata está construyendo con su obra, es también característicamente antropofágica:

> La eternidad de la sangre, que vive en el corazón y de corazones, es el destino de todo lo noble, generoso y sublime. EL PEZ DE ORO es eterno, porque es el vértice del Pez; y es necesario que en todos los hombres chispeen los átomos de oro, para que el hombre se sepa iluminado. Sea milenio antropofágico el suyo, no cuenta. Para crecer, hay que comerlo. (120)

Comerse al Pez de oro es lo que hará uno de los personajes principales de la obra, el puma de oro, a veces protagonista, narrador, a veces trasunto del propio autor. El mito literario (Usandizaga 2006, 147) propuesto por Churata, a partir de la reelaboración de mitos andinos, incluye una escena de antropofagia. El Puma de oro, en un rapto de pasión, se come a su hijo y a la madre de éste: "Pudo el Puma con el hambre de su diente, y enloquecido por el Oro, se comió a su hijo; día postrer, loco por la miel de la Moska, se comió a su khesti" (130). Marco Thomas Bosshard, al analizar este relato, señala en primer lugar su vínculo con fórmulas míticas del Perú precolombino, en que la unión de mamíferos de presa y anfibios conlleva un cambio de era (*Churata y la vanguardia andina* 133); en relación al acto antropofágico, que describe desde una perspectiva estructuralista, Bosshard señala su objetivo de lograr la unidad cósmica: "la unión de la tierra con el agua y el cielo sólo se consuma a través de ese espantoso acto bárbaro de incorporación canibalista; por el hecho de devorar a la sirena así como al hijo de ambos, el puma representa las tres instancias y cuestiona también por primera vez la oposición entre *hanan* y *hurin*" (143).[3] Esta deglución o muerte provisional permitirá también el regreso de el Pez de oro, instancia mesiánica que Churata incorpora a su mito, asumiendo fórmulas míticas post-hispánicas, como la de

---

[3] Bosshard en este momento, en una nota a pie de página, también se hace eco de las relaciones que pueden establecerse entre Churata y Oswald de Andrade por la resemantización positiva del antropófago.

Inkarrí, que denotan una interpretación y resistencia andina frente a la conquista (Flores Galindo 18; Usandizaga 2002, 55).

Bosshard vincula la unión de contrarios (*tinkuy*), conseguida en el acto antropofágico y su resurrección, al monismo indígena que Churata pretende construir con su obra, esto es, una interpretación del pensamiento andino que, frente al dualismo platónico y occidental, se resuelve en unidad: "El *tinkuy* como la unión de *hanan* y *hurin* posibilita la afirmación de la unidad del cuerpo y del espíritu en una base autóctona, y se convierte, por ende, en un concepto sobre el cual se podría desarrollar una filosofía andina" (154).

En ese sentido, de fundación de un pensamiento americano a partir de una perspectiva propia, capaz de cuestionar las categorías occidentales, el esfuerzo de Churata y Andrade se relacionan. En ambos, se plantea una lucha de contrarios que no se resuelve en fusión, sino en incorporación y tensión creativa.

El monismo de Churata se concentra en el elemento asimilado en el acto antropofágico: el alma, no concebida en su sentido cristiano trascendente, sino como pura inmanencia, orgánica, inseparable del cuerpo; el alma es célula o semilla, que no muere, y que concentra todo lo existente: "somos, no dioses: el universo. Y que el hombre está tanto en sí como fuera de sí, si en universo; que somos en cuanto Él es en nosotros, y que el hombre en punto alguno constituye punto aislado de la unidad vital" (*El pez de oro* 104).

Como señala Bosshard, monismo y vitalismo coinciden en Churata (125), que en esta dirección de afirmación de la unidad vital, como principio del ser, niega la muerte: "¿quién es el hijo, pues? Es el padre, el abuelo, el bisabuelo, el tatarabuelo: es la permanencia vital, dentro de un 'ego' intransferible e inoptativo. Aquí nadie ha muerto" (115). La antropofagia, por tanto, participa de esta unidad vital, al incorporar el alma del otro, asumiéndolo orgánicamente: "Acaso al hombre actual le falte alimentarse del hombre para superar a la bestia intelectual que ha inventado la muerte" (120).

En todas sus argumentaciones Churata tiene un contrincante bien definido: se enfrenta directamente al dualismo platónico, criticado durante toda la obra. La pregunta "¿Entiendes, Plato?" es un estribillo constante en la obra, a la vez arrogante e iluminador: "Alguna vez oí en voz interna a uno que me decía: –Dime lo que comes, te diré lo que piensas... Ese era antropófago; comía de mi carne, y bien sé lo que pensaba. ¿Entiendes Plato?" (116).

El dualismo occidental es desmontado en esta provocación reiterada. A Platón se le imputa la separación entre la idea y el simulacro, que en su versión cristiana dio como resultado la distancia entre el alma y el cuerpo. Platón sería responsable por esa fisura fundamental de la unidad vital que originaría la muerte. Esta fractura en términos creativos daría lugar a la separación entre original y copia. En la antropofagia estética de Andrade, esas categorías pierden también preeminencia: todo merece ser devorado, masa vital que alimenta, sin jerarquías ni precedencias. Como advierte Haroldo de Campos al final de su ensayo sobre la razón antropofágica: "Que os escritores logocêntricos, que se imaginavam usufrutuários de uma orgulhosa koiné de mão única, preparem-se para a tarefa cada vez mais urgente de reconhecer e redevorar o tutano diferencial dos novos bárbaros da politópica e polifónica civilização planetária" (255).

En la negación de la muerte, Churata cuestiona no solamente los principios de la iglesia católica, sino uno de los fundamentos de la represión religiosa en los Andes. De esta manera, el cuestionamiento de la escatología cristiana y la reivindicación de la visión andina tienen un alcance político fundamental. El dominio cristiano de la muerte permitió principalmente "la constitución del sujeto transcendental moderno, o sea, del moderno sujeto de la dominación" (Subirats 30). La eliminación de la religiosidad andina, sus objetos y lugares de culto, sus prácticas, discursos y creyentes, tenía como objetivo la imposición del orden moral y económico de la modernidad occidental.

La obra de Churata es un alegato contra esta idea cristiana de la muerte[4] y la antropofagia contribuye a ello, pues materializa el proceso de asimilación de otras conciencias en uno mismo. En la conferencia que dio en Puno el 30 de enero de 1965 para explicar su obra, define los objetivos *El pez de oro* en ese sentido:

---

[4] Más que oponerse frontalmente al cristianismo, Churata denuncia el elemento opresivo, subyugador de estas ideas. De hecho, las referencias a Cristo, desde un punto de vista positivo son comunes, como apunta Helena Usandizaga: "En *El pez de oro* la figura de Cristo y la idea del dolor fecundo están presentes como un *leitmotiv*; la comparación del Pez de oro como ser regenerador con la figura de Cristo es recurrente, y las enseñanzas del Layka se comparan con las de Cristo" (2002, 82).

> este libro se dirige a sustentar un conocimiento realista de los problemas anímicos humanos y de las leyes de su historia haciendo necesario comprender que la muerte es un mito, y que si la semilla del hombre no muere, y no muere su capacidad mnemónica, su naturaleza de individuo histórico, hoy, que hablo a ustedes, les hablo yo, y en mí hay prójimos nuestros que les hablan, como en ustedes hay conciencias lúcidas y honradas que al oírme entienden que la muerte fue creación del alma enferma del hombre, causa para el destino satánico de la conciencia después de la tumba. (*Antología* 33)

El alma que resulta de esta negación de la muerte es, pues, un alma colectiva. Bosshard señala que en Churata "el ego ha de entenderse como un tú múltiple" (125-126) y vincula la relación entre estas posiciones de sujeto a las prácticas andinas de reciprocidad.

Como si fueran deglutidos, los muertos se agolpan en la propia voz, no perdidos, sino incorporados. Eso señala la persistencia de lo andino en lo contemporáneo: los pueblos sobreviven en lo que parecería negarlos. Esta voluntad de reconocimiento también es reforzada en la conferencia de 1965:

> Y si los hombres no mueren, los pueblos que son formación de hombres, tampoco pueden morir, por lo que si este fenómeno insólito sin precedentes en la historia humana se produce en territorios del Tawantinsuyu, nuestra patria, es porque el Tawantinsuyu, como sostuvo el arqueólogo francés Meutroux, es un muerto-vivo en las cumbres andinas, y si renace, pues será allí donde nació: el Titikaka. (*Antología* 34)

Por tanto, ese caminar hacia la célula que Churata propone, no está fundado en la definición de una unidad esencial, que excluiría la multiplicidad de los seres y las conciencias, sino como una interpenetración de lo diverso. Como afirma Mauro Mamani Macedo, este planteamiento define la condición americana: "La convergencia conflictiva de heterogeneidades se presenta desde el choque entre la cultura andina y la cultura occidental; la identidad misma del sujeto se ve escindida por este encuentro tensional de dos sistemas culturales contrarios que se vuelven complementarios al momento de construir al hombre americano" (79). No es extraño que *El pez de oro* concluya con esta afirmación: "He aquí el áureo mensaje de EL PEZ DE ORO: – ¡América, adentro, más adentro, hasta la célula!..." (533).

Frente a los nacionalismos defensivos, que niegan lo exógeno y se atrincheran en el regionalismo, se postula tanto en la Antropofagia oswaldiana como en la propuesta de Churata, un uso estratégico de los aportes recibidos, para la producción propia. El nacionalismo que deriva del artefacto antropofágico es notorio, pero no esencialista. En palabras de Haroldo de Campos, se trata de la "necessidade de pensar o nacional em relacionamento dialógico e dialético com o universal", que configura "um nacionalismo modal, diferencial" (234).

Desde el punto de vista literario este movimiento antropofágico de Churata se torna más claro: en *El pez de oro* propone una lengua alejada de toda pureza, donde se interpenetran el castellano y las lenguas andinas, el quechua y el aymara. Este proceso es realizado sutilmente, a partir de ciertas palabras que Churata llama 'incrustaciones', en un movimiento constante de desorganización y apropiación del discurso. En la abertura de la obra, Churata señala la centralidad de estos vocablos: "debe tratarse de formas orgánicas en que el barbarismo indígena pretende consolidar una retórica naturaleza. De estas formas se esperdigan a lo largo del libro, aun entre el discurso hispánico del relato; y es necesario señalarlas, no confundirlas, sobre todo, como solecismos, para establecer su acaso única originalidad" (8).

Así, estas palabras 'devoradas y asimiladas' en el texto en castellano, están lejos de un mero pintoresquismo adicional. Desordenan las estructuras internas de la lengua al incorporar mecanismos no solo léxicos, sino morfológicos y sintácticos, de las lenguas andinas, que rompen la linealidad del discurso y obligan al lector a un esfuerzo de aprehensión (de deglución). Además, estas palabras construyen, como señala Mamani Macedo al describirlas pormenorizadamente en su trabajo (73-94), una filosofía andina; son, como conceptos, elementos irrenunciables de la trama lingüística. Este procedimiento no es exclusivo de *El pez de oro*. Desde la época del *Boletín Titikaka* Churata lo ponía en práctica en cuentos como "El gamonal" o "El kamilli". La concurrencia de lenguas incluye lógicas diversas en el discurso y modifica el tejido del idioma irreversiblemente. Es esa lengua la que conformaría una literatura americana:

> Huamán permite descubrir algún atisbo germinal como síntoma o posibilidad de una Literatura Americana, pues –lo que ya nadie ha intentado, y con jerarquía menos–, en él se constata la concurrencia colonial de las dos lenguas en que se enfrentan España y el Inkario; y que, para devenir expresión nacional debe decidirse en unidad. En otras palabras: si América es una realidad genéticamente mestiza, la literatura americana debe ser idiomáticamente híbrida. (*El pez de oro* 16)

En ese sentido, Silviano Santiago describe el proceso de constitución cultural del continente (que considera marcado por el proceso antropofágico), precisamente a partir de las 'pequeñas metamorfosis' que cuestionan la integridad del código religioso y lingüístico:

> No novo e infatigável movimento de oposição, de mancha racial, de sabotagem dos valores culturais e sociais impostos pelos conquistadores, uma transformação maior se opera na superfície, mas que afeta definitivamente a correção dos dois sistemas principais que contribuíram à propagação da cultura ocidental entre nós: o código linguístico e o código religioso. Esses códigos perdem o seu estatuto de pureza e pouco a pouco se deixam enriquecer por novas aquisições, por miúdas metamorfoses, por estranhas corrupções, que transformam a integridade do Livro Santo e da Gramática europeus. (15-16)

Tanto en Gamaliel Churata como en Oswald de Andrade asistimos a una asunción de lo foráneo a partir de una intención radical, esto es, de una iniciativa localizada e interesada, definida en ambos casos como un ser indio, que es el que organiza las formas y les da sentido. Esta iniciativa dista mucho de ser pasiva, sino que está caracterizada, en ambos casos, por su agresividad.

2. El mal salvaje

La figura del antropófago fue adoptada como una forma de revancha contra el discurso colonial, que justificó la conquista y el sometimiento de las naciones indígenas a partir de la acusación de barbarie. En la interpretación de Andrade y Churata, el pecado nefando se vuelve a su favor, señalando la violencia y fuerza precisas para enfrentar las fuerzas (culturales) contrarias, sin ceder su lugar. Como señala Haroldo de Campos, la del mal salvaje es una disposición a invertir irreverentemente los términos de la relación colonial: "Ela não envolve uma submissão (uma catequese), mas uma transculturação; ou melhor ainda, uma "transvaloração": uma visão crítica da história como função negativa (no sentido de Nietzsche), capaz tanto de apropriação como de expropriação, desierarquização, desconstrução" (234-235). Oswald lo deja claro en la *Revista de Antropofagia*:

> Os verdeamarelos daqui querem o gibão e a escravatura moral, a colonização do europeu arrogante e idiota e no meio disso tudo o guarani de Alencar dançando valsa. Uma adesão como essa não nos serve de nada, pois o 'antropófago' não é índio de rótulo de garrafa. Evitemos essa confusão de una vez para sempre! Queremos o antropófago de Knicker-bockers e não o índio de ópera. (RA 2, n. 10)

La antropofagia brasileña se sitúa frente a la poderosa tradición indianista de José de Alencar y Gonçalves Dias, que a mediados del siglo XIX se había apropiado de la figura indígena para hacerla un coadyuvante sometido en la construcción de la nación. Además de esta respuesta airada a la tradición, expresivamente se produce en ese momento una disputa por la figura del indio entre los diferentes grupos modernistas, que puede ser seguida en las páginas de la *Revista de Antropofagia*. El indio antropofágico se posiciona tanto contra el indio moderado heredado del indianismo como, sobre todo, contra el indio *verde-amarelo*, de tendencias fascistas. Queda claro que lo que está en juego no es una imagen verista del indio, sino los procesos simbólicos de representación de la nación, la comprensión de su pasado y sus proyecciones futuras. Para los *verde-amarelos*, el indio era algo muerto y por ello glorioso, pero inofensivo. Para los antropófagos, el indio era contemporáneo (viste los típicos pantalones Knicker-bockers de los años veinte) y oponía su singularidad con violencia:

> Antropofagia é simplesmente a ida (não o regresso) ao homem natural, anunciada por todas as correntes da cultura contemporanea e garantida pela emoção muscular de uma época maravilhosa – a nossa! O homem natural que nós queremos pode tranquilamente ser branco, andar de casaca e de avião. Como também pode ser preto e até indio. (RA, 2, 10)

El indio (caníbal) se configura como una práctica revolucionaria. En esta afirmación también hay toda una relectura de las formas de domesticación de la diferencia americana, una respuesta contra el buen salvaje. Oswald se alinea con el "mal salvaje", producto reprimido de la violencia colonial, que significa las tensiones no solucionadas de la formación de los países americanos, y fecha su movimiento a partir la deglución del Obispo Sardinha (Andrade 1990b, 52).

Culturalmente, el mal salvaje es aquel que lee mal, que se desvía de la interpretación esperada, que cuestiona lo ofrecido y muchas veces lo rechaza. Silviano Santiago señala esta actitud como de alcance latinoamericano:

> A América Latina institui seu lugar no mapa da civilização ocidental graças ao movimento de desvio da norma, ativo e destruidor, que transfigura os elementos feitos e imutáveis que os europeus exportavam para o Novo Mundo [...] Sua geografia deve ser uma geografia de assimilação e de agressividade, de aprendizagem e de reação, de falsa obediência. [...] Falar, escrever, significa: falar contra, escrever contra. (18-19)

En Churata la articulación entre lo indio y lo español tampoco es armónica. Se diseña una tensión nunca apagada sino, todo lo contrario, reivindicada. La lucha colonial continúa, sin resolución, en la labor literaria:

> El escritor mestizo balbuce lengua corrosiva que alimenta con vidas que son y no son suyas, constatando a diario que si entre España y América periclitaron pleitos, no pasa lo mismo con él; y que o ahoga al indio, o expulsa al español [...] el vivir América es perseguir la unidad en medio a la acción de polos igualmente compelentes: por un lado España; por otro la montaña indiática. (*El pez de oro* 33)

Churata señala también la inversión de valores a que da lugar la conquista, donde el sometido se rebela contra la voluntad occidental y altera, desde dentro, sus preceptos:

> Solo cuando se comprende que el genocidio aplicado al Tawantinsuyu (de diez millones de indios dejaron dos o tres) no importaba la cancelación de súbito del Imperio, sino la sembradura de genes indio en la naturaleza del dominador, se verá que la resistencia de Khawiti (activa aún hoy) se había trasladado, para enloquecerlo o estrangularlo, al corazón del amo español [...] De tal manera que la destrucción del Tawantinsuyu hizo más que tornarse guerra de células genésicas; y es a esa guerra a donde debiera acudirse para estudiar la histología de la hispanidad americana. (39)

De esta manera, Churata diseña un proyecto cultural donde no se pretende llegar a una síntesis, un mestizaje tranquilizador, que acarrease la supuesta anulación de los contrarios. En su propuesta la tensión persiste, sin borrar a los contendientes, entendiendo la relación en términos de contraste y lucha.

Ello puede comprobarse en su proyecto lingüístico, donde la lengua hispana es subrepticiamente modificada por el quechua y el aymara. La intención de ese hibridismo es aviesa: se trata de "hacer del español –solución provisional y aleatoria– lo que el español hizo de nosotros" (10). La intención de Churata en ese sentido es radical. El hibridismo que plantea consiste en un vuelco de los procesos de dominación cultural, y lo define como "lo más vivaz de la resistencia india frente al dominio hispano" (15). Como comenta Ricardo Badini: "A este proceso inverso de conquista idiomática corresponde el insinuarse de una lógica derivada de la cosmovisión indígena que destruye la semiosis concebida según criterios racionales occidentales" (9).

Por ello, la antropofagia, como señalada por Andrade y Churata, constituye un cuestionamiento de la historiografía hegemónica sobre la conquista de América, y una firme voluntad de descolonización.

3. Inversión de la tradición colonial

Las dos entradas anteriores ya revelan una voluntad de cuestionar el archivo colonial y de subvertir los relatos de la conquista. En Andrade, esta posibilidad de pensarse más allá de la lógica colonial, aparece claramente en el *Manifiesto Antropófago*: "Contra a verdade dos povos missionários, definida pela sagacidade de um antropófago, o Visconte de Cairu: –É mentira muitas vezes repetida" (Andrade, 1990b, 50). Esta operación polémica ya la había ensayado con genio en su primer libro de poemas, *Pau Brasil*, de 1924, en una sección expresamente titulada "Historia de Brasil". En ella recombina fragmentos de crónicas coloniales, para producir poemas alusivos a la identidad brasileña, sin ningún respeto por las fuentes. Andrade opera en la escritura de la historia para, al mismo tiempo que posibilita una lectura poética de su discurso, inyectar en ella el corrosivo estatuto de la ficción y de la multiplicación de sentidos. La noción del país es 'construida' en la selección y el recorte de imágenes, con gran fuerza irónica, y su disposición no realista, sino sintética, revela una potente libertad de pensamiento: "A coisa, não a ideia da coisa. O fim da arte de representação. Realismo sem tema ou temática realista: apenas transplante do existente" (Pignatari 163).

Pero la figura que representaría este proceso de cuestionamiento de la mirada colonial, el indio antropófago, posibilita otra operación central realizada contra la cronología. En la máquina antropofágica la linealidad de la historia se quiebra. El indio es situado al mismo tiempo como origen y perspectiva: concentra la negación original de la civilización europea y el fin teológico ansiado (el matriarcado de Pindorama), en el que participan todas las revoluciones históricas: "Da Revolução Francesa ao Romantismo, à Revolução Bolchevista, à Revolução Surrealista e ao bárbaro tecnificado de Keyserling. Caminhamos" (Andrade, *Manifiesto Antropófago* 48).

De esta forma, Andrade cuestiona el historicismo eurocéntrico y su derivación colonial: si el origen no pertenece ya a Europa, los otros pueblos ya no estarían atrasados en relación a ella (Chakrabarty 34).

Al priorizar otro elemento de la serie histórica, todo el conjunto es reorganizado, reinterpretando tanto la historia de Brasil como la de las metrópolis: "Contra as histórias do homem que começam no Cabo Finisterra. O mundo não datado. Não rubricado. Sem Napoleão. Sem César" (Andrade, *Manifiesto Antropófago* 50). Es por ello que, en la opinión de Eduardo Viveiros de Castro, "a antropofagia foi a única contribuição realmente anti-colonialista que geramos" (*Encontros* 11).

En Churata, la mirada indígena a partir de la cual se construye todo su proyecto constituye una negación rotunda de los conceptos establecidos durante la historia colonial:

> Y es que en América la génesis patricia –debe sabérselo desde acá– no puede venir de las patrias coloniales, a causa de otro imperativo. Y es el de que la Colonia Española constituye la negación de la patria americana; por más que tabardillos sostengan que no soolo nos han dado naturaleza con llamarnos indios, sino que España menos conquistó América cuanto que la ha inventado. ¡No la inventó; la ha borrado! (*El pez de oro* 21)

La negación de las tesis hispanistas para la constitución de América es rotunda. Churata afirma el fundamento indio de lo americano, superviviente a los siglos de represión por vía antropofágica en el propio ser de sus sociedades. Para Churata, la negación de ese elemento constitutivo resulta en un 'morir de América', al que dedica el penúltimo capítulo de *El pez de oro*. Pero no solo el llamado "descubrimiento" es cuestionado; Churata revela, de forma clara, la constitución colonial de las repúblicas americanas, en una anticipación eficaz de lo que más tarde se llamaría "colonialidad del poder". Desde esta perspectiva, los héroes de la Independencia, a pesar de sus declaraciones, no resultan libertadores, sino todo lo contrario, constituyen una continuidad con la Colonia: "Que la grandilocuencia de Bolívar fuese pródiga en exaltaciones del Inka, nada pone a favor de la Ontología Americana; si él, u Olmedo, son castizos representativos de hispanidad" (31). La principal acusación a los gobiernos independientes es la expropiación de tierras comunales para fundar latifundios, un fenómeno que sojuzgó, si más cabía, la vida de los pueblos indígenas: "La Revolución de los Libertadores consagra el derecho de los encomenderos, y en el hecho, aunque no en la letra (coordenada típicamente criolla), pone punto y final al del íncola. Sobre los tizones apagados del **Sans culotte** se alzaría el imperio del cacique" (32). Churata no podría ser más claro en la denuncia de la constitución ambivalente de las repúblicas americanas, fundadas sobre una ideología liberal en la que subyacen los fundamentos coloniales, como la esclavitud y la expropiación, tal como Roberto Schwarz analiza en su ensayo "As ideias fora do lugar". Contundente, Churata concluye: "Es que la Independencia Americana es fenómeno tan español y pizarresco como la Conquista" (32).

Pero en *El pez de oro* el cuestionamiento de la versión colonial de la historia también adopta un tono altamente irónico. Churata realiza un movimiento de reelaboración satírica del archivo, semejante al de "Historia do Brasil" de Andrade, en el capítulo segundo, "Pachamama". El relato de la conquista es narrado desde la perspectiva andina, en que la Pachamama guía a un Colón perdido, y la figura de los conquistadores se torna risible. La fórmula se invierte y el descubridor se torna descubierto por América:

> Colón se salió de Palos de Moguer al encuentro del Gran Khan, y cayó en América, sosteniendo, a causa de su caída que la había descubierto. No puede nadie descubrir un mundo descubierto ya [...] Allí, en las piedras nefitas, se dijo que un tal Cristóforo, o cosa así como SEJHESUA, en lengua hermética –sería descubierto al mundo a causa de tal prodigio; que no es poco que un mundo saliese por un hombre. Se ve que el descubierto no puede ser el descubridor. (143-144)

Churata relata la llegada a América, apropiándose del *Diario de Colón* y de su lenguaje, instituyendo desde el comienzo la iniciativa americana. Más aún, en la escena final, es el propio Colón quien aparece desnudo y antropófago: "Cristóforo, que trabajaba porque Baneke le confiara el manantial donde nace el oro, miróme, abscóndito. Mas luego se cubrió con la diestra el siniestro garagato; que estaba desnudo 'como su madre lo parió' y era, tocado con plumas de papagayo, tan antropófago como el Khan" (157, 160).

Además, como fue notado anteriormente, la inversión del relato colonial se da sobre todo en una dimensión filosófica, en el intento de fundar un pensamiento americano que cuestione el logocentrismo platónico y establezca la posibilidad de pensar más allá de la razón tautológica de la opresión y sus hechos consumados. Más allá de la muerte, en el acervo asimilado de los predecesores, se establece la potencia antropofágica de lo americano.

4. Contra la literatura

En el cuestionamiento del discurso colonial, una categoría central se ve seriamente perturbada: la literatura. Para los dos autores, la operación antropofágica afecta seriamente esta institución que se revela como un dispositivo de la misma modernidad impuesta en América. Como señala Marcos Natali:

> A categoria *literatura* é uma parte fundamental dessa estrutura intelectual moderna, ancorada na história e na ideia de objetividade, pois com ela cria-se um receptáculo para abrigar tudo aquilo que *não* é história. A partir dessa invenção dupla – da historia e do resto –, essa cartografia moderna pôde sair pelo mundo mapeando as formas discursivas que encontrasse, independentemente das genealogias particulares e dos sistemas epistêmicos específicos que aninhassem as práticas locais. (Natali, 35)

La novela, género omnívoro por excelencia, en el que todo cabe, inclusive la interpolación al modo de un *collage* de discursos que en un principio le serían ajenos, culmina esta asimilación de lo otro dentro de la lógica literaria occidental. Sin embargo, tanto Churata como Andrade cuestionan el hacer novelístico, creando obras que ponen en jaque la pertenencia a un género, o incluso, a una forma de escritura.

¿Es posible comerse a la novela? Las estrategias son diversas: Oswald de Andrade lleva el género narrativo al límite por acumulación y saturación satírica. En su obra *Serafim Ponte Grande* reúne géneros nada prestigiosos (novela sentimental, noticiario, diario de una adolescente) para hacer una biografía de la conformidad. El personaje del título parecería dar coherencia a lo narrado, pero resulta un héroe nimio, sin atributos, que se diluye en su propia constitución, un característico antropófago urbano, como lo caracterizó Antonio Candido (99). La novela es la puesta en marcha de un primitivismo estético que rompe con la representación mimética, al modo cubista. La forma humana todavía es identificable, pero se ha reducido a los mínimos trazos, en un proceso de deformación caricatural. La historia gira en torno a la experiencia de vida de Serafim, empleado pequeño burgués o "burócrata transfigurado"; una memoria que si ofrece la posibilidad de una secuenciación de la materia narrada, es deshabilitada como flujo lineal e historiográfico.

Por su parte, en *El pez de oro* Churata quiebra con los principios del personaje, la historia y el narrador, y los sustituye por la polifonía, lo que le da una calidad dramática a la obra. Así, el narrador en primera persona que aparece en el capítulo primero, que podría dar coherencia a un relato de forma novelada, es acompañado y substituido por una gran cantidad de voces que aparecen en escenas diversas, inconexas, míticas o verosímiles, en las se interpolan variados tipos de canciones y danzas (haylli, wayñusiña, coral, harawi, tokhaña, muchas de ellas en quechua y aymara sin traducción). La tercera persona de la novela tradicional es reemplazada en múltiples ocasiones por el diálogo o por una segunda persona apelativa, con la intención de acercarse a las formas de expresión oral, como si el texto fuera imaginado para ser recitado: "Hagan ánimo de oír un poema; que el ánimo del que oye viste sedas o brocatos a la poesía, o la despoja hasta del fundillo, dejando su triste hueso a la vista" (*El pez de oro* 386).

En los dos autores nos encontramos con la quiebra de la linealidad narrativa, de su sintaxis, y su sustitución por otro principio: el fragmento. Si Churata pretende construir un retablo andino, Andrade articula su obra en partículas literarias a través de la técnica cinematográfica del montaje; ello deriva, según Antonio Candido, en "uma busca de estruturas móveis, pela desarticulação rápida e inesperada dos segmentos, apoiados numa mobilização extraordinária do estilo", dando lugar a una escritura fragmentaria que tiende

> a certas formas de obra aberta, na medida em que usa a elipse, a alusão, o corte, o espaço branco, o choque do absurdo, pressupondo tanto o elemento ausente quanto o presente, tanto o implícito quanto o explícito, obrigando a nossa leitura a uma espécie de cinematismo descontínuo, que se opõe ao fluxo da composição tradicional. (91)

De esta manera Andrade y Churata rompen con la linealidad occidental y la sustituyen por los principios de la constelación y la simultaneidad. Estas operaciones en el discurso literario inciden también, como fue señalado anteriormente, en una concepción de la historia americana, capaz de conectar relatos de fuentes diversas y tiempos alternos, al modo benjaminiano.

En *El pez de oro* otras lógicas culturales entran en relación con la escritura, en que lo popular no se conforma con una fácil acomodación literaria. Churata incorpora constantemente canciones y danzas a la obra, principios constructivos como el del retablo o el del tejido, que le dan al texto escrito una clara condición de insuficiencia. El mundo que falta y que no puede ser transcrito (el complejo sistema hecho de signos gestuales, musicales, vocales, visuales, táctiles) reclama su preeminencia. Lo importante es lo que no está; así el texto se reduce a un *roteiro* (un mero guión), en consonancia con las propuestas que hacía Oswald de Andrade en su *Manifiesto Antropófago*: "Contra o mundo reversível das idéias objetivadas. Cadaverizadas. O stop do pensamento que é dinâmico. O indivíduo vítima do sistema. Fonte das injustiças clássicas. Das injustiças románticas. E o esquecimento das conquistas interiores. Roteiros. Roteiros. Roteiros. Roteiros. Roteiros. Roteiros. Roteiros" (49).

De esta manera, *El pez de oro* intencionalmente no quiere ser una novela, sino la propuesta de un discurso heterogéneo, que solo es comprensible en su vinculación a prácticas discursivas andinas no escriturales, y que por ello entra a formar parte de otro modelo de representación donde rito, ficción y memoria no serían excluyentes.

En consonancia con esta visión compleja del discurso cultural, en Churata hay una firme declaración contra la literatura americana como institución establecida dejando fuera todo elemento nativo. En esa batalla, la opción por la lengua es esencial. En el español de la literatura hispano-americana, se revela para Churata su ajenidad. De ahí surge la declaración rotunda que acusa de colonial, y por tanto opresora, la tradición literaria del continente:

> ¿Garcilazo será el Hesiodo de esta Literatura Americana? ¿Él nos trasmitirá el Deuterenomio de la Heliología inkásica? Tal vez. En todo caso, y en ese caso, los cronistas españoles no son ya españoles, son americanos, como Ercilla, Oña, Caviedes. Y americanos son Tomás Moro, y su "Utopía"; y americanos son Chateaubriand, Benoit, Campanella, Mosén Verdaguer. Y les siguen nuestros grandes poetas: Darío, Chocano, Herrera Reissig, Jaimes Freyre, Reynolds, Lugones, Eguren, Valencia... Y "Doña Bárbara", "Raza de Bronce", "Sangre de Mestizos", "El Mundo es Ancho y Ajeno", y "Los de abajo", y "Don Segundo Sombra", pasan a ocupar ubicaciones estelares en nuestro mundo, ancho y ajeno...
>
> Todo esto es, y en medida jerárquica, español y de España [...] Y es que la única patria de esta Literatura Americana es el idioma español. (*El pez de oro* 23)

Churata se enfrenta a una concepción de la literatura americana, aún firmemente arraigada, que solo tiene en cuenta las manifestaciones escritas cultas de origen europeo; ni las manifestaciones literarias orales, populares o en lengua indígena entran en sus consideraciones. Estas afirmaciones implican la necesidad de un nuevo paradigma crítico para evaluar la producción literaria de América Latina que, como el que reclamaba Antonio Cornejo Polar, sea capaz de articular la tradición literaria europea con las formas autóctonas en sus diversas manifestaciones.

Así, la posible respuesta a ese cuestionamiento está en la propia obra que lo contiene, elaborada con una lengua híbrida, y un entrecruzamiento de formas discursivas (del psicoanálisis a las danzas, de los rituales al relato de vanguardia, de la evocación de Santa Teresa, Dante y Cervantes al discurso del Laika, del Reader's Digest a la mitología andina) inclusivo y heterogéneo.

5. El matriarcado

El apartado más llamativo del cuestionamiento antropófago al pensamiento y la sociedad establecidos es el referido a los usos y costumbres. La permutabilidad cultural antropofágica afecta a los actos cotidianos y desautoriza obligaciones seculares. Existe, en este *insight*, una gran dosis de rebeldía e inconformidad con el medio social, propia de la irreverencia y el vitalismo vanguardistas, pero también del "fundamental anarquismo" de Oswald de Andrade. En el frustrado Congresso de Antropofagia de 1929, los principios defendidos en ese apartado son audaces incluso en la actualidad, entre ellos: "I- Divorcio; II- Maternidade consciente; III- Impunidade do homicidio piedoso" (RA, 2, n. 15). La Antropofagia implica, pues, un horizonte utópico fundado en la sensualidad, la pereza y el juego, que cuestiona las imposiciones disciplinares del capitalismo: "Contra a realidade social, vestida e opressora, cadastrada por Freud – a realidade sem complexos, sem loucura, sem prostituição e sem penitenciárias do matriarcado de Pindorama" (*Manifiesto Antropófago* 52). El matriarcado constituye la posibilidad de imaginar una sociedad diferente, frente a las obligaciones y represiones sociales.

También en *El pez de oro*, el matriarcado es reivindicado. Su postura estética, entendida como germinación y engendramiento, resalta los atributos maternos, por encima de una lógica patriarcal destructiva:

> El artista sentirá la voluptad creadora de una mujer genésica (sobrevendrá una especie de matriarcalismo mental)... Vibradores y apelotonados los senos, serpentinas las curvas pélvicas, henchida con preñeces de la misma tentación de flor de la tierra, esa mujer le dará el instinto de la euritmia, el deliquio del deleite, la tortura de la ternura, le dará la aducción del ser, de

> SER-ELLA, que es MUJER-TIERRA. La belleza será su plenitud germinal y la filosofía de las causas y los fines, mera genética en el pólipo lácteo; pues el punto lácteo es el punto de la euforia del ser. (40)

Churata sitúa el matriarcado en la época Tiwanaku, anterior a los incas, que heredaron sus estructuras. Hay, como en Andrade, la convicción de que la organización social femenina constituía una realidad mucho más alentadora:

> en cierto momento del proceso humano la población en singulares zonas del planeta alcanzó elevadísimo progreso con el gobierno de la mujer. No se deprecie esta verdad histórica, los Inkas [no] crearon sistema alguno; restablecieron el que heredaron. El colectivismo agrario, el socialismo de estado, el maternalismo de la gens, el selenismo sabeista, son morfologías femeninas, vulvares, maternales. (461)

Sin embargo, en Churata el papel de la mujer más allá de la fecundación y el cuidado de la vida parece limitado. Tampoco Oswald de Andrade recibe la aquiescencia de la visión feminista contemporánea. Como afirma Emanuelle Oliveira, más que deshacer la lógica patriarcal en su reivindicación del matriarcado de Pindorama, los antropófagos "terminam por afirmar as mesmas estruturas que julgam repudiar, uma vez que privilegiam um discurso falocêntrico" (428).

Sin soslayar estas críticas, la referencia al matriarcado en ambos autores señala el dominio de la lógica patriarcal en las sociedades americanas, como instancia social opresiva, y la necesidad de una transformación.

6. Saberes indios

Una de las más recientes reivindicaciones de la Antropofagia procede del antropólogo Eduardo Viveiros de Castro. Para él, las formulaciones de Andrade no solo recuperan la figura indígena como fundación de la identidad brasileña, sino que articulan las formas de relación procedentes de sus prácticas para construir un proyecto estético renovador. En ese sentido, en el fundamento de la Antropofagia se encuentra el pensamiento indígena reivindicado frente a la razón occidental que intentó destruirlo:

> Oswald de Andrade me interessava, com sua utopia meio distraída ("distraídos venceremos" – viva Paulo Leminski!), aquela de constituir dialeticamente um Brasil que não estivesse fundado nos mesmos princípios

de identidade que o dispositivo europeu, mas, ao contrário, nesse antiprincípio segundo o qual "só me interessa o que não é meu". Ou seja, o canibalismo, em sentido lato, mas nem por isso menos literal. (249)

Viveiros de Castro vincula la propuesta de Andrade a su propia definición del pensamiento indígena en términos de perspectivismo amerindio:

> Enfim, vejo o perspectivismo como um conceito da mesma família política e poética que a antropofagia de Oswald de Andrade, isto é, como uma arma de combate contra a sujeição cultural da América Latina, índios e não-índios confundidos, aos paradigmas europeus e cristãos. O perspectivismo é a retomada da antropofagia oswaldiana em novos termos. (*Encontros* 129)

El perspectivismo indígena no tiene nada que ver con el relativismo, sino que es todo su contrario. Consistiría, en una definición aproximada, en la extensión de la posición de sujeto como modo para el conocimiento. Si el método occidental consiste en objetualizar, abstraer aquello que se desea conocer, el perspectivismo amerindio se funda en la personificación:

> Tal ideal é, sob vários aspectos, o oposto polar da epistemologia objetivista favorecida pela modernidade ocidental. Nesta última, a categoria do objeto fornece o telos: conhecer é objetivar; é poder distinguir no objeto o que lhe é intrínseco do que pertence ao sujeito cognoscente, e que, como tal, foi indevida e/ou inevitavelmente projetado no objeto. Conhecer, assim, é dessubjetivar, explicitar a parte do sujeito presente no objeto, de modo a reduzi-la a um mínimo ideal. [...] Nosso jogo epistemológico se chama objetivação; o que não foi objetivado permanece irreal e abstrato. A forma do Outro é a coisa.
>
> O xamanismo ameríndio parece guiado pelo ideal inverso. Conhecer é personificar, tomar o ponto de vista daquilo que deve ser conhecido — daquilo, ou antes, daquele; pois o conhecimento xamânico visa um 'algo' que é um 'alguém', um outro sujeito ou agente. A forma do Outro é a pessoa. (*A inconstancia* 231)

Este modo de conocimiento vinculado al chamanismo establece procesos expresivos dialógicos y diferenciales que, como fue señalado, constituyen los proyectos de Andrade y Churata. Además, *El pez de oro* se funda en el saber del Layka o brujo andino, que guía la obra desde el subtítulo: Retablos del Laykhakuy, esto es, retablos de los caminos del Layka. Como ha señalado Helena Usandizaga, la construcción de la obra responde a esta forma de conocimiento:

> Uno de los aspectos más interesantes, y que Churata incorpora a la estructura de la obra, es el modo de la convocación múltiple propio de estos rituales, que se basan en la reciprocidad entre hombres y deidades, y que se

> desarrollan en torno a esta ofrenda de un 'despacho' o mesa preparado por el oficiante con productos andinos. *El pez de oro*, en su estructura misma, se inserta en este contexto en que se van sugiriendo las acciones chamánicas de los oficiantes andinos: la animación mediante el soplo y la imposición de manos; la adivinación en coca; la llamada a los espíritus de la naturaleza y a los antepasados. De este modo, Churata recrea en su texto la extraordinaria red de energía que convocan estos rituales. Por ello lo mítico en *El pez de oro* no constituye una simple narración, sino una activación interactiva, como cuando en los rituales aparecen la Pacha-mama, los *apus* y los antepasados; por eso el Khori-Puma y el Khori-Challwa son a la vez interlocutores y sujetos. ("Introducción" 80)

De esta manera, la coexistencia de voces diversas, interlocutores contradictorios (un psicoanalista, el perro Thumos, el Ancestro y los muertos, la Pachamama, el propio Colón) alude a esta "estructura interactiva de reciprocidad", que establece una "conversación polifónica en la que se interrelacionan sujetos andinos y no andinos del conocimiento" (Usandizaga, "Introducción" 95). Esta articulación polifónica de saberes, fundada en las prácticas indígenas, remite directamente a la propuesta de Andrade, ya en la primera declaración de su manifiesto: "Só a Antropofagia nos une. Socialmente. Economicamente. Filosoficamente" (*Manifiesto Antropófago* 47).

7. Consideraciones finales

La comparación entre Gamaliel Churata y Oswald de Andrade procuró, en sintonía con sus propias propuestas, establecer un diálogo sugerente que, en lugar de reducirlos a la identidad, consiguiese describir dos proyectos radicales de transformar el pensamiento latinoamericano, fundándose en los modos indígenas para abrirse al otro. Como señala Elizabeth Monasterios en relación con Churata, se trata de "la afirmación de la *razón* andina, en sus mitos y rituales" como "un acto de emancipación de Europa pero también de las élites americanas republicanas" (39).

Claro está que la distancia entre ambos autores permanece, alentando escepticismos. En Churata se manifiesta una implicación intensa con la situación social andina, un conflicto vivo, violento y partidario, en el que el autor participó desde su juventud, como periodista, relator de las insurrecciones, dinamizador cultural y participante del proyecto educativo de Warisata, en Bolivia. En toda su obra está latente la voluntad de transformar un modelo de país, fundado en la subordinación provocada por la conquista, y conseguir el reconocimiento y participación cabal de las culturas andinas en su construcción.

En Oswald de Andrade, al contrario, el contacto con lo indígena parece una operación retórica. Como señala Carlos Jáuregui, la "Antropofagia cita una compleja trama textual de la época colonial en la que el Brasil es representado como una tierra de caníbales y enuncia de manera afirmativa y casi emblemática el tropo del canibalismo como seña de identidad" (294). Es necesario señalar, sin embargo, que algunas de las mayores realizaciones creativas de la Antropofagia brasileña, como *Macunaíma*, de Mário de Andrade, y *Cobra Norato*, de Raul Bopp, están establecidas en un conocimiento íntimo de las tradiciones y relatos indígenas. En relación con su fundador, Eduardo Viveiros de Castro señala la paradoja entre su figura cosmopolita y su enorme capacidad de formular una transformación de las formas de creación y pensamiento:

> A antropofagia foi mal recebida por diversas razões. Primeiro porque Oswald de Andrade era um dândi afrancesado (o paradoxo faz parte da teoria...) que não possuía credenciais acadêmicas. Ele não fez trabalho de campo como Mário de Andrade, por exemplo. Mário de Andrade colheu música popular, cantigas, foi atrás de mitos, inventou todo um olhar sobre o Brasil. Mas o Oswald tinha um poder de fogo retórico superior; sua inconseqüência era visionária... Ele tinha um punch incomparável. Se Mário foi o grande inventariante da diversidade, Oswald foi o grande teórico da multiplicidade – coisa muito diferente. (*Encontros* 168-169)

En ambos casos, sin embargo, destaca la vigencia de sus propuestas, que son recuperadas desde ángulos diversos en la actualidad. Si la Antropofagia de Oswald de Andrade inspiró a los concretistas y tropicalistas en los años sesenta, sirvió también de modelo para las reivindicaciones culturales de la periferia de São Paulo, que en 2007 organizó su Semana de Arte Moderna da Periferia bajo el lema Antropofagia Periférica, demostrando la posibilidad de un relato alternativo a la alta cultura letrada en la reutilización del tropo antropofágico desde el margen; a su vez, la obra de Churata gana cada vez más vigencia, con reediciones, publicaciones inéditas como *Resurrección de los muertos*, reivindicaciones de instituciones e intelectuales que apelan a su postura descolonizadora, y estudios abarcadores que, como el presente libro, examinan su contribución para pensar el presente y transformar el futuro de los países andinos.

Bibliografía

Andrade, Oswald de. "Manifiesto de la Poesía Pau Brasil". *Las vanguardias latinoamericanas. Textos programáticos y críticos.* Jorge Schwartz, editor. México: FCE, 2002. 167-171.

_____ "Manifiesto Antropófago". *Las vanguardias latinoamericanas. Textos programáticos y críticos.* Jorge Schwartz, editor. México: FCE, 2002. 173-180.

_____ "Manifesto Antropófago". *A marcha das utopias.* São Paulo: Globo, 1990. 47-52.

_____ "Manifesto da Poesia Pau Brasil". *A marcha das utopias.* São Paulo: Globo, 1990. 41-45.

Badini, Riccardo. "Simbología de *El pez de oro*". *Simbología de El pez de oro.* Riccardo Badini y José Luis Ayala, editores. Lima: San Marcos, 2006. 7-14.

Bosshard, Marco Thomas. *Churata y la vanguardia andina.* Lima: CELAP- Latinoamericana Editores, 2014.

Campos, Haroldo. "Da razão antropofágica: diálogo e diferença na cultura brasileira". *Metalinguagem & Outras metas.* São Paulo: Perspectiva, 2004. 231-255.

Candido, Antonio. *Vários escritos.* São Paulo: Duas Cidades, 1995.

Castro, Eduardo Viveiros de. *Encontros.* Rio de Janeiro: Azougue, 2008.

_____ "Saque / dádiva". *Azougue* 10 (2008): 23-36.

_____ *A inconstancia da alma selvagem.* São Paulo: Cosacnaify, 2002.

Chakrabarty, Dipesh. *Al margen de Europa.* Barcelona: Tusquets, 2008.

Churata, Gamaliel. *El pez de oro.* La Paz: Canata, 1957.

_____ et al. *Antología y valoración.* Lima: Instituto puneño de cultura, 1971.

Flores Galindo, Alberto. *Buscando un inca: identidad y utopía en los Andes.* La Habana: Casa de las américas, 1986.

Jáuregui, Carlos A. *Canibalia.* Madrid: Iberoamericana; Frankfurt am Main: Vervuert, 2008.

Mamani Macedo, Mauro. *Quechumara. Proyecto estético-ideológico de Gamaliel Churata.* Lima: Universidad de Ciencias y Humanidades, 2012.

Monasterios, Elizabeth. "La vanguardia plebeya del Titikaka". *La mariposa mundial* 19/20 (2012): 39-49.

Natali, Marcos. "Além da literatura". *Literatura e sociedade* 9 (1996): 30-43.

Oliveira, Emanuelle. "O falocentrismo e seus descontentes. Por uma leitura feminista da antropofagia". *Antropofagia hoje?* Jorge Rufinelli, Castro Rocha, João Cezar, editores. São Paulo: Realizações Editora, 2011. 417-428.
Santiago, Silviano. "O entre-lugar do discurso latino-americano". *Uma literatura nos trópicos*. Rio de Janeiro: Rocco, 2000. 9-26.
Schwartz, Jorge, ed. *Brasil 1920-1950. De la antropofagia a Brasilia*. Valencia: IVAM, 2000.
Subirats, Eduardo. *El continente vacío*. México: Siglo XXI, 1994.
Usandizaga, Helena. "Introducción". Gamaliel Churata, *El pez de oro*. Madrid: Cátedra, 2012.
_____ "Irradiación semántica de los mitos andinos en *El pez de oro*, de Gamaliel Churata". *La palabra recuperada. Mitos prehispánicos en la literatura latinoamericana*. Helena Usandizaga, editora. Madrid/Frankfurt: Iberoameicana/Vervuert, 2006. 145-180.
VV.AA. *Revista de antropofagia* (RA). São Paulo: Metal Leve: 1976.

Hacia una lectura intermedial y decolonial de *Resurrección de los muertos*

Ulises Juan Zevallos Aguilar

CON LA PUBLICACIÓN DE *RESURRECCIÓN DE LOS MUERTOS* (2010), el segundo tomo de la enciclopedia de lo incognoscible, se confirma el hecho de que Gamaliel Churata concebía la literatura como medio y que en sus actividades intelectuales y artísticas practicaba relaciones intermediales. En efecto, para Churata la literatura, la danza y la música estaban cargadas de sentidos y eran medios en tanto las concebía como canales para la difusión y comunicación de información y entretenimiento. De esta manera, consideraba a las prácticas artísticas de manera similar a las teorías intermediales. Para ellas, el arte "puede ser visto como una mezcla compleja de información y entretenimiento (*utile dulce* de Horacio) que da la posibilidad de incluir formas artísticas entre otros medios" (Elleström 13). La confluencia de medios en una práctica intelectual y/o artística da lugar a relaciones intermediales. La intermedialidad, en un sentido amplio, "designa esas configuraciones que tienen que hacer con el cruce de fronteras entre medios" (Rajewski 46) o "se refiere a la correlación de los medios en el sentido de tener influencias mutuas entre ellos" (Kattenbalt 20-21). Para las teorías intermediales los límites de los medios están establecidos por sus materialidades y por las distintas percepciones que les dan significado (Elleström 15). Churata, por su temprana sagacidad, ya se daba cuenta de la diferencia entre materialidades y percepciones de los medios en el universo multicultural que habitaba. Sobre todo, estaba consciente de que la música se transmitía a través del sonido, la danza a través del cuerpo, la literatura a través del libro, la tradición oral a través de la voz y por cierto cada una de ellas eran percibidas con uno o más sentidos del cuerpo humano en contextos socioculturales distintos.

La crítica literaria que quiso desentrañar la complejidad de *El pez de oro* (1957) se dio cuenta de las relaciones intermediales. Desde la teoría de los géneros percibía su carácter multigenérico (Uzandizaga, González Vigil). Así identificó elementos de cuentos, mitos, novela y teatro. Del mismo modo, existen lecturas más tardías donde se perciben conexiones entre artes populares, performance y la estructura del libro. En este artículo se avanza un poco más en esta línea de trabajo. Junto a la concepción de las artes como medios, la consideración de sus materialidades y percepciones y la práctica de relaciones intermediales, se sostiene que, por un lado, el uso del teatro, el diálogo y el debate entre personajes que discuten sobre distintos temas en *Resurrección de los muertos* tiene el propósito de incorporar otras formas de producción, circulación y recepción de conocimientos aymaras y quechuas. Estas incorporaciones lo constituyen en un adelantado de la teoría decolonial en cuanto ya incluía cosmovisiones, ontologías y epistemologías indígenas. Por otro lado, se plantea que Churata utilizaba estas formas dialogales con el propósito de incluir a la población aymara y quechua en un esfuerzo de democratización y expansión de su audiencia. Su estructura interlocutiva las hacía más accesibles a sus receptores por su analfabetismo en español y el carácter dialógico de sus culturas. En otros términos, se podría decir que *Resurrección de los muertos* fue escrito para ser leído en voz alta, escuchado, discutido y actuado en grupo. Finalmente, propongo que una lectura de las obras de Gamaliel Churata desde las teorías de la intermedialidad intercultural sería un primer paso de la creación de una nueva hermenéutica que textos similares a *El pez de oro* necesitan.

No hay que olvidar que *Resurrección de los muertos* fue concebida como el segundo volumen de la enciclopedia del conocimiento humano de dieciocho tomos que Gamaliel Churata (Arequipa, 1897-Lima, 1969) planeaba publicar a lo largo de su vida. *El pez de oro* (1957) fue el primer tomo impreso. Esta singular enciclopedia formaba parte de un proyecto intelectual denominado Alfabeto del incognoscible, constituido con criterios distintos a los de una enciclopedia humanista, y que promovían nuevas síntesis de cuerpos de conocimientos occidentales e indígenas. Definitivamente Churata quería crear una enciclopedia alternativa a la de Denis Diderot y Jean Le Rond D'alembert, en la línea del humanismo francés del siglo XVIII y a otras que siguieron ese modelo. La concibió como "una suerte de epopeya del Hombre-Animal" ("El pez de oro..." 25). En los dos primeros tomos de su compendio (los únicos hasta ahora publicados) incorporó cosmologías, epistemologías y ontologías aymaras y quechuas en combinación con el pensamiento antirracionalista europeo (la fenomenología, el psicoanálisis, el existencialismo). Asimismo, Churata quería que su enciclopedia fuera leída, escuchada y discutida por varios públicos. La diseñó pensando en una recepción que no consideraba solamente a lectores letrados que estaban acostumbrados a consultar enciclopedias humanistas en circulación. Churata también quería que fuera leída, en un sentido amplio, por un público con diversos alfabetismos. En otros términos, creo que se daba cuenta que para ser visto o escuchado por una audiencia analfabeta o alfabeta funcional en español, que era la mayoría de la población puneña, debía recurrir a otros medios de producción, transmisión y recepción de conocimiento. Según el censo de 1940, en el departamento de Puno la población estaba constituida por 548,71 personas. El 92.36% de la población declaró ser india de raza y el 83.44% hablaba solamente aymara y/o quechua (Zevallos Aguilar 66 y Salomon y Chambi 311). De estos números se puede decir que poquísimas personas sabían leer castellano. El analfabetismo en español se había constituido en una arma de explotación. Aymaras y quechuas perdían sus tierras y eran sobreexplotados porque en su gran mayoría no conocían sus derechos, que las leyes amparaban. Por tanto, no podían hacer funcionar a su favor el poder judicial. Frente esta situación se tenía que buscar maneras de alfabetizar a la población indígena con urgencia. Como se dijo anteriormente, Churata entendía que la literatura era un medio que permitía la comunicación de un mensaje de un emisor a un receptor. De entre los diversos géneros literarios confiaba en que la poesía y el teatro podían comunicar conocimientos, de manera similar al ensayo o al artículo científico. Reconocía que la cercanía de la poesía y el teatro a la oralidad y a expresiones performativas como la danza y el canto, les daban una gran potencialidad didáctica en su sociedad. Por ello, se reitera que Churata ya tenía una conciencia intermedial cuando transgredía fronteras de géneros literarios y relacionaba sistemas de signos distintos. Además, utilizaba diversos materiales que cada medio emplea para apelar a diferentes sentidos del cuerpo. Se sentía plenamente autorizado para hacerlo. Estas acciones eran entendidas como prácticas vanguardistas que buscaban la experimentación estética con la concepción de arte total. De allí que tenemos varias lecturas de su obra donde se construye a un Gamaliel Churata cercano al surrealismo (González Vigil).

Las propuestas estéticas y políticas de la vanguardia histórica autorizaron a Gamaliel Churata a llevar a cabo la democratización de su audiencia. Es decir, el credo vanguardista que buscaba la renovación artística y política le permitió acercarse a los sectores populares e incorporar la cultura aymara y quechua en su propuesta cultural y escritural. La publicación del *Boletín Titikaka* (1926-1930) en formato accesible de tamaño tabloide, de cuatro páginas y precio módico, la creación del grupo Orkopata que reunía a artistas e intelectuales de diversos orígenes culturales y sociales y el lanzamiento de una propuesta estético política en diversos documentos fueron acciones concretas de este proyecto. Sin embargo, Churata dio un paso más adelante de la vanguardia histórica porque, como vanguardista, se acercó a lo popular, como lo demuestra Viviana Gelado en su libro *Poéticas de la transgresión: vanguardia y cultura popular en los años veinte en América Latina* (2007), donde estudia diversos casos de vanguardistas latinoamericanos. Para Churata los sectores populares estaban constituidos por aymaras y quechuas que habían migrado a la ciudad de Puno. Pero, además, el autor de *El pez de oro* utilizó sus formas culturales con una misión pedagógica en un esfuerzo de inclusión al Estado-Nación (Zevallos Aguilar), proceso que luego se ha denominado "reterritorialización de lo humano" (Bosshard *Reterritorialización*). Churata quería reproducir los mecanismos de activación de sus culturas y al mismo tiempo promovía su educación en castellano en un esfuerzo intercultural. De allí que su enciclopedia estuviera diseñada para alcanzar por lo menos dos grupos de lectores, oyentes y performistas potenciales. Mestizos castellano hablantes con conocimientos y sensibilidad por lo indígena y mestizos aymara y quechua hablantes que necesitaban conocer las fundaciones de la cultura occidental. En el caso de los lectores alfabetos, el libro propone un protocolo de lectura diferente al de la enciclopedia humanista. *Resurrección de los muertos* no se organiza en capítulos y subcapítulos. Tampoco tiene un orden alfabético de entradas o ensayos. Creo que el libro está ordenado en torno a una sucesión de conceptos y situaciones. En una estructura dialógica, los conceptos son introducidos con una frase chocante o interesante por un personaje al que conocemos como el Profesor Analfabeto, enseguida se desarrolla el concepto, se pone un ejemplo sobre el cual se contrasta un punto de vista occidental representado por Platón y una perspectiva aymara o quechua (voces) que se puede identificar con una pronunciación del español con las vocales y consonantes de sus lenguas. Como ejemplo, veamos un pasaje en el que se puede apreciar una variación de la estructura mencionada:

> PROFESOR ANALFABETO
> Y todo esto lleva a la conclusión esférica: si algo muere, Plato, el alma pre-existente está negada. Y como esto es imposible en hombre, flor, bacteria, en toda forma subsiste un *estar* genesíaco, atemporal, pues el estar en él es *ser* forma. Eso ego, naya, *personalidad, ñokha* [yo en quechua], *individuación...* ¿No se sigue que se es porque se está y que el solo *no-estar* determina el *No-Ser*? Mira, los muertos tienen que *estar*, si de lo contrario, los vivos seriamos imposibles...
> PLATÓN
> ¡Ari! ¡Ari!... ¡Muerte, y demás mitos, palabras; venenos linguales!...
>
> Ensordecedores aplausos.
>
> VOCES
> ¡Rawu, Tata Analfauitu!... ¡Rawu et urija! [rabo y oreja]... ¡Viva el Alfabeto de los Analfabetos!... ¡Kharahuskhas; wewa [viva] il fotoro Depotado!... ¡Que wewa, kharahuskhas!... ¡Rararararararararará!...Corona de alfalfa para este indio pedante!.. ¡Jajajajajaja! (207-208)

Gamaliel Churata establecía relaciones intermediales desde su juventud. Estas se pueden observar en su multifacética obra. Varios especialistas han identificado rituales, invocaciones y mitos en *El pez de oro* y otras obras artísticas que fueron escritas en los años veinte (Bosshard, Usandizaga). La organización misma de *El pez de oro* replica, según Miguel Ángel Huamán, un retablo popular andino (49-76). El retablo en los años veinte era una caja de madera portátil que tenía varios niveles en los cuales se representaban temas religiosos católicos en pequeñas esculturas. Su estructura es parecida a un edificio o casa con techo de dos aguas cuyo frente tiene dos puertas que se cierran para proteger las escenas. Tanto el interior como el exterior eran decorados a color. El subtítulo *Retablos de Laykhakuy* de *El pez de oro* le dio pie a Huamán para especular sobre las intenciones de Churata para replicar una muestra representativa de arte popular.

Huamán opina que el autor de *Resurrección de los muertos* habría imitado la estructura vertical del retablo para organizar su libro. Cada capítulo correspondería a un nivel, dando como resultado un retablo de once pisos. Más aún, la disposición interna de los párrafos dentro del capítulo tendrían una organización espacial de retablo. Luego Huamán argumenta que las verticalidades del retablo religioso y la de *El pez de oro* están organizadas siguiendo modelos sociocognitivos andinos. Estas observaciones nos pueden servir para encontrar varias operaciones intermediales realizadas por Churata. El autor de *El pez de oro* se apropió de una práctica artística popular católica que tenía su propia materialidad para transmitir mensajes religiosos en un circuito de circulación no letrado. La caja que contiene al retablo es de madera y las figuras en miniatura son hechas de papa y yeso y pintadas a todo color con tintes naturales. El retablo es tridimensional: se mira, se toca y se induce un diálogo entre su portador y el que lo mira. Al contrario, *El pez de oro* es un libro anticlerical que más bien pretende hacer conocer religiosidades aymaras y quechuas e inventar una mitología con una escritura alfabética. El libro es un objeto hecho de papel, donde la escritura alfabética se despliega en un espacio bidimensional, y debe ser leído en silencio por un lector o en voz alta para otros.

En su faceta de promotor cultural también se manifiestan sus prácticas intermediales e interculturales. Desde muy temprano, cuando en 1915, pertenecía al grupo que publicaba la revista *La Tea* (1917-1918), se le recuerda promoviendo la recitación de textos, el intercambio de ideas con la exposición, el debate y la lectura en voz alta (Romero 427, Vásquez 445). Más tarde, en la época del grupo Orkopata, cuando tenían lugar las tertulias o pascanas dominicales, junto a la lectura de textos y discusión, se cantaba en aymara y quechua, se bailaba y se practicaban rituales andinos. Los Orkopata teatralizaban invocaciones a los muertos, lecturas de hojas de coca y hacían pagos a la Pachamama ataviados con indumentaria indígena (Tamayo Herrera 265). Pareciera que Churata ya se daba cuenta que cuando dos o más formas artísticas diferentes se juntan, ocurre un proceso de teatralización. Esto no solo sucede porque el teatro es capaz de incorporar a las demás formas artísticas, sino también porque el teatro es el arte del performista y así se constituye en el patrón básico de todas las artes (Kattenbalt 20).

Tampoco deben olvidarse las experiencias de Gamaliel Churata y el Grupo Orkopata relacionadas al teatro. Churata fue estudiante de educación primaria en el famoso Centro Escolar 881 de Puno, donde José Antonio Encinas implementó una nueva pedagogía. En el prólogo que Churata escribió para el libro *Un ensayo de escuela nueva en el Perú* (1932) de su ex maestro, se puede notar la enorme importancia que tenía el teatro en el programa escolar en cuanto medio para desarrollar varias habilidades. Los niños, aparte de poner en escena una obra de teatro cada cierto periodo, se encargaban de imprimir los afiches y entradas, cobrar entradas y administrar los ingresos y egresos (*Un ensayo...* IV-V). Churata no fue actor, sin embargo, las diferentes responsabilidades que tuvo en la producción de las obras teatrales en el Centro Escolar dirigido por Encinas le fueron muy útiles en su vida adulta. Aprendió a diseñar carteles e imprimir las entradas para las obras de teatro de la escuela. Más tarde se convirtió en tipógrafo para autosustenerse en su juventud. El grupo puneño tenía una compañía de teatro llamada Orkopata que, hasta donde se conoce, escenificaba las obras en quechua de Inocencio Mamani, bilingüe en castellano y aymara. De los reportajes de Gabriel Collazos y José Gabriel Cossio sobre la puesta en escena de *Tuquypaj munaskan* de Inocencio Mamani, que fueron publicados en los números doce y catorce de la revista *Amauta* de José Carlos Mariátegui, se destacaron los siguientes hechos. Esta comedia tuvo gran acogida por el público, estaba escrita en un quechua popular muy castellanizado y tenía el propósito de combatir el consumo del alcohol y coca en los aymaras y quechuas. Para que pudieran hacerse realidad estos reportajes, Churata contactó a Mamani con Collazos y Cossio en Puno, y aunque en público trató de establecer una distancia con la actividad teatral de Mamani, hay suficientes evidencias que indican su involucramiento directo. José Carlos Mariátegui lo sugiere en el "Proceso de la Literatura peruana" de los *Siete ensayos* (235).

Además del teatro, Churata y su generación estuvieron fascinados por la relación intermedial entre literatura y cine. La estructura del poemario *5 metros de poemas* (1927) de Carlos Oquendo de Amat (1905-1936), su paisano radicado en Lima, replica cinco metros de celuloide. *Resurrección de los muertos* también es el resultado de una conciencia intermedial. El segundo tomo de la enciclopedia está organizado como para realizar una filmación en una sola toma del debate filosófico entre el Profesor Analfabeto y el filósofo Platón. En una suerte de guión cinematográfico (*Resurrección* 49-50), el debate tiene lugar en un Paraninfo universitario. En la plataforma están los deliberantes y en las butacas está sentado un público que representa a varias naciones y sectores de la sociedad local. El público, en lugar de estar en silencio, participa, da su opinión y celebra con gritos, silbidos y frases el humor y las ocurrencias del Profesor Analfabeto. En esta oportunidad dejamos de lado la relación entre cine y literatura y explicaremos el interés de Gamaliel Churata en las relaciones intermediales entre el teatro, el diálogo y el texto escrito en *Resurrección de los muertos*.

Churata quería revalorar y hacer conocer aspectos complejos de las culturas aymara y quechua. Tenía gran confianza en el teatro como instrumento educativo: "Tras *El pez de oro*, debe aparecer *Resurrección de los muertos*, de mayor número de páginas, y en el cual, en forma dialogada, en todo caso de un teatro sui géneris, se acomete el análisis del problema dialéctico del Ayahu-Watan" (Churata, "El pez de oro..." 25). Su erudición y curiosidad intelectual le permitían conocer que los sacerdotes católicos habían utilizado el teatro para evangelizar a los indígenas y que existía una tradición de teatro quechua viva en el Sur Andino en los años veinte, como César Itier lo constata en sus dos volúmenes de *El teatro quechua en el Cuzco* (1995, 2000). Así, la experimentación vanguardista entre géneros literarios, el teatro quechua dirigido a varias audiencias, y expresiones performativas aymaras y quechuas, hicieron que Churata pusiera todo esto en juego para su proyecto político-artístico. Riccardo Badini señala al respecto:

> La inquietud hacia la experimentación performativa condujo a Churata a escribir una adaptación teatral de *Resurrección de los muertos* que ha emergido entre las versiones al examinar los inéditos. Se trata de un guión de 143 páginas escrito con un lenguaje sintético, visionario, que exalta la ironía y las potencialidades lúdicas del lenguaje escénico. (28)

La recurrencia al diálogo en los dos tomos publicados de su enciclopedia y la importancia que otorgaba al teatro quechua y a prácticas performativas buscaban acercarse a los mestizos semianalfabetos, a los bilingües en aymara y español, a los bilingües en quechua y español y a los trilingües en las dos lenguas amerindias y el castellano de su región. También le interesaba a Churata promover una literatura indígena, como se ve en la publicación de poemas en aymara de Eustakio Aweranka y versos en quechua de Inocencio Mamani en el *Boletín Titikaka*. Además, coincidía con José

Carlos Mariátegui cuando este último celebró y apoyó la escritura y escenificación en quechua de las obras teatrales de Inocencio Mamani. Para Mariátegui la dramaturgia de Mamani era considerada un advenimiento de la literatura quechua. Era bastante claro en afirmar que una literatura quechua debía ser escrita en *runasimi*.

Gamaliel Churata con su enciclopedia alternativa, insisto, buscaba una audiencia mestiza tricultural que habitaba el altiplano en la primera mitad del siglo XX. En Puno existía una zona de contacto o *ch'ixi* entre aymaras, quechuas e hispanohablantes. Los habitantes de la ciudad de Puno eran individuos más complejos que el público para el que escribía José María Arguedas, por ejemplo. Es decir, los lectores ideales de Arguedas son bilingües en comparación a los de Churata, que son trilingües. Churata era consciente de esta situación y se constituyó en uno los representantes más visibles de ese público lector. Las mil treinta y una notas a pie de página de la edición crítica de Badini de *Resurrección de los muertos* ayudan a entender los conocimientos que tenía Churata de los pensamientos europeo, aymara, y quechua de su región. Badini demuestra que Churata era un lector autodidacta voraz, que leía todo material escrito a su alcance. Estaba bien informado del proceso y tradición filosófica y científica europea desde los griegos hasta su época. La colección de la biblioteca municipal de Puno de la que era director y su excelente biblioteca personal, abastecida por lo canjes del *Boletín Titikaka* y compras personales, le daban acceso a lecturas de fuentes primarias. Así pudo leer en traducción a filósofos, pensadores y escritores populares en su época. Para aclarar ciertas nociones e información, Churata utilizaba fuentes secundarias no académicas como el almanaque *Bristol* y el *Reader's Digest*, que lo acercaban a sus lectores potenciales. Asimismo, estaba al tanto de acontecimientos epocales, que incluía en sus obras. En *Resurrección de los muertos* la referencia histórica más tardía es el asesinato del presidente norteamericano John F. Kennedy, que tuvo lugar el 22 de noviembre de 1963 (578). Las notas a pie de página de Riccardo Badini, editor crítico del libro, dan también luz sobre el uso de arcaísmos del español andino, extranjerismos, aymarismos, neologismos y quechuismos en su compleja escritura.

En los debates entre Platón y el Profesor Analfabeto se puede identificar conceptos claves de la teoría decolonial (Castro y Grosfoguel 2007), lo que indica que en *Resurrección de los muertos*

Gamaliel Churata ya estaba llevando a cabo una crítica de lo que hoy día se conoce como los efectos de la colonialidad del poder y del saber en la región del sur andino. Para Churata la colonialidad del poder (Quijano) es la explotación justificada por el racismo, que históricamente comenzó con la empresa colonizadora española en los Andes en el siglo XVI y fue heredada por las élites criollas durante el periodo republicano. Ha justificado procesos de modernización excluyentes con sus propios mitos como el del progreso, que Churata califica como "metafísica del burdel". En un diálogo que tiene Platón con el Profesor Analfabeto, este último concluye:

> Ya ves, hijo mío, Plato: el progreso es solo metafísica de burdel, y así como se acicala su mítica, puede constituir meta en el destino humano, si es el camino único a la depravación del hombre, la humillación satánica del humilde y la glorificación ruin de la bestia ensoberbecida y horra de contenidos superiores. (*Resurrección de los muertos* 153)

En este sentido, en términos locales, las modernizaciones capitalistas han dejado de lado a los aymaras y quechuas del sur andino de los beneficios que podrían traer para toda la población de esta región. Los cuerpos aymaras, quechuas y mestizos han sido utilizados como mano de obra en la actividad minera y agrícola, pero no han ejercido sus derechos ciudadanos de propiedad de la tierra, salario justo, educación pública, cuidado de su salud, etc. Para legitimar su exclusión y explotación, los grupos de poder han considerado que los saberes aymaras y quechuas son inferiores al conocimiento europeo y norteamericano porque son producidos por una raza inferior que tiene incapacidad de razonar.

Gamaliel Churata, más allá de sus alusiones a la introducción del racismo durante la conquista y su continuación en la colonia y la república, hace una crítica epistemológica a la ciencia occidental, observando que para imponerse como conocimiento superior ha considerado como supersticiones a aquellos conocimientos que parten de la experiencia de la realidad:

> Hay una *Epistemología*, acaso rupestre (si es lícito ahorcar al Estagirita) que la ciencia ha relegado al informe montón de las supersticiones de chusmas sin letras, y ninguno de los sistemas filosóficos se estructura en las fenoménicas de la realidad planetaria. (193-194)

Más adelante, para demostrar los límites de la ciencia, utiliza el ejemplo de la imprecisión de la meteorología en el pronóstico del tiempo. Hace el contraste con otros conocimientos, no escritos, que califica como "animismo", subrayando que en su producción aportan también los muertos, que conviven con los vivos de manera pacífica:

> El *Sabeísmo* no cuenta con factores *espiritas* para la acción metereológica, en cambio el *Animismo* es ya orden teológico rudimentario en que la fenoménica del cerúleo está supeditada al régimen de los trasgos infernales. Sin embargo –como más allá veremos–, ese animismo es también en sus raíces masivas y sin letra versión si se quiere mágica de la presencia de los muertos entre los vivos, aún sometidos ambos a convivencia pacífica y natural. En ambos estamentos el hombre no es el Rey del Universo: es el hijo dócil de la Madre Tierra. (193-194)

En el animismo, los seres humanos aprenden el lenguaje de los animales. Una vez que empiezan a entenderlos, estos les comunican un sin fin de conocimientos útiles que les permite sobrevivir en sus medios ambientes (194). Luego de definir el animismo en términos generales, retorna al ejemplo del pronóstico del tiempo, situándolo en un contexto puneño. Señala que en el altiplano los labradores quechuas y aymaras observan el comportamiento de dos especies de pájaros para tomar decisiones sobre la siembra y la cosecha: el *chenkko* y el *pichitankha*. La altura y lugar de construcción de sus nidos son indicadores precisos del clima que se tendrá en las estaciones de lluvias y en las estaciones secas:

> En efecto, en el Titikaka la intuición de los fenómenos metereológicos es del Chenkko, hasta las pampas que llegan al seno de nevados sunis, del Pichitankha. No veamos sino a ellos.

> El pichitankhita sabe con antelación de meses si el año será seco o lluvioso, si éste hace nido en los aleros de las chukllas o en los huecos de las chinkhanas. Si lo primero a ras del suelo, entre las matas de hichu. El campesino observa con devoción sus trajines, pues son la noticia de la realidad. A su vez alza las pedrezuelas de los campos barbechados y si ve que alzan humedad, conoce que el cielo cumplirá, de lo contrario debe afrontar año de hambre y angustia. (194-195)

Churata concluye sus observaciones sobre la contribución de estos pájaros y la actitud de los quechuas y aymaras de interpretar sus decisiones al momento de construir sus nidos advirtiendo que:

> No hay observatorio metereológico en el mundo capaz de esa matemática premonitoria, y no hay psicólogo que hubiese investigado [...] en qué sistemas cerebrales, o nerviosos, se fundamenta esa increíble aptitud. No en vano el Runa-Hakhe le respeta –como respeta a todos los animales–, pues le considera *ente* superior...

> El Hombre-Letra no le conoce ni podrá reconocerle una conciencia, un genes volátil, un óvulo tierno, pupilas claras y sabemos que su inocencia se llama bestialidad. (195)

Desde el altiplano como lugar de enunciación, Churata da respuestas a aquellos asuntos que no puede resolver la ciencia y la epistemología europea. Su crítica epistemológica (alfabeto de lo incognoscible) se opone a los esfuerzos de llevar a cabo el epistemicidio (Santos y Meneses) de las culturas aymaras y quechuas del altiplano peruano y boliviano en la primera mitad del siglo XX. Se sabe que el epistemicidio tuvo dos sentidos. Primero, los colonizadores y colonialistas intentaron erradicar el saber andino con campañas aculturadoras tales como la extirpación de idolatrías, la evangelización, la alfabetización en castellano, etc. Segundo, consideraban al altiplano un lugar muerto desde un punto de vista epistemológico por no producir teoría y/o conocimiento científico. Con el título de "resurrección de los muertos", Churata estaba proponiendo que en el altiplano existía una cultura viva y bullente que había asegurado su sobrevivencia. Los aymaras y quechuas tenían capacidad de pensar y resolver sus problemas más comunes sin recurrir a la ciencia occidental. Churata era su portavoz y puso en marcha una propuesta decolonizadora.

La crítica epistemológica de Churata se realiza desde un pensamiento crítico fronterizo (Mignolo). Por un lado, incluye en su propuesta decolonial saberes aymaras y quechuas y sus formas peculiares de producción. Por otro lado, recupera conocimientos y formas de producción europeas que fueron subordinadas o subalternizadas por la epistemología dominante occidental, que vendría a ser el idealismo racionalista al cual Churata llamaba "zonzería idealista" (*Resurrección...* 89). Para ser más precisos, Churata considera que en su teoría del conocimiento andino la producción del saber no es individual sino colectiva y que la forma de producirla es a través del diálogo verbal y no necesariamente la escritura alfabética. Por esa razón *Resurrección de los muertos* tiene una estructura teatral en la cual un personaje llamado Profesor Analfabeto discute con Platón, y ambos son interrumpidos por unas voces que pronuncian su apoyo al profesor y también enuncian sus puntos de vista sobre los asuntos discutidos. Por cierto, si bien esta producción dialógica de cultura (colectiva y verbal) ha sido practicada por los aymaras y quechuas, occidente también la tenía con Sócrates y la mayéutica. Churata menciona al filósofo griego y su método de hacer filosofar. Estaba tan impresionado por el método socrático que le puso el título de *Mayéutica* a otro de los tomos previstos en su enciclopedia (Churata

"El pez de oro..." 25). También se puede decir que recupera el diálogo y el coloquio del renacimiento europeo como un recurso escrito para hacer entender ideas complejas de la filosofía y de la religión.

Churata también se pronuncia en contra del sujeto del conocimiento de la epistemología europea en relación a su propia ontología y cosmología. El sujeto de conocimiento europeo es un ser humano, en la mayoría de los casos varón, que se distingue de los animales y de la naturaleza por su capacidad de pensar. Su adquisición de conocimientos se da a través de un proceso racional que privilegia el sentido de la vista, ya sea en la visión de hechos o en la lectura de documentos. Asociada a esta capacidad humana en la cosmología europea, la concepción del tiempo es lineal. En la dimensión temporal los seres humanos nacen, crecen y mueren. En la dimensión espacial los muertos son enterrados, se descomponen y desaparecen. Del mismo modo la naturaleza y los animales no razonan, no se comunican y no tienen sentimientos. Sobre estos puntos, y desde una cosmología aymara y quechua, Churata sostiene que la muerte no significa cancelación, sino que los que mueren se encuentran en otro espacio y que, en ciertas ocasiones y lugares, se puede entrar en contacto con ellos. De allí que el título de su libro alude a los muertos que regresan o coexisten con el mundo de los vivos. Al igual que los vivos, los muertos piensan, sienten y conocen, con otros sentidos, como los animales. Más aún, Churata piensa al ser humano como animal, y no solo porque tiene las mismas necesidades básicas que los animales, sino también porque deviene animal cuando pone en juego sus otros sentidos para vivir. Esto le permite hablar de conocimientos táctiles, olfativos, aurales, que están asociados con sentimientos y emociones. Para argumentar sobre estos puntos Churata recurre nuevamente a la mitología aymara y quechua, inventa personajes míticos y recupera el pensamiento vitalista europeo que rescata la experiencia acumulada a través de los sentidos no visuales.

En este artículo la atención puesta en los sentidos no visuales y la consideración de modalidades aymaras y quechuas de producción, circulación y consumo lleva a concluir que Churata era consciente de que tenían capacidad significativa y comunicativa. Su conciencia y práctica intermedial partían de una situación concreta. Él quería educar, entretener y concientizar a varias audiencias con el propósito de promover un cambio político y social. Su gran reto era hacer tomar conciencia y alfabetizar a la diversa población puneña. Por un lado, buscaba que los mestizos hispanohablantes desarrollaran respeto y orgullo por las culturas indígenas. Por otro lado, se proponía alfabetizar en español a los aymaras y quechuas e incrementar su educación. Utilizó medios que iban más allá de la literatura y la escritura alfabética. Incorporó formas culturales propias de aymaras y quechuas de las que se sabía poco. Simultáneamente, en su empeño concientizador, estaba haciendo una crítica decolonial, esfuerzo que lo convierte en uno de sus antecedentes más claros. Para terminar, espero que esta primera lectura sobre las características intermediales y decoloniales de *Resurrección de los muertos* se constituya en una invitación a un estudio más profundo desde la teoría y metodología de la intermedialidad y desde una perspectiva decolonial.

Bibliografía

Badini, Riccardo. "La hermenéutica germinal de Gamaliel Churata". *Resurrección de los muertos. Alfabeto del incognoscible*. Gamaliel Churata. Riccardo Badini, editor. Lima: Asamblea Nacional de Rectores, 2010. 23-38.

Bosshard, Marco. *La reterritorialización de lo humano: una teoría de las vanguardias americanas*. Pittsburgh: Instituto Internacional de Literatura Iberoamericana, 2013.

_____ "Mito y mónada: La cosmovisión andina como base de la estética vanguardista de Gamaliel Churata". *Revista Iberoamericana* 220 (2007): 515-539.

Collazos, Gabriel. "Un drama indígena". *Amauta* 12 (febrero 1928): 37.

Cosío, José Gabriel. "Tucuipac munasccan, comedia quechua". *Amauta* 14 (abril de 1928): 41-42.

Churata, Gamaliel. *El pez de oro*. Helena Usandizaga, editora. Madrid: Cátedra, 2012.

_____ *Resurrección de los muertos. Alfabeto del incognoscible*. Riccardo Badini, editor. Lima: Asamblea Nacional de Rectores, 2010.

_____ "El Teatro indígena". *El dolor americano. Literatura y periodismo en Gamaliel Churata*. Guissela Gonzales Fernández, editora. Lima: Fondo Editorial del Pedagógico San Marcos, 2009. 96-100.

_____ "El pez de oro, o dialéctica del realismo psíquico, alfabeto del incognoscible". *Antología y valoración*. Lima: Instituto Puneño de Cultura, 1971. 13-36.

_____ et al. *Antología y valoración*. Lima: Ediciones del Instituto Puneño de Cultura, 1971.

_____ "Prólogo". *Un ensayo de escuela nueva en el Perú*. José Antonio Encinas. Lima: Imprenta Minerva, 1932. III-X.

Elleström, Lars. "The Modalities of Media: A Model for Understanding Intermedial Relations". *Media Borders, Multimodality and Intermediality*. Lars Elleström, ed. Basingstoke [Inglaterra] y Nueva York: Palgrave Macmillan, 2010. 11-48.

Encinas, José Antonio. *Un ensayo de escuela nueva en el Perú*. Lima: Imprenta Minerva, 1932.

Gelado, Viviana. *Poéticas de la transgresión: Vanguardia y cultura popular en los años veinte en América Latina*. Buenos Aires: Corregidor, 2007.

González Vigil, Ricardo. "Surrealismo y cultura andina: la opción de Gamaliel Churata". *Avatares del surrealismo en el Perú y en América Latina. Avatars du surrealisme au Pérou et en Amérique latine*. Joseph Alonso y Daniel Lefort, editores. Lima: Institut Français d'Études Andines/ Universidad Católica, 1992. 111-129.

Huamán, Miguel Ángel. *Fronteras de la escritura. Discurso y utopía en Churata*. Lima: Horizonte, 1994.

Itier, César. *El teatro quechua en el Cuzco. Dramas y comedias de Nemesio Zúñiga Cazorla: Qurichuspi (1915); T'ikahina (1934); Katacha (1930?)*. Lima: Centro de Estudios Regionales Andinos "Bartolomé de Las Casas" & Institut Français d'Études Andines, 1995.

_____ *El teatro quechua en el Cuzco. Tomo II. Indigenismo, lengua y literatura en el Perú moderno*. Lima: Institut Français d'Études Andines y Centro de Estudios Regionales Andinos "Bartolomé de Las Casas", 2000.

Kattenbelt, Chiel. "Intermediality in Theatre and Performance: Definitions, Perceptions and Medial Relationships". *Cultural Studies Journal of Universitat Jaume I*. Vol 6 (2008): 19-29.

Mariátegui, José Carlos. *7 ensayos de interpretación de la realidad peruana* (74a edición). Lima: Biblioteca Amauta, 2007.

Mignolo, Walter. "'Un paradigma otro': colonialidad global, pensamiento fronterizo y cosmopolitismo crítico". *Historias locales- diseños globales: colonialidad, conocimientos subalternos y pensamiento fronterizo*. Madrid: Akal, 2003. 19-60.

Oquendo de Amat, Carlos. *5 metros de poemas*. Lima: Editorial Minerva, 1927.

Quijano, Aníbal. "Colonialidad del poder, eurocentrismo y América Latina". *La colonialidad del saber: eurocentrismo y ciencias sociales. perspectivas latinoamericanas.* Edgardo Lander, editor. Caracas: CLACSO, 2000. 201-245.

Rajewski, Irina O. "Intermediality, Intertextuality, and Remediation: A Literary Perspective on Intermediality". *Intermédialités* 6 (2005): 43-64.

Romero, Emilio. "Gamaliel Churata, el medio, el momento y el hombre". *Antología y valoración.* Lima: Ediciones del Instituto Puneño de Cultura, 1971. 424-432.

Santos, Boaventura de Sousa y Maria Paula Meneses, organizadores. *Epistemologias do Sul.* Coimbra: Ediciones Almedina, 2009.

Tamayo Herrera, José. *Historia social e indigenismo en el altiplano.* Prólogo de Emilio Romero. Lima: Ediciones Trentaitrés, 1982.

Salomon, Frank y Emilio Chambia Apaza. "Vernacular Literacy on the Lake Titikaka High Plains, Peru". *Reading Research Quarterly* 41/3 (2006): 304-326.

Usandizaga, Helena. "Cosmovisión y conocimiento andinos en *El pez de oro* de Gamaliel Churata". *Revista andina* 40 (2005): 237-259.

Vásquez, Emilio. "Churata y su obra". *Antología y valoración.* Lima: Ediciones del Instituto Puneño de Cultura, 1971. 433-447.

Zevallos Aguilar, Ulises Juan. *Indigenismo y nación: los retos a la representación de la subalternidad aymara y quechua en el Boletín Titikaka, (1926-1930).* Puno [Perú]: Universidad Nacional del Altiplano, 2013.

O peixe de ouro
(Retábulos do Laykhakuy)

Gamaliel Churata

[PRIMEIRO ESBOÇO]

PRÉVIAS SEJAM DUAS PALAVRAS. O *PEIXE DE OURO* CURSOU UMA não breve gênese editorial devido a causas – algumas delas – quase fantasmais, pois quando ia pela metade a impressão de seus cadernos e se aglomeravam em respeitável volume em sigiloso lugar, a gráfica da SPIC foi assaltada por marejada fascista, que incendiou o incendiável e destruiu o que não haveria de ceder à ação do fogo, respeitando lugar sigiloso e montanhas de cadernos por obra acaso da presciência e do número do Siluro, de quem é a epopéia. O que, em larga monta veio a retardar seu aparecimento, dando origem a seus não poucos e risíveis anacronismos, se, p. ex., de Franz Tamayo, o grande poeta, e de Giovanni Papini, o grande desiludido, fala como se fossem atores em cena, quando dela já estão ausentes, ainda que sempre presentes, deus seja com eles ... Dos anacronismos, defeitos onomásticos, erros gráficos, todos de sua inteira responsabilidade, deseja saber advertido o leitor; e confia que uns e outros terão desaparecido na Segunda Edição, feita necessário já, e de certo modo assegurada.

No mais, não procure no desenvolvimento dramático de seus diversos retábulos, nem no fio magnético que lhe dá unidade, simbolismo autobiográfico, apesar de por isso mesmo permitir afirmar que não constituem a biologia de um símbolo tão pessoal, quanto coletivo. De igual modo, no lugar onde se fareje algo hipocientista, teorizante, polêmico, apostolagem ou proselitismo, o melhor é compreender que são mera eutrapelia, gênero de galhofa terapêutica, com espírito mais de criança que de ator de prestígio. Trata-se de literatura simples e seu autor de mais presume, nem pode, tanto que dela também não se fará de convencido.

Finalmente se permite aconselhar aos que se animem a cometer com o masapo – o que não é aconselhável aos que aos que tenham ventres pudibundos, irritáveis ou hipocondríacos – tomar o cuidado de ler as anotações do "Roteiro", que padece de pretensões filológicas, inserido depois do Índice; pois dessa maneira será mais simples tomar ciência de locuções já radicalmente plebeias, como as comentadas nos parlamentos dos *khestis* frente ao Khori-Puma, pois deve tratar-se de formas orgânicas nas quais o barbarismo indígena pretende consolidar uma retórica natureza. Estas formas se dispersam ao longo do livro, mesmo entre o discurso hispânico do relato; e é necessário assinalá-las, não confundindo-as, especialmente, como solecismos, para estabelecer talvez sua única originalidade. Mas, digamos, mais, não.

G.Ch.
1927-1957

DRAMATIS PERSONAE

O Puma de Ouro
O Peixe de Ouro
A Sereia do Titicaca
A Terra Mãe
Suchis,
Humantos,
Khesti-Challwas, etc.
Vicunhas, Pakos, Achokallos,
O homem como cabeça de lhamo
Wirakhocha
Thumos e outros cachorros
Duendes, o Diabo, Cronos
O Lago dos Bruxos
Montes, Nuvens, Ventos
O Vice-rei dos Mortos
Esqueletos no Inferno
Bactérias, Sonhos, Versos.
Etc., etc.

HOMÍLIA DO KHORI-CHALLWA

Moscopa yana pachachahuan,
pascani callampata sapa-
llotani paqumi moBcuypi.

Me enterraram com mortalha negra
vi crescer fungos, parti
abóboras em sonhos.
(Onirólogos Inkaikos)

HAYLLI

Maduro seu colmilho,
maduras as espigas,
khori-Puma;
acendam seus grunhidos
sua fogueira de *Wiphalas*.
Dirás que todo isto
É apenas trino
e como trino
com que arde sua caverna
nem começa nem acaba.

Do que nesses contos, talvez fábulas, ou mágicas do Laykakuy, de você diga ou de seu lago, o que de ambos tenha escrito até aqui ou escreva nos dias por vir, a quem pedirei perdão, Khori-Challwa, senão a você, se sou atrapalhado, e coxo, e aleijado, e como ninguém conheço que arremeto em *kharkhas* para perfurar naqueles que me falta o cinzel, apesar de pulsos não me faltarem? Porém, um aleijado como poucos ourives, dom Miguel, de Cervantes y Saavedra, leigo de diplomas e de ordens, ensinou que coxo, aleijado e leigo, quando o coração se inflama, em Inka, até os néscios para entender se tornam sábios e esculpem o que desejam no granito com as mãos; que ali os mancos não manquejam e os coxos voam... Como estarão de sua eufonia ufanas as *khellkas* desse homem não aleijado. E como é generosa sua mutilação, pois se os *kuikos* americanos escrevemos com a canhota é devido à mão que os seus lhe cortaram por lá.

Nas letras, na palavra que se compõe de letras, na linguagem que se edifica com palavras, se escritas, está contido o órgão de expressão de uma literatura; por isso o ponto de partida de toda literatura (e de todo homem) está no idioma, que é sua substância. Nós americanos não temos literatura, filosofia, direito civil, direito político, que não sejam os contidos nos vernáculos, nenhuma literatura escrita e apenas lendas em literatura vocal, ciência falada, que se guardaram mediante *wayrurus*, faíscas de ouro, *khachinas* de ônix, encantadora simbologia e mnemotecnia que empregavam os *haravikus* para representar suas epopeias nos grandes dias do Inkario e conservar, assim, as criações especificamente literárias – baboseira aparte – já que não foi raquítica a genialidade dos seus poetas e filósofos. O problema é que nos empenhamos em tê-la fazendo uso de uma língua não *kuika*, a hispânica. Nela rabiscamos "como índios", mas não em índio, o que é coisa distinta. E mesmo assim isso só será possível se somos capazes de fazer do espanhol – solução provisional e aleatória – o que o espanhol fez de nós: mestiços – para Espanha, uma solução também aleatória e provisional –. Porém, um mestiço consegue germinar em nove meses e sair toureando. Um idioma não, os idiomas procedem de um tempo de trino, o da lactância do Pithencantropo; se misturaram depois, lutaram contra vozes alheias às suas, assimilaram umas, *chakchakando*, mascando, cuspindo outras, enfim, amanharam todas à índole de seu gorjeio e à idiossincrasia de seus meios laríngeos em não poucos séculos.

Quando o Inka Garcilaso, mestiço nascido de Palla e de um inferior dos Duques de Feria e Infantado, escreveu suas imortais epopeias, ele que podia e devia ter feito em *Kheswa*, empregou, e com que graça teresiana!, o idioma de seu pai, condenando ali mesmo o de sua mãe a uma interdição que se revelou fatal.

Assim disse nas "Advertências" de seus *Comentarios Reales*: Para que se entenda melhor o que, com o favor divino, escreveremos nesta história, porque nela havemos de dizer muitos nomes da língua geral do Peru, será bem dar algumas advertências dela."

Advertências que apenas nos advertem do inadvertimento do galhardo escritor cusquenho; pois a maneira senhoril de revelar a Espanha as galantezas de sua mãe, era escrever em sua língua, que era melodiosa e fina, segundo ele como poucos a enaltece.

E acrescenta: "A fim de atalhar a corrupção (isso de trocar umas letras por outras, vício no qual incorriam os espanhóis quando se punham a escrever a *Runa-Simi*) me seja lícito, pois sou índio, que nesta história eu escreva como índio, com as mesmas letras que tais dicções se devem escrever."

O penoso é que estes "atalhamentos" apenas revelam a maneira atalhada com que Garcilaso levava o índio, que mal pranteia em seu magnífico romance sua pobreza e desânimo.

E isto mais: "... que, certo é, uma pena que se perda ou corrompa (o *kheswa*), sendo uma língua tão distinta".

Mas quem, senão ele próprio, senão Valera, senão o índio Choqueguanca, que há pouco de se submeter à férula dos amos escreveram com brilho, com sentido arquitetural o hispânico; os chamados a evitar o naufrágio? Distinta é a fala natural de Garcilaso, e mais que distinta, pródiga em conteúdos expressivos, de idiostenia tão filosófica, pictórica ou musical, como afirmam os que tiveram, ou têm, o privilégio de sua posse, pois nós mesmos que apenas sentimos no gosto seu sabor a saliva onírica, comprovamos como ela nos foi amputada da alma, sabendo que assim ficaríamos privados de uma maternidade idiomática.

E como não será, se o sábio Domingo Mossi afirma em seu monumental "Dicionário Sintético" ter feito viagem de Roma aos Charcas exclusivamente pelo gosto de saboreá-la, se a tem por uma das línguas mais expressivas e ricas, tão dócil à ternura, como generosa e majestática para as concepções superiores. De igual modo, ele estima que se conserva com maior força e pureza nos Charcas do Alto Peru, que no próprio solo do Inkario, no que temos que dar a ele razão, pois Mossi além de autor de uma *Gramática Kheswa* dedicou ao estudo deste idioma sua vida e sabedoria, que não foram curtas. De passagem, anotemos estas brilhantes revelações que o historicismo não farejou, pois nada mais fazem que confirmar o conteúdo substancioso da política do Inka, o qual, quando colonizava, se absorvia um povo era para se fazer absorver por ele, em tal grau em que o colono acaba como representante categorial de seu espírito. Não existe nada semelhante ao longo da história humana.

Que fenômeno importa, então, a ilha aimará para as consequências transcendentais do inkaismo? A que fatores se deve sua resistência ao domínio *kheswa* no plano idiomático? Afirmam alguns que o Inka nada fez para suprimi-la, pelo contrário, garantiu sua sobrevivência em razão de ser seu idioma materno. Existem aimaristas que encontram em seus rudes e pétreos vestígios o elo dos idiomas modernos, e não poucos sustentam que o *kheswa* seria na verdade um dialeto seu. Se o aimará, ou *kolla*, é idioma tão rico como qualquer outro de sua idade, é questão que facilmente se descobre na excelência dos trabalhos que sobre ele deixaram Bertônio (para não citar outros), ou o estudo tudesco, e por tanto, racionalista, de Middendorf.

Em todo caso, um e outro para a realidade anímica do americano da América representam o mesmo papel do latim e do grego para os greco-romanos, são línguas depositárias nesse caso não de sabedoria clássica, mas de um sentimento clássico da natureza, de cultura biogenética; por isso é importante e muito sugestivo comprovar que tanto no Peru, como na Bolívia, suscitam preocupações hierárquicas que não demoram em se converter em política e estética para seus povos.

Tentação como a de Mossi acometeu o Inka Garcilaso, e quando foi acometido soube se mostrar mais hispânico que ela, de maneira que a sotaina e o *chullpa-tullu* em alguém ficou em Córdova, revelando apenas que a primeira natureza do transplantado não haveria de ser tanto o esteta como o *pongo* servente, o porteiro da casa senhorial em quem os senhores não tiveram albardeiro, mas o símio antropomorfo que por esses dias os naturalistas exibiam como antecessor do homem. A prestar criadagem ao Rei de Espanha foi às Cortes, dando adeus ao solar nativo que ficou atrás com uma atitude que não explicam e mal encobrem sua reiteradas saudades, e seu não muito simpático lamento. Que a própria matéria do seu discurso se trocasse na fusta que o mundo algo-jacobino fez estalar sobre os pecados de Espanha, nem tanto porque ele se imaginasse livre de outros semelhantes, mas porque assim acelerava sua liberação dentro da ordem dos seus interesses, quase resulta alheio às intenções do Inka. E aqui bem se pode parafrasear a Quintana, dizendo: culpa foi do pecado e não do Inka Garcilaso.

O certo é que aquelas línguas, que para o último revelam os ligames de uma unidade perdida, foram cultivadas com outro propósito que o de catequizar, em gigantesca magnitude na Colônia, por clérigos protestantes hoje. Clorinda Mattos de Turner e Vicente Pazos Kanki, *criolla kheswa* e índio aimará, traduziram alguns evangelhos com a mesma finalidade, conseguindo, apesar de sua encrespada polêmica liberal, ou por causa dela mesma, nos deixar alguns cadernos em língua americana, que salvaram do enanismo que em tanta medida é próprios a nós mesmos, mestiços metidos a estilistas hispânicos.

∞⌘

Nota del traductor

Esta traducción que recién empieza a ponerse en marcha (por eso la expresión PRIMEIRO ESBOÇO aparece a la cabeza del texto) es parte de un proyecto que involucra a tres docentes e investigadores del Perú y Brasil: el Dr. Mauro Mamani Macedo, de la Universidad Nacional Mayor de San Marcos; la Dra. Meritxell Hernando Marsal, de la Universidade Federal de Santa Catarina; y el Dr. Romulo Monte Alto, de la Universidade Federal de Minas Gerais. El proyecto nació como una iniciativa de investigación conjunta a raíz de un encuentro realizado en Belo Horizonte en 2014, en el marco del Convenio de Cooperación Académica firmado entre la UFMG y la UNMSM. En ese contexto, el Dr. Mauro Mamani Macedo dictó el curso "Mitologías andinas" para el Programa de Posgrado en Estudios Literarios de la Facultad de Letras de la UFMG. En esa ocasión, la Dra. Merixtell Hernando Marsal dictó una de las clases del curso. Posteriormente, ambos formaron parte del tribunal que calificó la tesina de maestría de Lara Poenaru Mucci, dirigida por el Dr. Romulo Monte Alto.

El Dr. Mauro Mamani Macedo es un investigador peruano que ahondó en el universo churatiano en su tesis doctoral, presentada en 2011 en la Facultad de Letras y Ciencias Humanas de UNMSM. Ee trabajo se difundió a partir de su publicación como libro, con el título de *Quechumara. Proyecto estético-ideológico de Gamaliel Churata* (Lima: Fondo Editorial de la Universidad de Ciencias y Humanidades, 2012, 440 pp.). La Dra. Meritxell Hernando es una de las primeras investigadoras que estudia y difunde la obra de Gamaliel Churata en Brasil. Lo hizo mediante su tesis doctoral titulada "*Bárbaro e nosso*. Indigenismo y vanguardia en Oswald de Andrade y Gamaliel Churata", presentada el año de 2010 al Programa de Pós-graduação em Língua Espanhola e Literatura Espanhola e Hispano-americana, da

Faculdade de Filosofia, Letras e Ciências Humanas da Universidade de São Paulo. El Dr. Romulo Monte Alto ha estudiado y publicado sobre José María Arguedas en Brasil y coordina, desde el año 2010, el proyecto de investigación "Literatura andina e cultura peruana: traduzir para entender". Su traducción de *El zorro de arriba y el zorro de abajo*, de José María Arguedas, aparecerá próximamente bajo el sello editorial de la UFMG.

La traducción de *El pez de oro* se realiza en el marco de la *Rede de Estudos Andinos* en Brasil, creada en septiembre de 2014 con fines de impulsar el trabajo en red entre estudiosos del mundo andino, desde sus universidades, países y regiones.

Romulo Monte Alto, *traductor*

Colaboradores

José Luis Ayala Olazával es escritor, cronista y Yatiri Aymara nacido en Huancané, Puno. Estudió en la Universidad Nacional de San Marcos y en la École des Hautes Études de París. Ha publicado extensamente poesía, ficción, ensayo y crónica creativa, y es uno de los intelectuales puneños que más ha contribuido al estudio de Gamaliel Churata. Como escritor, recibió el Premio Internacional de Poesía, DIP, Paris (1964), el Primer Premio Poesía Sur Peruana (1967), el Primer Premio de Literatura Popular (1990) y el Primer Premio de Poesía e Identidad Nacional César Vallejo, otorgado por el Consejo Nacional de Ciencia y Tecnología CONCYTEC, Lima (1990). Como churatista, es editor de la edición crítica peruana de *El pez de Oro* (2011) y autor de artículos y volúmenes recopilados sobre la obra de Churata. Entre sus publicaciones destacan *El cholo Vallejo* (1994), *Carlos Oquendo de Amat* (1998), *Eternidad de Manuelita Sáenz* (2001), *Cábala para inmigrantes* (2003), *Celebración cósmica de Rita Puma* (2005), *Wancho Lima* (2005) y *El presidente Carlos Condorena Yujra* (2006).

Riccardo Badini es Profesor Asociado de Lengua y Literatura Hispanoamericanas en la Università degli Studi di Cagliari (Italia), Profesor honorario de la Universidad Ricardo Palma de Lima, Secretario Nacional para Italia de JALLA (Jornadas Andinas de Literatura Latinoamericana), director del CISAP (Centro Interdipartimentale di Studi sull'America Pluriversale) y de la revista promovida por el centro: *América Crítica*. Sus investigaciones actuales incluyen las interacciones entre las culturas indígenas de las Américas y la lengua y cultura españolas, especialmente en las áreas peruanas andinas y amazónicas, y el estudio de las producciones culturales indígenas a través de marcos teóricos antropológicos y lingüísticos. En 2013 recibió el Premio a la Excelencia 2013 de la Universidad del Altiplano en Puno, por sus estudios sobre la obra de Gamaliel Churata. Entre sus publicaciones está la edición crítica del primer manuscrito inédito de Churata, *Resurrección de los Muertos* (Asamblea Nacional de Rectores, 2010), la traducción al italiano de la obra cumbre de Carlos Oquendo de Amat, *5 metros de poemas*, para la revista *In Forma di Parole* (2002). Actualmente coordina, junto con Elizabeth Monasterios, la publicación de la poesía, narrativa y dramaturgia inédita de Gamaliel Churata.

MARCO THOMAS BOSSHARD es doctor en Filología Románica por la Universidad de Friburgo (Alemania), Profesor de Estudios Culturales Latinoamericanos e Ibéricos en la Europa-Universität Flensburg y Secretario Nacional para Alemania de JALLA (Jornadas Andinas de Literatura Latinoamericana). Su estudio pionero Ästhetik der andinen Avantgarde: Gamaliel Churata zwischen Indigenismus und Surrealismus, traducido al español como *Churata y la vanguardia andina* (Centro de Estudios Literarios Antonio Cornejo Polar, 2014), abrió camino para que muchos estudiosos participaran en discusiones sobre el pensamiento literario, político y filosófico de Churata. Su investigación más reciente explora temas de la literatura y la cultura latinoamericana en el contexto europeo, los estudios transandinos, la vanguardia latinoamericana y las literaturas indígenas. En 2013 publicó *La reterritorialización de lo humano. Una teoría de las vanguardias americanas*, y en 2015, juntamente con Vicente Bernaschina Schürmann, coordinó el número 253 de Revista Iberoamericana (*Orientaciones transandinas para los estudios andinos*). Actualmente, prepara la traducción al alemán de *El zorro de arriba y el zorro de abajo*.

Meritxell Hernando Marsal es Profesora Asociada del Departamento de Língua e Literatura Estrangeiras de la Universidad Federal de Santa Catarina (UFSC). Participa de los programas de posgrado en traducción (PGET) y en literatura (PGLIT) de la misma institución. Se especializa en literatura latinoamericana con énfasis en narrativas latinoamericanas de los siglos XX y XXI, teorías feministas de la traducción, teoría crítica latinoamericana, estudios de literatura y colonización en los Andes. Como andinista, ha producido importantes trabajos críticos sobre Churata, creando diálogo entre la vanguardia de Puno y su homóloga brasileña, la Antropofagia de Oswald de Andrade.

Ladislao Landa Vásquez nació en Coracora (Perú). Es doctor en Antropología por la Universidade de Brasilia, Profesor Asociado de la Facultad de Ciencias Sociales de la Universidad Nacional Mayor de San Marcos (Lima-Perú) y Profesor visitante en la Universidade Federal da Integração Latino-Americana (Foz do Iguaçu-Brasil). Su campo de investigación abarca las culturas indígenas, la literatura andina y la etnohistoria. Ha realizado trabajo de campo en comunidades indígenas de Ecuador, Brasil y Perú. Ganador en el Concurso de Ensayos "Los legados teóricos de las ciencias sociales en América Latina y el Caribe", organizado por el Consejo Latinoamericano de Ciencias Sociales (CLACSO-Argentina) con el ensayo "Pensamientos Indígenas de nuestra América" (2004). Es autor de *Waqamuwanku haykumuyku (nos llaman y entramos)*, Instituto de Estudios Peruanos, 2004; *Vilcashuamán hoy: legado y presente* (en coautoría con Alberto López Alarcón), Instituto Nacional de Cultura, 2007 y artículos de crítica y teoría del pensamiento social latinoamericano.

MAURO MAMANI MACEDO es doctor en Literatura Peruana y Latinoamericana, Profesor de la Facultad de Letras y Ciencias Humanas de la Universidad Nacional Mayor de San Marcos, Profesor Visitante de la Universidad Nacional Autónoma de México y de la Universidad Federal de Minas Gerais, Belo Horizonte-Brasil. Es autor de *Poéticas andinas* (2009); *José María Arguedas. Urpi, fieru, quri, sonqoyky* (2011) y *Quechumara. Proyecto Estético Ideológico de Gamaliel Churata* (2012). Ha coeditado *Manuel Scorza. Homenaje y recuerdos* (2008); *Tomás G. Escajadillo. Aportes a la crítica y a los estudios literarios* (2011) y *Soi Indio. Estudios sobre la poesía de Efraín Miranda* (2011). Es codirector de la revista *Contextos. Revista crítica de literatura*, miembro del Centre de Recherches Interdisciplinaires sur les Mondes Ibériques Contemporains, Université de París- Sorbonne Paris IV, y del Comité Científico Internacional José Revueltas de Filosofía y Literatura, Universidad Guanajuato-México; Investigador externo y miembro activo del Seminario de Investigación Permanente de la UNAM y del Instituto de Investigaciones Humanísticas de la UNMSM. En 2010 obtuvo el Premio COPÉ DE ORO. Premio internacional de ensayo, con un estudio sobre la poesía de José María Arguedas. En 2013 recibió un Premio al Mérito Científico otorgado por la Universidad Nacional Mayor de San Marcos. Su línea de investigación es la literatura andina.

Paola Mancosu es doctora en Filología Hispánica por la Universidad de Barcelona (España) y actualmente es investigadora en Lenguas y Literaturas Hispanoamericanas en la Università degli Studi di Cagliari (Italia). Sus principales líneas de investigación se centran en la literatura colonial y peruana del siglo XX, con particular interés hacia el área andina, así como en los estudios de traducción postcolonial y en el análisis lingüístico del español andino. Ha participado en diferentes congresos internacionales y escrito diversos artículos en revistas como *Casa de las Américas* y *Revista de Crítica Literaria Latinoamericana*. Entre sus libros más recientes, se hallan *Petrarca en la América virreinal (siglos XVI-XVII)* (Editum, Murcia, 2014) y la edición crítica de la obra poética *Khirkhilas de la sirena* escrita por Gamaliel Churata (Plural Editores, La Paz, 2017).

ALDO MEDINACELI nació en La Paz, Bolivia, en 1982, estudió literatura en la Universidad Mayor de San Andrés y continuó sus estudios como becario en la Universidad Complutense de Madrid y en la Universidade Federal do Río Grande do Sul en Porto Alegre. En 2008 se integró al colectivo literario Yerba Mala Cartonera, fundada dos años antes en la ciudad de El Alto por los escritores alteños Crispín Portugal Andrade, Roberto Cáceres y Darío Luna. Los referentes literarios de estos jóvenes escritores fueron (y todavía son) el Grupo Orkopata y Gamaliel Churata, a quien perciben como "faro que hoy resucita". Medinaceli es autor de *Ajayu*, obra dramática que obtuvo el Premio Único a la Escritura Dramática Adolfo Costa Du Rels, 2011. En 2016 su colección de cuentos *Asma* (Editorial Nuevo Milenio, 2015) fue ganadora de la segunda versión del Premio Nacional de Literatura Dante Alighieri, organizado por la Societá Dante Alighieri y la Cámara Departamental del Libro de Santa Cruz. Como crítico literario, ha publicado artículos académicos y periodísticos sobre la obra de Gamaliel Churata.

ELIZABETH MONASTERIOS PÉREZ es Profesora Titular de Literaturas Latinoamericanas y Estudios Andinos en el Departamento de Lenguas y Literaturas Hispánicas, Universidad de Pittsburgh. Su libro más reciente, *La vanguardia plebeya del titikaka. Gamaliel Churata y otras insurgencias estéticas en los Andes* (2015), ha recibido el Premio Roggiano de la Crítica Literaria Latinoamericana 2016, otorgado por el Instituto Internacional de Literatura Iberoamericana (IILI). Actualmente coordina, junto con Riccardo Badini, la publicación de la obra inédita de Gamaliel Churata, es coeditora del *Bolivian Studies Journal*, Secretaria Nacional para Estados Unidos de JALLA (Jornadas Andinas de Literatura Latinoamericana) y docente invitada para el Posgrado en Literatura Boliviana y Latinoamericana, Universidad Mayor de san Andrés, Bolivia. Elizabeth has participado en varios proyectos internacionales de investigación, entre ellos, *Estudios Transatlánticos Postcoloniales* (Anthropos, 2011), *A Companion to Latin American Literature and Culture* (Blackwell Publishing, 2008), *A Historical Companion to Postcolonial Literatures in Continental Europe and its Empires* (Edinburgh University Press, 2008), *Literary Cultures of Latin America. A Comparative History* (Oxford University Press, 2004) e *Historia Crítica de la Literatura Boliviana* (PIEB, 2002).

Romulo Monte Alto es Profesor Asociado de la Faculdade de Letras (Fale) de la Universidade Federal de Minas Gerais (UFMG). Doctor en Literatura Comparada por la UFMG. Posdoctorado en la Universitat Jaume I, España. Docente del Programa de Posgrado en Letras: Estudios Literarios (Fale/UFMG). Miembro del comité del Centro de Estudos Latino-Americanos. Líder del Grupo de Pesquisa Rede de Estudos Andinos (CNPq). Director de la Biblioteca José María Arguedas. Investigador de la literatura latinoamericana, con énfasis en la zona andina y en la obra de José María Arguedas, además de los estudios sobre la traducción literaria y la memoria de la violencia en la zona andina. Recientemente, se incorpora a los estudios sobre las literaturas amerindias, con especial atención a la literatura en quechua en el Perú, así como a las literaturas de expresión afro. Investigador adjunto externo del Grupo de Investigación Representaciones, Discursos y Estudios Interculturales (EILA, San Marcos, Perú).

Helena Usandizaga se doctoró en Semiótica en la École des Hautes Études en Sciences Sociales de París con una tesis dirigida por A.J. Greimas, y es también doctora en Filología Románica. Desde 1994, ha sido Profesora Titular de Literatura Hispanoamericana en la Universitat Autònoma de Barcelona. Sus líneas de investigación son la poesía peruana contemporánea y la literatura andina. Ha publicado numerosos artículos y capítulos de libro sobre estos temas, entre los que se destacan los dedicados a Vallejo, Moro, Eielson y Blanca Varela, por un lado, y a Arguedas y Gamaliel Churata, por otro. Es editora y coautora, con un trabajo sobre los mitos en Gamaliel Churata, del libro *La palabra recuperada* y de *Palimpsestos de la antigua palabra*, con diferentes trabajos sobre los mitos en la literatura latinoamericana. Ha aparecido en 2012 su edición de *El Pez de Oro*, de Gamaliel Churata (editorial Cátedra), y prepara un libro sobre poesía peruana. Ha sido investigadora principal en varios proyectos sobre mitología prehispánica en la literatura latinoamericana, incluido el proyecto/grupo "Inventario de Mitos prehispánicos en la literatura latinoamericana (de los años 80 al presente)". Es directora de *Mitologías hoy. Revista de pensamiento, crítica y estudios literarios latinoamericanos*.

Arturo Vilchis Cedillo es doctor en Estudios Latinoamericanos por la Universidad Nacional Autónoma de México y Profesor en el Posgrado en Estudios Latinoamericanos de la misma universidad. Se especializa en filosofía de la educación, pedagogía anarquista-aimara, pensamiento ácrata y maya e investigación histórico-hemerográfica. Fundador de la editorial Rumi maki, de corte popular, desde la cual impulsa la circulación de textos esenciales para la comprensión de América. Es autor de *Arturo Pablo Peralta Miranda. Travesía de un itinerante* (2008) y de una serie de escritos referentes al pensamiento de Gamaliel Churata, incluida la mayor cronología que tenemos del escritor.

ULISES JUAN ZEVALLOS-AGUILAR es Profesor Asociado de Literaturas y Culturas de América Latina en el Departamento de Español y Portugués de la Ohio State University. Sus áreas de especialización incluyen estudios andinos, amazónicos y transnacionales. Ha investigado asuntos de etnicidad, género y raza en las Américas e intermedialidades no visuales. Es autor de *Literatura y cultura en el Sur Andino. Cusco-Puno. Siglo XX-XXI* (2018), *Las provincias contraatacan: Regionalismo y anticentralismo en la literatura peruana del siglo XX* (2009) e *Indigenismo y nación. Desafíos a la representación de la subalternidad quechua y aymara en el Boletín Titikaka (1926-30)* (2013, 2002). Actualmente, sus proyectos de investigación exploran arte y literatura antiextractivista en los Andes centrales y transnacionalismo andino. Se desempeña como Secretario Nacional para Estados Unidos de JALLA (Jornadas Andinas de Literatura Latinoamericana).

www.ingramcontent.com/pod-product-compliance
Lightning Source LLC
Chambersburg PA
CBHW071400300426
44114CB00016B/2128

www.ingramcontent.com/pod-product-compliance
Lightning Source LLC
Chambersburg PA
CBHW052148300426
44115CB00011B/1571